PREDICANDO CON FIDELIDAD

PUBLICACIONES
KERIGMA
Ἐν ἀρχῇ ἦν ὁ Λόγος

PREDICANDO CON FIDELIDAD

Preparando
sermones transformadores

H. Wayne House

PUBLICACIONES
KERIGMA
Ἐν ἀρχῇ ἦν ὁ Λόγος

Predicando con fidelidad: preparando sermones transformadores

Publicado originalmente en inglés bajo el título: *Faithful Preaching: Preparing and Delivering Transformational Sermons*, por Lampion House Publishing.

Traducción y edición: Publicaciones Kerigma
Diseño de Portada: Publicaciones Kerigma

© **2022 Publicaciones Kerigma**
Salem Oregón, Estados Unidos
http://www.publicacioneskerigma.org

2022 Publicaciones Kerigma
Salem Oregón
All rights reserved
Pedidos: 971 304-1735
www.publicacioneskerigma.org
ISBN: 978-1-956778-07-6

Impreso en los Estados Unidos
Printed in the United States

En memoria de Arthur B. Whitting, cuyo método de predicación expositiva inspiró este libro y produjo generaciones de predicadores expositivos.

Y de Dr Robert A. Williams, Jr., Dr Larry L. Harry, Sr. (fallecido) y Dr. George Waddles, Sr., quienes han llevado a cabo esta tradición del WHW Ministries.

CONTENIDO

LISTA DE FIGURAS

AGRADECIMIENTOS

Son muchas las personas que han contribuido a la elaboración de un libro en sus distintas fases. En primer lugar, debemos reconocer a Arthur B. Whiting, de cuyo método y pasión por la predicación nos hemos beneficiado enormemente, aunque ninguno de nosotros lo conoció personalmente. A continuación, debemos expresar nuestro agradecimiento a Milton Jones, quien fue el instructor de homilética en el *Western Seminary*, de quien aprendimos el Método Whiting. También agradecemos al Dr. Dennis Wretlind el uso de su material sobre la integración de la exégesis en el Método Whiting.

Daniel Garland agradece a los profesores del *Faith Evangelical Seminary*, y a su presidente, Michael Adams, bajo el cual obtuvo el título de Doctor en Ministerio en Comunicación Expositiva, especialmente a H. Wayne House bajo el cual escribió su disertación sobre el Método Whiting de exposición. También está en deuda con su hermano Hubert y con V. Deane Keller por haberle proporcionado ejemplos tempranos de una sólida predicación expositiva, y especialmente con su esposa, Kathy, sin cuyo fiel amor, estímulo y apoyo no se hubiera podido realizar su contribución al libro.

Un agradecimiento especial a Elizabeth "Lizzie" Summers por su meticuloso esfuerzo en la preparación del manuscrito y a Amy Cole por su excepcional trabajo de formateo y diseño y por su espíritu amable.

PREFACIO

«¡Predica la Palabra!», fue el sencillo encargo de Pablo a su joven ayudante Timoteo (2Tim. 4:1-2), y este llamado ha llegado a miles de ministros de la Palabra de Dios desde que se escribió el mandato original. No puede haber un llamado más alto dado a un siervo de Cristo que el que Pablo le dio a Timoteo.

El llamado es honorable, aunque no todos los que han recibido el llamado han honrado la posición. El fracaso ha ocurrido notoriamente en hogares y comunidades cuando los predicadores no han sido líderes piadosos. Estas son deficiencias trágicas que indican la lucha continua con la carne, el mundo y el diablo. Sin embargo, lo que a menudo se ha pasado por alto es el fracaso del hombre de Dios cuando está en el púlpito, ante el pueblo de Dios, con la Palabra de Dios. Tratar infielmente el texto bíblico no es un fallo ético menos grave que cualquier deslizamiento hacia la inmoralidad. Los que han de ser ancianos (obispos, supervisores, pastores) en la iglesia de Cristo deben cumplir con las altas normas de carácter, dadas en 1Timoteo 3:1-7 y Tito 1:5-9, precisamente porque Dios los ha comisionado para proclamar la doctrina y dar represión, corrección e instrucción en la justicia a partir del texto sagrado (2Timoteo 4:2; cf. 2Timoteo 3:16-17). No comunicar las verdades eternas de la Palabra de Dios compromete el propósito mismo para el que se exige el carácter piadoso de los predicadores.

En Occidente hay una abundancia de Biblias a disposición de la mayoría de las familias, pero pocas de estas Biblias se estudian cuidadosamente. Hay miles de predicadores en los púlpitos, pero escasea la proclamación de las palabras de Dios. Gran parte de esto se debe a la predicación tópica o aplicativa que da poca consideración al significado contextual de las palabras de Dios que se encuentran en la Biblia. En nuestros días, la tendencia es utilizar los versículos bíblicos como punto de partida de un tema que el predicador quiere comunicar a su congregación, sin explicar nunca la intención del autor. La aplicación a menudo no proviene del texto que se predica, sino de las prácticas que el predicador desea que sigan sus congregantes. Por supuesto, la mayoría de los predicadores que siguen este enfoque tienen buenas intenciones, pero nunca se les enseñó la importancia de exponer el texto de la Escritura. Creemos que el ministro de Cristo está obligado a explicar las palabras de Dios a quienes están bajo su cuidado, y a derivar el significado del sermón directamente del texto bíblico.

Predicando con fidelidad expone, de forma cuidadosa y progresiva, el procedimiento para preparar y comunicar sermones expositivos. Capítulo por capítulo, se proporcionan los elementos básicos de la predicación expositiva bíblica y se ilustran con gráficos y tablas. Los capítulos sobre la preparación y presentación de sermones utilizan un sermón para mostrar el desarrollo a lo largo del libro, pero también proporcionan otros ejemplos de sermones. Los apéndices ofrecen ejemplos adicionales de sermones que muestran la aplicación del procedimiento a la variedad de literatura que se encuentra en las Escrituras. Aquellos que tienen un conocimiento limitado de los idiomas hebreo y griego podrán aplicar casi todas las técnicas de preparación de sermones, pero hay ayuda adicional para aquellos que pueden usar los idiomas originales de las Escrituras. Dios se complace en honrar sus palabras cuando sus siervos imperfectos pero calificados están equipados y dispuestos a comunicar su verdadero significado. Así que «¡Predica la Palabra!»

PRÓLOGO

Las Escrituras no ofrecen una liturgia establecida para los servicios públicos de la iglesia ni un manual detallado sobre la política de la iglesia. Pero siempre que la Biblia trata del culto corporativo o de los deberes de los líderes de la iglesia, subraya la importancia vital de la predicación y la enseñanza bíblica.

Para calificar para el servicio como anciano en la iglesia, por ejemplo, un hombre debe ser «apto para enseñar» (1Tim. 3:2), porque su deber principal como anciano y maestro es «retener la palabra fiel conforme a la doctrina para que pueda exhortar con sana enseñanza y también refutar a los que se oponen». (Tito 1:9).

Así, cuando Pablo le dijo a Timoteo: «¡Predica la palabra!» (2Tim. 4:2), estaba resumiendo y declarando enfáticamente el corazón de la agenda tanto para la adoración corporativa como para el liderazgo y la supervisión de la iglesia. Del mismo modo, cuando Pablo encargó a los ancianos de la iglesia de Éfeso que «*apacentaran* la iglesia de Dios» (Hechos 20:28), esto es precisamente lo que tenía en mente en primer lugar: dirigir y alimentar el rebaño mediante el ministerio de la Palabra de Dios.

Esa agenda no cambia para adaptarse a lo que esté de moda en una generación determinada. De hecho, las instrucciones de Pablo a Timoteo estipulan claramente que vendría un tiempo en el que la gente «no soportará la sana doctrina, sino que... se amontonarán maestros; y apartarán sus oídos de la verdad, y se desviarán hacia las fábulas» (2Tim. 4:3-4). En tiempos y culturas como esos (que ciertamente incluirían la época superficial en la que vivimos ahora) el deber de todo pastor permanece fijo y claro como el agua: «Predica la palabra... a *tiempo y fuera de tiempo*».

Hace años, cuando sentí el llamado de Dios al ministerio pastoral, mi padre (que era predicador e hijo de un predicador) me regaló una Biblia en la que había inscrito ese sencillo texto: «¡Predica la Palabra!». Era un simple recordatorio de la tarea más crucial de todo pastor, y ese breve mandato de 2Timoteo 4 ha seguido siendo un enfoque singular para mí. Nunca he pensado en desviarme de él.

Hoy en día, a los pastores se les presenta un desfile interminable de modas y diversiones, todas ellas pretendiendo ser mejores medios que la predicación bíblica para estimular el crecimiento de la iglesia o atraer a la gente. Los encuestadores, los expertos en crecimiento de la iglesia e incluso algunos profesores de seminario nos advierten solemnemente que la predicación está realmente pasada de moda. Parece que la iglesia está invadida de auto-denominados expertos que dicen a los líderes de la iglesia cómo ser oportunos, modernos e innovadores. La predicación bíblica es invariablemente su primer objetivo. Aconsejan a los pastores que prediquen sermones más cortos, con menos contenido bíblico y doctrinal y más referencias culturales. Por ello, muchos pastores dedican una cantidad desmesurada de tiempo y energía a sumergirse en la cultura pop y a tratar de estar al día con las últimas modas. (Un joven pastor me dijo con su cara uy lavada que consideraba ir al cine como «preparación de sermones», porque basaba muchos de sus mensajes en temas de películas exitosas). Mientras tanto, el estudio y la proclamación de la Palabra de Dios están en serio declive, incluso en algunos seminarios e iglesias históricas que antes se consideraban fuertes precisamente por su devoción a la predicación bíblica.

Bendito sea el hombre que sigue predicando la Palabra, incluso cuando dicha predicación es supuestamente fuera de tiempo.

Al igual que Wayne House y Dan Garland, estoy convencido de que el mejor método de predicación es el expositivo. En otras palabras, es el tipo de predicación que apunta a extraer el significado y el mensaje *del texto bíblico* y proclamar esa verdad con autoridad y pasión – en lugar de limitarse a utilizar una frase de las Escrituras para el título de un sermón; convertir un versículo de la Palabra de Dios en un punto de partida para un tratamiento temático de algo; o tomar prestada una idea o una historia de la Biblia como material ilustrativo incidental para una charla motivacional.

Los doctores House y Garland esbozan cuidadosamente un método muy eficaz de predicación expositiva, y muestran con todo detalle cómo hacerlo y hacerlo bien. Su explicación está repleta de mucha ayuda valiosa y práctica sobre cómo entender el texto bíblico, cómo pensarlo a fondo, cómo organizar un sermón y cómo comunicarlo con claridad y eficacia. Esta es una adición bienvenida a la biblioteca del predicador expositivo, uno de los mejores recursos nuevos que he visto en años.

Me encanta la pasión del Dr. House y del Dr. Garland por la exposición bíblica, su cuidadosa atención al texto de las Escrituras y (sobre todo) su devoción a la verdad de las Escrituras. Esas cualidades sobresalientes – combinadas con un notable talento como maestros y la capacidad de aclarar casi cualquier concepto – son las principales características que hacen que este libro sea tan maravillosamente valioso. El compromiso de los autores con la predicación expositiva es también contagioso. Por eso estoy encantado de ver este libro impreso, y espero que encuentre una gran audiencia entre los pastores, los jóvenes que aún se están formando para el ministerio, e incluso los laicos con funciones de enseñanza en la iglesia. Si usted desempeña una de estas funciones y busca ayuda para que su ministerio sea más eficaz, este podría ser el libro más valioso que leerá en todo el año.

JOHN MACARTHUR
Pastor-profesor de *Grace Community Church*, Sun Valley, California.
Presidente de *Master's College and Seminary*

CAPÍTULO 1

La pregunta:
¿Por qué la predicación expositiva?

Bienvenidos a una consideración de lo que es posiblemente el más alto privilegio de todos los esfuerzos terrenales — la proclamación solemne y autorizada de la Palabra de Dios.

Alguien ha dicho: «Si Dios te llama a ser misionero, no te rebajes a ser rey».[1] El mismo consejo se aplica a todos los que sirven como embajadores de Dios. Pero con los grandes privilegios — como hablar en nombre de Dios — vienen grandes responsabilidades, entre ellas, estar lo mejor preparado posible.

La urgente necesidad de un enfoque sistemático de la predicación de textos bíblicos

Hablar por Dios

Pocos cristianos evangélicos negarían la urgencia de proclamar el mensaje de la Palabra de Dios, la Biblia. Si sus mismas palabras son inspiradas por Dios y «útiles» (2Tim. 3:16-17 RVA), entonces el valor de comunicar su verdad intemporal no puede ser sobrestimado. Escuchar el texto bíblico y comprender su significado y sus implicaciones relevantes para el cambio de vida es la base de la fe (véase Romanos 10:16-17). Y sin fe, es imposible agradar a Dios (Heb. 11:6). No es de extrañar, pues, que el apóstol Pablo se dirigiera a su discípulo Timoteo con este imperativo apremiante, que también ordena a todos los que quieren ser portavoces de Dios: «Te requiero delante de Dios y de Cristo Jesús, quien ha de juzgar a los vivos y a los muertos tanto por su manifestación como por su reino: Predica la palabra; mantente dispuesto a tiempo y fuera de tiempo; convence, reprende y exhorta con toda paciencia y enseñanza» (2Tim. 4:1-2 RVA).

El problema es que los sermones no suenan con la *autoridad* de Dios simplemente porque el predicador utiliza la *Palabra* de Dios.[2] Para asegurarse de

---

[1] Fuente desconocida

[2] La Segunda Confesión Helvética de 1566, inició en 1561 por el reformador suizo Heinrich Bullinger (1504-1575), afirma que «la predicación de la Palabra de Dios es la Palabra de Dios». La explicación, «cuando esta Palabra de Dios es ahora predicada en la iglesia por predicadores legítimamente llamados, creemos la es la Palabra de Dios misma la que es proclamada», parece confundir la autoridad absoluta de la Escritura misma con un

que *usted* sirve a la Palabra, y no al revés, necesita un enfoque para el desarrollo y la presentación de los sermones que realmente permita que el texto hable por sí mismo.

Metodología adecuada

Incluso quienes alaban la exposición bíblica como medio indispensable para comunicar fielmente la Palabra de Dios, no siempre la practican. Una de las razones por las que los sermones que comunican eficazmente el mensaje de Dios son tan escasos es la ignorancia sobre cómo prepararlos y comunicarlos — especialmente en los países en desarrollo. Sin un método práctico para elaborar sermones a partir de un texto bíblico determinado, los predicadores tienden a hablar de temas para los que el apoyo bíblico está fuera de contexto, es parcial o falta por completo. Como resultado, la gente escucha el razonamiento *humano* en lugar de la verdad bíblica. Esto no solo perjudica a la humanidad al no satisfacer las necesidades humanas reales, para las cuales la Palabra de Dios es la única adecuada (ver 2Tim. 3:17), sino que también deshonra a Dios al representarlo mal.

El Método Whiting

Para satisfacer la urgente necesidad de un enfoque sistemático de la predicación de los textos bíblicos, un predicador y erudito de origen británico llamado Arthur B. Whiting inició una técnica que llegó a llamarse el *Método Whiting*. Este enfoque desarrolla el tema de un texto a partir de principios formulados sobre la base de estudios de palabras. Aunque el sistema original nunca se publicó, varios profesores, entre ellos Milton William Jones y Dennis O. Wretlind, lo han enseñado y le han hecho valiosas modificaciones. (Sus contribuciones se discutirán en el capítulo 4). Siguiendo este proceso de refinamiento, este libro demostrará que cuando el método Whiting se usa con todos los datos contextuales relevantes, es una herramienta valiosa para ayudar a los predicadores a interpretar y proclamar correctamente el significado de los textos bíblicos. *Predicando con fidelidad* ayudará a los expositores a desarrollar y entregar la verdad que descubren, dentro de los límites de la unidad literaria de la Escritura que se estudia.

¿Es diferente predicar que enseñar?

Cuando Pablo concluyó su encargo a Timoteo de «predicar la palabra» con la frase «con... la doctrina» (2Tim. 4:2), nos planteó una cuestión importante: ¿Cuál es la diferencia, si es que hay alguna, entre la *predicación* expositiva y la *enseñanza*?

---

concepto cuestionable de autoridad eclesiástica. En nuestra perspectiva, que un sermon comunique o Dios comunique el mensaje de Dios depende del desarrollo y transmisión de los principios textuales. (John M. Cromarty, «Bullinger and the Second Helvetic Confession», *Our Banner* [junio 1976]. http://www.pcea.asn.au/bullingr.html).

Exposición, el vínculo común de la predicación y la enseñanza bíblica

En su libro *Biblical Preaching*, Haddon Robinson ofrece una definición de la predicación expositiva que es coherente con una visión conservadora de las Escrituras y un compromiso con la interpretación fiel al texto bíblico: «Predicación expositiva: la comunicación de un concepto bíblico, derivado y transmitido a través de un estudio histórico, gramatical y literario de un pasaje en su contexto, que el Espíritu Santo aplica primero a la personalidad y experiencia del predicador, y luego, a través de él, a sus oyentes».[3] Esta definición (así como la de Lawrence O. Richards y Gary J. Bredfelt, en su libro *Creative Bible Teaching*[4]) apenas distingue la predicación de la enseñanza expositiva. Desde el momento en que se completó el Nuevo Testamento, los predicadores y los maestros son esencialmente indistinguibles. Ambos son responsables de transmitir el significado y las implicaciones de la revelación escrita de Dios (2Tim. 4:2; 1Tim. 4:11, 13). La predicación incluye la misma explicación de la verdad bíblica para el cambio de vida que normalmente se asocia con la enseñanza o la instrucción. Del mismo modo, el plan de la lección del maestro, al igual que el sermón del predicador, debe estar estructurado para lograr el efecto que el texto debía tener en la mente, la actitud y el comportamiento del oyente.[5] Lo que *distingue a* la predicación de la enseñanza es su apelación autoritativa a la voluntad en el contexto del culto corporativo.[6] Se podría decir que toda predicación fiel al texto es expositiva, pero no toda exposición es necesariamente predicación.

El papel distintivo de la predicación expositiva[7]

Los sermones son unidades literarias estructuradas para impactar a los oyentes con lo que Dios tiene que decirles en el contexto de la reunión en Su presencia.[8] Recordando a la gente sus responsabilidades y encargándoles solemnemente en la presencia de Dios, el orador adora a Dios dejándole hablar (véase 2Timoteo 2:14). Con su solemne autoridad, los predicadores amonestan, reprenden, animan, corrigen, persuaden y consuelan, además de informar, explicar y motivar. (Véase Tito 2:15 y 1Tesalonicenses 2:9-12.) Los presentes, entonces, adoran a Dios prestando atención a su mensaje. (Véase 1Tesalonicenses 2:13-16.) ¿Pero quién es

---

[3] Haddon W. Robinson, *Biblical Preaching* (Grand Rapids: Baker, 1980), 30.

[4] Lawrence O. Richards y Gary J. Bredfeldt, *Creative Bible Teaching* (Chicago: Moody.1998). 61ff.

[5] El muy bien conocido modelo de Richards y Bredfeldt para estructurar la enseñanza de la Biblia incluye: «Gancho, libro, mirar, tomar», y promueve el establecimiento de objetivos de las lecciones, basados en el Significado generalizado del texto que son, cognitivos, afectivos y conductual. (Richards y Bredfeldt, *Creative Bible Teaching*, 160. 138ff).

[6] R. E. O. White dijo, «Solo cuando la predicación es hecha un acto de adoración, en el que la verdad divina es explorada y compratida de fe a fe, en el poder del Espíritu Santo, con un enfoque a la persuasión y a la decision, entonces de verdad cosas divinas pueden pasar y la Palabra de Dios es glorificada». (R. E. O. White, *A Guide to Preaching* [Grand Rapids: Eerdmans, 1973], 11.)

[7] Véase Walter L. Liefeld, *New Testament Exposition* (Grand Rapids: Zondervan, 1984), 3-24.

[8] En las palabras de Merrill F. Unger, la predicación expositive es «prediación que expone las Escrituras como un cuerpo coherente y coordinado de verdad revelada». (Unger, *Principles of Expository Preaching* [Grand Rapids: Zondervan, 1955].), 48.

adecuado para cumplir con las responsabilidades del alto y santo privilegio de ministrar a estos oyentes? (Véase 2Corintios 2:15-16; 3:5-6).

¿Los predicadores nacen o se hacen?

El erudito bíblico R. E. O. White comentó una vez: «Los buenos predicadores nacen, no se hacen».[9] Luego, explicó añadiendo: «La técnica y la enseñanza nunca impartirán el don». Sin embargo, White equilibra estas observaciones afirmando: «Sin orientación, el más ferviente predicador del evangelio corta con un cuchillo sin filo en la más delicada de las operaciones, su trabajo aumenta enormemente, su eficacia disminuye tristemente, por su falta de método». Si White tiene razón, los libros y los cursos sobre la predicación pueden proporcionar *parte* de la orientación necesaria para el desarrollo y el uso eficaz de los dones de Dios. Pero los predicadores competentes *nacen* primero con habilidades naturales que el entrenamiento no puede añadir. Cuando más tarde nacen de lo alto (véase Juan 3:3), reciben dones espirituales que el entrenamiento no puede añadir (véase Gálatas 1:15-24). Finalmente, desarrollan sus habilidades naturales y dones espirituales a través del entrenamiento, sin el cual estos dones y habilidades permanecerían sub-desarrollados en el mejor de los casos.

¿Es un método de preparación y predicación de sermones digno de adopción universal?

Los métodos son variables

Que este libro presente una adaptación del método Whiting de homilética es un testimonio del hecho de que los métodos son siempre diversos y variables. Richards y Bredfeldt escribieron: «Los métodos no son un fin. Son un medio para un fin».[10] Por lo tanto, los predicadores deben ser flexibles en su adopción y uso de los métodos.

Cuando el «fin» es la predicación de la Palabra de Dios, para su gloria, los mejores métodos suelen tener mucho en común. Si bien ningún método debe usarse con devoción servil, o pregonarse como *el* método, lo que recomienda el método Whiting es su enfoque paso a paso, que puede ser fácilmente entendido, recordado y enseñado. Se basa en el respeto tanto a la autoridad de las Escrituras como al importante papel del comunicador. Es adaptable y transferible. Se centra en el texto bíblico desde el principio hasta el final, sin introducción de material extraño; por tanto, es exegético[11] en lugar de eisegético.[12]

El valor de cualquier enfoque sistemático de la predicación se demuestra no solo por los más grandes oradores y eruditos, sino de su capacidad para sostener incluso a los más modestos en ministerios fieles a lo largo del tiempo. Durante más

---

[9] White, *A Guide to Preaching*, 3.

[10] Richards y Bredfeldt, *Creative Bible Teaching*, 195.

[11] *Exégesis* es «extraer» del texto lo que está en el texto.

[12] *Eiségesis* es «insertar» al texto lo que no está allí.

de treinta años, los autores han utilizado el método Whiting y lo han encontrado beneficioso como medio para el fin de comunicar el mensaje de Dios en el poder del Espíritu Santo.

¿Hay que saber griego y hebreo para predicar la Palabra o utilizar este método?

La doctrina bíblica de la inspiración de la Escritura se basa en 2Timoteo 3:16 y significa que toda la Escritura está inspirada por Dios y no tiene errores *en los autógrafos originales*.[13] La autoridad de la Biblia se extiende por igual a todas las partes y a cada palabra. Por tanto, la capacidad de leer y trabajar en las lenguas originales de las Escrituras no solo es ventajosa para el predicador y el maestro, sino que es necesaria para predicar y enseñar con la máxima confianza y dominio. Pero para aquellos que carecen de entrenamiento formal en hebreo y griego, hay muchas herramientas útiles hoy en día para ayudar a obtener gran parte del conocimiento tradicionalmente reservado para la persona que lee las lenguas originales.[14] Aquellos que utilicen estas herramientas junto con la traducción de la Biblia al español pueden aplicar el método Whiting y beneficiarse enormemente tanto a sí mismos como a sus oyentes.

---

[13] Véase Benjamin B. Warfield, *The Inspiration and Authority of the Bible* (Filadelfia: Presbyterian and Reformed Publishing, 1970); y Clark H. Pinnock, *Biblical Revelation* (Chicago: Moody. 1971).

[14] Software bíblicos recomendados son Logos, Bible Works, QuickVerse, y Accordance.

Descubrir lo que Dios quiso decir con lo que dijo

En la primera parte de *Predicando con fidelidad* se examinan ciertos supuestos y principios bíblicos en los que se basa nuestra adaptación del método Whiting de homilética.

Capítulo 2, «El encargo: Hablar por Dios a una audiencia contemporánea», explora las responsabilidades del predicador. Presupone que Dios existe, que la Biblia es su palabra en sus propias palabras, y que Dios utiliza a las personas para cerrar la brecha de comunicación entre el texto antiguo de las Escrituras y los oyentes contemporáneos.

Capítulo 3, «El canal: Representar a Dios como su portavoz», indaga en las funciones y relaciones del predicador. Supone que el mensaje de Dios siempre se transmite a la gente a través de las personalidades de individuos únicos que Él ha elegido y preparado.

Capítulo 4, «El desafío: cerrar la brecha comunicacional», explica cómo el método de homilética de Arthur B. Whiting puede ser adaptado y utilizado para construir un puente funcional para comunicar el mensaje de Dios a los oyentes.

CAPÍTULO 2

El encargo: Hablar por Dios a una audiencia contemporánea

Supongamos que tiene que preparar y predicar un sermón de 1Juan 2: 1-2.[1] Su texto, de Reina Valera Actualizada, dice: «Hijitos míos, estas cosas les escribo para que no pequen. Y si alguno peca, abogado tenemos delante del Padre, a Jesucristo el

---

[1] Aunque una variedad de textos será utilizada para dilucidar o ilustrar los distintos componentes de la preparación del sermón, 1Juan 2:1-2 será el texto modelo para sermones durante los capítulos introductorios.

justo. Él es la expiación por nuestros pecados, y no solamente por los nuestros sino también por los de todo el mundo».

No hace falta una formación teológica para darse cuenta de que estas palabras no son para su audiencia. Fueron escritas más que habladas, por un apóstol, no por un predicador o maestro moderno. El apóstol y sus lectores eran de otra nacionalidad. Vivían lejos y hace mucho tiempo. Sin embargo, creer que el pasaje es la Palabra de Dios le da la confianza de que su mensaje sigue siendo relevante para usted y sus oyentes. También significa que usted se interpondrá entre Dios y sus contemporáneos como su portavoz. Pero, ¿cómo pueden usted y los que enseñan estar seguros de que su sermón comunica el mensaje de Dios? Antes de adoptar cualquier método de desarrollo de sermones o de lanzarse a la tarea de preparar un mensaje, es importante medir la brecha de comunicación multifacética que su sermón debe cerrar. Esto implica las cuestiones de *autoridad, antigüedad, relevancia, significado, transmisión* y *conexión*.

La autoridad de las Escrituras no es nuestra

Dios se ha dado a conocer al hombre

Cualquiera que escriba o hable en nombre de Dios asume una gran responsabilidad (véase Santiago 3:1). Hacerlo con autoridad propia sería el colmo de la presunción (véase 1Pedro 4:10-11). Pero si Dios existe, y la Biblia es Su Palabra, entonces la comunicación fiel de la verdad no solo es posible, sino que se ordena, se necesita desesperadamente y es el pináculo del privilegio (ver Juan 17:17; 2Timoteo 4:2; y Proverbios 29:18). La urgencia de proclamar la Palabra de Dios está indicada por su propio propósito. Según los autores Lawrence Richards y Gary Bredfeldt, la Biblia está destinada a revelar el ser personal de Dios, que trasciende su creación pero aun así decide estar en estrecha relación con ella.[2] Si esto es cierto, no se puede exagerar la importancia de su mensaje. Las palabras de J. I. Packer sirven bien: «¿Para qué fuimos creados? Para conocer a Dios. ¿Qué objetivo debemos fijarnos en la vida? Conocer a Dios. ¿Cuál es la 'vida eterna' que da Jesús? El conocimiento de Dios... (Juan 17:3). ¿Qué es lo mejor de la vida, que trae más alegría, deleite y satisfacción que cualquier otra cosa? El conocimiento de Dios».[3]

Según las Escrituras, se pueden conocer cosas de Dios por lo que ha creado (Rom. 1:18-20), como se pueden conocer cosas de un artista mirando sus cuadros.[4] Pero solo a través del Hijo de Dios (Heb. 1:1-4; Juan 20:30-31), el Verbo en forma humana (véase Juan 1:1, 14 y 18), y a través de la Biblia, Su Palabra en lenguaje humano escrito (2Tim. 3:16), puede conocerse en las relaciones personales.[5] Cualquier cosa que no sea la declaración autorizada y la explicación precisa de Su propia auto-revelación es impotente para llevar a las personas pecadoras a la

---

[2] Richards y Bredfeldt, *Creative Bible Teaching*, 25.
[3] J. I. Packer, *Knowing God* (Downers Grove, Illinois: InterVarsity Press, 1973), 33.
[4] Richards y Bredfeldt, *Creative Bible Teaching*, 25.
[5] Ibid.

intimidad de una relación correcta con su Creador, y para llevar a los santos inmaduros a la madurez en Cristo.[6]

La Palabra de Dios responde a las necesidades humanas reales

Las verdaderas necesidades humanas provienen del rechazo voluntario del conocimiento de Dios (véase Romanos 1:18-20 y Juan 17:3). La Biblia es la información que Dios ha dado sobre Él, con el propósito de satisfacer la necesidad de las personas de conocerlo verdaderamente como Él es.[7] La Palabra de Dios se describe como «viva y eficaz» porque expresa la mente del Dios vivo que todo discierne (Heb. 4:12 LBLA). El apóstol Pablo ordenó a Timoteo «predica la palabra» (2Tim. 4:2 LBLA). Equipar adecuadamente al pueblo de Dios para toda buena obra depende de los ministerios humanos de la enseñanza, la represión, la corrección y la formación en la justicia, para lo cual la Escritura inspirada por Dios en su conjunto es útil (2Tim. 3:16).[8] Segunda de Pedro 1:21 dice: «Hombres inspirados por el Espíritu Santo hablaron de parte de Dios» (LBLA) (cf. Hechos 4:25). ¡Precisamente porque Él ha puesto sus palabras en la boca de los hombres, estos no necesitan (ni se atreven) a poner *sus* palabras en la boca de Dios!

Sin embargo, con demasiada frecuencia los comunicadores cristianos pierden la autoridad de Dios al transmitir sus propios mensajes en lugar de los de Él, por al menos tres razones: la popularidad, los preceptos de los hombres y la perversión de los textos bíblicos. El remedio en cada caso es recordar que la fuente del propio sermón es la Escritura.

Popularidad

El señuelo de la popularidad es una trampa común, que tienta tanto al predicador compasivo como al desaprensivo. A menudo da lugar a que se atienda a las necesidades sentidas de los oyentes. Una ilustración extrema se encuentra en 1Reyes 22.

La cuestión era si Josafat, rey de Judá, y Acab, rey de Israel, debían ir a la batalla contra los arameos en Ramot de Galaad. Unos cuatrocientos profetas se pusieron de acuerdo para decirle al rey Acab lo que sabían que quería oír: *¡Ve a la guerra! ¡Ganarás!* Su popularidad ante el rey era más importante que la integridad ante Dios.

Pero Micaías fue llamado para una segunda opinión. Bajo gran presión para mantener la uniformidad con los profetas que hablaban favorablemente, «Pero Micaías respondió: '¡Vive el Señor, lo que el Señor me diga, eso hablaré'!» (v. 14 RVA). En contraste con lo que su audiencia quería escuchar, Micaías predijo con

---

[6] Pablo le dice a Timoteo que son las sagradas escrituras las que son capaces de darle la sabiduría que lleva a la salvación, la cual es en Cristo Jesús (2Tim. 3:13-15). En Romanos 1:16, se dice que el evangelio es «poder de Dios para salvación a todo aquel que cree» (RVA). La Palabra de Dios nunca deja de cumplir los propósitos para los cuales fue enviada (Is. 55:11).

[7] Richards y Bredfeldt, *Creative Bible Teaching*, 25.

[8] En Colosenses 1:28 la presentación de cada hombre completo en Cristo se declara como el propósito para el cual Pablo y los otros apóstoles proclamaban a Cristo, «enseñando a cada hombre y amonestando a cada hombre».

precisión la derrota y muerte de Acab. También reveló que un espíritu engañoso había sido enviado a la boca de todos los demás profetas. El relato muestra que las verdaderas necesidades de la gente se satisfacen con la proclamación fiel de la Palabra de Dios, no haciendo cosquillas en sus oídos, lo que Pablo condenó en 2Timoteo 4:3-4: «Porque vendrá el tiempo cuando no soportarán la sana doctrina; más bien, teniendo comezón de oír, amontonarán para sí maestros conforme a sus propias pasiones y, a la vez que apartarán sus oídos de la verdad, se volverán a las fábulas» (RVA).

Preceptos de los hombres

Si la popularidad puede apartar a los predicadores de su vocación y colocarlos en su propia autoridad, también pueden hacerlo los preceptos de los hombres. Pero la creación del hombre a semejanza de Dios significa que tiene la capacidad de ejercer el juicio. Sin embargo, cada individuo tiene sus propias ideas de lo que es verdadero, correcto, bueno, importante, oportuno, moral y apropiado (Is. 53:6; Prov. 14:12; 16:25), y habla por lo que llena su corazón (Mt. 12:34). Al estar espiritualmente muerto (Ef. 2:1-2) como resultado de su pecado en Adán (Rom. 5:12), el hombre natural no está dispuesto ni es capaz de responder positivamente a las cosas de Dios (1Cor. 2:14). Aunque esto afecta a todos los aspectos del ser humano, no elimina su capacidad de tomar decisiones con responsabilidad ante Dios. La regeneración tampoco garantiza que un creyente siempre hable y se comporte como un hijo espiritual de Dios. A causa del pecado, no se puede confiar en nadie, ni confiar en sí mismo, para hablar en nombre de Dios como agente independiente (Jer. 17:5, 9). Ni siquiera Jesús, el Hijo sin pecado y Verbo de Dios en forma humana, habló por iniciativa propia (véase Juan 5:30; 8:28; 10:18; 12:49 y 14:10). En la conclusión del Sermón del Monte en el Evangelio de Mateo, leemos: «Y aconteció que, cuando Jesús terminó estas palabras, las multitudes estaban maravilladas de su enseñanza; porque les enseñaba como quien tiene autoridad, y no como los escribas» (7:28-29 RVA; cf. Marcos 1:22). Según Mateo 15:9, los escribas enseñaban «como doctrinas los preceptos de los hombres» (LBLA).

Perversión de los textos bíblicos

A las presiones de la popularidad y los preceptos humanos se suma la tendencia de los predicadores y profesores a pervertir el significado de los textos bíblicos cuando se utilizan para enseñar algo distinto a lo que pretendía el escritor bíblico.[9] Un artículo publicado en 1993 en *Christian Education Journal* advierte a los lectores de «una crisis de autoridad» en la enseñanza de la Biblia y en los planes de estudio basados en la Biblia: «Si la Biblia se utiliza solo como punto de partida para los propios objetivos, se está pasando por alto la autoridad de la Biblia, porque si un pasaje no se utiliza para enseñar lo que la Biblia enseña, el maestro se apoya solo

---

[9] «De hecho, mientras más comprometidos estamos con la autoridad de la Escritura, más peligroso se vuelve leer las narrativas incorrectamente. No hay mayor abuso a la Biblia que proclamar en nombre de Dios aquello que Él no está diciendo. Dios nos manda a no ser falsos testigos». (Robinson, citado por Steven D. Mathewson, *The Art of Preaching Old Testament Narrative* (Grand Rapids: Baker, 2002], 12).

en su propia autoridad. Demasiado del currículo moderno de hoy enseña solo con la autoridad humana en vez de con la autoridad de Dios. Esta es, pues, la crisis de autoridad en el currículo».[10]

¡Incluso enseñar una verdad a partir de una Escritura que *no* enseña esa verdad es una forma de falsa enseñanza! El autor y exégeta Walter Kaiser da un consejo práctico a los que quieren evitar este error común: «Si la verdad particular en la que estamos interesados se enseña en algún otro lugar de la Biblia, entonces debemos proceder inmediatamente a ese contexto para el mensaje».[11]

Hablar en nombre de Dios, con su autoridad, significa que predicamos el mensaje de Dios, no el nuestro. Requiere que el predicador esté dispuesto a decir a la gente lo que necesita oír, en lugar de dejarse llevar por la popularidad, los preceptos humanos o las perversiones del significado previsto por el autor.

En contraste con estos tres enfoques inadecuados, existe también una tendencia por parte de algunos a pensar erróneamente que los textos bíblicos son sermones ya hechos.

La fuente del propio sermón

El texto de la Escritura proporciona el material a partir del cual se hace un sermón, no el sermón en sí.[12] Primera de Juan 2:1-2, por ejemplo, no es un sermón ni el esquema de un sermón. Si el encargo de predicar la Palabra a un público contemporáneo significara simplemente leer o recitar el texto con una buena interpretación oral (o incluso con un comentario de fondo), entonces este libro sería engañoso e innecesario. Ciertamente hay valor en la lectura audible de la Palabra de Dios como parte del culto público,[13] y hay ministerios edificantes de la Palabra diferentes a la predicación expositiva y la enseñanza.[14] Tales ministerios pueden incluso evitar el peligro de poner palabras humanas en la boca de Dios. Pero los sermones *son* creaciones humanas para comunicar mensajes divinos dados en un entorno a los aprendices que viven en un entorno diferente. Por eso, para que usted hable «las palabras de Dios» (1Pe. 4:11), debe reconocer y hacer su parte para salvar la brecha contextual entre la audiencia original y la suya.

---

[10] Richards y Bredfeldt, *Creative Bible Teaching*, 62, citando a John H. Walton, Laurie Bailey, y Craig Williford, "*Bible-Based Curricula and the Crisis of Scriptural Authority*," *Christian Education Journal* 13, no. 3 (1993): 85.

[11] Walter C. Kaiser Jr., *Toward all Exegetical Theology: Biblical Exegesis for Preaching and Teaching* (Grand Rapids: Baker, 1981),70.

[12] Nada en la Escritura indica que el Sermón del Monte del Señor en Mateo 5-7 (o los sermones de Pedro, Esteban y Pablo registrados en el libro de los Hechos) incluye cada palabra que fue hablada o que se buscaba que fuese repetida al pie de la letra a las audiencias modernas.

[13] Cuando Pablo le dice a Timoteo que se ocupe de la lectura (1Tim. 4:13), también menciona la exhortación y la doctrina, suponiendo que el ministerio de la lectura pública de la Escritura, como lo dice en la Nueva Versión Internacional, y por las cursivas en la *New American Standard Bible* y la versión actualizada de la *New American Standard Bible*.

[14] La memorización, la meditación, la declamación, el canto, la oración y la exhortación representan usos bíblicos de la Escritura aparte de la declaración autoritativa de su significado de su contexto original a la gente que se encuentra en diferentes contextos (Sal. 1:2; 119:11).

La antigüedad de las Escrituras, la brecha de comunicación

La Biblia fue escrita hace mucho tiempo, en tierras lejanas, a personas de diferentes idiomas, culturas e historia, cuyas responsabilidades específicas hacia Dios son diferentes de aquellas a las que se comunica el maestro y predicador moderno.[15] En resumen, ni una sola palabra de las Escrituras estaba dirigida al predicador o al público contemporáneo. El imperativo de Pablo de «predicar la palabra» requiere que el heraldo comprenda primero el significado que el autor pretendía, en su entorno y en el de sus destinatarios.[16] Solo entonces se puede extraer la verdad atemporal de su situación original y extenderla sin distorsión a las situaciones nuevas y diferentes de las personas que viven hoy. Los que ahora se sientan bajo la predicación de la Palabra de Dios no pueden evitar considerar el contenido de la Escritura como antiguo, extraño, lejano y difícil, además de sobrenatural. Para que escuchen lo que Dios tiene que decirles en términos actuales, familiares, cercanos, comprensibles y que cambien su vida, usted debe hacer todo lo posible para cerrar la brecha de comunicación.[17] (Véase la figura 2.1)

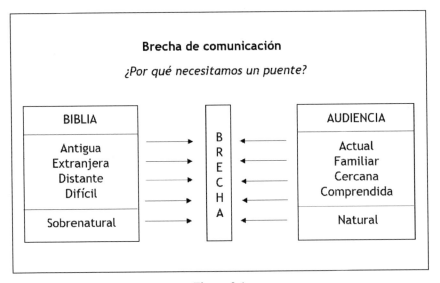

Figura 2.1

No basta con que el orador de los principios bíblicos esté personalmente convencido de su relevancia. El ministro exitoso también debe ayudar a la audiencia a superar el sesgo natural contra todo lo que parece arcaico e irrelevante en favor de los últimos descubrimientos científicos y la cultura pop. Es bueno recordar la afirmación de la propia Biblia sobre su relevancia atemporal. El sacerdote Esdras declaró: «Para siempre, Señor, tu palabra está asentada en los

---

[15] Véase Leland Ryken, *The Word of God in English* (Wheaton, Illinois: Crossway, 2002).

[16] «La segunda gran necesidad por una ciencia de hermenéutica *es cerrar las brechas entre nuestras mentes y las mentes de los escritores bíblicos*». (Bernard Ramm, *Protestant Biblical Interpretation* [Grand Rapids: Baker, 1980], 4)

[17] Véase Roy B. Zuck, *Basic Bible Interpretation* (Wheaton: Victor, 1991), 16-18.

cielos» (Salmo 119: 89). El estudiante moderno de las Escrituras puede aprender a apreciar la verdad inmutable y la aplicabilidad universal de la Biblia como Jesús y sus apóstoles consideraron las Escrituras hebreas (véase 2Tim. 3:16-17).[18] Los comunicadores del plan de Dios de las edades también pueden llamar la atención de sus oyentes sobre los descubrimientos arqueológicos que confirman el registro antiguo.[19] En manos del predicador moderno, como usted, la antigüedad de los textos bíblicos puede dar a los oyentes un punto de referencia fijo para su navegación personal en un mundo en constante cambio. Pero su escepticismo natural y su necesidad de convencimiento forman parte del abismo comunicativo que usted debe salvar. En el próximo capítulo, consideraremos la importancia del predicador como representante de Dios. Nada es más convincente de la relevancia y el poder de la Biblia para cambiar vidas que la vida cambiada de los portavoces de Dios.[20]

Además de ser antigua, ajena y lejana, la Biblia es singularmente difícil. Su gran extensión, su variedad de estilos literarios[21] y su complejidad la distinguen. Consta de sesenta y seis libros escritos en tres lenguas extranjeras. Abarca todo el tiempo. Presupone realidades invisibles y pre-históricas que requieren fe (véase Hebreos 11:3, 6). Y lo que es más importante, la Biblia tiene un carácter sobrenatural que requiere comprensión espiritual. «Porque la profecía nunca vino por voluntad del hombre, sino que los santos hombres de Dios hablaron inspirados por el Espíritu Santo» (2Pe. 1:21 RVA). El ministro fiel de la Palabra tendrá en cuenta este aspecto de la brecha de comunicación, dependiendo en oración del Espíritu Santo para la iluminación y la comprensión de la Palabra de Dios. El predicador también anticipará que al menos algunos oyentes pueden ser totalmente insensibles a Dios, «muertos en delitos y pecados» (véase Efesios 2:1-3 RVA). Hasta que los oyentes nazcan de lo alto[22] y reciban el Espíritu de la verdad (véase Juan 14:1 7; 15:26 y 16:13; y 1Juan 4:6), los logros del orador mediante la construcción de puentes relacionales y verbales serán limitados. Y hasta que Dios no cambie el corazón de los oyentes, su mensaje se encontrará con resistencia, indiferencia o rechazo. (Véase Mateo 10:24-25 y Romanos 3:10-18.) Los representantes de Dios no deben tratar de cerrar esta brecha entre la vida y la muerte espiritual con las soluciones hechas por el hombre de las ciencias sociales, el encanto personal o el entretenimiento.[23] Tampoco dejarán de elaborar sus sermones como los mejores paquetes posibles en los que se transmita el mensaje de Dios a

---

[18] Según Halvor Ronning, guía turístico y fundador de *Home for Bible Translators* en Jerusalén, Israel, con frecuencia se olvida que el Antiguo Testamento era la «Biblia» de Jesús y sus apóstoles.

[19] Por ejemplo, la fecha temprana del Éxodo y la conquista de Canaán (1446-1406 a.C.), indicada por la cronología bíblica, es apoyada por el descubrimiento de restos del muro derribado de Jericó en la capa de destrucción fechada con alfarería sobre la cual Garstang concluyó no fue hallada después del 1400 a.C. (Bryant G. Wood, "*The Walls of Jericho*", *Bible and Spade* [Spring 1999]: 35-42).

[20] Véase la relación entre el testimonio personal de Pablo y la pasión y pureza de su motivación para predicar (1Cor. 15:9-11; Gál. 1:11-23)

[21] Véase Leland Ryken, *How to Read the Bible as Literature* (Grand Rapids: Zondervan, 1984).

[22] En Juan 3:3-8, 16 la palabra ἄνωθεν puede ser mejor traducida como «arriba» como en su contexto, en lugar de «nuevamente» o «de nuevo» como a veces es traducida.

[23] En Gálatas 1:10, Pablo contrasta la lucha con complacer a los hombres con ser un «siervo» de Cristo (RVA).

aquellos cuyos corazones puedan estar abiertos para recibirlo (Véase Hechos 16:14).

Al considerar la brecha del tamaño del Gran Cañón entre los escritores de las Escrituras y los oyentes de los sermones, recuerde que incluso los oyentes (y oradores) regenerados tienen un enemigo, contra cuyas artimañas deben estar armados y mantenerse firmes (véase Mateo 13:39; Efesios 6:10-17; y 1Pedro 5:8). Poseer «oídos para oír» (Mateo 13:9 RVA) es la responsabilidad del oyente del mensaje de Dios. Tener corazones como la tierra que estén bien preparados para recibir la transmisión de la Palabra de Dios es una condición espiritual, concedida por Dios. Ni siquiera el Hijo del Hombre produjo receptividad en sus oyentes simplemente por el contenido o la transmisión de su mensaje (ver versículos 11-12, 23). Hay aspectos de la brecha de comunicación entre la Palabra de Dios y la congregación que solo Dios puede cerrar. Por lo tanto, usted, como portavoz de Dios, debe dedicar cuidadosamente toda la energía disponible a los aspectos de la construcción del puente de los que es responsable ante Dios: es decir, el estudio diligente de la Palabra de Dios con dependencia de su Espíritu. Su predicación puede ser el medio que Dios utiliza para abrir los corazones, ya que «la fe viene por el oír, y el oír, por la palabra de Dios» (Rom. 10:17 RVA).

Incluso en la época en que se escribió, la mera comprensión de la lengua, el conocimiento de la cultura y el reconocimiento del género no aseguraban que los lectores originales, no más que los lectores contemporáneos, captaran el significado y la aplicación del texto.[24] Era necesario el discernimiento espiritual.

El carácter de las Escrituras, escritas para nosotros, pero no a nosotros

Al menos cuatro características de las Escrituras explican por qué el discernimiento espiritual (1Cor. 2:14-15) y el estudio diligente (2Tim. 2:15) son necesarios para los estudiantes de la Palabra: (1) la cualidad sobrenatural de la Escritura; (2) el progreso de la revelación; (3) la distinción entre los programas divinos, el redentor y el del reino; y (4) el hecho de que la verdad debe derivarse de lo que fue revelado a otros, en circunstancias diferentes a las del predicador y la congregación contemporáneos.

La calidad sobrenatural de las Escrituras

La Biblia es el resultado de la revelación por el Espíritu de la mente de Dios a la humanidad (1 Cor. 2:10-13). Su calidad sobrenatural es tal que la mente humana sin

---

[24] Evidencia escritural de que la Palabra de Dios debía ser explicada para que los contemporáneos de los escritores entendieran, incluye el hecho de que Esdras y otros sacerdotes ayudaron a la gente a entender la Ley luego de que fue públicamente leída. Nehemías 8:8 dice que le «aclararon el sentido» y «explicaban para que entendieran la lectura» (RVA). En Mateo 13:10-11, Jesús indica que una razón por la que hablaba en parábolas es porque la habilidad para conocer los misterios del reino de los cielos no se le fue dada a todos. El escritor de Hebreos 5:12 se refiere a los lectores que se quedaron en la necesidad de la enseñanza de los principios elementales de los oráculos de Dios, aun después de un tiempo en el que ya deberían ser maestros. También, Pedro se refiere a algunas de las cosas que Pablo escribía como «algunas son difíciles de entender» (2Pe. 3:16 RVA)

ayuda no puede entenderla ni aceptarla (vv. 12-14).[25] Una persona privada de entendimiento espiritual, ya sea como resultado de un juicio, de la apostasía, o de permanecer espiritualmente muerta en delitos y pecados, está caminando en la oscuridad. (Véase Isaías 9:1; Lamentaciones 3:2; Lucas 11:34-36; Efesios 2:1-3; 1Tesalonicenses 5:4-5; y 1Juan 1:6-7). Sin embargo, con la obra iluminadora del Espíritu Santo, el creyente es capaz de comprender la verdad espiritual (1Cor. 2:13, 15-16). La Biblia se convierte entonces en una lámpara para sus pies y una luz en su camino (Sal. 119:105; 2Pe. 1:19). Por eso el apóstol Juan negó la necesidad de cualquier otra fuente de instrucción que no fuese la unción del Espíritu Santo, que todo creyente tiene desde el momento en que cree (1Jn. 2:27).

El progreso de la revelación

La revelación escrita fue dada paso a paso, como la instrucción de un padre a un niño, dando solo la información apropiada para cada etapa de desarrollo.[26] Así, la Palabra de Dios, dice el autor Robert Traina, «se mueve, y se mueve constantemente de lo inferior a lo superior, de lo menor a lo mayor, de lo parcial a lo total, de lo temporal a lo definitivo».[27] Por lo tanto, el Antiguo Testamento nunca debe ser interpretado como si fuera el Nuevo Testamento. El estudiante de las Escrituras debe descubrir si una norma particular establecida en el Antiguo ha sido abrogada, alterada o afirmada en el Nuevo Testamento.

La distinción entre la redención y el reino en los programas de Dios

Lo que Stanley A. Ellisen llamó «el programa redentor»[28] de Dios, para justificar a los pecadores perdidos,[29] no debe confundirse con lo que él denominó «el programa del reino»[30] para restaurar el gobierno del hombre en la tierra a través de Cristo como el último Adán y heredero del trono de David (1Cor. 15:24-28, 45). En consecuencia, debe ser consciente de los cambios en la forma en que Dios administra su reino terrenal. Lo que Él espera de su pueblo como prueba de obediencia y base para la bendición y la recompensa, cambia según el pacto que se tenga en mente.[31] La justificación de los pecadores por parte de Dios, por otra parte, siempre ha sido por gracia mediante la fe en lo que se revela sobre la persona y la obra de Cristo (Ef. 2:8-9).[32] Esto nunca cambia. Así que la verdad relacionada con

---

[25] Véase Ronald B. Mayers, *Balanced Apologetics* (Grand Rapids: Kregel, 1984), 52-53.

[26] Ramm. *Protestant Biblical Interpretation*, 101-2.

[27] Robert Traina, *Methodological Bible Study* (Wilmore, Kentucky: Asbury Theological Seminary, 1952), 156.

[28] Stanley A. Ellisen, *3 Worlds in Conflict* (Sisters, Oregon: Multnornah, 1998), 24.

[29] La «simiente» de «la mujer» sería herida en el tobillo, de acuerdo a Génesis 3:15, una aparente referencia a la muerte temporal de Cristo, quien, como el Siervo Sufriente de Isaías 53, cumplió con la promesa a Abraham en Génesis 12:3 «En ti serán benditas todas las familias de la tierra» (RVA). (Véase Gálatas 3:7-9, 26-29).

[30] Ellisen, *3 Worlds in Conflict*, 23.

[31] Un claro ejemplo de los cambios en la administración del programa del reino de Dios es hallado en su instrucción a Pedro de matar y comer criaturas que antes estaban prohibidas debido a la pureza ceremonial. (Hechos 10:13-15).

[32] Véase Lewis Sperry Chafer, *Salvation* (Grand Rapids: Zondervan, 1917), 31-39; y Earl D. Radmacher, *Salvation* (Nashville: Word. 2000), 113-28.

la santificación y recompensa del creyente debe distinguirse fielmente de la verdad relacionada con la justificación.[33]

La derivación de la verdad revelada a otros

Si bien toda la Escritura es útil para que el creyente se capacite a fondo para las buenas obras (2Tim. 3:17), cada verdad que enseña debe derivarse de algo dicho a otra persona en circunstancias diferentes (1Cor. 10:11). Para predicar con la autoridad del conocimiento de primera mano, no hay sustituto para el estudio de la Palabra de Dios con el propósito de primero conocer y hacer su voluntad, y luego enseñarla (ver Esdras 7:10). La propia pasión por comunicar se deriva propiamente de los cambios que el orador está haciendo como aprendiz de por vida, creciendo continuamente a la semejanza de Cristo. (Véase Colosenses 1:10 y Efesios 4:15-16.) Pero primero viene el duro trabajo del estudio. La preparación adecuada para la presentación de la Palabra de Dios requiere un esfuerzo extenuante. En 2Timoteo 2:15, Pablo escribe: «Procura con diligencia presentarte a Dios aprobado, como obrero que no tiene de qué avergonzarse, que usa rectamente la palabra de verdad». La palabra traducida «sé diligente», significa «esforzarse». «Usar rectamente», significa literalmente «cortar rectamente». Como fabricante de tiendas, Pablo habría tenido un aprecio especial por la importancia de la precisión en el manejo del cuero y otros tejidos valiosos para que las piezas cortadas encajaran. Cuando se formaba un producto final útil sin desperdicios innecesarios, el propio trabajador quedaba aprobado. Se requería un trabajo hábil, no solo buenas intenciones, la actitud correcta o el enfoque adecuado.[34]

La interpretación de las Escrituras: La intención de Dios

El sentido único de las Escrituras

La confianza en que *su sermón* comunica *el mensaje de Dios* requiere una adecuada filosofía del significado. El método de Arthur B. Whiting para el desarrollo de sermones, cuya adaptación se presenta en el capítulo 4, supone *una hermenéutica literal. La hermenéutica* ha sido definida como «la ciencia y el arte de la interpretación bíblica».[35] Implica la observancia hábil de reglas dentro de un sistema que presupone ciertas cosas sobre la autoridad y la naturaleza del

---

[33] Las doctrinas de la justificación, santificación y glorificación están relacionadas, pero son distintas, y no deben confundirse. (1Tesalonicenses 1:9-10 y Tito 2:11-14). Confundir la justificación y la santificación lleva a la incomprensión de tanto gracia como obras (Rom. 11:6).

[34] «La actitud o el enfoque correcto de la Biblia no es todo lo que se necesita para entender su significado... Hay una manera correcta y otra incorrecta de construir. Además, hay que desarrollar ciertas habilidades antes de que una persona, mediante el uso del método correcto, pueda construir adecuadamente. Lo mismo ocurre con la comprensión de la Biblia». (J. Robertson McQuilkin, *Understanding and Applying the Bible* [Chicago: Moody, 1984], 14.)

[35] Ramm, *Protestant Biblical Interpretation*, 1.

lenguaje.[36] La hermenéutica literal asume el significado único de las Escrituras,[37] que fue fijado por el uso que el escritor hizo de las palabras en sus contextos originales.[38] Debido a su orientación contextual, la hermenéutica literal ha sido llamada el enfoque «histórico-gramatical» de la interpretación bíblica.[39] Una descripción más completa sería la «interpretación literal-gramatical-histórica-cultural-literaria-contextual». Aunque es engorrosa, esta expresión compuesta refleja el hecho de que cada estrato contextual define los significados de las palabras en las que fueron escritas. (Véase la figura 2.2)

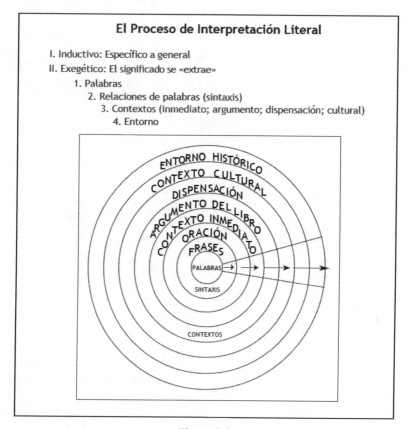

Figura 2.2

---

[36] Ibid.

[37] «Determinar el sentido único es el objetivo de la interpretación bíblica. De lo contrario, la fantasía del intérprete, o las ideas preconcebidas que impone al texto, se convierten en la autoridad». (McQuilkin, *Understanding and Applying the Bible*, 66)

[38] E. D. Hirsch hace una útil distinción entre *significado* y *significancia*. El significado, o la implicación, está en lo que el autor escribió, y no cambia, mientras que la significancia habla de la relación del significado con las cosas, y sí cambia. (E. D. Hirsch, «*Validity in Interpretation*» [New Haven y London: Yale, 1967], 63). Incluso los tipos del Antiguo Testamento ejemplifican el sentido único de la Escritura, ya que personifican la verdad cumplida en el Nuevo Testamento.

[39] «El principio histórico y gramatical. Es inseparable del principio literal. El intérprete debe prestar atención a *la gramática*, a *los tiempos, circunstancias y condiciones* del escritor del libro bíblico; y al *contexto* del pasaje». (Ramm, *Protestant Biblical Interpretation*, 55).

Principios teológicos rectores

La interpretación literal se guía por al menos siete convicciones teológicas sobre la naturaleza de la revelación escrita, resumidas brevemente en la figura 2.3 y descritas como sigue:[40]

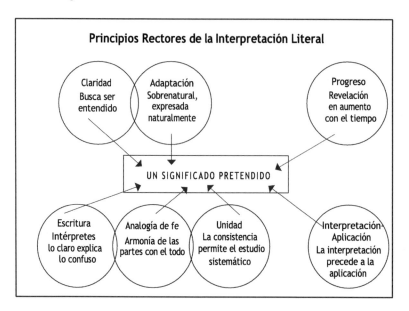

Figura 2.3

1. El principio de la claridad. Este principio sostiene que Dios se comunicó con el hombre para ser comprendido. Así, el sentido único de los textos bíblicos no solo es posible, sino que está divinamente previsto. «Mediante el uso de la filología científica y la iluminación del Espíritu llegamos a la claridad de la Escritura, y no hay necesidad de recurrir a la Iglesia», escribió el teólogo bautista Bernard Ramm, explicando la visión protestante de la claridad en contraste con la del catolicismo romano.[41] En lugar de buscar elaborados sistemas de códigos, símbolos o claves para desentrañar los significados ocultos, el intérprete guiado por este principio esperará descubrir lo que Dios reveló a través de «las leyes del lenguaje».[42] Esto no significa que las pepitas de oro de la verdad estén todas expuestas en la superficie de la Escritura, sino que pueden ser descubiertas por las prácticas normales de «minería» literaria cuando son iluminadas por el Espíritu Santo.

2. El Principio de Adaptación se refiere al uso que hace Dios de las palabras para expresar realidades sobrenaturales con terminología natural, de modo que la gente pueda comprender conceptos que de otro modo serían incomprensibles.

---

[40] Para una explicación más completa de estos prinicipios, véase Ramm, *Protestant Biblical Interpretation*, 97ff.; Zuck, *Basic Bible Interpretation*. 9-26; y Elliot E. Johnson, *Expository Hermeneutics: An Introduction* (Grand Rapids: Zondervan. 1990), 31-53.

[41] Ramm, *Protestant Biblical Interpretation*, 98.

[42] Ibid.

Algunos ejemplos son las referencias a que Dios tiene ojos (Génesis 6:8), brazos (Salmo 44:3), alas (Salmo 91:4), etc. Sin la voluntad de Dios de condescender a los límites del entendimiento humano finito, no habría claridad. La estrecha asociación de estos principios está representada en la figura 2-3 por los círculos superpuestos.

3. El principio del progreso de la revelación, brevemente discutido en el capítulo anterior, se refiere al aumento de la revelación a lo largo del tiempo. Si bien las Escrituras hebreas no son menos inspiradas por Dios, son el fundamento del Nuevo Testamento construido sobre ellas. Este principio se resume sucintamente en la siguiente afirmación atribuida a San Agustín (354-430 d.C.):

El Nuevo está contenido en el Antiguo,
El Antiguo está explicado en el Nuevo.
El Nuevo está latente en el Antiguo.
El Antiguo está patente en el Nuevo.[43]

4. El principio de «la Escritura interpreta la Escritura» se refiere a la afirmación de Martín Lutero y otros reformadores de que, en lugar de apelar al magisterio de la Iglesia Católica Romana para que proporcione el significado de un texto bíblico, «toda la Sagrada Escritura es el contexto y la guía para entender los pasajes particulares de la Escritura».[44] En otras palabras, los pasajes más claros de la Escritura sobre un tema o doctrina determinada dan el significado de los pasajes menos claros sobre el mismo tema.

5. El principio de la analogía de la fe está estrechamente relacionado con el principio anterior. Quiere decir que el significado correcto de un determinado pasaje nunca contradice la enseñanza de la Escritura en su conjunto sobre ese punto.[45]

6. El principio de unidad de las Escrituras supone la integridad de la revelación de un solo autor. En palabras de Bernard Ramm, este principio sostiene que «hay un único sistema de verdad o teología contenido en la Escritura, y por tanto todas las doctrinas deben cohesionarse o estar de acuerdo entre sí».[46] Aunque nunca deben imponerse deducciones sobre un texto determinado, este principio proporciona la base para un estudio sistemático de la Escritura con el fin de descubrir lo que «la Biblia enseña» sobre un tema o doctrina determinados. También proporciona una corrección de los métodos que afirman múltiples significados en la Escritura.[47]

7. El principio de interpretación y aplicación reconoce que, aunque un texto tiene un solo significado, puede tener muchas aplicaciones. En consecuencia, las aplicaciones de un pasaje nunca deben confundirse con su interpretación, que

---

[43] Henrietta C. Mears, *What the Bible Is All About* (Ventura, California: Regal, 1999), 23.

[44] Ramm, *Protestant Biblical Interpretation*, 105.

[45] Véase ibid., 107ff para una buena discusión sobre cómo este principio se relaciona con varias teorías con respecto a la unidad de la Escritura.

[46] Ibid., 197ff.

[47] Ramm, en ibid., páginas 111ff, describe la unidad de la Escritura como correlativa a los métodos interpretativos que afirman una pluralidad de significado de la Escritura, incluyendo la alegoría, los cultos y el pietismo protestante.

siempre debe preceder a sus aplicaciones en el proceso de exposición del texto de la Escritura.[48]

En conjunto, los principios rectores de la hermenéutica literal deben apreciarse por lo que son, sin esperar más de lo que pueden proporcionar. El mero hecho de seguirlos no confiere la destreza necesaria para «jugar el juego», al igual que seguir las reglas del tenis no le convierte a uno en campeón. Por la misma razón, el juego de habilidad *sin* reglas no es tenis. Esta es la conclusión de la evaluación de David Neff del libro de I. Howard Marshall *Beyond the Bible* [*Más allá de la Biblia*] Refiriéndose a los concilios y credos históricos de la Iglesia, Marshall sostiene que, al pasar de la revelación a la doctrina, se necesita algo más que reglas de interpretación de las Escrituras. La conclusión de Neff tiene mérito: «Las reglas de interpretación de las Escrituras solo pueden llevarnos hasta cierto punto, pero, como demuestran Marshall y Vanhoozer, podemos aprender mucho observando a los grandes intérpretes en su mejor momento».[49]

Interpretación literal

La *interpretación literal* contrasta con la *interpretación alegórica*, que sostiene que el significado real y espiritual de la Escritura está oculto bajo las palabras reales que utilizó el escritor.[50] La desventaja y el peligro de la interpretación alegórica es que no proporciona ninguna salvaguarda objetiva contra los prejuicios y suposiciones *personales* que alguien pueda aportar al texto. Permite la imposición de un sistema teológico sobre el texto en lugar de permitir que el texto corrija el sistema.[51] William Ames (1576-1633) expuso los argumentos en contra de la interpretación alegórica con mayor brevedad y contundencia: «Todo lo que no significa una cosa, seguramente no significa nada».[52]

En cambio, la gran ventaja de la interpretación literal es su reconocimiento de que el significado está basado en hechos objetivos, de esta manera se elimina la necesidad de especulación y el proceso interpretativo se protege contra la subjetividad. La interpretación literal es coherente con el método inductivo de estudio de la Biblia, que pasa de la observación de lo que el texto dice realmente a un principio general sobre la base de datos textuales específicos.[53] El estudio inductivo de la Biblia es, a su vez, coherente con la visión conservadora de la propia Escritura, que sostiene que «Dios se ha comunicado con nosotros, tal y como nosotros nos comunicamos con otras personas».[54] El respeto al uso normal y natural

---

[48] Ibid., 113.

[49] David Neff, «*Hermeneutics, Anyone?*» *Christianity Today* 49, no. 11 (2005): 92.

[50] Véase Zuck, *Basic Bible Interpretation*, 44-45.

[51] Ramm, *Protestant Biblical Interpretation*, 115.

[52] William Ames, *The Marrow of Theology*, ed. y trad. por John D. Eusden (Boston: Pilgrim, 1968), 188.

[53] «La palabra 'inductivo' significa ir de los detalles específicos al principio general». (Richards and Bredfeldt, *Creative Bible Teaching*, 63).

[54] Ibid., 30. Los autores distinguen la visión conservadora de la Escritura de la visión liberal, que trata la Biblia como un registro de los intentos humanos de encontrar a Dios en los acontecimientos normales de la vida; y de la visión neo-ortodoxa, que afirma que la Biblia se convierte en la Palabra de Dios para aquellos que se encuentran con Él a través de ella.

del lenguaje reconoce el valor connotativo[55] de las figuras literarias del lenguaje, como los símiles, las metáforas, las parábolas, las analogías, los juegos de palabras e incluso las alegorías.[56] Sin embargo, a menos que haya una buena razón dentro de un determinado pasaje de las Escrituras para considerar su lenguaje como figurativo, las palabras deben tomarse en su sentido normal y natural.

Un ejemplo de lenguaje figurado se encuentra en Gálatas 2:9. Santiago, Cefas y Juan son descritos como columnas de la Iglesia de Jerusalén. Las columnas sostienen físicamente los edificios. Es obvio que Pablo, el escritor, no quiso decir que estos tres hombres servían a la Iglesia sosteniendo una estructura física. Claramente quiso decir que la Iglesia, como estructura espiritual, dependía de estos líderes espirituales como un edificio se apoya en los postes fundamentales. Así que, aunque la palabra traducida como «columnas» se utiliza para representar otra realidad, esto no da al lector licencia para leer en la palabra *columnas* un significado ajeno a ella. El significado figurativo del lenguaje está relacionado con, y se rige por, su sentido llano y literal.

El texto de nuestro sermón modelo, 1Juan 2:1-2, se refiere a Cristo como «un Abogado» (RVA). ¿Utiliza Juan el término *parakletos* en el sentido literal (y más general) para denotar una persona «llamada al lado de uno»?[57] DHH refleja esta interpretación, parafraseando *parakletos*: «un defensor». La interpretación de la idea que subyace a la palabra, en lugar de traducirla, facilita la lectura. Pero, ¿describió Juan simplemente una función que cumple el Señor?

Otra posibilidad es que Juan usara la palabra como una figura retórica que pretendía representar vívidamente al Señor como el abogado defensor del creyente ante el juez en un tribunal. Al usar el término *abogado*, los traductores de la Reina Valera Actualizada y La Biblia de las Américas, indican que entienden el término como un título oficial. Esto significaría que la defensa de Jesús es el resultado de *ser* el representante del creyente, lo cual es el resultado de ser «Jesucristo el justo... la expiación por nuestros pecados» (1Jn. 2:1-2 RVA).

La cuestión es que la interpretación literal exige un esfuerzo para investigar esta cuestión partiendo de la base de que las palabras significan algo, y que son las propias palabras de la Escritura las que Dios sopló (véase Mateo 5:18 y Lucas 16:17), no las ideas con las que la gente las invierte.[58]

El hecho de que todas las profecías bíblicas registradas se hayan cumplido *literalmente* apoya firmemente la interpretación literal. Ninguna se ha cumplido de manera que requiera una interpretación espiritual, mística o subjetiva de la

---

[55] La *connotación* es «un significado adicional o aparte de la cosa explícitamente nombrada o descrita por una palabra». La *denotación*, por el contrario, se refiere a lo que se señala claramente (*Webster's New American Dictionary*).

[56] En Gálatas 4:24-31, Pablo afirma que está hablando alegóricamente en su referencia a Agar y Sara como representantes del Monte Sinaí y Jerusalén. Interpretar esta alegoría no debe ser confundido con la interpretación alegórica de las Escrituras en general. Para una buena discusión de la interpretación alegórica véase Traina, *Methodological Bible Study*. 172-74. Véase también a Zuck, *Basic Bible Interpretation*, 143-68.

[57] W. E. Vine, *Expository Dictionary of New Testament Words*, 4 vol. (Old Tappan, Nueva Jersey: Revell, 1940), 1:208.

[58] Véase la obra de Arnold Fruchtenbaum, quien presenta las cuatro formas en las que los escritores del Nuevo Testamento citan el Antiguo Testamento, incluyendo el método rabínico de *drash*, el cual aplica al pasaje a un solo punto de similaridad. (Arnold G. Fruchtenbaum, «*Rabbinic Quotations of the Old Testament and How It Relates to Joel 2 and Acts 2*», www.pre-trib.org/article-view.php?id=2.)

predicción. Por lo tanto, se ha dicho muy bien que «cuando el sentido llano de la Escritura tiene sentido, no busques otro sentido, para que no sea un sinsentido».[59]

Cuando se aplica la interpretación literal a los textos bíblicos en el original, el proceso se denomina *exégesis*.[60] Esta palabra viene de dos palabras griegas que significan «extraer». Describe el proceso de *extraer* el significado de una palabra, frase, cláusula, oración, párrafo, etc., observando la construcción gramatical y la forma en que las palabras se relacionan entre sí en sus diversos contextos. Lo contrario de la exégesis es *la eiségesis*, que se refiere a agregar significados *al* texto.[61]

El siguiente diagrama ofrece un resumen esquemático del proceso de la interpretación literal (véase la figura 2.4). Obsérvese que el significado del autor en el contexto original es la «interpretación» determinada por el estudio bíblico inductivo. Cuando el significado se generaliza y se declara como una verdad atemporal, se llama «principio». Cuando el principio se extiende a situaciones nuevas y diferentes sin distorsionar el significado original, los resultados se llaman «aplicaciones».[62]

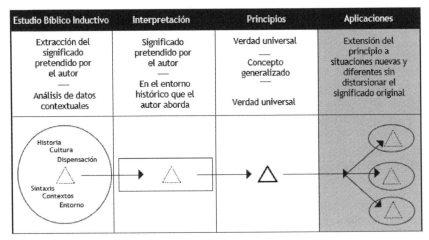

Figura 2.4

Comunicación expositiva, la transmisión del mensaje de Dios

Descubrir lo que Dios quiso decir con lo que dijo es la base de la predicación expositiva. *Homilética* es una palabra utilizada en referencia a «la ciencia y el arte de preparar y transmitir la Palabra de Dios. Es la estructura del mensaje. Es tomar

---

[59] Fuente desconocida.

[60] Ramm, *Protestant Biblical Interpretation*, 115; Zuck, *Basic Bible Interpretation*, 20.

[61] Ramm, *Protestant Biblical Interpretaion*, 115.

[62] Nota: Más completas «definiciones funcionales» para estos términos serán dadas en el capítulo 4. También véase Zuck, *Basic Bible Interpretation*, 279-92; y Walter C. Kaiser y Moises Silva, *An Introduction to Biblical Hermeneutics* (Grand Rapids: Zondervan, 1994), 271-83. Para una buena discusión de la base de aplicaciones válidas, véase Johnson, *Expository Hermeneutics*, 224-64.

oro y ponerle un marco de plata. Es transmitir mediante la palabra hablada y mediante la vida, las palabras de la verdad».[63]

El siguiente cuadro muestra las distinciones y relaciones entre hermenéutica, homilética y la oratoria.[64] (Véase la figura 2.5)

Eliminar la homilética de la figura 2.5 implicaría hablar en público de los datos bíblicos en bruto. Esto sería como servir productos agrícolas sin cocinar y llamarlo comida. La afirmación de Walter Kaiser sobre este punto seguramente recibirá el «¡amén!» del lector:

Nada puede ser más lúgubre y machacar más el alma y el espíritu de la Iglesia que un recuento seco y sin vida de episodios bíblicos aparentemente sin relación con el presente. El pastor que pronuncia este tipo de sermón, demostrando su clase de exégesis en el seminario, bombardea a su desconcertada audiencia con un laberinto de detalles históricos, filológicos y críticos, de modo que el texto cae sin vida ante el oyente.[65]

Hermenéutica	Homilética	Oratoria
Interpretación	Preparación	Presentación
Fundamentación	Construcción	Exhibición
Argumento	Arreglo	Declaración
Comprensión	Agrupamiento	Entrega
Perspectiva	Esquema	Descarga

Figura 2.5

La homilética sin hermenéutica, por otro lado, podría ser como un plato muy atractivo de hongos venenosos — bonito a la vista, ¡pero potencialmente mortal! Y sin la oratoria, la homilética sobre la base de una buena hermenéutica es como una cocina exquisita que nunca se lleva de la cocina al cliente de un restaurante. Para alimentar a los oyentes con presentaciones de la Palabra de Dios que sean atractivas, saludables y fáciles de digerir, el comunicador expositivo no puede descuidar el trabajo esencial de construcción de puentes de la homilética.

En su libro *The Preacher's Portrait*, John Stott compara y contrasta las diversas funciones y responsabilidades del predicador según las Escrituras. La imagen de un mayordomo, o administrador del hogar, enfatiza al predicador como «el administrador y dispensador de los bienes de otra persona».

Así, el predicador es un administrador de los misterios de Dios, es decir, de la auto-revelación que Dios ha confiado a los hombres y que ahora se conserva en las Escrituras. El mensaje del predicador, por lo tanto, se deriva no directamente de la

---

[63] Arthur B. Whiting como citado por William Milton Jones, professor de homilética (folleto de clase, *Western Conservative Baptist Seminary*, 1971-1975).

[64] Esta tabla por S. F. Logsdon fue tomada por Richard Parke. Sin publicar, «Complete Class Notes for PTH 201» (Western Conservative Baptist Seminary, 1972), 2.

[65] Kaiser, *Toward an Exegetical Theology*, 19.

boca de Dios, como si fuera un profeta o un apóstol, ni de su propia mente, como los falsos profetas, ni sin digerir de las mentes y bocas de otros hombres, como el balbuceo, sino de la Palabra de Dios una vez revelada y ahora registrada, de la cual es un administrador privilegiado.[66]

Stott observa las diversas direcciones en las que el predicador, como administrador, debe «ser hallado fiel» (1Cor. 4:2 RVA). Su fidelidad ha de ser «para el dueño de casa que lo ha designado para la tarea; ... para la casa que espera de él el sustento; y ... para el depósito que se le ha confiado».[67]

Comunicación expositiva, conectando con los contemporáneos

Con respecto a la casa del mayordomo, cuanto mejor se conozcan el orador y el público, mejor será el puente que se puede construir desde la Biblia hasta el oyente. En su excelente libro *Teaching to Change Lives [Enseñar para cambiar vidas]*, Howard G. Hendricks afirma: «No le interesa simplemente inculcar principios; usted quiere contagiar a la gente. Por lo tanto, la *forma en que la gente aprende determina cómo se enseña*».[68] Richards y Bredfeldt expresan la misma idea de esta manera: «Enseñar a las personas, no solo las lecciones. Son las personas a las que estamos llamados a servir. Son las personas por las que Cristo murió para redimirlas. Asegúrese de que el estudiante es su centro de atención en la enseñanza, no simplemente la transmisión de contenido bíblico».[69]

Aunque es posible que el apóstol Pablo no conociera bien a nadie de su audiencia en Atenas, su sermón en Hechos 17 refleja el análisis de la audiencia. «Comienza en el mundo de sus alumnos. Empieza en donde ellos viven».[70] Al referirse a su observación de su ídolo «al Dios no conocido», Pablo se ganó su atención y estimuló su interés en su declaración de la identidad del Dios verdadero y vivo. Por otra parte, cuando Pablo se dirigía a los judíos, proclamaba a Cristo como el que cumple las Escrituras hebreas (Hechos 24:14). Richards y Bredfeldt argumentan de forma convincente que Jesús conocía las necesidades de la gente y adaptó sus mensajes para satisfacerlas:

Jesús orientó su enseñanza a las necesidades y la disposición de sus alumnos cuando dijo: «Tengo mucho que decirles, más de lo que pueden sobrellevar ahora» (Juan 16:12). Jesús reconoció el principio educativo básico de que las necesidades, los intereses y la disposición del estudiante determinan lo que se debe enseñar y cómo se debe enseñar. Ya sea con Nicodemo (Juan 3), con la mujer del pozo (Juan 4), con la mujer sorprendida en adulterio (Juan 8), con Tomás en su duda (Juan 20) o con

---

[66] John R. W. Stott, *The Preacher's Portrait* (Grand Rapids: William B. Eerdmans Publishing Co., 1961), 17.
[67] Ibid., 32.
[68] Howard Hendricks, *Teaching to Change Lives: Seven Proven Ways to Make Your Teaching Come Alive* (Sisters, Oregon: Multnomah. 1987), 39.
[69] Richards y Bredfeldt, *Creative Bible Teaching*, 321.
[70] Ibid., 153.

Pedro en su culpa (Juan 21), Jesús comprendió la necesidad humana y ajustó su enfoque en consecuencia.[71]

Jesús, Pablo y otros ciertamente ejemplifican el principio de enfocar el mensaje en suplir las necesidades de los aprendices. Es dudoso que se opongan a la afirmación de Hendricks: «Conozca a sus alumnos. Cuanto más conozca sus necesidades, mejor podrá satisfacerlas».[72] Pero, al mismo tiempo, aunque las necesidades de los oyentes deberían determinar la forma de transmitir el contenido de la revelación, no se puede permitir que esas necesidades dicten el mensaje en sí. Quien lo hace no sirve al dueño de casa al que rinde cuentas como administrador, al no hacer el «depósito» de la Palabra confiada por Dios.

Irónicamente, cuando se permite que gobierne el gallinero, la sensibilidad del buscador falla en el mismo hogar que el administrador quiere complacer. Como afirman Richards y Bredfeldt, «es importante que el maestro bíblico creativo recuerde que las necesidades humanas básicas no han cambiado significativamente a lo largo de los milenios que han transcurrido desde que se escribieron las Escrituras».[73] Esta afirmación valida las teorías de las necesidades de los científicos sociales Abraham Maslow y Fredrick Herzberg, que sostienen que las necesidades humanas básicas (seguridad física y necesidades relacionales) deben satisfacerse antes de que puedan abordarse eficazmente los motivadores superiores (como la estima y el logro). Los comunicadores bíblicos deben distinguir entre las necesidades *reales* de las personas y los *deseos* a los que suelen referirse como necesidades.

La constancia de las necesidades humanas reales explica en parte por qué es totalmente posible elaborar y comunicar un sermón eficaz ante completos desconocidos, como suelen hacer los oradores en grandes reuniones y a través de los medios de comunicación. Sin embargo, para que esto ocurra, el orador debe establecer una conexión relacional de algún tipo. El propio Hijo de Dios, que es el único que explica al Padre, no lo hizo desde la distancia, sino que vino como ser humano y acampó entre nosotros (Jn. 1:18, 14). Así que Hendricks tiene una sólida base teológica cuando dice a los aspirantes a maestros de la Biblia: «Puede impresionar a la gente desde la distancia, pero solo puede impactarlos en la cercanía».[74] Si el comunicador expositivo está encargado de construir un puente entre el «entonces y allí» de los tiempos bíblicos y el «aquí y ahora»[75] de sus audiencias, debe, como dijo Haddon Robinson, «conocer a su gente así como su mensaje, y para adquirir ese conocimiento exegeta tanto la Escritura como la congregación».[76]

---

[71] Ibid., 94-95.
[72] Hendricks. *Teaching to Change Lives,* 93.
[73] Hendricks, *Teaching to Change Lives,* 94.
[74] Hendricks, *Teaching to Change Lives,* 94.
[75] Richards y Bredfeldt, *Creative Bible Teaching.* 64.
[76] Robinson, *Biblical Preaching*, 27.

Resumen y conclusión

La Biblia es información dada por Dios sobre Dios con el propósito de darlo a conocer a la gente, cuya mayor necesidad es conocerlo en una relación personal que cambie la vida. Ya que hablar por Dios a una audiencia contemporánea es un privilegio, los comunicadores expositivos son responsables de descubrir lo que Dios quiso decir con lo que dijo. Ceder a la atracción de la popularidad, los preceptos de los hombres y la perversión de lo que los pasajes realmente enseñan, explica en parte por qué los sermones a menudo comunican el mensaje y la autoridad del predicador, en lugar de la de Dios.

Cuando la fuente de su sermón son las Escrituras, el predicador acepta la responsabilidad de cerrar la brecha de comunicación creada por su antigüedad, dificultad y extrañeza para los oyentes. El carácter sobrenatural de las Escrituras, el progreso de la revelación, la distinción entre los programas divinos (redención y reino), y la derivación de la verdad revelada a otros, exigen discernimiento y habilidad espiritual.

La interpretación literal busca el significado contextual inductivamente, entendiendo que cada palabra de la lengua original ha sido inspirada por Dios. Al descubrir el significado único de los textos, el intérprete se guía por supuestos teológicos sobre la naturaleza de la revelación divina. Al extraer cuidadosamente los principios y extenderlos a situaciones nuevas y diferentes de los oyentes, sin distorsionar el significado original, el predicador realiza el matrimonio de la hermenéutica y la oratoria y sirve así de fiel administrador y eficaz constructor de puentes.

¿Qué tipo de mensajero utiliza Dios para transmitir lo que tiene que decir de su Palabra a las personas que viven hoy? ¿Cuál es la naturaleza del papel y las relaciones del mensajero? ¿Está *usted* personalmente capacitado para ser el vehículo en el que Dios está dispuesto a transportar lo que quiso decir en 1Juan 2:1-2, a los que están dispuestos a escuchar? Estas preguntas expresan las preocupaciones del capítulo 3.

Preguntas para la discusión

1. Como diferentes tipos de comunicación expositiva de la Escritura, explique las diferencias entre la *predicación* y la *enseñanza*.
2. ¿De qué manera ha visto que la popularidad, los preceptos humanos o las perversiones del texto bíblico desvirtúan la comunicación de un predicador con la autoridad de Dios? Dé ejemplos.
3. En sus propias palabras, ¿qué es la *brecha de comunicación* y por qué existe?
4. ¿Por qué es tan importante unir la homilética con la hermenéutica?
5. ¿Por qué está de acuerdo o no en que se puede *impactar a las personas solo en la cercanía*?
6. Explica los siguientes términos:
   hermenéutica   homilética
   estudio inductivo de la Biblia   exégesis

interpretación   interpretaciones alegóricas
principio   aplicaciones

7. Explique la afirmación «Los predicadores expositivos son autoritativos, no autoritarios».

CAPÍTULO 3

El canal: Representar a Dios como su portavoz

Arthur B. Whiting dijo una vez: «Algunos consideran importante solo el mensaje, pero el orador hace vivir las palabras de la Escritura. La homilética es el método y el hombre, no solo el método».[1] En consonancia con esta afirmación, Donald Macleod escribió: «No se puede hablar de la predicación al margen del predicador. Es hora, pues, de que descubramos o redescubramos al predicador: ¿Quién es él o ella? ¿En qué está involucrado? ¿Y por qué?».[2]

El capítulo 2 respondió a estas preguntas, en parte.[3] Los predicadores construyen puentes verbales y relacionales con personas alejadas del mundo y del tiempo de la Biblia. Pero, ¿quién está realmente capacitado para hablar en nombre de Dios? ¿Tiene razón Howard Hendricks cuando afirma que «lo que usted *es*, es mucho más importante que lo que dice o hace»?[4] Si es así, ¿qué tipo de persona puede utilizar y utiliza Dios para articular su mensaje en una generación determinada? Empecemos por reconocer que utiliza a las personas, no solo para que hablen en su nombre, sino para que sean encarnaciones individuales de su revelación.

Dios utiliza a las personas

Según las Escrituras, Dios ha elegido utilizar a las personas, como sus portavoces, o voceros, para *llegar* a la gente. El escritor de Hebreos comenzó su epístola diciendo: «Dios, habiendo hablado en otro tiempo muchas veces y de muchas maneras a los padres por los profetas, en estos últimos días nos ha hablado por el Hijo,» (1:1-2 RVA). Refiriéndose a Sus apóstoles (enviados), Jesús oró al Padre: «Así como me enviaste al mundo, yo también los he enviado al mundo» (Juan 17:18 sic). Y en Romanos 10:14-15, Pablo pregunta: «¿Cómo, pues, invocarán a aquel en

---

[1] Whiting, como citado por Jones (folleto de clase, 1974).

[2] Donald Macleod, *The Problem of Preaching*, (Filadelfia: Fortress, 1987), 23.

[3] «Otros pueden percibir al predicador como un pensador, un tranquilo hombre de oración, lector ávido, un hombre con la mente en lo celestial, un psiquiatra espiritual, un líder fuerte, buen mezclador, uno que entiende las finanzas, y un buen comunicador. Pero su utilidad como mayordomo confiable (1Cor. 4:1-2), embajador fidedigno (2Cor. 5:19-20) y testigo creíble (Hechos 1:8; 26:16) depende de su integridad como hombre de Dios» (folleto de clase, 1974).

[4] Hendricks, *Teaching to Change Lives*, 74.

quien no han creído? ¿Y cómo creerán a aquel de quien no han oído? ¿Y cómo oirán sin haber quien les predique? ¿Y cómo predicarán sin que sean enviados? Como está escrito: ¡Cuán hermosos son los pies de los que anuncian el evangelio de las cosas buenas!'» (RVA).

Los predicadores son portadores del mensaje que Dios les envió para comunicar a otros en su nombre. El factor humano no es solo el mecanismo para sembrar la Palabra como si fuera una semilla (véase Mateo 13:3, 19); es también el medio a través del cual la Palabra es enviada y recibida. Como señaló Hendricks, «el método de Dios es siempre encarnado. Le encanta tomar la verdad y envolverla en una persona».[5] Con la excepción de los apóstoles y profetas de la Iglesia del siglo I, los predicadores transmiten el mensaje de Dios ya inscrito a través de las personalidades de los elegidos para escribirlo. De nuevo, es el escritor de Hebreos quien pregunta: «¿cómo escaparemos nosotros si descuidamos una salvación tan grande? Esta salvación, que al principio fue declarada por el Señor, nos fue confirmada por medio de los que oyeron, dando Dios testimonio juntamente con ellos con señales, maravillas, diversos hechos poderosos y dones repartidos por el Espíritu Santo según su voluntad». (2:3-4 RVA).

Declarar el significado de un pasaje como 1Juan 2:1-2, entonces, es relatar la revelación registrada por el apóstol Juan. Él fue impactado como testigo ocular del Hijo de Dios encarnado, así como guiado infaliblemente por el Espíritu de Dios. (Véase 2Pedro 1:21) Cuando el mensaje se comunique al público contemporáneo, se filtrará a través de una personalidad más, la del predicador. (Véase la figura 3.1)

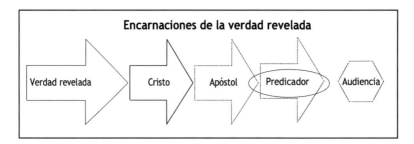

Figura 3.1

Cuando Hendricks pasa a describir este proceso, dice de Dios: «Toma a un individuo limpio y lo deja caer en medio de una sociedad corrupta, y esa persona —por lo que sabe, siente y hace — demuestra de manera convincente el poder de la gracia de Dios».[6] Suponiendo que esto sea cierto, ¿qué tan *limpia* debe estar una persona? ¿Exactamente qué tipo de persona puede usar y usa Dios para articular las verdades de la Escritura?

---

[5] Ibid.
[6] Ibid.

Dios usa a personas imperfectas

Según las Escrituras, Dios utiliza a quien quiere para hablar de su palabra. Utilizó a Jonás, no solo a pesar de su actitud poco cooperativa, sino en parte *debido* a ella.[7] Mucho antes de eso, el Señor usó a la burra de Balaam para que hablara por Él. (Véase Números 22). En Lucas 19:40, Jesús declaró que si los que celebraban su entrada triunfal en Jerusalén permanecían en silencio, las rocas gritarían. Lo que quiere decir es que, aunque Dios ha elegido hablar a través de las personas, no se limita a las agencias humanas, y mucho menos a las limpias. En Filipenses 1:18, Pablo se alegró de que, ya fuese en apariencia o en verdad, se proclamara a Cristo. El hecho de que las personas prediquen por ambición egoísta o por motivos puros afecta a su recompensa, pero no a la capacidad de Dios para utilizarlas.

Balaam era un falso profeta, contratado por el rey de Moab, Balac, para maldecir los israelitas (véase Números 22-24). Al estar dispuesto a recibir los honorarios de un adivino, Balaam se convirtió en un símbolo de la motivación mercenaria en el ministerio (véase 2Pedro 2:15). Sin embargo, a pesar de que Balaam tenía toda la intención y el esfuerzo de maldecir al pueblo de Dios, Jehová lo utilizó para bendecir a su pueblo. Hasta el día de hoy, los Oráculos de Balaam[8] son un testimonio de la capacidad de Dios para dar Sus palabras puras a través de un recipiente impuro. Incluso el Hijo de Dios sin pecado se hizo hombre al ser concebido y nacido de una mujer que confesó su necesidad de un Salvador (Lucas 1:47). Así que Dios no depende de la perfección humana en aquellos que lo representan verbalmente.

La credibilidad ante los estudiantes tampoco depende de la perfección. Hendricks dice: «Los niños no buscan un maestro perfecto, sino uno honesto y que crezca».[9] De hecho, el maestro, afirma, es «principalmente un aprendiz, un estudiante entre estudiantes».[10] Si, como también afirma Hendricks, «el fracaso es una parte necesaria del proceso de aprendizaje», entonces Dios puede tejer tus pecados pasados y perdonados en el tejido de tu testimonio para fortalecer tu credibilidad. David no pudo haber escrito ni el Salmo 32 o el 51 sin haber experimentado el perdón de pecados.

Entienda que estas observaciones no defienden ni hacen luz del pecado de ninguna manera. La respuesta a la pregunta de Pablo en Romanos 6:1, «¿Permaneceremos en el pecado para que abunde la gracia?» (RVA), es «¡De ninguna manera! Porque los que hemos muerto al pecado, ¿cómo viviremos todavía en él?» (v. 2 RVA). Pablo describe su propia autodisciplina en términos de un boxeador que asesta golpes a su propio cuerpo: «Más bien, pongo mi cuerpo bajo disciplina y lo hago obedecer; no sea que, después de haber predicado a otros, yo mismo venga a ser descalificado» (1Cor. 9:27 RVA).

Los portavoces de Dios son naturalmente innecesarios, indignos, inadecuados y poco rentables. Son innecesarios porque, como hemos visto, Dios puede obrar al

---

[7] El primer misionero extranjero, Jonás, fue usado, a pesar de sí mismo, para mostrar la preocupación de Dios por los gentiles, en contraste con la falta de preocupación de Israel.

[8] «Los oráculos de Balaam» hace referencia a las profecías de Balaam hallada en Números 23-24.

[9] Hendricks, *Teaching to Change Lives*, 74.

[10] Ibid.,17.

margen de ellos. Son indignos porque deben su existencia, utilidad y vocación a Dios. En 1Timoteo 1:12-13, el apóstol Pablo declaró: «Doy gracias al que me fortaleció, a Cristo Jesús nuestro Señor, porque me tuvo por fiel al ponerme en el ministerio a pesar de que antes fui blasfemo, perseguidor e insolente. Sin embargo, recibí misericordia porque, siendo ignorante, lo hice en incredulidad» (RVA).

Y los portavoces de Dios son naturalmente inadecuados. Pablo se apresuró a recordar a los corintios que ni él ni sus co-ministros podían presumir de autosuficiencia: «No que seamos suficientes en nosotros mismos para pensar que cosa alguna *procede* de nosotros», dijo, «sino que nuestra suficiencia es de Dios» (2Cor. 3:5 LBLA).

Como mortales finitos en cuerpos no redimidos, todos los predicadores son inadecuados para su tarea aparte de la suficiencia que viene de Dios. No son rentables porque su servicio nunca excede su deber. Nunca pueden pagar su deuda de amor.

Sin embargo, los que hablan *en nombre* de Dios son creados, elegidos, llamados, limpiados y comisionados *por* Dios. Como el profeta Jeremías y el apóstol Pablo, cada uno de los portavoces de Dios ha sido formado en el vientre materno para la tarea que se le encomendaría. En Jeremías, el profeta cita las palabras de Jehová al describir su llamado a hablar por Dios:

Vino a mí la palabra del SEÑOR, diciendo: «Antes que yo te formara en el vientre, te conocí; y antes que salieras de la matriz, te consagré y te di por profeta a las naciones». Y yo dije: «¡Oh SEÑOR Dios! He aquí que no sé hablar, porque soy un muchacho». Pero el SEÑOR me dijo: «No digas: 'Soy un muchacho'; porque a todos a quienes yo te envíe tú irás, y todo lo que te mande dirás. No tengas temor de ellos, porque yo estaré contigo para librarte», dice el SEÑOR. Entonces el SEÑOR extendió su mano y tocó mi boca. Y me dijo el SEÑOR: «He aquí, pongo mis palabras en tu boca. Mira, en este día te he constituido sobre naciones y sobre reinos, para arrancar y desmenuzar, para arruinar y destruir, para edificar y plantar». (1:4-10 RVA)

Del mismo modo, Pablo dijo: «Pero cuando Dios quien me apartó desde el vientre de mi madre y me llamó por su gracia tuvo a bien revelar a su Hijo en mí para que yo lo anunciara entre los gentiles, no consulté de inmediato con ningún hombre ni subí a Jerusalén a los que fueron apóstoles antes que yo sino que partí para Arabia y volví de nuevo a Damasco». (Gál. 1:15-17 RVA).

Lucas se refiere a Juan el Bautista como «terminar su carrera» (Hechos 13:25 RVA). Pablo le dijo a Timoteo: «Cumple tu ministerio» (2Tim. 4:5 RVA). En su epístola a los Efesios, Pablo habla de los creyentes como «hechura de Dios creados en Cristo Jesús para buenas obras, que Dios preparó de antemano para que anduviésemos en ellas» (2:10 RVA). Y el autor Andrew Blackwood comentó una vez: «El predicador mismo es el 'poema' de Dios (otra traducción del griego *poiema*, obra, Ef. 2:10)».[11] Así que, como ministro de la Palabra de Dios, antes de

---

[11] Andrew W. Blackwood, *The Fine Art of Preaching* (Grand Rapids: Baker, 1976), introducción por Ralph G. Turnbull.

emprender la tarea de diseñar un sermón, reconozca primero que usted es una «obra», la composición creativa de Dios. El contenido y la presentación deben llevar su firma, al igual que los escritos de David, Pedro, Juan y Pablo incorporan sus personalidades únicas.

Además de la obra soberana de Dios de limpiar a los seres humanos imperfectos y utilizarlos como sus representantes, también los coloca en el cuerpo de Cristo según su voluntad (1Cor. 12:4-11, 18).

Dios dota a las personas imperfectas que usa

Asumiendo que uno está entre los que fueron dados a Cristo por el Padre (ver Juan 6:37; 10:16; 17:6, 24), él o ella también debe ser dado a la Iglesia (Ef. 4:11) por Cristo y/o estar dotado para hablar (ver 1Pedro 4:11 y Romanos 12:6-8). Aquellos con los dones que no están relacionados con la oratoria, tales como servir, dar, misericordia, gobernar, etc., deben especializarse en la capacidad de sus dones espirituales.[12] Aquellos con dones de hablar, como profecía, exhortación y enseñanza, así como aquellos dados a la Iglesia para equipar a los santos para el servicio, incluyendo evangelistas, pastores y maestros, pueden o no funcionar en uno de los dos oficios de la iglesia local de anciano/supervisor y diácono (ver 1Timoteo 3:1-13 y Tito 1:5-9). Como se ilustra en el siguiente diagrama, estas designaciones dan lugar a una variedad de orientaciones de habla, de la A a la C-3.[13] (Véase la figura 3.2)

Dependiendo de dónde encaje un individuo en un momento dado, su ministerio de oratoria se verá afectado. Los ancianos que predican pueden reprender, amonestar y exhortar con una autoridad que no ejerce de la misma manera un maestro de escuela dominical o un evangelista callejero (véase Tito 2:15). (Le animamos a que explore por sí mismo la relación entre los tipos de ministros que Cristo da a la Iglesia, la naturaleza de los dones de palabra y las implicaciones de los cargos de la iglesia. Tal exploración está más allá del alcance de este libro). Pero no importa cómo se describa el don de oratoria, cuando un humano imperfecto pero regenerado recibe el don del habla, la cuestión del carácter es primordial.

Dios merece el honor del carácter piadoso en las personas imperfectas que él dota y usa[14]

La credibilidad es crucial para una comunicación eficaz. Remo Fausti y Edward McGlone, en su libro titulado *Understanding Oral Communication*, afirman:

---

[12] Santiago 3:1 advierte que no muchos deben ser maestros debido al juicio más estricto en el que incurrirán.

[13] Para una discusión sobre las diferencias entre ministerios y oficios, véase Alexander Strauch, *Biblical Eldership* (Littleton: Lewis y Roth, 1995), 101-17; 175-80; Earl D. Radmacher, *The Nature of the Church* (Portland: Western Baptist Press, 1972), 269-99; Robert L. Saucy, *The Church in God's Program* (Chicago: Moody, 1972), 127-65; y Jay E. Adams, *Shepherding God's Flock* (Grand Rapids: Zondervan, 1986).

[14] Véase a Unger, *Principles of Expository Preaching*, 56-63.

Se han realizado muchos estudios sobre la credibilidad de las fuentes. Han identificado tres factores como los principales determinantes de la credibilidad de un orador público: su percepción de fiabilidad, su percepción de experiencia y su capacidad general como orador público.

La confianza percibida se refiere a los rasgos de personalidad que los oyentes asocian con un orador que tiene en cuenta sus mejores intereses. Todo lo que un orador pueda hacer para crear una imagen amistosa, servicial, ética, generosa, justa y desinteresada debería aumentar su credibilidad.[15]

En una palabra, el elemento persuasivo que acaban de describir es el *carácter*. Desde el punto de vista de las ciencias sociales y la filosofía, el carácter puede considerarse como una parte de la comunicación no verbal que, o bien armoniza con las palabras que se pronuncian, o bien crea una disonancia que provoca distracción, desconfianza y confusión. La pregunta de John Milton Gregory se aplica a los predicadores quizás más que a cualquier otra persona. Se pregunta: «¿Cómo pueden los modales del maestro no ser serios e inspiradores cuando su tema es tan rico en radiante realidad?».[16]

El antiguo filósofo Sócrates resumió la esencia de la comunicación con los conceptos que denominó *ethos, pathos* y *logos*. «*Ethos* abarcaba el carácter. *Pathos* abarcaba la compasión. *Logos* abarcaba el contenido».[17] Según Hendricks, Sócrates consideraba que el *ethos* «establecía la credibilidad del maestro — sus credenciales». Entendía que quién eres es mucho más importante que lo que dices o haces, porque *determina* lo que dices o haces. «Quién eres como persona es tu mayor ventaja como orador, persuasor, comunicador. Debes ser atractivo para los que quieren aprender de ti. Deben confiar en ti, y cuanto más confíen en ti, más les comunicarás».[18]

Si es cierto que «la credibilidad siempre precede a la comunicación»,[19] entonces parte de ganarse el derecho a ser escuchado implica la voluntad de ser vulnerable, de dar a conocer los antecedentes, las experiencias y las luchas. Hendricks dice: «Los grandes maestros... se comunican *como* personas totales, y se comunican *a* la persona total de sus oyentes».[20] No está exhortando a los oradores a añadir nuevas dimensiones a sus discursos. Esencialmente, está diciendo que los grandes oradores reconocen que «las palabras representan solo el siete por ciento de todo lo que comunicamos a los demás»,[21] pero los oyentes están atentos al 93 por ciento *restante*. Así que, aunque «el contenido cuenta», dicen Richards y Bredfeldt, «[los maestros bíblicos creativos] saben que... son los alumnos a los que enseñan».[22]

---

[15] Remo P. Fausti y Edward L. McGlone, *Understanding Oral Communication* (Menlo Park, California: Cummings, 1972), 176.

[16] Hendricks, *Teaching to Change Lives*, 74.

[17] Ibid., 86.

[18] Ibid.

[19] Ibid., 95.

[20] Ibid., 87.

[21] Ibid., 76.

[22] Richards y Bredfeldt, *Creative Bible Teaching*, 109.

Conocer a la audiencia es fundamental. Quizá esto explique por qué Pablo describió su ministerio con la iglesia de Tesalónica como lo hizo:

> Tanto es nuestro cariño para ustedes que nos parecía bien entregarles no solo el evangelio de Dios sino también nuestra propia vida, porque habían llegado a sernos muy amados. Porque se acuerdan, hermanos, de nuestro arduo trabajo y fatiga; que trabajando de día y de noche para no ser gravosos a ninguno de ustedes les predicamos el evangelio de Dios. Ustedes son testigos, y Dios también, de cuán santa, justa e irreprensiblemente actuamos entre ustedes los creyentes. En esto saben que fuimos para cada uno de ustedes como el padre para sus propios hijos: Les exhortábamos, les animábamos y les insistíamos en que anduvieran como es digno de Dios, que los llama a su propio reino y gloria. Por esta razón, nosotros también damos gracias a Dios sin cesar; porque cuando recibieron la palabra de Dios que oyeron de parte nuestra, la aceptaron, no como palabra de hombres sino como lo que es de veras, la palabra de Dios quien obra en ustedes los que creen. (1Tesalonicenses 2:8-13 RVA)

La capacidad de persuasión de cualquier tipo de comunicación interpersonal aumenta cuando los oyentes perciben que se puede confiar en el orador. Así, tu carácter es importante en la comunicación expositiva de las Escrituras, porque tú, el predicador, representas a Dios ante la gente. Cuando tu sermón comunica plenamente el mensaje de Dios, estás demostrando los atributos de Dios que los mortales pueden reflejar.[23] Pero en la medida en que tu mensaje es de Dios, pero tu carácter es impío, tergiversas a aquel cuya misión debes cumplir. No eres el embajador que fueron Pablo y sus compañeros (Ef. 6:20; 2Cor. 5:20). Los oyentes se van con pensamientos indignos de Dios cuando los que hablan en su nombre lo presentan como algo distinto de lo que es. El hecho de que esto pueda hacerse a través de la vida de uno, así como a través de su lenguaje, explica tópicos como «Practica lo que predicas», «Practica lo que dices», «Tus acciones hablan tan alto que no puedo oír tus palabras», «A la gente no le importa cuánto sabes hasta que saben cuánto te importa», etc.

Desde el punto de vista de las Escrituras y la teología, el carácter piadoso es esencial para un testimonio eficaz, y una parte inseparable de lo que significa glorificar a Dios (1Cor. 10:31-33). Los oradores se presentan ante su público como ejemplos a seguir. Pablo exhortó a los corintios a imitarle como él imitaba a Cristo, y como los hijos imitan a su padre (1Cor. 4:14-16; 11:1). En Efesios 5:1, dijo a sus lectores: «Sed imitadores de Dios como hijos queridos» (RVA). La comparación

---

[23] Los atributos de Dios son comúnmente clasificados como *transmisibles* e *intransmisibles*. Los atributos intransmisibles incluyen su omnisciencia, omnipotencia, omnipresencia, y carácter eterno, los cuales el hombre nunca manifestará. Los atributos transferibles de Dios, sin embargo, describen la naturaleza divina que los creyentes *pueden* manifestar, incluyendo gracia, misericordia, paz, amor, paciencia, gentileza, etc. (W. Robert Cook, *Systematic Theology in Outline Form*, vol. 1 [Portland: Western Baptist Seminary Press, 1970], 54-58. Véase también Stephen Charnock, *The Existence and Attributes of God* [Minneapolis: Central Baptist Theological Seminary, 1797; repr., Minneapolis: Klock & Klock. 1977], y A. W. Tozer, *The Knowledge of the Holy* [New York: Harper Collins, 1961]).

de estas afirmaciones lleva a la conclusión de que modelar la vida de uno como la de Pablo era ser como Cristo y Dios. Los predicadores de carácter tan ejemplar motivan a los oyentes enseñables a aprender.

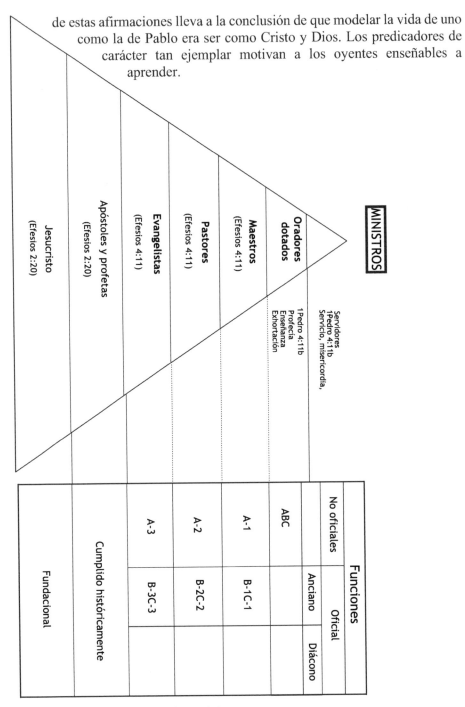

Figura 3.2

Demostrar el carácter de Dios en su comportamiento muestra sus atributos. Esto es lo que significa glorificar a Dios, que es el fin principal del hombre, según la Confesión de Fe de Westminster.[24] Como criatura hecha a semejanza de Dios y salva por su gracia, cada creyente le debe a Dios presentar su cuerpo como un sacrificio vivo, santo y aceptable, y trabajar para lograr la transformación de la vida que resulta de una mente constantemente en proceso de renovación (Rom 12:1-2). ¡Cuánto más ha de ser así el que busca, mediante la palabra hablada, presentar a todo hombre completo en Cristo (Col. 1:28)! Puesto que es Dios quien actúa en el creyente, tanto para querer como para hacer su voluntad (Fil. 2:13), el predicador expositivo tiene todas las razones para ser una persona de carácter piadoso, dispuesta incluso a soportar las dificultades (1Tim. 4:6-16; 6:11; 2Tim. 3:14; 4:5). Pero tal carácter no es el resultado de la determinación personal solamente. Es el fruto producido por el Espíritu Santo que mora en el creyente cuando este se somete a su control.

Dios produce un carácter piadoso en las personas que usa

La morada del Espíritu Santo en el cuerpo del creyente es el resultado de haber sido bautizado (colocado) en el cuerpo de Cristo como miembro (1Cor. 12:13: Rom. 12:1-5). Sin su presencia, una persona no puede estar «en el Espíritu», ni siquiera pertenecer a Dios (Rom. 8:9). Este bautismo en el Espíritu Santo ocurre en el momento en que uno cree en el Señor Jesucristo y es justificado.[25] Se evidencia apropiadamente por el bautismo con agua tan pronto como sea posible. (Véase Hechos 2:41; 9:18; 10:47-48; 16:15,33).

Como predicador expositivo, usted no solo debe ser «espiritual» en este sentido de tener a Cristo en su vida (Col. 1:27), sino que también debe ser «espiritual» al estar continuamente lleno de (o controlado por) el Espíritu Santo» (Ef. 5:18). El imperativo pasivo presente del verbo (*pleroó*), «llenar», indica la responsabilidad del creyente de obedecer este mandato — continuamente — mientras depende del Espíritu Santo, quien ejerce el control y produce Su fruto (véase Gálatas 5:22-23).

La predicación llena del Espíritu, entonces, ocurre cuando tú, un individuo regenerado proclama la Palabra de Dios, bajo Su control. Es *ungida* en el sentido de que el Espíritu Santo en tu vida *es* la unción de Dios (ver 1Juan 2:27). Esto no anula su personalidad y estilo únicos, ni hace innecesaria su diligencia como estudiante o su responsabilidad de mantener su «andar en el Espíritu» (ver Gálatas 5:16, 25). Por el contrario, una persona nunca es más su verdadero yo que cuando está cumpliendo el propósito para el que Dios lo creó y lo llamó.[26]

El crecimiento personal que se asemeja a Cristo integra los aspectos físicos, sociales, intelectuales y emocionales de la personalidad mediante la obediencia a la Palabra de Dios (1Tesalonicenses 5:23). En Lucas 2:52 se nos dice: «Y Jesús crecía en sabiduría y en estatura, y en gracia para con Dios y los hombres» (LBLA).

---

[24] Véase www.reformed.org/documents/wcf_with_proofs/

[25] Véase Hechos 11:15-18 para evidencia de gentiles creyendo y siendo bautizados en el Espíritu Santo con junto con los apóstoles en el Pentecostés.

[26] Considere a Moisés en Éxodo 4:11-12, y a Jeremías en Jeremías 1:5-10.

Hendricks afirma que el crecimiento apropiado en cualquiera de estas áreas no puede ser aislado del crecimiento apropiado en todas ellas.[27] El predicador lleno del Espíritu nunca deja de aprender, crecer y cambiar en mayor conformidad con Cristo.[28] Esto explica la pasión por comunicar.[29] También requiere algún tipo de educación.

Los predicadores llenos de espíritu hacen buen uso de sus habilidades naturales

Se ha dicho que «hay tres tipos de predicadores: los que no se pueden escuchar — te apagan; los que se pueden escuchar — se pueden tolerar; y los que hay que escuchar — exigen atención».[30] La diferencia no es siempre una cuestión de espiritualidad. También hay que poseer y desarrollar habilidades naturales, como la capacidad de pensar con claridad y hablar con franqueza y contundencia. Un buen orador no murmura, sino que enuncia cada palabra. En el capítulo 8 analizaremos con más detalle estos y otros aspectos de la predicación de un sermón.

El objetivo de cualquier educación continua, formal o informal, debe ser capacitarle para comprender y evaluar los datos contextuales de las Escrituras. Esto incluye información geográfica, histórica, dispensacional, cultural, literaria, gramatical y sintáctica. Su capacidad para leer y analizar el texto en su lengua original demuestra respeto por el hecho de que las propias palabras de la Escritura son inspiradas. La facilidad en la exégesis hebrea y griega reduce la dependencia de la experiencia de otros y aumenta su capacidad de hablar con la autoridad de la información de primera mano.

Resumen y conclusión

Dios ha elegido utilizar a personas imperfectas, a las que redime, dota y coloca en la Iglesia para que sean sus portavoces. El Espíritu Santo produce Su fruto en la vida de estos creyentes que, habiendo sido bautizados en el Espíritu en la conversión, se someten a Su control a través de la obediencia momento a momento a Su Palabra. A medida que el Espíritu trabaja para conformarlos a la semejanza de Cristo, ellos crecerán en cada aspecto de sus personalidades. El carácter piadoso aumenta su credibilidad como predicadores, hace que sus testimonios sean efectivos y glorifica a Dios al mostrar sus atributos. Pero para hablar con habilidad y con la autoridad de un teólogo exegético, todo predicador debe ser entrenado. El siguiente diagrama ilustra al predicador calificado. (Véase la figura 3.3)

---

[27] Hendricks, *Teaching to Change Lives*, 25.

[28] Como afirma Hendricks, «si dejas de crecer hoy, dejas de enseñar mañana». (Ibid., 60).

[29] Hendricks hizo la siguiente afirmación sobre las Siete Leyes del Maestro (maestro, educación, actividad, comunicación, corazón, ánimo y disposición): «Si las reduces, estas siete leyes esenciales llaman a una pasión por comunicar» (Ibid, 15).

[30] Whiting, como citado por Jones (folleto de clase, 1974).

El Predicador Calificado

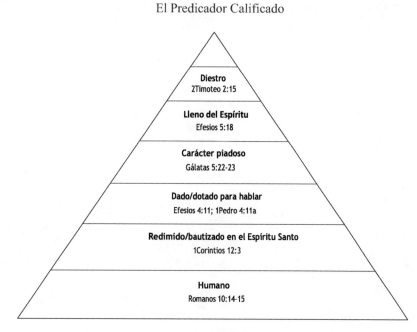

Figura 3.3

Preguntas para la discusión

1. ¿Cómo explicaría usted, bíblicamente, la aparente eficacia de los predicadores que luego se descubre que han llevado una doble vida de inmoralidad?

2. ¿Cómo explicaría usted, bíblicamente, la aparente ineficacia de los predicadores cuyo servicio parece ser fiel con respecto al carácter?

3. Diferencie entre el bautismo en el Espíritu Santo, la llenura del Espíritu Santo y la predicación ungida.

4. Enumere los beneficios del carácter piadoso en un ministro de la Palabra de Dios.

5. Describa cómo la predicación puede verse afectada por el tipo de ministro que uno es, el don espiritual que una persona posee y su relación con el cargo de la iglesia.

6. Evalúe la importancia de una educación teológica para los predicadores, incluyendo el estudio de las lenguas originales.

CAPÍTULO 4

El reto: Reducir la brecha de comunicación

En el capítulo 2 demostramos que salvar la brecha de la comunicación requiere descubrir el significado de la Escritura y luego preparar su transmisión en términos de las necesidades reales de los oyentes. El capítulo 3 enfatizó que el predicador es el canal a través del cual Dios se da a conocer a los demás. Con esta doble tarea de comunicar el mensaje de Dios a través de su predicación y su personalidad, ahora necesita un buen método por el cual proporcionar su paquete.

Este capítulo demostrará la utilidad del método Whiting de homilética para ayudarle a afrontar el *reto*. Como dijo una vez el profesor Milton Jones: «Hay otros sistemas de homilética y otros buenos predicadores. Los puntos fuertes del Sistema Whiting son su combinación de exégesis y homilética, y que su eficacia se ha demostrado a lo largo del tiempo».[1] Antes de presentar el método, puede ser útil alguna información sobre su homónimo.

Una breve biografía de Arthur B. Whiting

Arthur B. Whiting nació en Inglaterra y se educó en Cambridge y luego en el Cliff College. Allí conoció y estudió con Samuel Chadwick, un famoso predicador inglés y profesor de exégesis y homilética. Posteriormente, Whiting llegó a Estados Unidos y asistió al Instituto Bíblico Moody, al Seminario Xenia de Pittsburgh y al Seminario Teológico de Dallas, donde estudió con Lewis Sperry Chafer.[2] Whiting enseñó en el Instituto Bíblico de Filadelfia y sirvió en la Primera Iglesia Bautista de Nueva York, antes de ir al Biola College, al Seminario Talbot y Western Conservative Baptist Seminary en Portland, Oregon. Mientras estuvo en el Western

---

[1] Jones, discurso, 1974.

[2] Después de siete años de predicación infructuosa, Samuel Chadwick (1860-1932), nacido en Gran Bretaña, se dice que quemó todos los sermones que había preparado durante ese período. Volcándose en la oración para revitalizar su ministerio, Chadwick empezó a ver conversiones notables, lo cual él luego atribuyó al «don del Pentecostés». Concluyó, «Desamparados por el Fuego de Dios, nada más importa: tener el Fuego, nada más importa». (www.homestead.com/ephesusfwb/files/fire2.doc) Fue como director del Cliff College, una escuela de entrenamiento para predicadores, que Chadwick escribió su famoso libro *The Way to Pentecost* (Fort Washington, Filadelfia: Christinn Literature Crusade, 2001), publicado después de su muerte en 1932. No es necesario adoptar el pentecostalismo wesleyano del siglo XIX de Chadwick para estar de acuerdo con que la predicación efectiva debe ser tanto llena del Espíritu Santo como fiel a la Escritura. De hecho, uno no puede tener uno sin lo otro.

Seminary, Whiting reorientó el plan de estudios para incorporar la predicación con un énfasis exegético.

En 1965, Milton William Jones presentó una tesis de máster de teología en el Western Conservative Baptist Seminary, titulada «Una investigación y explicación del sistema Whiting de homilética como enfoque práctico de la predicación». En su tesis, Jones declaró: «El método al que se refiere la tesis como el método Whiting, ha llegado al autor gracias a las horas personales de instrucción y participación en homilética del homilético, Dr. Arthur B. Whiting».[3] Milton Jones se convirtió más tarde en profesor de homilética en el Western Conservative Baptist Seminary y uno de los profesores bajo cuya instrucción aprendimos el sistema.[4]

Fuente del método Whiting

Como predicador, Chadwick descubrió que para entender realmente un pasaje de las Escrituras, necesitaba un estudio sólido de las partes intrincadas de un pasaje, pero «descubrió que era pedante y aburrido. (Seco como el hielo e igual de frío)».[5] También reconoció la necesidad de tender un puente entre el estudio exegético de las palabras y el esquema expositivo. La figura 4.1 representa una de las primeras representaciones de su concepción.

Whiting descubrió que los principios de un pasaje proporcionan la base para el enlace entre la exégesis y la exposición. Al mismo tiempo, se dio cuenta de que los principios por sí solos no proporcionaban una «carretera» para viajar de un lado a otro. (Véase la figura 4.2)

Whiting acabó descubriendo que una carretera perfecta era proporcionada por una declaración de los principios en una sola frase llamada «tema». (Véase la figura 4.3)

Una visión general del método

El método Whiting de homilética puede describirse como una técnica para elaborar un esquema expositivo que desarrolle el tema de un texto a partir de los principios extraídos del estudio de las palabras. Se utiliza un reloj de arena para ilustrar cómo los datos exegéticos, incluidos los estudios de palabras, se resumen como principios antes de ser canalizados en un tema, que luego se descompone en un esquema. (Véase la figura 4.4)

---

[3] Jones, «*An Investigation and Explanation of the Whiting System of Homiletics as a Practical Approach to Preaching*», (tesis de maestría, Western Conservative Baptist Seminary, 1965), 12.

[4] Sin duda, cada estudiante que ha implementado el sistema lo ha adaptado basado en habilidades y estilos personales. Ron Allen, Duane Dunham, Dennis Wretlind, H. Wayne House, Rev. Ron Harper, y Rev. Norm Carlson nos han enseñado todos el Método Whiting y han contribuido a su desarrollo.

[5] Jones, discurso, 1970.

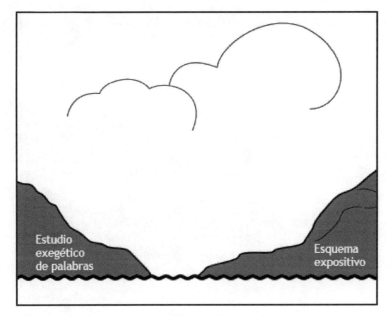

Figura 4.1

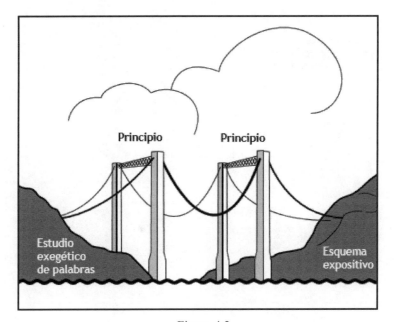

Figura 4.2

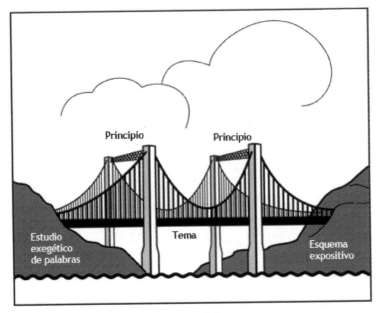

Figura 4.3

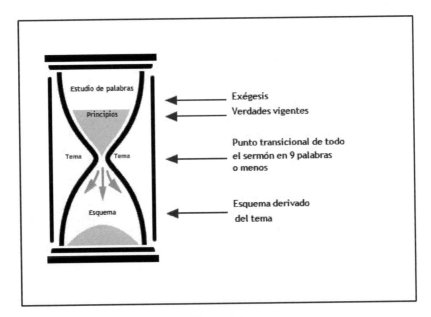

Figura 4.4

Los dos aspectos de la preparación del sermón[6]

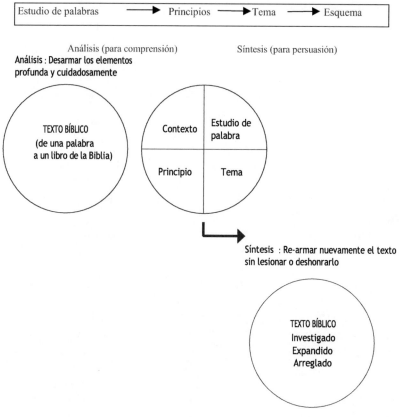

Figura 4.5

Los elementos del método Whiting

El *análisis* de un texto comienza con la determinación del propio texto. ¿Dónde empieza y termina la unidad de pensamiento del autor?[7] Cuando se identifican estos límites del texto, la unidad se denomina *perícopa*. El estudio de las palabras del texto dentro de su contexto[8] es un proceso de desmontaje de lo que el Espíritu de Dios ordenó al escritor que compusiera para expresar lo que quería decir. El objetivo del análisis textual es comprender tanto las partículas de significado como la forma en que fueron ensambladas para formar el pensamiento completo del escritor. A partir de esta comprensión, las partes se vuelven a ensamblar mediante un proceso llamado *síntesis* para producir declaraciones de verdad llamadas

---

[6] Jones, «An Investigation and Explanation of the Whiting System», 34.

[7] En los capítulos 8-15 se presentan distintos sermones de diferentes géneros literarios. En ellos se indica en dónde empiezan y terminan los textos, identificando distintos marcadores.

[8] Como fue ilustrado en la Figura 2-3, el contexto de un pasaje bíblico puede pensarse como círculos concéntricos comenzando con palabras y extendiéndose a frases, oraciones, contexto inmediato, argumento del libro, dispensación, cultura e historia.

principios. Los principios se resumen en un único principio epitomizado llamado *tema*. Cuando el tema de un pasaje se divide en pequeñas porciones, el resultado es un *esquema*. El esquema traza el desarrollo del tema a partir del texto, de modo que el oyente del sermón pueda ver en su propia Biblia cuál es el mensaje de Dios y cómo puede estar seguro de él.

Análisis

El texto

La palabra *texto* procede del latín *textum*, que significa «tejido». Whiting definió el texto de un sermón de la siguiente manera:

«Un texto es la porción de la Escritura con la que se teje el mensaje».[9]

Los sermones pueden *clasificarse* en *temáticos*, *textuales*, *expositivos* o *devocionales*. El método Whiting busca exponer el texto de la Escritura; por lo tanto, es expositivo. Cuando un solo pasaje de la Escritura es la base de un mensaje, el sermón se denomina *textual-expositivo*.[10] Cuando un sermón se desarrolla independientemente del orden y los materiales del texto, se denomina *tópico-expositivo*. Sin embargo, cuando todas las Escrituras que se relacionan con un tema se estudian contextualmente, una forma más precisa de referirse al sermón desarrollado es «textual-expositivo». En cualquiera de los casos, los sermones expositivos comienzan con textos.

El objetivo de la predicación expositiva de un texto, o de textos relacionados temáticamente, es acercar al oyente lo más posible al significado del texto original, en su contexto, para aplicar su verdad inmutable al contexto del oyente. En vista de este propósito, los textos deben ser seleccionados con cuidado para incluir un pensamiento completo. Esta unidad de pensamiento, o perícopa, puede consistir en una sola palabra, frase, verso, párrafo, capítulo, sección, libro o grupo de libros.[11]

Se podría predicar un sermón sobre la *única palabra* «arrepiéntanse», en Mateo 3:2. El desarrollo podría incluir una descripción del escenario original, el significado de la palabra original y la aplicación del principio. La *frase* de Pablo que describe a Tíquico como «hermano amado y fiel ministro en el Señor», que se encuentra en Efesios 6:21 (RVA), podría desarrollarse en función a su relación, servicio y esfera. Más comúnmente, un *versículo* de la Escritura, como Lucas 19:10, expresa un pensamiento presentable: «Porque el Hijo del Hombre ha venido a buscar y a salvar lo que se había perdido» (RVA). Por lo general, un *párrafo*, como 1Juan 2:12, se sugiere como un texto apropiado para el sermón. Primera de Corintios 13 es un buen ejemplo de un *capítulo entero* que se presta a ser desarrollado en un sermón. Una *sección*, como la de 2Corintios 8-9, se ha estudiado

---

[9] Whiting, citado por Jones, «An Investigation and Explanation of the Whiting System», 5.

[10] De acuerdo a Whiting, «El sermón textual-expositivo es uno en el cual el mensaje es preparado dentro de los confines y órdenes de cierto texto». (Ibid., 48).

[11] Ibid.

bajo el título «La vida santa produce ofrenda santa».[12] Libros enteros, como Abdías o Filemón, pueden ser expuestos como textos. Incluso es posible proclamar la idea general de *grupos de libros,* como el Pentateuco, los Evangelios sinópticos o las Epístolas de Juan.[13]

Los sermones textuales están, por definición, limitados a parámetros dentro de los que al predicador le resulta más fácil centrar el mensaje y evitar divagar o hablar con demasiada amplitud. Como los sermones textuales surgen del pensamiento estructurado que Dios mismo reveló, tienen la ventaja de ser más autoritativos que los sermones puramente tópicos. Esto tiene el efecto de estimular el apetito de aquellos que están genuinamente interesados en comprender lo que Dios ha revelado más que lo que un orador pueda pensar. La mera diversidad de la literatura y los temas bíblicos proporciona al predicador de sermones textuales variedad y virilidad incorporadas. Los oyentes también son capaces de recordar y recuperar los puntos de los sermones que se demostraron a partir de un texto.

Como predicador, asegúrese de confiar cuidadosamente en el Espíritu Santo a la hora de seleccionar los textos. Desarrolle la disciplina de leer diariamente la Biblia y otra literatura cristiana, y las ideas para los textos llegarán. También es fundamental que conozca íntimamente a su audiencia para determinar cuándo son más apropiados determinados textos. Otros factores determinantes en la selección de textos son la predicación a través de los libros según un plan a largo plazo, los días estacionales, las experiencias personales, los desastres naturales, los acontecimientos mundiales y la necesidad de predicar periódicamente los pasajes clásicos.

Análisis textual

Traducción

Una vez seleccionado un texto, el proceso de análisis textual comienza con la traducción del idioma original o la evaluación de las traducciones existentes, según sus capacidades. Esto lleva al estudio de las palabras en sus diversos usos, relaciones y contextos.

Comience por seleccionar y comparar las traducciones clasificadas como «esencialmente literales»,[14] como Reina Valera Actualizada (RVA) y La Biblia de las Américas (LBLA) Anote cualquier diferencia entre ellas que pueda sugerir la necesidad de un estudio más profundo. (Véase la figura 4.6)

---

[12] Ibid., 36.

[13] Ibid.

[14] «Una traducción esencialmente literal 'se esfuerza por traducir las palabras exactas de la lengua original de un texto, pero no de forma rígida que viole las normas regulares del lenguaje y la sintaxis' de la lengua a la que se está traduciendo» (Ryken, *The Word of God in English*, 19).

> Hijitos míos, estas cosas les escribo para que no pequen. Y si alguno peca, <u>abogado</u> tenemos delante del Padre, a Jesucristo el justo.
>
> (1Juan 2:1 RVA)
>
> Hijitos míos, os escribo estas cosas para que no pequéis. Y si alguno peca, <u>Abogado</u> tenemos para con el Padre, a Jesucristo el justo.
>
> (1Juan 2:1 LBLA)
>
> **Notas:**
> 1. Estas cosas les escribo (RVA)   os escribo estas cosas (LBLA)
> 2. abogado (RVA)   Abogado (LBLA)
> 3. delante del Padre (RVA)   para con el Padre (LBLA)

Figura 4.6

Diagrama o esquema mecánico[15]

A continuación, anote el papel de la palabra «*abogado*» en la frase haciendo un diagrama de la misma o un esquema mecánico. (Véanse las figuras 4.7 y 4.8)

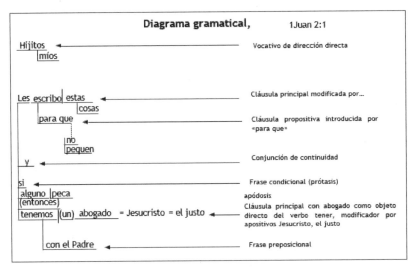

Figura 4.7

Estudios de palabras

Un estudio de palabras, tal como se denomina en el método Whiting, es el análisis de una palabra seleccionada porque (1) es recurrente en el texto,[16] (2) es una palabra

---

[15] Para ayuda en diagramación, véase Lee L. Kantenwein, *Diagrammatical Analysis* (Winona Lake, Indiana: BMH Books, 1979).

[16] Por ejemplo, la palabra traducida «espíritu» en Romanos 8 es recurrente.

inusual (rara vez o nunca utilizada en la Biblia fuera del texto que se estudia), o (3) es una palabra difícil que plantea algún tipo de problema en la construcción gramatical o en el significado. En 1Juan 2:1, las palabras traducidas como «abogado» y «expiación» requieren el tipo de comprensión y explicación que los estudios de palabras pueden proporcionar. (Véase la figura 4.9).

Herramientas

El estudio de las palabras implica el uso de varias «herramientas», como léxicos, concordancias, diccionarios teológicos y de gramática, con el fin de realizar un análisis gramatical y determinar la gama de significados.[17] Muchas de las herramientas necesarias para construir una buena biblioteca teológica están disponibles en programas informáticos bíblicos como el Logos.[18]

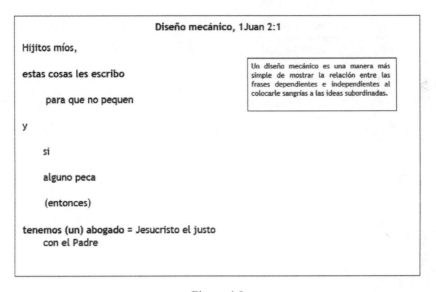

Figura 4.8

Figura 4.9

---

[17] Recursos sugeridos de estudio de palabras para no usuarios de las lenguas bíblicas incluyen, Kenneth Wuest, *Word Studies in the Greek New Testament*, vol. 1-3 (Grand Rapids: Eerdmans, 1973); A. T. Robertson, *Word Pictures in the New Testament*, vol. 1-6 (Nashville: Broadman, 1930); Donald J. Wiseman, cd., *Tyndale Old Testament Commentaries* (Downers Grove, Illinois: Intervarsity Press, 1976); Hershel H. Hobbs, *Preaching Values from the Papyri* (Grand Rapids: Baker, 1964); F. F. Bruce, *The New International Commentary on the New Testament* (Grand Rapids: Eerdmans, 1971). Para ayuda gramatical, véase Nigel Turner, *Grammatical Insights into the New Testament* (Edinburgh: T & T Clark, 1965); Ronald A. Ward, *Hidden Meaning in the New Testament* (Old Tappan, Nueva Jersey: Revell, 1969).

[18] Software bíblicos útiles incluyen Libronix, BibleWorks, Accordance, y QuickVerse.

Abogado Forma
Sustantivo singular acusativo masculino

Función
Objeto directo del verbo «tener», en la frase independiente de 1Juan 2:1a, unida por la primera frase independiente por «y», y por lo tanto relacionada con 1Juan 2:1a.

Significado
Diccionario de la Lengua Española
«Licenciado en derecho que ofrece profesionalmente asesoramiento jurídico y que ejerc e la defensa de las partes en los procesos judiciales o en los procedimientos administrati vos». [Del latín *advocatus*]
(palabra griega)
James Strong's *Exhaustive Concordance of The Bible*, 19.
#3875. Παρακλητος par-ak'-le-tos; un intercesor, consolar: --abogar, consolador, de #3874 Παρακληοις, confortar, consolación, exhortación, ruego, de #3870 Παρακαλέω, suplicar, clamar, exhortar, rogar, orar, de #3844 para, cerca, al lado; y #2564 παρα, llamar,
W. E. Vine's *Expository Dictionary of New Testament Words*, 35; 208. «Para 'abogado' véase 'consolador'»
5. PARAKLETOS (Παρακλητος), lit., llamado al lado de uno, es decir, a la ayuda de uno, es principalmente un adjetivo verbal, y sugiere la capacidad o adaptabilidad para ayudar. Se usaba en una corte de justicia para denotar asistencia legal, consejo para la defensa, un defensor; entonces, generalmente uno que ruega a favor de la causa de uno, un intercesor, un defensor, como en 1Juan 2:1, del Señor Jesús. En el sentido más amplio, significa alguien que ofrece socorro, un ayudador.

Figura 4.10

Gama de significados

El análisis gramatical suele incluir la identificación de la forma, la función y la sintaxis de la palabra estudiada. En cambio, la gama de significados de una palabra del Nuevo Testamento se refiere al significado de la raíz de la palabra, su uso en griego clásico, su tratamiento en la Septuaginta, su uso en el Nuevo Testamento y el significado derivado de estas consideraciones. Este tipo de estudios puede ser realizado por los no usuarios de la lengua (NUL), cuya capacidad de estudio del texto se limita al español, así como por los que pueden trabajar en las lenguas originales (UL).[19] Sin embargo, el estudio de las palabras seleccionadas de un pasaje solo proporciona una pequeña parte de los datos de los que dispone el exégeta.[20]

---

[19] Véase la explicación de la introducción.

[20] Sin la capacidad de leer el texto en su idioma original, el predicador pierde una gran cantidad de información, incluyendo (en el Nuevo Testamento griego) el énfasis basado en el orden de las palabras, la presencia o ausencia del artículo, las figuras de dicción, los sinónimos no utilizados, los hebraísmos, etc.

Ventajas de los estudios de palabras

El primer valor, y el más obvio, de realizar estudios de palabras es que ayudan al estudiante de las Escrituras a entender el texto, porque el significado de una palabra está determinado por su uso en el contexto. En segundo lugar, la información descubierta a menudo proporciona también material ilustrativo útil. Un estudio de la palabra traducida como «Abogado» en 1Juan 2:1, por ejemplo, abre la puerta a una sala de justicia, donde un abogado defensor representa al acusado ante un juez (ver figuras 4.10 y 4.11). En tercer lugar, los estudios de las palabras fomentan la confianza en la Palabra de Dios, ya que los oyentes ven que las mismas palabras que Él respiró fueron dadas intencionalmente, estructuradas a propósito, y que su significado puede establecerse objetivamente.

[Nota: El siguiente material, marcado como UL (usuario de la lengua), tiene también cierto valor para el no usuario de la lengua (NUL). Sin embargo, quienes encuentren el contenido demasiado técnico, pueden pasar a la página XX].

La integración de la exégesis y el método Whiting

(Véase la figura 4.12)

El método Whiting, tal como lo desarrolló y enseñó Milton Jones en el Western Conservative Baptist Seminary, en Portland, Oregon, tuvo una deficiencia, que abordó en una hoja de revisión suplementaria, fechada el 21 de septiembre de 1972. El método de producir un esquema expositivo que desarrollara el tema de un texto basado en principios extraídos de los estudios de la palabra fue alabado por su valor hasta donde llegaba. Pero, como la exégesis es mucho más que el estudio de las palabras, se planteó la cuestión de la relación entre la exégesis y la homilética.

Jones describió la relación de la exégesis con la homilética como algo análogo a la madera utilizada para construir una casa. El valor de la madera es muy real, pero se limita a su propietario. Sin embargo, cuando la madera se utiliza para construir una casa, beneficia a todos los que disfrutan de la vivienda. Del mismo modo, el valor del material exegético se limita al exegeta hasta que se ha utilizado en la construcción de un sermón bien construido. Entonces bendice a todos los que lo escuchan.[21] Lo que quiere decir Jones es que las disciplinas de la exégesis y la homilética no están reñidas entre sí, sino que se complementan cuando se unen adecuadamente.

---

[21] Jones, «*The Relation of Exegesis to Homiletics*» (hoja de revisión suplementaria, Western Conservative Baptist Seminary, 21 de septiembre de 1972).

Colin Brown: *The New International Dictionary of New Testament Theology*, vol. I, 88ff. (sigue un fragmento)

Παρακλητος | Abogado, paracleto, ayudador
Παρακλητος (*parakletos*), ayudador, intercesor, abogado, paracleto.

«El sustantivo *parakletos* se deriva del adjetivo verbal y significa llamado [a la ayuda de uno]. Se encuentra primero en un contexto legal de una corte de justicia, significando asistente legal, defensor (Demóstenes, 19, 1; cf. Licurgo, Frag. 102)».

AT «los consoladores de Job» son llamados *parakletores* (plur. en Job 16:2 LXX; Aquila y Teodoción tienen *parakletoi*). El heb. es *menaḥamim*. Es significativamente la única aparición de la palabra en la LXX».
NT «La forma de 1Jn. 2:1 le da a término un carácter soteriológico en llamar a 'Jesucristo el justo' nuestro 'abogado' (*parakletos*) y 'expiación' (*hilasmos*) 'por los pecados de todo el mundo…'»
«Esta restricción del título de Jesús y el Espíritu requiere una interpretación teológica del término que es al mismo tiempo polémico».
«Es impactante que el término *parakletos* solo se halla en los textos juaninos, y aparte de 1Jn. 2:1 solo ocurre en discursos (Jn. 14:16, 26; 15:26; 16:7; cf. 16:12)».
Significado en contexto
Abogado es un título perteneciente a «Jesucristo» cuyo nombre está en aposición a él. No solo viene a la ayuda de los creyentes que pecan, sino que es enviado únicamente a cumplir este rol como el abogado defensor del creyente ante Dios el Padre, como en una corte legal.
Aplicación y contraste
Si el creyente que peca no tuviera a Jesucristo como su consejo para la defensa; o, si Él mismo no fuera la justa propiciación por sus pecados, un solo pecado resultaría en la derrota y la desesperación sin remedio. Con Él, sin embargo, hay todos los incentivos para no pecar nunca, ni para rendirse cuando se peca.

Figura 4.11

Llevemos la analogía de Jones un paso más allá. De la misma manera que los propietarios de casas no intentan mostrar toda la madera utilizada para construirlas, los predicadores no deberían mostrar los recursos exegéticos utilizados en la construcción de un sermón. Con pocas excepciones, sus oyentes deberían desconocer las «tuercas y tornillos» del sermón, como los invitados desconocen las vigas del suelo y las vigas del comedor.

Jones continúa exaltando las virtudes de hacer exégesis del texto de un libro completo antes de comenzar una serie de mensajes a través del libro. Después de señalar la dificultad, en un plan de estudios de tres años de seminario, de formar predicadores exegéticos al mismo tiempo que aprenden exégesis, Jones recomienda que el estudiante de predicación aprenda el sistema trabajando con porciones de las Escrituras «no más pequeñas que una frase y normalmente no más grandes (en este punto) que una sección» (es decir, desde un capítulo hasta un libro en extensión).[22]

Al año siguiente, Dennis O. Wretlind presentó una ponencia al Dr. W. Robert Cook, (de la WCBS), en la que se abordaba el mismo tema haciendo hincapié en la *preparación del predicador*. Wretlind ofreció sugerencias prácticas para que un pastor ocupado pudiera preparar sermones expositivos basados en una sólida

---

[22] Ibid.

exégesis del texto original y cumplir con las exigencias de tiempo de otros aspectos del ministerio.

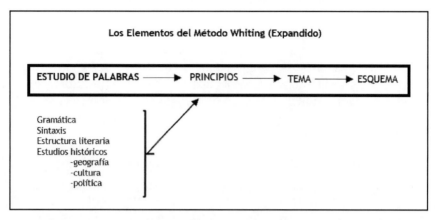

Figura 4.12

De acuerdo con los comentarios de Jones, Wretind observó que el estudiante de seminario aprende a escribir sermones *antes de* terminar su formación formal en exégesis hebrea y griega. En consecuencia, «el punto de partida» del Método Whiting se adapta necesariamente a las capacidades de los estudiantes principiantes.[23] Sin embargo, es parte integral del Sistema Whiting de homilética la suposición de que «un sermón que habla la Palabra de Dios debe basarse principalmente en el significado de esa Palabra en la lengua original en la que fue inspirada».[24]

Otro problema que señaló Wretlind es que la pasión personal de un predicador por su mensaje, y por tanto su capacidad de conmover a otros como él ha sido conmovido, está relacionada con su contacto directo con el texto original, el gozo del descubrimiento y el trabajo independiente. Si la exégesis se define como «la aplicación de las leyes de la hermenéutica al texto original de la Escritura con el fin de declarar su significado»,[25] el objetivo debe ser trabajar con la mayor independencia posible de las fuentes secundarias. Así que usted, el predicador exegético, tiene la responsabilidad de cribar la materia prima del texto para (a) discernir las adecuaciones e insuficiencias de las diferentes traducciones; (b) entender por sí mismo el significado del texto, sin dejarse llevar por las opiniones de otros, que pueden no ser correctas, y (c) declarar su mensaje con la autoridad de Dios.[26]

---

[23] Dennis O. Wretlind, «*Greek Exegesis and The Whiting System of Homiletics: The Preacher's Preparation*» (trabajo presentado al Dr W. Robert Cook, Western Conservative Baptist Seminary, 10 de diciembre de 1973).

[24] Ibid., 7.

[25] Ibid.

[26] Ibid., 7-8.

Pasos básicos de la exégesis[27]

1. Lea el texto del libro o pasaje en el original hebreo, arameo o griego para tener el contexto de la lengua presente durante todo el proceso exegético.
2. Estudiar los contextos históricos, geográficos y culturales del pasaje.
3. Analizar todos los datos del texto: género y estructura literaria, palabras, citas, figuras retóricas, pasajes paralelos, observaciones gramaticales, etc.
4. Registre toda la información obtenida a través de los procedimientos del 1 al 3 anteriores a medida que se obtiene. (Véanse las figuras 4.13, 4.14 y 4.15a-b).

Comparación de la exégesis con el método Whiting[28]

Exégesis	Método Whiting
Exégesis busca el estudio de *cada* palabra de acuerdo a la *selección* de cuáles pasos exegéticos son apropiados.	El Método Whiting *selecciona* palabras para el estudio sobre la base de si son recurrentes, inusuales o difíciles.
Los elementos *esenciales* de la exégesis y el Método Whiting son los mismos.	Mientras que el Método Whiting no *enfatiza* el estudio histórico que es parte de la exégesis, el estudio de los contextos históricos está *implícito* en la base de la interpretación literal del Método Whiting.
Suplementar el Método Whiting con una exégesis completa, fortalece su integridad como sistema.	

Figura 4.13

Ejemplo de diagrama gramatical de 1Juan 2:1

(Ver figura 4.14)

Ejemplo de estudio de la palabra παράκλητον, Abogado

(Véanse las figuras 4.15a y b)

Discusión de algunos datos exegéticos que contribuyen a la formación de principios

Solo leyendo el pasaje en el idioma original se puede tener una impresión de primera mano del tono paternal de Juan, indicado por el diminutivo de *hijo* y el primer pronombre personal en el caso genitivo (de relación o posesión). El tono es importante al hablar a la gente sobre el pecado.

---

[27] Wretlind, «*Principles of Exegesis in the Greek New Testament*» (plan de estudios para NT 201, Western Conservative Baptist Seminary. 1973).

[28] Adaptado de Wretlind, «*Greek Exegesis*», 11-14.

Hacer una traducción personal también permite ver por qué la Reina Valera Actualizada conservó el orden de las palabras ligeramente más áspero en español, «Estas cosas les escribo», en lugar del más suave «Les escribo estas cosas», como en las otras versiones que examinamos. Al adelantar *tauta* en la frase, Juan está subrayando el contenido de su carta como aquello que exige la explicación que está dando. Para un ejemplo de anotaciones exegéticas, véase la figura 4.16.

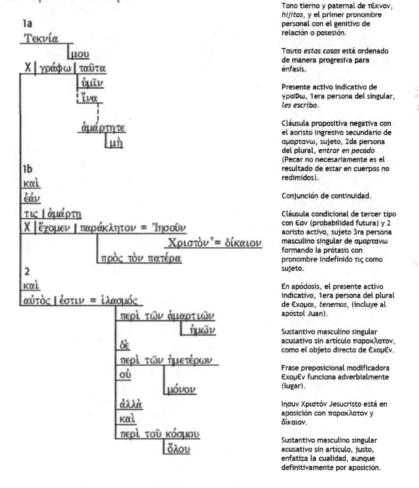

Τεκνία μου, ταῦτα γράφω ὑμῖν ἵνα μὴ ἁμάρτητε. καὶ ἐάν τις ἁμάρτῃ, παράκλητον ἔχομεν πρὸς τὸν πατέρα Ἰησοῦν Χριστὸν δίκαιον· 2 καὶ αὐτὸς ἱλασμός ἐστιν περὶ τῶν ἁμαρτιῶν ἡμῶν, οὐ περὶ τῶν ἡμετέρων δὲ μόνον ἀλλὰ καὶ περὶ ὅλου τοῦ κόσμου.

Tono tierno y paternal de τεκνον, *hijitos*, y el primer pronombre personal con el genitivo de relación o posesión.

Ταυτα *estas cosas* está ordenado de manera progresiva para énfasis.

Presente activo indicativo de γραΦω, 1era persona del singular, *les escribo*.

Cláusula propositiva negativa con el aoristo ingresivo secundario de αμαρτανω, sujeto, 2da persona del plural, *entrar en pecado* (Pecar no necesariamente es el resultado de estar en cuerpos no redimidos).

Conjunción de continuidad.

Cláusula condicional de tercer tipo con εαν (probabilidad futura) y 2 aoristo activo, sujeto 3ra persona masculino singular de αμαρτανω formando la prótasis con pronombre indefinido τις como sujeto.

En apódosis, el presente activo indicativo, 1era persona del plural de εχομαι, *tenemos*, (incluye al apóstol Juan).

Sustantivo masculino singular acusativo sin artículo παρακλατον, como el objeto directo de εχομεν.

Frase preposicional modificadora εχομεν funciona adverbialmente (lugar).

Ιησυν Χριστόν Jesucristo está en aposición con παρακλατον y δίκαιον.

Sustantivo masculino singular acusativo sin artículo, justo, enfatiza la cualidad, aunque definitivamente por aposición.

Traducción personal: Hijitos míos, estas cosas se las estoy escribiendo a ustedes para que nunca pequen, y si alguien pecase, tenemos un abogado con el Padre, Jesucristo el justo. Y él es el pago satisfactorio por nuestro pecado, y no solo los nuestros, sino también los de todo el mundo.

Figura 4.14

Abogado Παρακλητος	**Forma**
	Sustantivo singular acusativo masculino

Función

Acusativo de objeto directo, recibiendo la acción de, o completando el significado de, el verbo Єχομєν que tenemos (Dana y Mantey, 92).

Significado raíz

De Παρακλέω «llamado a la ayuda de uno» en un sentido judicial, por lo tanto, más frecuentemente como un defensor, suplicador, intercesor, «un amigo de la persona acusada llamado a hablar en su nombre, o a ganar simpatía a su favor» (Abbott/Smith, 340–41).

Uso clásico

«Llamado a la ayuda de uno». En latín se traduce a la palabra *advocatus*. Como un sustantivo, usado como «un asistente legal, defensor» (Liddell y Scott, 597).

Uso en la Septuaginta

Usado solo una vez, en forma plural, Παρακλητορєς, en Job 16:2, en donde Job describe a sus amigos como «consoladores» deficientes (Septuagint, 677).

Hallado en Aquila y Teodoción como Παρακλητοι (Hatch/Redpath, 1061; Colin Brown, Vol I, 88ff).

> Traduce el hebreo םחנ, Piel ptc. m. pl. cs.,de םח , estar apesadumbrado, arrepentirse, sentir remordimiento, ser confortado, confortar (Bible Works).

Uso Koiné

Originalmente, «uno llamado» a apoyar, por lo tanto «abogado», «suplicador», «un amigo de la persona acusada, llamada a hablar en su nombre, o a ganar la simpatía de los jueces» (Moulton y Milligan, 485).

Uso en el Nuevo Testamento

Usado en Juan 14:16 acerca del Espíritu Santo como otro Παρακλητος, implicando que Jesús (quien está hablando) es un Παρακλητος. También usado para el Espíritu Santo en Juan 14:26; 15:26; 16:7; y de Cristo en 1Juan 2:1 (Moulton y Geden, 758).

Originalmente expresando en el sentido pasivo, de ser pedido. La palabra vino a significar «uno que es llamado a la ayuda de alguien», «uno que viene a favor de alguien, mediador, intercesor, ayudador» (Bauer, Arndt, y Gingrich, 623).

Παρακλητος (*parakletos*) significa en el griego clásico simplemente *llamado al auxilio de uno, ayudando*, especialmente en una corte de justicia. Por lo tanto, *un consejero legal y ayudador*. «Pero se queda corto con el Significado que se obtiene después: no solo es ayudar a otro hacer algo, *sino a hacerlo por él*. Se usa solo en Juan para hablar de la ayuda del Espíritu Santo (por Cristo) en in xiv. 16, 26; xv. 26; xvi. 7. Y de la ayuda de Cristo (por el Espíritu Santo) en 1Juan ii.1» (Bullinger, 854).

Figura 4.15a

PARAKLETOS (Παρακλητος), lit., llamado a la ayuda de uno, es decir, al auxilio de uno, es principalmente un verbo adjetivo, y sugiere la capacidad para dar ayuda. Era usado en una corte de justicia para hablar de un asistente legal, consejero para la defensa, un abogado; así, generalmente alguien que ruega a favor de la causa de uno, un intercesor, un abogado, como en 1Juan 2:1, del Señor Jesús. En el sentido más amplio, significa un ayudador, confortador (W. E. *Vine's Expository Dictionary of New Testament Words*, 35, 208).

NT «1Jn. 2:1 le da al término carácter soteriológico en llamar a 'Jesucristo el justo' nuestro 'abogado' (*parakletos*) y 'expiación' (*hilasmos*) por los pecados del mundo... Esta restricción del título a Jesús y al Espíritu requiere una interpretación teológica del término que es al mismo tiempo polémico» (Colin Brown: *The New International Dictionary of New Testament Theology*, vol. I, 88ff).

Significado en contexto
Abogado es un título que pertenece a «Jesucristo» cuyo nombre está en aposición al él. No solo viene al auxilio del creyente que peca, sino que es enviado de manera única a cumplir su rol como el abogado defensor del creyente ante Dios el Padre como en una corte legal. Su representación legal del creyente no está separada contextualmente ni de su carácter justo ni de su pago personal de la deuda del creyente, a través de la cual satisfizo las demandas justas del Padre.

Aplicación y contrastes
Si el creyente que peca no tuviera a Jesucristo como su consejo para la defensa; o, si Cristo no fuera Él mismo *la justa propiciación* por nuestros pecados, un solo pecado resultaría en la derrota y la desesperación sin remedio. Con Él, sin embargo, hay todos los incentivos para no pecar nunca, ni para rendirse cuando se peca. El creyente tiene a su favor la solución a la que se refiere la apódosis de la cláusula condicional en respuesta a la prótasis: «Si alguno peca».

Figura 4.15b

En 1Juan 1, el Apóstol se ha dirigido a quienes niegan un principio de pecado en su interior (1:8). Según 1:10, algunos niegan haber cometido un pecado. Tras referirse a la universalidad del pecado, Juan comienza el segundo capítulo con una explicación más detallada de la relación entre los cristianos y el pecado. Su propósito al escribir, que nunca cometan un solo pecado, se expresa con el aoristo ingresivo en la cláusula negativa de propósito introducida con ἵνα.

En contra de la aparente creencia por parte de los gnósticos que influyen en sus lectores, cuya facción docética se despreocupa del pecado, Juan no excusa el pecado por parte de los creyentes como una necesidad humana. Por otra parte, la declaración condicional de tercera clase en la prótasis, si alguien peca, tranquiliza a aquellos que con toda probabilidad pecarán, de la posición segura que poseen por el don de Jesús como su justo Abogado ante el trono de Dios Padre. No solo está en la posición única de su abogado defensor en la ley, sino que la ofrenda de sí mismo como un sacrificio satisfactorio (de un estudio de la palabra ἱλασμος, *expiación*) por el pecado da una posición justa a todos por los que Su auto-sacrificio es eficaz, porque Él es cualitativamente justo (un matiz evidente solo para aquellos que son capaces de ver que δίκαιος no tiene artículo).

Si la obra en curso de Cristo en el cielo es la base de la seguridad del creyente, su obra pasada en la cruz en la tierra proporcionó la base del perdón para todos en el mundo que creerán, y la base del juicio para todos los que no se arrepientan.

Figura 4.16

Síntesis de formación de principios

Los elementos del método Whiting

Figura 4.17

Según el método Whiting:[29]

«Un principio es una verdad vigente y perdurable que no se limita a un momento en el tiempo».

Vigente

«Vigente» describe una verdad que es evidentemente prominente en importancia desde la perspectiva del escritor y sus destinatarios. Esto exige discernimiento. Salvo cuando se cita al diablo o a los malvados, se supone que todo lo que dice la Biblia es cierto. Pero no todas las afirmaciones verdaderas son igualmente pertinentes para el argumento del libro o el propósito del escritor. Aunque no hay que descartar una verdad bíblica por no ser importante, sí se puede y se debe desarrollar el arte y la habilidad de extraer principios que reflejen la intención del autor y apoyen la idea central del pasaje.[30] Una verdad sobresaliente en un pasaje es como un muro de carga en un edificio. Literalmente tiene más peso que un muro sin carga, aunque este último no carece de importancia.

Permanecer

«Permanecer», en la definición anterior, se refiere a lo que Josh McDowell ha llamado «verdad absoluta», que define como «lo que es verdadero para todas las personas, para todos los tiempos y para todos los lugares».[31] Esto se hace explícito en la segunda mitad de la definición: «que no se limita a un momento en el tiempo». Por estas razones, el enunciado de un «principio» no debe emplear nombres propios, que identifiquen lugares o personas concretas (que no sean las de Dios). Tampoco debe enunciarse en términos que fechen o restrinjan de otro modo su aplicación universal.

---

[29] Jones, «*An Investigation and Explanation of the Whiting System*», 7,31.

[30] Se pudiese ignora la explicación del material bíblico sobre la base de las ideas atemporales y universales, describiendo este enfoque como un «filosofía idealista». Esto sería cierto si los principios fuesen impuestos al texto en lugar de exegéticamente inducidos de él. Así que estamos de acuerdo con lo que afirma, «En definitiva, el enfoque temático de la teología bíblica no puede ser descartado categóricamente, pero su éxito depende en gran manera que qué tan crítica y habilidosamente es empleado». Véase Brevard S. Childs, *Biblical Theology of the Old and New Testaments* (Minneapolis: Fortress Press, 1992), 15-16.

[31] Josh McDowell, *Right from Wrong* (Dallas: Word, 1994), 17.

Requisitos previos

Los requisitos previos para extraer un principio incluyen (1) una completa familiaridad con el texto que se estudia; (2) un análisis cuidadoso y bien hecho de la gramática y los significados; y (3) una capacidad convincente para pensar con todo el texto en mente sin llegar a vagas generalidades.[32] Una técnica útil para cribar la relevancia de un texto es formular y responder preguntas en lo que se ha denominado una ficha de la verdad.

Uso de las Fichas de la Verdad[33]

Formular y responder a las preguntas *quién, qué, cuándo, dónde, por qué* y *cómo* en relación con un pasaje de la Escritura es una forma sencilla y ordenada de asegurarse de haber «cubierto todas las bases» en el descubrimiento de los hechos.

Las Fichas de la Verdad se refieren a la aplicación de las seis interrogantes al texto estudiado para producir afirmaciones de hecho que conducen a principios.

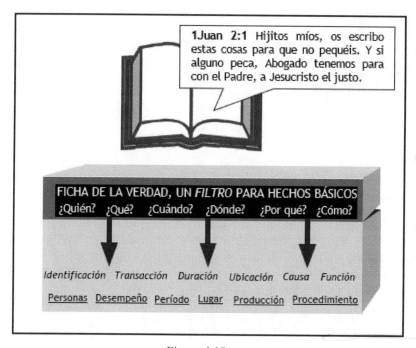

Figura 4.18

---

[32] Jones, «*An Investigation and Explanation of the Whiting System*», 31.
[33] Ibid.

El uso de fichas de la verdad simplemente formaliza un proceso mental que, de otro modo, tendería a producirse de forma inconsciente, aleatoria e incompleta. Las fichas de la verdad son comparables a un filtro a través del cual se vierte el texto para tamizar los hechos duros como materia prima con la que construir principios. La respuesta a la pregunta *¿quién?* permite *identificar a las personas*. Al responder a la pregunta «*¿qué?*» se descubre la *transacción* de cualquier *actuación*. Al preguntar «*¿cuándo?*» se describe la *duración* del *periodo de tiempo* implicado en el pasaje. Al preguntar *¿dónde?* el *lugar* se convierte en el centro de atención. La *causalidad de la producción* se descubre al responder a la pregunta, *¿por qué?* Por último, la respuesta a la pregunta *¿cómo?* divulga la *función* de cualquier *procedimiento* que se describa en el texto. (Véanse las figuras 4.18 y 4.19).

Completar una hoja de la verdad para 1Juan 2:1-2.[34] (Ver figura 4.19)

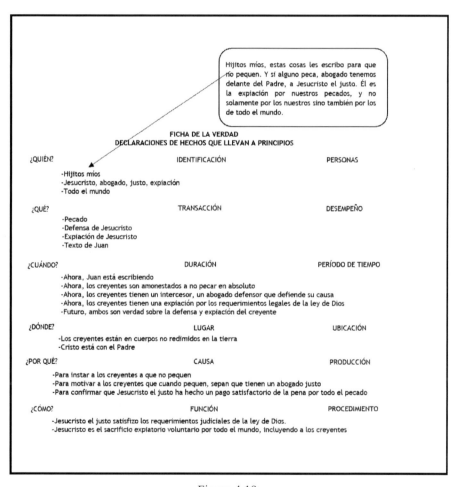

Figura 4.19

---

[34] H. Wayne House, programa de predicación expositive, *Faith Evangelical Seminary*, 2004.

De los hechos básicos a los principios[35]

Los hechos básicos escritos en la hoja de la verdad constituyen la base para registrar las verdades. Cada verdad debe registrarse como una declaración separada, sin ningún juicio sobre su importancia o utilidad. La figura 4.20 muestra ejemplos de la hoja de verdad de 1Juan 2:1-2.

A continuación, se combinan verdades del mismo tenor en una única y sencilla frase. En esta fase del proceso, hay que centrarse en las palabras de importancia evidente y destacada. (Véase la figura 4.21)

Las verdades menores, repetitivas, subordinadas o implícitas que no sean relevantes para el sentido del pasaje deben ser eliminadas tachándolas. El objetivo es reformular las afirmaciones de la verdad en dos a seis enunciados sencillos y claros. (Véase la figura 4.22)

> - Los creyentes no necesitan pecar.
> - Los creyentes pecan.
> - Cristo es la respuesta al pecado del creyente.
> - Cristo es justo.
> - Cristo es el Abogado del creyente.
> - Cristo pagó la pena por el pecado del mundo.

Figura 4.20

> - Los creyentes no necesitan pecar, pero pecan.
> - Cristo es el abogado justo del creyente.
> - Cristo pagó la pena por los pecados del mundo, incluyendo los de los creyentes.

Figura 4.21

> - Los creyentes ~~no necesitan pecar, pero~~ pecan.
> - ~~Cristo es~~ el abogado justo del creyente.
> - Cristo pagó la pena por los pecados del mundo, ~~incluyendo los de los creyentes~~.

Figura 4.22

---

[35] Jones, «*An Investigation and Explanation of the Whiting System*», 32.

Cómo no enunciar un principio[36]

Un principio no debe ser enunciado:

1. Como una pregunta, como por ejemplo: *«¿Existe una solución al problema de los cristianos que pecan?»*
2. En negativo, como *«Los creyentes no carecen de defensa cuando pecan».*
3. Utilizar nombres propios (nombres de personas o lugares), a menos que sean eternos. Por ejemplo. *«El apóstol Juan escribió para animar a los creyentes cuando pecan».*
4. Utilizando pronombres personales, como *«En Cristo, tú (o yo) tienes un abogado ante Dios Padre».*
5. Utilizando oraciones compuestas o estructura de oraciones complejas, como *«Cristo es un justo defensor de los creyentes que pecan y pagó la pena por los pecados del mundo,»*
6. Utilizar palabras innecesariamente difíciles o numerosas, como *«Cristo está calificado para ser el abogado del creyente en virtud de su sangre derramada, que propició los pecados del mundo, incluidos los de los creyentes».*

Cómo enunciar un principio

Los principios deben enunciarse como certezas positivas de la verdad universal (véase la figura 4.23).

- Los creyentes pecan, aunque tienen el poder para evitar pecar.
- Cristo es un abogado justo para los creyentes que pecan.
- Cristo pagó por los pecados del mundo.

Figura 4.23

De los principios de un pasaje a la exposición de su tema[37]

«El tema es la verdad central del pasaje expresada en una frase sencilla».

Redacción del tema

En el método Whiting, «el tema es la verdad central del pasaje expresada en una frase sencilla». Enuncia lo que Haddon Robinson llama «la gran idea».[38] En la terminología de Richards y Bredfeldt, el tema es la «generalización» que le dice al

---

[36] Adaptado de ibid.
[37] Ibid., 6, 33.
[38] Robinson. *Biblical Preaching*, 31.

oyente tanto lo que el autor está hablando, como lo que está diciendo sobre lo que está hablando.[39] El tema es la condensación de todos los principios en una sola frase. Pero no debe redactarse en el lenguaje abstracto de la exégesis. Por el contrario, el tema debe expresarse en el lenguaje contemporáneo de la aplicación. De este modo, cumple la función de puente de la «idea pedagógica» de Richards y Bredfeldt. A continuación, un ejemplo de Filipenses 2:3-8. (Véase la figura 4.24)[40]

Establecer el tema en un lenguaje contemporáneo de aplicación
Ejemplo de Filipenses 2:3–8 RVA

> [3] No hagan nada por rivalidad ni por vanagloria, sino estimen humildemente a los demás como superiores a ustedes mismos; [4] no considerando cada cual solamente los intereses propios sino considerando cada uno también los intereses de los demás. [5] Haya en ustedes esta manera de pensar que hubo también en Cristo Jesús: [6] Existiendo en forma de Dios, él no consideró el ser igual a Dios como algo a que aferrarse; [7] sino que se despojó a sí mismo, tomando forma de siervo, haciéndose semejante a los hombres; [8] y, hallándose en condición de hombre, se humilló a sí mismo haciéndose obediente hasta la muerte, ¡y muerte de cruz!

En lugar de establecer el tema
*«La encarnación y muerte de Cristo
demostró su humildad»,*
una declaración más *aplicable* del tema, sería,
«Cristo es el ejemplo de servicio entregado a otros».

Figura 4.24

La naturaleza de un tema eficaz

Tal como se desarrolla en el método Whiting, el tema es una declaración positiva, no una posibilidad, sugerencia o conjetura. Es el sermón en pocas palabras. El tema no suele tener más de nueve palabras y no suele ser aliterado. Los temas no deben consistir en tópicos, como «La familia que ora unida permanece unida» o «Dios ayuda a los que se ayudan a sí mismos». Un buen tema le ayudará a evitar el material superfluo, expresando el pensamiento único de la idea central. Esto le da al mensaje su mayor potencial para impactar la mente, la voluntad y las emociones del oyente. También facilita que el oyente lo recuerde, proporcionándole un asidero para recordar los puntos principales del esquema. Observe este ejemplo de tema de 1Juan 2:1-2 (véase la figura 4.25):

Tema de 1Juan 2:1-2

*Cuando los creyentes pecan,
Cristo es su abogado justo.*

Figura 4.25

---

[39] Richards y Bredfeldt, *Creative Bible Teaching*, 86.
[40] Ibid., 133.

Del tema al esquema[41]

Títulos principales

Un buen tema produce un buen esquema. Incluye todos los títulos, pero desarrolla solo los títulos *principales* del esquema (I, II, III, etc.), no los subtítulos (A, B, C, etc.). A continuación, un ejemplo de 1Juan 2:1-2. (Véase la figura 4.26)

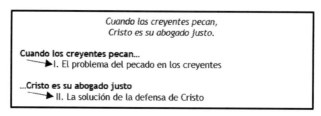

Figura 4.26

Subtítulos

En el siguiente ejemplo, observe que los títulos y subtítulos principales de un esquema se refieren a versículos (1, 2, etc.), e incluso a partes de versículos (1 a, 1 b, etc.). Las letras minúsculas *a* y *b* se refieren a las subdivisiones de un verso —normalmente según las cláusulas. El objetivo es ayudar al oyente a identificar la parte específica del texto que apoya un punto determinado del esquema. De este modo, se demuestra que el sermón tiene sus raíces en el texto bíblico, y no en la imaginación del predicador. Al hacer «clic» en los subtítulos (en negrita), A, B, C, etc., el oyente puede tener un resumen visual de lo que enseña cada porción del texto *y* cómo apoya los títulos principales en los que se apoya el tema. (Véase la figura 4.27)

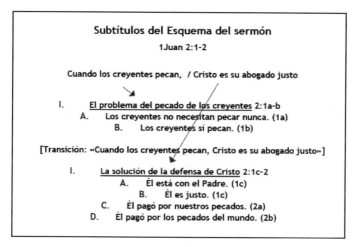

Figura 4.27

---

[41] Jones, «*An Investigation and Explanation of the Whiting System*», 37.

Transición

Observe que un tema bien enunciado constituye una buena frase de transición que da continuidad al esquema. (Véase la figura 4.28) El esquema desarrolla el tema, porque el tema se limita al texto del que se tejió, y expresa una progresión de pensamiento, llevando al oyente de un «lugar» a otro.

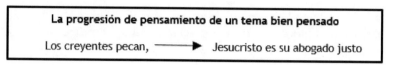

Figura 4.28

Resumen y conclusión

El método Whiting, aunque no es la única estrategia para la elaboración de sermones, es encomiable por su unión de exégesis y homilética. Influido por Samuel Chadwick, desarrollado por Arthur B. Whiting y perfeccionado por Milton William Jones y Dennis Wretlind, este sistema es más eficaz cuando los principios se basan en todos los datos exegéticos del análisis textual, en lugar de en estudios de palabras seleccionadas únicamente. Por lo tanto, los beneficios del sistema se aprovechan al máximo por los usuarios de la lengua (UL). Sin embargo, utilizando las herramientas de investigación disponibles en una biblioteca teológica de calidad o en un programa informático, los no usuarios de la lengua (NUL) también pueden hacer un buen uso del método. Esto es especialmente cierto si el pasaje se lee en varias traducciones fiables, si el texto se esquematiza y/o se dispone mecánicamente para observar el modo en que las palabras se relacionan entre sí (sintaxis), y si se estudia a fondo el entorno histórico.

Tanto si se trata de evaluar traducciones existentes (NUL) como de traducir personalmente (UL), utilice una *hoja de verdades* para cribar la información pertinente. Componga de tres a seis enunciados de verdades atemporales, llamados principios, respondiendo a los seis interrogantes (*quién, qué, cuándo, dónde, por qué, cómo*). Enuncie el epítome de los principios, llamado *tema*, eliminando las ideas repetitivas y las de menor importancia. (El tema debe ser una sola frase positiva y generalizada de no más de nueve palabras).

Cuando se redacta en el lenguaje de los oyentes, este mensaje encapsulado aumenta el impacto. La elaboración de los puntos principales de un buen esquema proporciona al oyente un asidero memorable por el que recordar su sermón. Cuando se desglosan en subtítulos, indexados a los versículos o porciones de versículos de los que «crecen», el oyente es capaz de ver que el mensaje es de Dios, aunque el sermón es suyo.

Un tema bien enunciado proporciona una declaración de transición eficaz. Esto ayuda al oyente a captar la unidad del mensaje. Cuando la verdad atemporal es así comunicada, entendida, aplicada e implementada en la vida del oyente, usted ha utilizado el Método Whiting para cerrar la brecha de comunicación entre el Dios que se revela a sí mismo y aquellos que necesitan desesperadamente conocerlo íntimamente. En resumen, usted se ha comprometido a *transmitir el mensaje de Dios en su sermón*. Esto es una predicación fiel.

Preguntas para la discusión

1. ¿Cuáles son los dos aspectos de la preparación de un sermón en los que se pueden ordenar los elementos del método Whiting?
2. Defina los siguientes términos y describa su uso o propósito.
   a. Texto
   b. Estudio de palabras
   c. Ficha de la verdad
   d. Principio
   e. Tema
   f. Esquema
3. Enumere varias formas en las que *no se* debe enunciar un principio.
4. Describa los atributos de un tema bien planteado.
5. Solo para UL: Enumere algunas de las ventajas de poder utilizar las lenguas bíblicas.
6. ¿Qué es lo que más le ha ayudado de esta visión general del método Whiting de homilética?
7. Enumere al menos tres preguntas que le haya planteado esta introducción al método Whiting.

PARTE II

Desarrollar el descubrimiento

La primera parte de *Predicando con fidelidad* introdujo una adaptación del Método de Whiting como medio para cerrar la brecha de comunicación que existe entre el texto de la Escritura y la audiencia contemporánea de un predicador expositivo. Habiendo descubierto el significado del texto en su contexto, y diseñado su envoltura para la entrega, usted está listo para desarrollar el contenido real. La Parte II abordará las formas de ensamblar los componentes del puente verbal.

Capítulo 5, «Los componentes de un sermón expositivo», trata de los elementos inherentes a toda presentación de la Palabra de Dios. Independientemente de su estilo y énfasis únicos, ciertos factores mejoran la efectividad de cualquier introducción, cuerpo, ilustración, conclusión, aplicación e invitación de un sermón.

Capítulo 6, «Las clasificaciones de un sermón expositivo», explora los tipos de sermones expositivos requeridos por la variedad de la literatura bíblica a proclamar. Los sermones de *párrafo, capítulo, libro, doctrinales, biográficos, parábola, evangelio* y *típicos*, todos tienen su lugar en un ministerio de púlpito equilibrado.

CAPÍTULO 5

Los componentes de un sermón expositivo

Unos materiales de construcción bien organizados, un buen plano y un constructor competente son elementos necesarios para construir un puente que pueda conectar eficazmente a las partes que se encuentran en orillas opuestas de una gran división. Sin embargo, estos elementos no son suficientes para construir el puente. Hay que *trabajar* para ensamblar las piezas de modo que todas encajen en un conjunto unificado que sea recto, fuerte y atractivo. Lo mismo ocurre con la comunicación de las ideas. Este capítulo se refiere a los propósitos de las partes y a cómo se unen. Al igual que un puente físico debe estar bien ensamblado para que sirva a su propósito, lo mismo debe ocurrir con los sermones.

Richards y Bredfeldt observan sabiamente que una buena planificación no desplaza la espontaneidad llena del Espíritu, sino que le da sentido:

> La naturaleza de Dios es planificar... Dios diseñó su mundo con planes muy exactos. Él ordena los acontecimientos mediante un plan maestro. Y nosotros, como seres humanos hechos a su imagen, tenemos una tendencia innata a hacer planes también. Planificamos nuestros días. Planificamos eventos. Planificamos los viajes. Planificamos nuestro trabajo. Planificamos nuestros hogares. Planificamos nuestras vidas. Planificamos los servicios de culto. Incluso intentamos planificar nuestras familias. ¿No deberíamos desarrollar planes para enseñar la Palabra de Dios también?[1]

Planificar el éxito

Los puentes varían en su diseño para satisfacer las necesidades y condiciones de cada tramo. Del mismo modo, cada sermón debe estar estructurado para reflejar el género literario y el tono del texto. Debe relacionarse con las necesidades reales de las personas a las que se dirige. La verdad debe ser comunicada de una manera que sea natural para el orador y que responda a los diversos estilos de aprendizaje de los oyentes. El objetivo de todo sermón debe ser cambiar el pensamiento, las actitudes y el comportamiento de los oyentes para que obedezcan la revelación de Dios. Esto no ocurre automáticamente, por accidente, o a pesar de una mala planificación. Se ha dicho: «Si no se planifica, se planifica para fracasar» y «Si apuntas a la nada, aciertas siempre».

Incluso con la planificación, hay ciertos peligros. Por ejemplo, cuando se enfatiza el estilo a expensas de la sustancia, el sermón se convierte en algo parecido al original puente Narrows de Tacoma, Washington. (Véanse las figuras 5.1 a y b.) Construido en 1940 para unir el estrecho de Puget, el puente fue celebrado como el tercer puente colgante más largo del mundo. Era esbelto, elegante y hermoso. Sin embargo, solo cuatro meses después de su inauguración, el puente se derrumbó en una tormenta de viento, ganándose el nombre de «*Galloping Gertie*» [*Gertie galopante*].[2] Sustituido en 1950, el nuevo puente, construido para transportar 60.000 vehículos al día, soporta regularmente 90.000.[3] Del mismo modo, los sermones que ofrecen un contenido sólido son mejores que los que son demasiado ambiciosos o estructuralmente débiles. Cuando la organización se convierte en un fin en sí mismo, el resultado puede ser demasiado mecánico. Por ejemplo, la aliteración forzada de un esquema produce afirmaciones artificiosas o trilladas. Las ilustraciones deslumbrantes y el humor excesivo a menudo desvirtúan el impulso del mensaje de Dios al «robarle el show». El deseo de ser profundo o de impresionar a la gente puede tentar a un predicador a utilizar grandes palabras, una estructura de frases compleja y expresiones torpes o arcaicas.

---

[1] Richards y Bredfeldt, *Creative Bible Teaching*, 152.
[2] www.ketchum.org/tacomacollapse.html
[3] http://en.wikipedia.org/wiki/Galloping_Gertie

Figura 5.1a

Una buena planificación reduce el alcance del mensaje, lo que permite al predicador comprender mejor un tema limitado. Ordena la presentación para lograr objetivos estratégicos sin divagar. Para dar en un blanco de largo alcance, un tirador utiliza un rifle en lugar de una escopeta. Del mismo modo, los puntos del mensaje deben guardar la debida proporción con el texto y, en última instancia, contribuir a un único objetivo. Esto da integridad al mensaje. Como un magnífico puente, un sermón bien estructurado es más que una obra de arte; ¡pero no es menos!

Piense que el oyente es un viajero perdido que depende del sermón para orientarse. Una buena organización hace que el material fluya y sea más fácil de seguir, entender y recordar. Los objetivos cognitivos, afectivos y conductuales claros de la lección hacen que el mensaje sea más persuasivo. Las partes de un sermón incluyen la *introducción, el cuerpo, la conclusión, la aplicación y la invitación.* Estas deben ensamblarse con cuidado. Aunque los sermones comienzan con la introducción, son los últimos en ser preparados. Según Richards y Bredfeldt, uno de los atributos de lo que ellos llaman «un buen gancho», es que conduce al estudiante a la Palabra.[4] Hasta que no sepa lo que va a comunicar en el cuerpo del sermón, no podrá planificar eficazmente la mejor manera de captar la atención de la gente o de hacer aflorar la necesidad a la que su texto proporciona la respuesta de Dios. Así que la estructuración comienza con la organización del cuerpo del sermón.

---

[4] Richards y Bredfeldt, *Creative Bible Teaching*, 155-56.

Figura 5.1b

El cuerpo del mensaje

El *cuerpo* es la parte principal del sermón. Es en el cuerpo donde presentará el análisis de un pasaje para la instrucción, y la síntesis de sus principios para la persuasión. El cuerpo corresponde a la parte que Richards y Bredfeldt llaman, *gancho, libro, mirar, tomar* (HBLT).[5] Según Haddon Robinson, el material puede organizarse *deductivamente*, comenzando por la idea que el texto apoya; o *inductivamente*, construyendo la idea sobre la base de los datos textuales.[6] En cualquiera de los dos casos, esta es la parte del sermón en la que se explican las ideas, se prueban las proposiciones, se aplican los principios, se cuenta la historia y se completa el tema.[7] Por su volumen y propósito central, el contenido del cuerpo del sermón debe ser *adaptado, dividido, estilizado, ordenado* y *desarrollado*.

Adaptado

La *adaptación* es como comprar ropa que se ajuste a la persona y a la ocasión. Refleja el estilo y la sustancia del texto con el que se teje. Se adapta a los dones y habilidades del predicador, *y* a la naturaleza de la audiencia. Por ejemplo, el texto de 1 Juan 2:1-2 fue escrito por el apóstol Juan cuando era anciano. Cuando comienza el segundo capítulo, «Hijitos míos» (RVA), el tono es paternal. Afirma con firmeza que el pecado es oscuridad, la antítesis de la luz en la que un creyente puede y debe caminar para disfrutar de la comunión con Dios, que *es* luz (1 Juan 1:5). La «sangre de Jesucristo su Hijo», dice Juan a sus lectores, «nos limpia de todo pecado» (v. 7). Juan es firme y familiar al pasar de escribir en primera persona del singular, «Hijitos míos, estas cosas les escribo», a la primera persona del plural, «*tenemos*

---

[5] Robinson, *Biblical Preaching*, 156.
[6] Ibid., 125-33.
[7] Ibid.

un Abogado con el Padre» (1Juan 2:1, énfasis añadido). Cuando se refiere a «nuestros pecados», en el versículo 2, y a los de «todo el mundo» (RVA), Juan se incluye a sí mismo. Para que un sermón comunique el mensaje de Dios, también debe adoptar el tono de Juan, que equilibra su énfasis en la gravedad del pecado con un énfasis en la maravillosa gracia de la salvación.

Dividido

Dividir el cuerpo del sermón es necesario para una adecuada comprensión y para distinguir cuidadosamente la fuerza vital de las secciones. En 1Juan 2:1-2, por ejemplo, una parte del texto identifica el problema de los cristianos que pecan. Esto hace que el oyente sienta la necesidad de la solución de la defensa de Cristo, que se da en el resto del texto. Cuando se dan títulos significativos, se aclara la transición de una división del cuerpo del sermón a otra. En nuestro ejemplo de sermón, la palabra *problema* en la primera división principal («El problema de los cristianos que pecan») anticipa la palabra solución en la segunda división principal («La solución de la defensa de Cristo»).

Estilizado

El cuerpo del sermón también está *pensado* para lograr el máximo impacto, absorción y memoria. El uso de palabras que comienzan con la misma letra se llama *aliteración*.[8] El siguiente sermón ilustra el uso de un esquema aliterado con sub-puntos parcialmente aliterados. (Véase la figura 5.2)

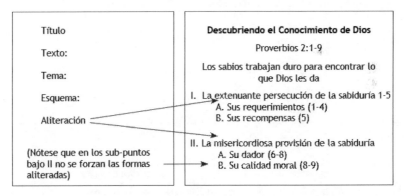

Figura 5.2

Otro recurso es la *paranomasia* o *asonancia*. Se trata de «la repetición de sonidos vocálicos dentro de un pasaje corto de verso o prosa».[9] Observe el uso de la asonancia en el siguiente esquema de sermón. (Véase la figura 5.3)

Los buenos subtítulos no son solo etiquetas o títulos aislados, sino afirmaciones con un significado claro. El uso de preguntas en los títulos de las divisiones puede

---

[8] Jones, «*An Investigation and Explanation of the Whiting System*», 39.
[9] http://en.wikipedia.org/wiki/Assonance.

distraer si hace que la gente intente rellenar los espacios en blanco en lugar de escuchar.

El siguiente esbozo del libro de Jonás ilustra la importancia de la simetría a la hora de enunciar los títulos de las divisiones de un esquema. Obsérvese el uso constante de sustantivos en la parte derecha de la figura, en contraste con la mezcla de sustantivos y verbos en la parte izquierda. (Véase la figura 5.4)

Ordenado

Ordenar el cuerpo del sermón le facilitará recordar lo que ha planeado decir. También facilita el seguimiento por parte del oyente. El orden debe ser natural, fluido, emotivo y variado. El orden *natural* significa que se corresponde con el propio texto, o que la lógica de su progresión es evidente.[10] Cuando un punto de un sermón crea expectativa para el siguiente, sin interrupciones repentinas, se describe como *fluido*. El *movimiento* hacia una meta o conclusión es otro aspecto importante del material bien ordenado en el cuerpo de un sermón. El uso *variado* de las palabras para evitar la repetición ayuda a mantener la atención del oyente.

LA ORACIÓN QUE DIOS OYE

Hebreos 5:5-10

Dios escucha a la vida rendida a su voluntad

I. La oración apasionada del justo
    A. La dependencia de la humanidad
    B. La demostración de humildad
    C. La determinación del honor

II. La perfección del propósito divino
    A. La liberación de la salvación
    B. La disciplina de los hijos
    C. La declaración de éxito

Figura 5.3

Equilibrio gramatical deficiente	Buen equilibrio gramatical
I. El ofrecimiento de misericordia de Jehová a los pecadores (frase con sustantivo)	I. La determinación de Jehová en ofrecer su misericordia a los pecadores.
II. Dios libera a los paganos arrepentidos (cláusula con verbo)	II. La liberación de Jehová a los paganos arrepentidos
III. El Señor compasivo (frase con adjetivo)	III. La demostración de la compasión de Jehová

Figura 5.4

---

[10] Puede haber excepciones, cuando tiene sentido empezar al final del texto y trabajar hacia atrás hasta llegar al inicio, pero es anti-natural y requeriría una explicación buena y fácil de explicar.

Desarrollado

Cada título debe tener al menos dos subtítulos, si es que los tiene, dice Jones.[11] «Si un título se mantiene solo, debe incluirse en el título principal del que procede».[12]

El siguiente esquema (figura 5.5) es un modelo para estructurar el cuerpo del sermón.

Cuando los creyentes pecan, Cristo es su abogado justo

I. El problema del pecado de los cristianos 2:1a-b
    A. Los creyentes no necesitan pecar nunca (1a)
    B. Los creyentes sí pecan (1b)

II. La solución de la defensa de Cristo 2:1c-2
    A. Él está con el Padre (1c)
    B. Él es justo (1c)
    C. Él pagó por nuestros pecados (2a)
    D. Él pagó por los pecados del mundo (2b)

Figura 5.5

Ilustraciones

Que algo sea cierto no significa que esté claro. Una *ilustración* es una historia, un ejemplo, un diagrama, una imagen, un objeto o una figura retórica que aclara un concepto demostrando qué es, cómo funciona o por qué es importante.

Por ejemplo, en Juan 17:20-21, Jesús ora por sus discípulos: «Pero no ruego solamente por estos sino también por los que han de creer en mí por medio de la palabra de ellos; para que todos sean uno así como tú, oh Padre, en mí y yo en ti, que también ellos lo sean en nosotros; para que el mundo crea que tú me enviaste». (RVA) La analogía de la unidad del Padre y del Hijo con la unidad de los creyentes es difícil de conceptualizar. Algún tipo de diagrama o imagen de palabras puede ayudar a la gente a captar la idea.

Por ejemplo, los hijos están en el árbol genealógico de su padre, y los genes de su padre están en ellos. Genéticamente, por tanto, hay un sentido en el que un padre y sus hijos están el *uno en* el otro. Del mismo modo, uno puede estar en el agua y, al mismo tiempo, tener agua en su interior, como ocurre cuando uno está en una piscina y, al mismo tiempo, tiene algo de la «piscina» en su interior (el agua está en su boca).

Las ilustraciones se han comparado con las ventanas, que permiten que la luz llene todas las habitaciones y haga visible lo que de otro modo no se vería o quedaría en la sombra. El uso del árbol genealógico y las ilustraciones de la piscina arrojan luz sobre el concepto de unidad. Al igual que el uso del color añade realismo a las presentaciones en los medios de comunicación, las ilustraciones mejoran los sermones. En su mejor momento, estimulan la curiosidad, la imaginación y el

---

[11] Jones, «*An Investigation and Explanation of the Whiting System*», 49.
[12] Ibid.

pensamiento. A veces son como las luces intermitentes de un sistema de alarma que llaman la atención de la gente. Una buena historia o analogía puede convertir los oídos de los oyentes en ojos con los que visualizar la verdad que escuchan. Cuando cumplen su propósito de aclarar el mensaje de Dios, siempre apuntan lejos de sí mismos hacia el objeto que iluminan.[13]

Pero todas las analogías se agotan, y parte de la habilidad para utilizar las ilustraciones consiste en conocer sus limitaciones y no exagerarlas.[14] Como alguien ha dicho, «las ilustraciones no se hicieron para andar en cuatro patas». Como cualquier cosa buena, se puede abusar de ellas. Esto ocurre cuando dominan la verdad. Unas ventanas demasiado grandes, o demasiadas ventanas, pueden debilitar estructuralmente un edificio. Del mismo modo, las ilustraciones demasiado extensas, elaboradas, entretenidas o memorables pueden debilitar un sermón.

Los sketches y las presentaciones multimedia son tipos de ilustraciones. En Mateo 18:1-5, Jesús presentó a un niño ante sus discípulos para demostrar la clase de dependencia humilde de Dios que se requiere para que una persona entre en el reino. Para enfatizar la importancia de cada miembro del reino, lo comparó con una oveja perdida entre cien (vv. 12-14).

Las ilustraciones ayudan al oyente a considerar una verdad de forma más objetiva. En 2Samuel 12:1-7, cuando el profeta Natán contó la historia de un hombre rico que tomó la única oveja de un hombre pobre, hizo que David juzgara su propio pecado contra Urías.

Cuando las ilustraciones realmente iluminan la verdad de un concepto que de otro modo sería abstracto, le dan la oportunidad de reforzar esa verdad al enunciarla de manera diferente. Un ejemplo de esto es el uso de una *palabra descriptiva,* como el uso de Jesús de la palabra *espada*, en Mateo 10:34, para representar la naturaleza divisiva de la verdad que Él trajo a la tierra. Las *figuras del lenguaje* literario son otra categoría de ilustración, como la imagen del pastor/oveja del Salmo 23 y de Juan 10. En el Sermón del Monte de Mateo 5-7 se pueden identificar 53 figuras retóricas.[15] Los *símiles* y las *metáforas* proporcionan comparaciones formales o implícitas para añadir énfasis, intensificar el sentimiento o revelar lo desconocido mediante lo familiar.

Otras formas de ilustración son las analogías, en las que se describe una cosa por su similitud con otra. Las *anécdotas* son relatos breves de un incidente interesante, divertido o biográfico, que se utilizan para exponer un argumento. Los relatos y la poesía, ya sean ficticios o reales, pueden aclarar eficazmente ideas que de otro modo quedarían enigmáticas u opacas.

Entre las muchas fuentes de ilustración, la Biblia es la que más autoridad tiene. Un buen ejemplo es la historia de José en Génesis 39:13, utilizada para ilustrar lo que Pablo quiso decir en 2Timoteo 2:22, con su mandato de «huir... de las pasiones

---

[13] Ibid., 24.

[14] Stephen Farris afirma, «Hay una analogía fundamental entre la Biblia y el mundo contemporáneo que le da vida a los sermones de vastas maneras». Él ve la creatividad del predicador en descubrir tales analogías, como conectar la relevancia de un pasaje a la audiencia. Véase Stephen Farris, *Preaching That Matters* (Louisville: Westminster John Knox Press, 1998), 24.

[15] Ibid. También véase Kaiser, *Toward an Exegetical Theology*, 123-24, para una lista concisa y una descripción de figuras del lenguaje.

juveniles» (RVA). La desventaja de las ilustraciones bíblicas es que su uso puede requerir una explicación para aquellos en la audiencia que no están familiarizados con ellas.

La observación personal de la naturaleza humana y de los acontecimientos actuales es una de las mejores fuentes de ilustración de sermones, porque es fresca y personal. Su desventaja se ve si «había que estar allí» para apreciar el significado de la observación. Los informes de los medios de comunicación sobre acontecimientos y las historias de interés humano también pueden ser fuentes de ilustraciones. Las biografías de personas que ejemplifican el bien o el mal pueden ser muy útiles siempre que no requieran demasiado tiempo de explicación. Cuando use ilustraciones de deportes, canciones, películas y novelas, asegúrese de evitar las referencias a fuentes malsanas.

Lecciones históricas, cuestiones teológicas, el himnario de la iglesia y el desarrollo. Los descubrimientos en las artes y las ciencias pueden ser muy útiles. Los libros y sitios web que ofrecen ilustraciones y humor también pueden ser útiles, pero los descubrimientos personales suelen ser mucho más naturales y eficaces.

La directriz más importante para el uso de ilustraciones en el desarrollo del sermón es que realmente arrojen luz sobre una verdad importante que, de otro modo, quedaría en la sombra. No deben limitarse a entretener, ilustrar lo obvio o ser demasiado largos o numerosos. Deben ser sencillos (como un cristal claro, no una vidriera) y precisos (no exagerados «evangélicamente» ni sacados de contexto por descuido). Los datos estadísticos tienen su lugar, pero los oyentes pueden preguntarse cómo se han recogido y si son actuales o están desfasados.

Anotar las ilustraciones en los lomos de los libros que lee el predicador; en las libretas que se guardan en el bolsillo, en el auto o en la mesa de noche; o en un dispositivo electrónico, permite archivarlas por temas y textos bíblicos en una fecha posterior. Las parábolas de Jesús indican su atención a los detalles ilustrativos mientras observaba la vida. El desarrollo de una actitud de cazador/recolector con respecto a las ilustraciones potenciales es un deleite, así como una disciplina para el predicador expositivo de la Palabra de Dios.

Conclusión

La *conclusión* de un mensaje sigue a la presentación y proporciona un resumen, recogiendo sucintamente todo lo dicho y llevando el mensaje a un final claro. Aunque la conclusión es el resumen que pone fin al mensaje, nunca debe consistir en una declaración que indique que se ha terminado, sobre todo si no es así. Más bien, añade el toque final que deja una impresión duradera y prepara al oyente para decidir lo que va a hacer en respuesta. A veces, la simple repetición del tema del sermón sirve como conclusión eficaz. El método Whiting ha identificado varios tipos de conclusiones:

Formal

Las conclusiones formales en realidad repiten los puntos y los títulos.[16] Esto tiende a llamar excesivamente la atención sobre la mecánica de la presentación. Si hay que recapitular el esquema, puede parafrasearse, reducirse a una serie de palabras sueltas, reafirmarse en la lengua vernácula del día, enunciarse en términos de ideales inspiradores, o equilibrarse con declaraciones que transmitan una verdad contrastada. Por ejemplo, un mensaje que haya hecho hincapié en el pecado podría resumirse con un recordatorio del perdón de Dios.

Informal

A menudo es mejor concluir un sermón con una ilustración. Otras técnicas informales incluyen un testimonio personal; una cita apropiada; o un poema, una oración, un desafío, una pregunta retórica o una canción elegida para el propósito.

Las conclusiones efectivas tienen seis características: son *ágiles, simples, fuertes, breves, hábiles,* y proporcionan un *resumen.* Las conclusiones deben avanzar sin desvíos ni señales de parada. Están orientadas al cierre y son eficaces para encapsular el mensaje. Consisten en afirmaciones claras sin grandes palabras. Las buenas conclusiones se exponen con pasión y convicción. Su redacción es vívida, viva, enérgica y motivadora. Dado que no deben durar más de dos o tres minutos, hay que ser hábil para preparar y presentar un resumen que recuerde los puntos principales del sermón *sin* introducir nuevas ideas, argumentos o referencias bíblicas.

Aplicación

La aplicación del sermón se refiere a los hilos de relevancia que se extienden a lo largo del sermón, pero que finalmente se juntan para la apelación personal y la acción tanto para el predicador como para la gente. En términos del conocido hilo *gancho, libro, mirar, tomar* (HBLT) de Richards y Bredfeldt, la aplicación sigue lógicamente al *gancho* (introducción), y al *libro* (cuerpo), con una *mirada* a la «*toma*» (implementación) de la verdad.[17] Richards y Bredfeldt distinguen entre las aplicaciones *auto-guiadas*, en las que el oyente está solo para percibir las implicaciones del texto, y la mucho más preferible *auto-aplicación guiada*, en la que el oyente es conducido «a descubrir y captar la relación de la verdad recién estudiada con la vida diaria».[18] Estos autores describen la aplicación como el proceso de navegación en el que un piloto se alinea con la pista para aterrizar el avión en su destino. Identifica claramente el blanco, la meta o el objetivo.[19] Desde el punto de vista del tiempo, la aplicación (*mirar)* marca un retorno desde la consideración pasada de la antigua revelación (*libro*) al tiempo presente, desde el

---

[16] Jones, «*An Investigation and Explanation of the Whiting System*», 51.

[17] Richards y Bredfeldt, *Creative Bible Teaching*, 157.

[18] Ibid.

[19] Ibid., 157, 150.

que la introducción (*gancho*) lanzó el mensaje. Su aplicación (*tomar*) tendrá lugar en el futuro. El siguiente diagrama ilustra lo que los autores denominan «un viaje en el tiempo».[20] (Véase la figura 5.6.)

PASADO	PRESENTE	FUTURO
	GANCHO Introducción	
LIBRO Cuerpo		
	MIRAR Aplicación	TOMAR Implementación

Figura 5.6[21]

La predicación expositiva tiene como objetivo cambiar la vida de las personas dispuestas a responder mental, afectiva y conductualmente al conocimiento revelado de Dios. Los atributos de la aplicación apropiada se han descrito con las palabras *fáctica, encarnada, enfocada, fresca*, y *contundente*.

Fáctica

Las aplicaciones deben representar con exactitud las afirmaciones reales de la Escritura sobre el individuo. De la misma manera que debe evitar leer significados en el texto de la Escritura, también debe evitar la tentación de dejar que las aplicaciones sean contorsionadas por la presión de la cultura contemporánea o saboteadas por su propia agenda oculta. Muchas veces se sugieren exhortaciones basadas en principios relacionados enseñados en otras partes de la Escritura. Pero una buena aplicación reintroduce el mismo principio conducido fuera de su contexto antiguo en el contexto contemporáneo sin distorsionar su significado. Dicho de otro modo, las buenas aplicaciones son las que el autor habría hecho si estuviera escribiendo hoy. Por ejemplo, el requisito de que los ancianos sean «intachables» en 1Timoteo 3:2 (RVA) se explica por la lista de cualidades de carácter que sigue en el texto. Al aplicar la palabra «intachable» hoy en día, tendrá que evaluar comportamientos que no eran cuestiones morales en la época en que Pablo escribió. Sin embargo, al hacerlo, debe tener cuidado de evitar juicios subjetivos que reflejen sus propios prejuicios culturales. Por ejemplo, las adicciones continuas a sustancias ilegales o a la pornografía en Internet descalifican claramente a un hombre del cargo que requiere que sea *intachable*, mientras que otras acciones menos claras, como el piercing en el cuerpo o las apuestas en la lotería, pueden ser discutibles.

---

[20] Ibid., 157, 159.
[21] Este diagrama es una adaptación del que aparecen en ibid., 160.

Encarnada

Este atributo de la buena aplicación tiene que ver con que la verdad tome carne.[22] Busca implementar el principio en la práctica diaria. Informa del compromiso del oyente para pensar, sentir y comportarse de forma diferente.

Enfocada

Cuando una aplicación se centra en cuestiones concretas de pensamiento, actitud y acción, es como la concentración ardiente de la luz del sol cuando pasa a través de una lupa mantenida a la distancia adecuada de un objeto. Es específica, puntual y relacionada con las necesidades reales; no es difusa, vaga o frívola. Por ello, enciende el cambio.

Fresca

Las aplicaciones deben evitar la repetición de frases y clichés cansados y desgastados. Puede parecer que prácticamente todos los sermones podrían reducirse a «confía y obedece», o «lee tu Biblia y ora», o «Dios es soberano, pero el hombre es responsable». Pero no es el momento de generalizar. Las aplicaciones responden a la pregunta «¿Y entonces qué?» en el lenguaje específico de las circunstancias reales del oyente.

Contundente

Por último, las solicitudes deben ser contundentes. Al igual que el alegato final de un abogado, una buena solicitud pide al oyente que emita su veredicto sobre el caso presentado. Se trata de un llamamiento breve, directo y sencillo a la voluntad. No debe ser un argumento de venta de alta presión, un desafío febril o una manipulación emocional. La buena aplicación tampoco adula ni hace promesas extravagantes. Simplemente guía al oyente para que acepte el reto de hacer realmente lo que sabe que le conviene. La aplicación contundente le insta a explorar, descubrir y *hacer* lo que Dios quiere que haga, exponiendo las implicaciones contemporáneas de la verdad atemporal.

En el método Whiting, las directrices para el desarrollo de buenas aplicaciones incluyen la necesidad de que estén *relacionadas* y sean *relacionales*. Cuando están relacionadas, abordan discretamente las necesidades específicas de las personas como individuos sin llamar la atención sobre individuos concretos. Las aplicaciones relacionales se comunican con la compasión de un predicador que es transparente sobre el impacto de la verdad en su propia vida, no es que el sermón sea *sobre* el predicador, sino que habla a su audiencia como uno de ellos.

---

[22] Este diagrama es una adaptación del que aparecen en ibid., 160.

Invitación

Una invitación es simplemente el llamado a una respuesta personal particular a Dios a la luz de su Palabra. Su propósito es instar a la aplicación oportuna de los principios bíblicos mientras las opciones son claras. No es necesariamente un «llamado al altar» para caminar físicamente a un lugar de decisión,[23] sino una oportunidad para decidir un cambio de pensamiento, sentimiento y/o comportamiento.[24]

Se ha descrito que las invitaciones se dirigen a toda la persona, al intelecto, a la emoción, a la voluntad y a la conciencia. Invitar con el argumento del discurso a la mente del oyente apela a su *intelecto*. Comunicar el sentimiento de urgencia para responder al corazón de Dios se dirige a las *emociones*. Llamar a una decisión personal consciente, clara y concreta, se dirige a la *voluntad*. Apelar al elevado sentido del bien y del mal del oyente se dirige a su *conciencia*.

Introducción

La introducción de un mensaje precede al tema y a la prueba del texto. En la comparación que hacen Richard y Bredfeldt de una lección bíblica con un vuelo de avión, el objetivo de la introducción, o «gancho», es lograr el despegue con todos los pasajeros a bordo y en ruta hacia un aterrizaje seguro en el destino deseado.[25]

Se ha dicho que «solo se tiene una oportunidad para causar una primera impresión». Esto indica la importancia de la introducción del sermón. Una vez preparado el resto del sermón, ya se conoce el destino del vuelo. La siguiente tarea es decidir la mejor manera de vender los billetes a los posibles pasajeros. Uno de los peligros que hay que evitar es la sobreventa. Esto puede funcionar fácilmente si se prepara primero la introducción. Jones ha bautizado este problema como dar «un cuerpo y conclusión de *Cadillac* y una introducción de *Ford*».[26] Otro problema es la tendencia a predicar la introducción en lugar del sermón.

---

[23] La introducción de invitaciones formales es generalmente atribuido Charles Grandison Finney (1792-1875), a menudo atacado por algunos cristianos por su excesivo énfasis en el libre albedrío del hombre y su interpretación palagiana de la naturaleza del hombre. Cerca de 1835, Finney tomó la práctica del *asiento del enlutado* que Eleazar Wheelock había usando en 1741 y lo llamó el *asiento del ansioso*. El asiento del ansioso era «un banco que se dejaba vacío en el que al final de la reunion «el ansioso puede venir y ser atendido de manera particular... y a veces conversar de manera individual». (J. I. Packer, «Puritan Evangelism», www.apuritansmind.com/Puritan%20 Evangelism/JIPackerPuritanEvangelism. htm.) Más o menos por 1815, sin embargo, Asahel Nettleton, (1783-1844), un calvinista, introdujo un cuerto de oración, que se conocería después como el cuarto de búsqueda, y visitas en casa, para consejar a aquellos preocupados por sus almas. Para una buena defensa de los supuestos ataques por los calvinistas, véase Jim Stewart, «*No Uncertain Sound*», www.gospeltruth.net/ nouncertain.htm. Para un buen análisis de cómo tanto Nettleton como Finney han influenciado el evangelismo moderno, véase Rick Nelson, «*How Docs Doctrine Affect Evangelism? The Divergent Paths of Asahel Nettleton and Charles Finney*», www.founders.org/FJ33/article1.html.

[24] Ejemplo de una invitación en la Escritura: Dios al hombre: «¿Dónde estás?» (Gén. 3:9). Otros ejemplos incluyen Éxodo 32:26; Josué 24:15; 2Crónicas 34:3032: Nehemías 9:38; Mateo 4:19; Lucas 19:5; Hechos 2:40; 19:8,26; y 26:28; y Apocalipsis 22:17.

[25] Richards y Bredfeldt, *Creative Bible Teaching*, 149.

[26] Jones, «*An Investigation and Explanation of the Whiting System*», 55-56.

La introducción se ha comparado con el porche de un edificio, un escalón y un camino de entrada.[27] Es solo la entrada y no debe ser tan atractiva como para que la gente no pase de largo. El objetivo de las presentaciones es preparar a la gente para que escuche, captando y manteniendo su atención. El general francés Napoleón dijo una vez: «Los primeros cinco minutos de la batalla son decisivos». Es durante estos primeros momentos cuando se debe establecer una conexión entre usted y la gente. El público está decidiendo si vale la pena escuchar el mensaje en función de lo que percibe de *usted*. Las introducciones también permiten a la audiencia saber de qué trata el sermón y despertar su interés por el tema.

A veces, los aviones despegan en dirección contraria a su destinación debido a las condiciones meteorológicas o al tráfico aéreo. Los sermones, por lo general, no deberían. Las mejores introducciones se ajustan directamente al tema del texto.

Una breve «introducción» ofrece una entrada funcional a un hogar. Invita a la gente a pasar, lo más directamente posible, de la puerta de entrada a la mesa. Una introducción similar a un sermón puede describirse como *sugestiva*, *sencilla* y *relacional*. Es *sugestiva* porque simplemente abre el apetito, como lo hace un entremés, en lugar de estropear la comida con demasiado alimento. Es *sencilla* porque solo despierta la curiosidad del oyente, en lugar de abrumarlo con algo demasiado adornado o detallado. Una introducción sencilla puede enunciar el título, dar la razón de su elección y contar su relación con situaciones de la vida. Las introducciones eficaces son *relacionales* cuando invitan a una respuesta cálida del público.

Las ideas para las introducciones pueden encontrarse en cualquier número de fuentes posibles. Puede que tenga que determinar si el texto es familiar, comúnmente malinterpretado, controvertido o relevante para un acontecimiento actual. A partir del contexto, ¿cómo encaja el pasaje de la Escritura con el tema o argumento del capítulo, libro, etc.? ¿Qué escenarios históricos, geográficos y culturales podrían necesitar ser explicados para preparar el sermón? En días especiales, incluidas las fiestas tradicionales y los aniversarios, los énfasis estacionales o conmemorativos pueden sugerir introducciones apropiadas. En Halloween, por ejemplo, puede ser adecuado en algunos contextos comenzar un sermón poniéndose temporalmente una máscara para representar la táctica de Satanás de disfrazar su verdadera identidad (véase 2Corintios 11:14), o la tendencia del creyente a disfrazarse con las formas del mundo (véase Romanos 12:2).

Los artículos de periódicos y revistas pueden servir para llevar a la gente de lo que está pensando en ese momento a lo que necesita su atención. (Las fuentes de los medios de comunicación deben comprobarse primero en cuanto a su exactitud y relevancia para el tema del texto).

Otras fuentes de presentación son la ocasión en que un orador invitado es invitado a hablar. Las observaciones personales de la naturaleza humana o las conversaciones escuchadas con el barbero, el empleado de la gasolinera, los compañeros de viaje, etc., pueden dar al predicador una forma de establecer un terreno común. Finalmente, una variedad de fuentes publicadas de ilustraciones y

---

[27] Ibid.

humor están a menudo indexadas por tema y/o referencia de la Escritura y pueden proporcionar «ganchos» históricos o histéricos.

Aquí, el sermón de Proverbios 2:1-9, visto en un ejemplo anterior, se introduce con un poco de humor de una fuente publicada.[28] Se trata de llamar la atención del oyente, provocarle una risa y hacerle reflexionar sobre la diferencia entre la sabiduría humana, que es meramente *inteligente*, y la sabiduría divina, que es sinónimo de *carácter*. (Véase la figura 5.7)

Descubriendo el conocimiento de Dios

Proverbios 2:1-9

John y Dave estaban de excursión cuando vieron a un puma que les miraba fijamente. John se quedó helado, pero Dave se sentó en un tronco, se quitó las botas de montaña, sacó un par de zapatillas para correr de su mochila y empezó a ponérselas a toda prisa.

«¡Por el amor de Dios! No puedes correr más rápido que un león de montaña». siseó John.

«No tengo que hacerlo», dijo Dave, encogiéndose de hombros. «Solo tengo que correr más rápido que tú».

Hay muchos conceptos de sabiduría. La sabiduría de Dave era inteligente; pero la sabiduría de Dios implica carácter. Los proverbios que tenemos ante nosotros hoy nos enseñan que **el sabio trabaja duro para encontrar lo que Dios da.**

Figura 5.7

Las introducciones textuales remiten a los oyentes al pasaje que en cuestión está siendo considerado. Preparan el escenario para el mensaje proporcionando los antecedentes del texto. Las historias y las representaciones son otro tipo de introducción. (Otra forma útil de introducir un sermón es utilizar el tema del texto como *trampolín*. Exponer los problemas clave a los que se enfrenta la gente puede suscitar interés. A veces es conveniente anunciar simplemente el tema del sermón, como en un entorno más académico. También puede utilizar una cita llamativa como introducción, pero asegúrese de identificar cuidadosamente la fuente y citarla con precisión.

(¿Cuántas veces se ha atribuido erróneamente una cita del líder de la Reforma alemana Martín Lutero al líder de los derechos civiles de los años 60, Martin Luther King Jr.?)

Las buenas introducciones a veces hacen uso de preguntas retóricas, desafiantes o provocativas, con pausas para permitir que la gente reflexione sobre los temas que el sermón abordará más adelante. Comenzar con una definición de una palabra, ya sea de un diccionario o de su uso de un término clave, también puede ser una introducción adecuada.

Al comparar opiniones políticas o posturas doctrinales contrastadas, no hay que alienar innecesariamente a parte de la audiencia adoptando una posición personal potencialmente controvertida. Del mismo modo, corregir un error doctrinal en una introducción requiere habilidad para no dejar la impresión de que se está atacando personalmente a quienes se cree que están equivocados.

---

[28] James S. Hewett, ed., *Illustrations Unlimited* (Wheaton: Tyndale, 1988),452.

Las lecciones objetivas, las referencias a la literatura o a las películas, las presentaciones multimedia y las canciones son ejemplos de otras formas de introducir el sermón.

Evite ser brusco en la introducción del sermón. Esto puede parecer grosero a los oyentes. También es contraproducente excusarse a sí mismo o al tema. El dogmatismo o los hechos erróneos pueden cerrar la mente de la gente. También debe evitar desarrollar la introducción con múltiples puntos que formen un mini-sermón en sí mismo. Además, utilizar el mismo planteamiento con demasiada frecuencia mermará sin duda su capacidad para enganchar al oyente.

Al componer las introducciones, determine exactamente lo que está tratando de lograr. Revise el mensaje para asegurarse de que la introducción realmente lo *introduce*. Tanto si escribe a mano el mensaje completo como si no, escribe la introducción, memorizando la primera frase. A continuación, diga la introducción con el entusiasmo de quien está convencido de lo que va a decir.

Presentación de 1Juan 2:1-2

La siguiente es una de las muchas maneras en que se podría introducir el mensaje de 1Juan 2: 1-2. (Véase la figura 5.8.)

Los dramas judiciales son un elemento básico del entretenimiento estadounidense. Las cuestiones relacionadas con la justicia parecen cautivar la imaginación de los telespectadores. Pero si se menciona la frase «abogado defensor», el nombre que salta a la mente no es Perry Mason o Matlock, sino Johnnie Cochran. Cochran dirigió el llamado dream team que consiguió la absolución del famoso O. J. Simpson en 1995. Simpson, famoso jugador de fútbol americano, comentarista deportivo y actor, había sido acusado de asesinar a dos personas, incluida su esposa. Cuando terminó el juicio con jurado más largo de la historia de California, en el que participaron 150 testigos y que costó 15 millones de dólares, todo el mundo parecía tener una opinión diferente.

Las personas tienen una capacidad de juicio dada por Dios. Como consecuencia del pecado, también están sujetas al juicio de Dios. Para los cristianos, el pecado plantea cuestiones difíciles. Por un lado, ¿cómo pueden los que pecan presentarse ante el Dios de la justicia absoluta? Por otro lado, si la sangre de Jesús los ha limpiado, ¿por qué debería importar que pequen? La respuesta a estas preguntas implica un drama judicial mayor que cualquier otro en la tierra. Verás, **cuando los creyentes pecan, Cristo es su justo abogado**.

Figura 5.8

Resumen y conclusión

Al igual que un puente, todo sermón expositivo consta de partes que deben ser comprendidas y ensambladas cuidadosamente. Para la solidez estructural, es indispensable una buena planificación. La introducción, escrita en último lugar, atrae la atención y dirige el pensamiento hacia el texto en busca de la verdad que satisface las necesidades que aflora.

El cuerpo de un sermón debe adaptarse estructuralmente al predicador, al público y a sus circunstancias. Al dividir y sub-dividir el texto se distinguen las fuerzas vitales que le dan su fuerza y hacen que el sermón funcione. Cuando estos puntos principales están estilizados y ordenados, el flujo de pensamiento no se ve obstaculizado. Cuando son apropiadas, las ilustraciones ayudan a los oyentes a prestar atención y a visualizar conceptos abstractos.

Las conclusiones bien elaboradas permiten al público recordar la esencia del sermón. Esto les da una base más condensada para decidir cómo responder. Las aplicaciones traen a los oyentes de vuelta al presente desde su consideración de las verdades atemporales registradas en el contexto del pasado antiguo. Guían a los oyentes en un proceso de auto-aplicación que tiene como resultado el compromiso de poner en práctica el cambio de pensamiento, actitudes y acciones en el futuro. La invitación simplemente llama a los individuos a la acción oportuna apelando a sus personalidades totales, mentes, voluntades, emociones y conciencias.

Preguntas para la discusión

1. ¿Cuáles son las diferencias claras y significativas entre un sermón estructurado y una presentación de la Palabra de Dios que podría llamarse un comentario corriente, un devocional, una exhortación, un discurso teológico, una charla bíblica, etc.?
2. ¿No es mejor una *buena* presentación no estructurada de un pasaje que una homilía estructurada que no es tan buena? ¿Está convencido de que las ventajas de un sermón bien construido valen realmente el esfuerzo que supone construirlo? ¿Cree de verdad que la persona media que asiste a un servicio de predicación realmente necesita, quiere, aprecia y responde mejor a un sermón pulido y artístico que a una charla informal?
3. Describa las formas en que puede debilitarse la integridad estructural de un sermón.
4. Enumere y describa los componentes de un sermón que deben ser comprendidos y ensamblados.
5. ¿Por qué hay que escribir la introducción del sermón en último lugar?
6. ¿Cuáles son las ventajas cuando el cuerpo del sermón se adapta, se divide, se ordena, se desarrolla?
7. Describa brevemente las cualidades de una conclusión eficaz explicando qué se entiende por *ágil, sencilla, breve, resumida* y *hábil*.
8. ¿Qué se entiende por *fáctica, encarnada, enfocada, fresca,* y *contundente* cuando se describen aplicaciones efectivas?
9. ¿En qué se diferencia una invitación de un llamado al altar, y por qué está de acuerdo o no en que cada sermón debería tener uno?
10. Describa una buena introducción.

CAPÍTULO 6

Las clasificaciones de un sermón expositivo

Los puentes colgantes son solo un tipo de puente, y no todos son iguales. La necesidad y la finalidad concretas de un puente dependen de muchos factores. Como puede verse en esta imagen del puente Sundial sobre el río Sacramento, cerca de Redding, California, la forma y el estilo de un puente también reflejan la imaginación del diseñador. (Véase la figura 6.1). Lo mismo ocurre con las Escrituras y debería ocurrir con los sermones.

Figura 6.1

Los tipos de sermones difieren en parte porque, al igual que la tierra de la Biblia, la literatura de la misma varía dramáticamente. Tratar la Palabra de Dios como un estacionamiento pavimentado con espacios uniformes, en el que las respuestas a las preguntas del hombre están pulcramente aparcadas en filas accesibles, no solo es ingenuo, sino que deshonra el arte del Autor. El Dios infinito se ha revelado a través de las colinas, los valles, los ríos, las ciudades y los desiertos de la literatura diversa. Los géneros de narrativa, ley, poesía, sabiduría y apocalíptica comprenden un amplio espectro a través del cual Dios ha comunicado sus programas duales para redimir a los pecadores perdidos y establecer el reino de su Hijo sobre la tierra. La Palabra fue escrita por personas, y para personas, que representan toda la gama de personalidades, en circunstancias que abarcan toda la gama de la experiencia humana. Como resultado, se necesitan varios tipos de sermones en un ministerio de púlpito comprometido a declarar todo el propósito de Dios a todo tipo de personas. (Véase Hechos 20:27.) Incluyen el *sermón del párrafo, el sermón del capítulo, el sermón del libro, el sermón doctrinal, el sermón biográfico, el sermón de la parábola, el sermón de los Evangelios* y la predicación de *tipos bíblicos.*

El sermón de los párrafos[1]

El sermón de párrafos es lo suficientemente corto para una exégesis intensiva, pero lo suficientemente largo para un sermón. Es lo suficientemente práctico y flexible para cualquier situación.

El párrafo es la unidad más utilizada para la predicación, porque un párrafo expresa una sola unidad de pensamiento. El contexto determina dónde empieza y dónde acaba. En la narrativa, los párrafos suelen estar marcados por referencias al tiempo, denominadas *marcadores de tiempo*. Para determinar las pausas naturales en la narración, suele ser útil leer el texto en voz alta. Los textos del Nuevo Testamento griego suelen ser más fiables para determinar los límites de un párrafo que la mayoría de las traducciones inglesas, que a veces imponen divisiones de capítulos en medio de un pensamiento.[2] Un ejemplo lo encontramos en el párrafo de 1Corintios 13:1-13, que en realidad comienza con la segunda mitad de 12:31.

[Nota: Los no usuarios de la lengua pueden beneficiarse de la lectura de las figuras 6-2 y 6-3, pero pueden pasar a la siguiente sección si así lo desean].

Los usuarios de la lengua encontrarán que los diagramas gramaticales y/o los esquemas mecánicos pueden ser muy útiles para identificar el sujeto, el predicado, el objeto, la conclusión, etc., que expresan una idea completa.[3] (Véanse las figuras 6.2 y 6.3).

Los párrafos que tratan de temas concretos suelen ser más «predicables» que aquellos cuyos temas son abstractos o problemáticos, como el bautismo por los muertos, en 1Corintios 15:29-34. El contenido de algunos párrafos se sugerirá para bodas, funerales, fiestas y otras ocasiones especiales. Solo asegúrate de que tus selecciones se ajustan a tu etapa de desarrollo como exégeta. Por ejemplo, los

---

[1] Véase el apéndice para una muestra de un sermón de párrafos.

[2] Véase el apéndice, Galen Currah, «*Outlining from the Nestle-Aland Novum Testamentum Graece*» (folleto, Western Conservative Baptist Seminary, aprox. 1973). Usado con permiso.

[3] *Synopsis Quattuor Evangeliorum* de Kurt Aland (Nueva York: American Bible Society), que coloca uno al lado del otro los textos griegos de los relatos paralelos de los Evangelios, es una herramienta útil para entender los pasajes de los Evangelios sinópticos.

párrafos largos o difíciles, como el de 1Pedro 3:13-22, se abordan mejor cuando se ha adquirido cierta experiencia.[4]

Hay ocho tipos de sermones de párrafo.[5] Los párrafos *narrativos* representan un episodio que forma parte de una historia más larga, como la ofrenda de Isaac por parte de Abraham (Gén. 22:1-19). La parábola de la oveja perdida (Lucas 15:3-7) es un ejemplo de *párrafo discursivo*. Isaías 12:1-6 es una *estrofa poética*, como los versos de una canción. El elogio que el apóstol Pablo hace de Epafrodito, en Filipenses 2:25-30, se denomina *esbozo de carácter*. En 3Juan 9, Diótrefes podría desarrollarse como un personaje de *carrera*. En el relato de la lucha de Jacob con el ángel de Jehová, en Génesis 32:22-30, se representa un *acontecimiento*. La discusión del apóstol Pablo sobre la justificación por la fe, en Romanos 3:27-30, es un ejemplo de un sermón de párrafo *doctrinal*. Los párrafos *problemáticos* incluyen pasajes como Mateo 19:3-9, donde Jesús responde a una pregunta (si es permisible divorciarse y volverse a casar).

El sermón del capítulo[6]

Un sermón de capítulo es un mensaje expositivo textual tejido a partir del contenido de un capítulo entero de la Biblia. Los sermones por capítulos confirman y utilizan las divisiones comúnmente aceptadas de los libros bíblicos, que son así fácilmente identificables y memorizables como unidades literarias. Pueden desarrollarse y presentarse *por sí solos*, sin formar parte de una serie continuada a través del libro bíblico en el que se encuentran, o pueden formar parte de una serie de grandes capítulos sobre un tema, como la ofrenda (2Cor. 8-9; Fil. 4, etc.); el rapto de la iglesia (1Tes. 4; 1Cor. 15, etc.); o las recompensas (1Cor. 3; 2Cor. 5). Varios capítulos de la Biblia han sido reconocidos como pasajes *clásicos*.[7] Algunos ejemplos son Génesis 2, «Por qué somos lo que somos»; Zacarías 4, «El secreto de la verdadera fuerza»; 1Corintios 13, «El capítulo del amor», y Hebreos 11, «El salón de la fe».

---

[4] En qué sentido Cristo fue en el Espíritu y proclamó a los espíritus en prisión que eran desobedientes en los días de Noé; y cómo la entrega de Noé por el arca se relaciona con un efecto salvador del bautismo, han sido descritos como uno de los pasajes más difíciles de interpretar en toda la Biblia. (William Barclay, *The Letters of James and Peter* [Edimburgo: St. Andrew Press, 1958], 275) Para una análisis cuidadoso de distintas perspectivas, véase Wayne Grudem, «*Christ Preaching Through Noah: 1 Peter 3:19-20 in the Light of Dominant Themes in Jewish Literature*», *Trinity Journal* 7 (1986): 2.

[5] El número y la descripción de los sermones de los párrafos que se comentan aquí están tomados de Jones, «*Supplement to Notes*» [*Suplemento de notas*] (folleto, aprox. 1975).

[6] Véase el apéndice para una muestra de sermón de capítulo.

[7] Véase G. Campbell Morgan, *Great Chapters of the Bible* (Old Tappan, Nueva Jersey: Fleming H. Revell, 1935) y Tom Carter, *Spurgeon's Commentary on Great Chapters of the Bible* (Grand Rapids: Kregel), 1998.

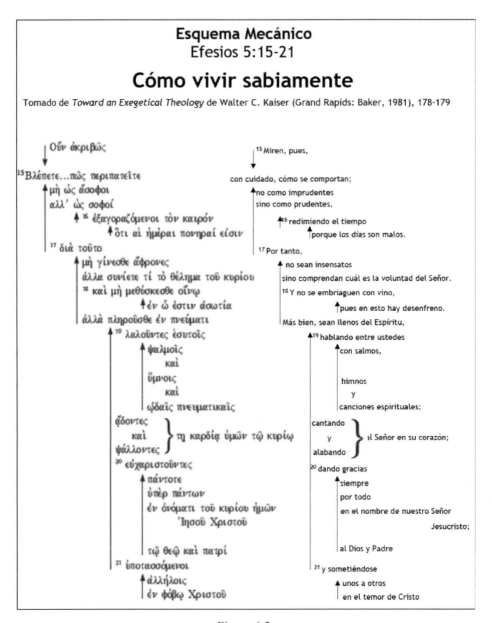

Figura 6.2

Diagrama gramatical
Efesios 5:15-21

Cómo vivir sabiamente

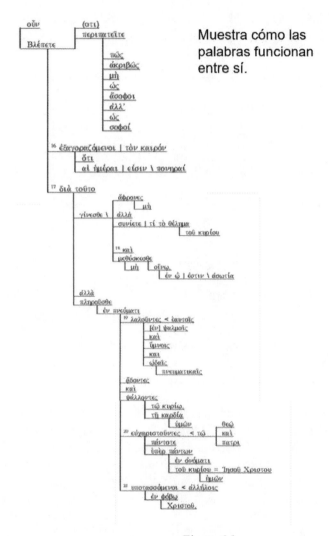

Muestra cómo las
palabras funcionan
entre sí.

Figura 6.3

Los capítulos, debidamente divididos, se prestan como textos para sermones individuales, especialmente cuando se refieren a un solo tema. Sin embargo, no todos los capítulos se centran en una sola persona, lugar, acontecimiento o idea. Hechos 16, por ejemplo, abarca cinco relatos distintos: La selección y circuncisión de Timoteo, la visión del varón macedonio de Pablo, la conversión de Lidia, el encarcelamiento de Pablo y Silas, y la conversión del carcelero de Filipos. No es imposible predicar los cinco relatos en un solo sermón, mostrando cómo se relacionan con el segundo viaje misionero de Pablo, pero los sermones de capítulos suelen desarrollar un conjunto integrado.

Los sermones de los capítulos se desarrollan mediante la lectura atenta del capítulo y rastreando el argumento del libro para confirmar la correcta división de los capítulos y la comprensión del contexto. A continuación, hay que exégesis completa de la parte clave del capítulo, señalando cómo cada elemento del capítulo apoya el tema. Por último, el capítulo debe situarse claramente en su contexto histórico, literario y teológico. (Véase la figura 6.4)

Ejemplo, Sermón del capítulo	
1Corintios 13	
I. Naturaleza del amor	1–3
II. Necesidad del amor	4–7
III. Nobleza del amor	8–13

Figura 6.4

El Sermón de libro[8]

El texto de un *sermón de libro* es un libro entero de la Biblia. Aunque son los más difíciles de preparar, los sermones de libros benefician tanto al predicador como a la congregación. Según Jones, «les permite ver un todo en lugar de un detalle tan concentrado que la comprensión global se disipa».[9] Pero hay obstáculos que hay que superar para aprovechar las ventajas de predicar un libro entero a la vez. Uno de ellos es la predisposición de los oyentes a resistirse a los mensajes que perciben como demasiado largos. La sola idea de abarcar incluso un libro de un solo capítulo, como 2Juan, Filemón u Abdías, puede parecer desalentadora. Sin embargo, la visión panorámica de libros enteros de la Biblia es una parte muy importante de un ministerio de púlpito saludable. Proporciona el trasfondo contextual necesario para interpretar los textos dentro del libro, y puede ser una buena manera de introducir una serie de mensajes a través de un libro de la Biblia que incluso puede ser largo.

La gran cantidad de texto que hay que analizar en la mayoría de los sermones de libros también puede intimidar al predicador. Lo mejor es prepararlo a lo largo de varias semanas, mientras se trabaja en sermones menos exigentes. Anunciar un sermón sobre un libro con antelación, y animar a la congregación a leer el libro varias veces por adelantado, puede crear interés y estimular las preguntas.

Familiarizarse con el contenido del libro leyéndolo varias veces en varias traducciones (o, para UL, en el texto original) le ayudará a ver dónde caen sus

---

[8] Véase en la página 175 un ejemplo de sermón sobre el libro de Rut, y en la página XXX un ejemplo de sermón sobre Judas.

[9] Jones, «*An Investigation and Explanation of the Whiting System*», 69.

divisiones naturales, y qué verso o pasaje podría sugerirse como el más importante para estudiar a fondo. Apocalipsis 1:19 prácticamente da un esquema de todo el libro cuando dice: «Escribe las cosas que has visto [cap. 1], y las que son [cap. 2-3], y las que han de ser después de estas [cap. 4-22]» (RVA).

Al predicar libros completos, es importante centrarse en la razón que tuvo el autor para escribirlo. Al igual que el reparto de una película apoya el papel del actor principal, rastrear el hilo, o los hilos, de los temas menores no solo es una parte legítima del análisis del texto, sino que es esencial para el desarrollo de la «gran idea» del libro.

Una buena manera de prepararse para predicar sermones de libros es abordar primero los más pequeños. Por ejemplo, Dan predicó una vez una serie de mensajes titulada «Epístolas postales», que consistía en sermones sobre las epístolas de un capítulo de Filemón, 2Juan, 3Juan y Judas. La figura 6.5 es un ejemplo del desarrollo de 2Juan.

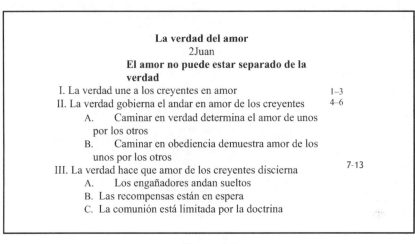

La verdad del amor
2Juan
El amor no puede estar separado de la verdad

I. La verdad une a los creyentes en amor	1–3
II. La verdad gobierna el andar en amor de los creyentes	4–6
A. Caminar en verdad determina el amor de unos por los otros	
B. Caminar en obediencia demuestra amor de los unos por los otros	
III. La verdad hace que amor de los creyentes discierna	7-13
A. Los engañadores andan sueltos	
B. Las recompensas están en espera	
C. La comunión está limitada por la doctrina	

Figura 6.5

Sermón doctrinal[10]

La palabra *doctrina* se utiliza aquí en referencia a la recopilación y ordenación del conjunto de lo que la Biblia enseña sobre un tema concreto. Un sermón doctrinal adecuado comunica la verdad de la revelación divina de manera clara, convincente y concisa, para evangelizar a los perdidos y edificar a los regenerados. Primera de Juan 1:5-2:2, por ejemplo, trata de la provisión de Dios para la presencia del pecado.

Al predicar sermones doctrinales, comprenda que deben ser instructivos y no destructivos; su trabajo no es atacar a quienes sostienen puntos de vista opuestos. Los sermones doctrinales deben desarrollar una sola idea principal, construyendo sobre elementos que se entienden claramente antes de progresar de uno a otro. El

---

[10] Véase el apéndice para una muestra de sermón doctrinal.

oyente debe ser atraído a la predicación doctrinal por la expectativa de aprender lo que Dios revela sobre un tema, no por la atracción de títulos ingeniosos o presentaciones inteligentes.

Dado que los sermones doctrinales son esencialmente exposiciones textuales-tópicas, solo el texto de la Escritura es más importante que el tema del sermón. Por lo tanto, el título del sermón puede generar interés y estimular la curiosidad, o no hacerlo. Los títulos también pueden ser útiles para informar al público y preparar a la congregación. La creación de títulos innovadores ayuda a ampliar su propio pensamiento sobre el mensaje. Considere los siguientes títulos por su calidad para llamar la atención. (Véase la figura 6.6)

Títulos de sermones doctrinales que captan la atención	
Sujeto y frase:	«¡Algún día de pago!» (R. G. Lee)
La pregunta directa o indirecta:	«¿Por qué le pasan cosas malas a la gente de Dios?» (Warren Wiersbe)
Título y una pregunta:	«Hombre: ¿Por qué rayos fue hecho?»
Título doble:	«Israel y el futuro»
Mensaje directo:	«Que la Iglesia sea la Iglesia»
Claridad de la oración:	«Jesús es un amigo para los pecadores»
Usando parte de un texto:	«'No lo que yo quiera'»

Figura 6.6

Todo sermón debe responder a una pregunta: «¿Y qué?» Puesto que toda doctrina responde a preguntas, resuelve problemas y satisface necesidades, exponga siempre el propósito de la doctrina en su tema. Por ejemplo, en Efesios 5:18, el mandato de ser llenos del Espíritu Santo es paralelo al mandato de entender cuál es la voluntad del Señor (v. 17). Ambos se dan en el contexto de conducir la vida sabiamente en los días malos (vv. 15-16). El tema, entonces, de 5:18-20, podría establecerse así: «*Vivir sabiamente en los días malos requiere el control del Espíritu*».

Como se señaló en el capítulo 2, el origen sobrenatural y la calidad espiritual de la doctrina bíblica hacen que sea difícil de comprender para los creyentes inmaduros. (Véase Hebreos 5:11-14.) Su significado puede parecer abstracto. Su verdad puede haber sido oscurecida por una falsa enseñanza o una mala presentación en el pasado. Así que la claridad de los sermones doctrinales es de suma importancia. A menudo se ha dicho: «Una niebla en el púlpito es neblina en el banco».[11] Dado que los sermones doctrinales tienden a ser mentalmente exigentes, deben ser moderados en su longitud.

La honestidad intelectual es crucial para su credibilidad en la predicación de todo tipo de sermones. Es especialmente importante evitar la exageración, las

---

[11] Fuente original desconocida.

generalidades, las medias verdades, las citas inexactas y las conclusiones precipitadas al presentar doctrinas que son invariablemente contradichas por los oponentes. Al predicar doctrinas del futuro, ejerza disciplina para evitar el sensacionalismo, y rehúse fijar fechas o especular sobre símbolos. La pauta simple y segura es: nunca afirmar más de lo que las Escrituras apoyan.

Después de determinar el tema de un sermón doctrinal, encuentre y estudie cada referencia bíblica al tema. El objetivo es descubrir cómo se relaciona cada pasaje con la doctrina. ¿Qué contribución hace? Agrupe los versículos según las áreas de doctrina y pensamiento.

El sermón biográfico[12]

Los sermones biográficos son de dos tipos. Los sermones biográficos *objetivos* tratan de todo el ciclo vital de un personaje bíblico. Suelen estar ordenados cronológicamente para demostrar la capacidad de Dios de obrar en la vida del oyente como lo ha hecho en la vida del personaje. La vida de Juan el Bautista muestra el uso y la alabanza de Dios a un hombre cuya vida parecía acabar en derrota.

Los sermones biográficos *subjetivos* desarrollan la historia de la vida de alguien según temas y lecciones determinados por el predicador independientemente de las declaraciones explícitas. Por ejemplo, la vida de Sansón puede desarrollarse en torno a la idea de que fue un héroe trágico. Se pueden extraer lecciones de la vida y la muerte de Judas Iscariote.

El valor de los sermones biográficos es que revelan el carácter. Por ejemplo, a la luz de los grandes pecados de David, Dios sigue evaluando a David como un hombre según su propio corazón (1Sam. 13:14; Hechos 13:22), una descripción que merece ser analizada.

Las biografías relacionan la verdad de la Palabra de Dios con la vida cotidiana de los oyentes que pueden identificarse con los personajes estudiados. Ya sea que nos dejen admirados y esperanzados, o reprendidos y sin excusa, las biografías utilizan el método del Espíritu Santo para comunicar la verdad a través de las experiencias de personas reales (Véase 1Corintios 10: 11).

Para preparar los sermones biográficos, recopile todo el material bíblico necesario para reconstruir la vida de la persona. (Ten cuidado de no confundir a diferentes individuos con el mismo nombre[13]) Luego organice el material utilizando algún esquema. Un análisis cronológico de la vida de Moisés revela tres períodos de cuarenta años. La vida de Pedro podría organizarse en referencia a antes y después de sus críticas negaciones de Cristo. La historia de Jacob puede contarse a partir de las diversas experiencias que se registran. La historia de José y Daniel podría describirse en función de sus dramáticos cambios de estatus. Las lecciones destacadas de las historias de personajes como Rut, Ester y Job proporcionan otra forma de ordenar la información bíblica sobre ellos.

---

[12] Para una muestra del sermón biográfico, véase la página XXX del apéndice.
[13] Por ejemplo, hay ocho Judas mencionados en la Escritura.

Al sintetizar (generalizar, o priorizar) los datos del sermón biográfico, no permita que la reputación de un personaje pre-juzgue su actitud. Lot, por ejemplo, debe ser evaluado sobre la base de lo que la Escritura dice realmente sobre él. Mantenga los detalles en perspectiva para que no influyan demasiado en las percepciones de la gente. No se debe permitir que los defectos obvios de los buenos reyes de Judá, por ejemplo, oscurezcan su carácter e influencia general. La lección de vida de un personaje también puede estropearse si se dedica demasiado tiempo de sermón a un punto relativamente menor.

Preguntas pertinentes que conducen al descubrimiento de información útil hacen que la preparación de sermones biográficos se asemeje a un trabajo detectivesco. ¿Qué tipo de persona es el sujeto? ¿Cómo llegó el sujeto a tener este carácter? ¿Cuáles son los resultados de la forma de vida de este individuo? ¿Cuál es el origen nacional y cultural del sujeto?

Los sermones biográficos son una excepción a la regla del método Whiting que prohíbe el uso de nombres propios en la exposición de los temas del sermón. El siguiente sermón biográfico sobre Apolos es un buen ejemplo de esta aplicación del método Whiting. (Véase la figura 6.7)

Título: Personas de Dios
Textos: Hechos 18:24-28; 1Corintios 16:12

Introducción:
Dentro de la iglesia hay una lucha continua entre la mente y el corazón, entre el conocimiento de la cabeza y los hacedores de la Palabra de Dios, entre la ortodoxia y la ortopraxis.

I. Apolos era un hombre de la Palabra
  A. Era un griego bien educado (vv. 24-25) **MENTE**
    1. Era un griego preparado de Alejandría (v. 24)
    2. Era poderoso en la Palabra (v. 24)
  B. Era un fiel seguidor de Cristo
    1. Estaba instruido en el camino del Señor (v. 25)
    2. Era ferviente de espíritu (v. 25) **EMOCIÓN**
  C. Tenía pasión por enseñar la Palabra (v. 25) **VOLUNTAD**
    1. Hablaba con exactitud
    2. Hablaba valiente y abiertamente (v. 26)
    3. Refutaba a los judíos incrédulos en público (v. 28)

Tema: Apolos era un hombre de la Palabra y un siervo de los creyentes

II. Apolos era un siervo de los creyentes
  A. Ayudó en gran manera a los que creían (vv. 27-28)
    1. Anhelaba ayudar a los creyentes (v. 27)
    2. Los ayudaba en su crecimiento cristiano (v. 27)
    3. Los ayudaba contra su oposición (v. 28)
  B. Quería ser útil para Pablo en Corinto (1Cor. 16:12)
    1. Retrasó su viaje a Corinto para evitar la rivalidad de partes
    2. Fue a Corinto cuando Pablo fue completamente reconocido

Tema: Apolos era un hombre de la Palabra y un siervo de los creyentes

---

Figura 6.7

El sermón de la parábola[14]

El sermón de la parábola requiere una consideración especial de la parábola como figura literaria. Zuck define la parábola como «una forma de lenguaje figurado que implica comparaciones»,[15] una «historia real para ilustrar o iluminar una verdad».[16] Y añade: «Como las parábolas son fieles a la vida, se diferencian de las alegorías y las fábulas».[17]

En el Nuevo Testamento, una parábola es una narración ficticia, fiel a la realidad, diseñada con el propósito de enseñar[18] una verdad específica del reino a aquellos con corazones receptivos, y para ocultarlos de aquellos cuyos corazones no son receptivos a la verdad presentada (vea Mateo 13:11-15). Thompson afirma: «En el contexto de la profecía, una parábola revela algo sobre una situación específica y de crisis. La mayoría de las parábolas de los Evangelios interpretan e iluminan de alguna manera la situación de crisis creada por la presencia de Jesús».[19] Las parábolas tienen un propósito persuasivo, pues tratan de evocar una decisión presentando una opción crítica. Las parábolas perpetúan la verdad al representarla de tal manera que se queda grabada en la mente, pudiendo condenar a la persona no receptiva cuando se le recuerda más adelante.

Las parábolas pueden clasificarse en varias categorías, entre ellas, los *refranes parabólicos, las similitudes, las historias-ejemplo* y las *parábolas simbólicas*. Los *refranes parabólicos* son afirmaciones breves que podrían ampliarse en una narración figurativa. Un ejemplo se encuentra en Mateo 15:14, donde Jesús dijo: «Déjenlos. Son ciegos guías de ciegos. Pero si el ciego guía al ciego, ambos caerán en el hoyo» (RVA). Jesús utilizó refranes parabólicos sobre todo al principio de su ministerio.[20]

Una *similitud* es la expansión de una parábola germinal en una generalización. Las similitudes describen objetos o fenómenos familiares para su aplicación múltiple y presente. Un ejemplo es la parábola de las noventa y nueve ovejas, en Lucas 15:4-6. Se basa en lo que haría cualquier pastor.

Los *relatos-ejemplos* son parábolas de casos típicos. Presentan una verdad general mediante un ejemplo concreto del mismo ámbito. El samaritano personifica al buen vecino en la parábola de Lucas 10:30-37. Otros ejemplos son el rico insensato (Lucas 12:16-21), el hombre rico y Lázaro (Lucas 16:19-31), y el fariseo y el publicano mientras oraban en el templo (Lucas 18:9-14).

Las *parábolas simbólicas* enseñan verdades sobre las relaciones describiendo cosas de la vida cotidiana. El hijo pródigo, en Lucas 15, y la parábola de la cizaña, en Mateo 13, son ejemplos.

---

[14] Para una muestra del sermón sobre una parábola, véase la página XXX. Para una buena discusión de «El expositor y la interpretación de las parábolas», véase a Unger, *Principles of Expository Preaching*, 186-200.

[15] Zuck, *Basic Bible Imerpretation*, 194.

[16] Ibid.

[17] Ibid.

[18] Por ello el refrán familiar en tales pasajes, como Lucas 8:8, «El que tiene oídos para oír, oiga».

[19] Leonard L. Thompson, *Introducing Biblical Literature: A More Fantastic Country* (Englewood Cliffs, Nueva Jersey: Prentice-Hall, 1978), 256.

[20] Véase la lista de «Las parábolas de Jesús» en Zuck, *Basic Bible Interpretation*, 198.

Las parábolas son naturalmente persuasivas, a menudo incorporan hechos, elementos específicos, la ilustración, las comparaciones, los contrastes y el testimonio. Las parábolas de Mateo 13, si no todas las parábolas del Nuevo Testamento, enseñan la verdad necesaria para comprender adecuadamente cómo se relaciona la Iglesia con el reino de Dios durante este tiempo entre la primera y la segunda venida de Cristo (véase Mateo 3:10-17).[21] Como todo buen sermón, las parábolas golpean para que se tome una decisión apelando a la voluntad.

Para interpretar una parábola, el primer paso es recuperar el entorno original. ¿A quién se dirigió la parábola y en qué circunstancias? ¿Qué se puede aprender de los pasajes paralelos, así como de los prólogos, epílogos, etc.? ¿Cuál es el problema que la parábola debía resolver? Suele indicarse en el contexto, pero a veces está tan lejos como el capítulo anterior. ¿Cuáles son los principales elementos de la narración? Un esquema mecánico (ilustrado por la figura 6.8) puede ayudar a exponer cómo está estructurada la parábola. ¿Quién hizo qué, cuándo, dónde, cómo y por qué? El objetivo es buscar la verdad central. Es la solución al problema en cuestión. Evite tratar de hacer que la parábola «ande en cuatro patas». No es una alegoría, en la que cada detalle tiene un significado representativo, sino una historia con un punto, o unos pocos puntos, de semejanza. Identificar adecuadamente la verdad central permite determinar qué detalles contribuyen realmente a la verdad central y cuáles sirven de «escaparate» para realzarla y embellecerla.[22]

La interpretación de una parábola debe ser evaluada para obtener una perspectiva y un equilibrio adecuados. La verdad central nunca contradirá la clara enseñanza de las Escrituras en otros lugares. Por ejemplo, interpretar la parábola del hijo pródigo (Lucas 15:11-32) como una enseñanza de cómo un pecador puede ser justificado podría llevar a la conclusión de que un pecador puede entrar en razón de forma natural y acudir a Dios. Esto contradice la doctrina de la justificación solo por la gracia, solo por la fe, como se enseña en Romanos 3:10 y Efesios 2:1-10.

Una interpretación coherente con el resto de la Escritura es que la parábola del hijo pródigo, al igual que las parábolas de la oveja perdida y de la moneda perdida, enseñan la preocupación de Dios Padre por los herederos del pacto de Abraham que no disfrutan de sus bendiciones. Responde a la pregunta de por qué Jesús pasó tanto tiempo con los pecadores. Jesús tenía la preocupación del Padre por los israelitas desheredados. Los líderes religiosos de Israel, como el hermano mayor del pródigo, no la tenían. El hecho de que el pródigo fuera ya hijo de su padre es, por tanto, un detalle que contribuye a la verdad central. Que el hijo mayor no compartiera la alegría de su padre por la restauración de su hermano descarriado es otro detalle que refuerza la verdad central.

Por último, determine el llamamiento que se pretende hacer. ¿Cuál es el veredicto al que apela la parábola, no solo al intelecto, sino también a la conciencia y a la voluntad?

La siguiente declaración de Ellisen resume la interpretación adecuada de las parábolas:

---

[21] Zuck, *Basic Bible Interpretation*, 204, 210.
[22] Ibid., 211-19.

Por lo tanto, es apropiado considerar que la interpretación es correcta y completa si el contexto histórico no ha sido distorsionado y el contexto gramatical ha sido debidamente expuesto. La verdad central se corresponderá entonces con los elementos básicos del relato, y los detalles significativos realzarán y reforzarán esta idea central. Por lo general, se encontrará una acusación, explícita o implícita, unida a un llamado relativo al programa del reino. Estos elementos básicos se verán generalmente bordados con detalles de realismo que dan a la parábola su incontestable fuerza argumentativa.[23]

Los ejemplos de parábolas, que se presentan en la figura 6.8, demuestran los tres elementos esenciales que hay que tener en cuenta al prepararse para predicar las parábolas: el *contexto*, el *problema* y la *verdad central*.[24]

Elementos Esenciales de Varias Parábolas

(1) Frutos buenos y malos, Mateo 7:16-20.
Contexto: Sermón del Monte, advertencia de los falsos maestros
Problema: ¿Cómo puedes identificar un falso maestro?
Verdad central: Los falsos maestros son aquellos cuyas vidas no producen fruto spiritual.

(2) **Novio y ayuno**, Mateo 9:14.
Contexto: Los discípulos no están ayunando
Problema: ¿Por qué Jesús no promueve el ayuno?
Verdad central: Es inapropiado por parte de los compañeros del novio ayunar mientras el novio está aquí.

(3) **Remiendo nuevo y tela vieja**, Mateo 9:16.
Contexto: Se acaba de dar la parábola del novio yéndose.
Problema: ¿Por qué estará ausente el novio?
Verdad central: Israel no puede ser reparada y debe ser reformada.

(4) **Vino nuevo en odres viejos**, Mateo 9:17
Contexto: El mismo
Problema: El mismo
Verdad central: La historia de Israel de inflexibilización en respuesta del Espíritu Santo se ha cristalizado.

Figura 6.8

A partir de las parábolas de Mateo 13, esbozadas en la figura 6.9, una serie potencial de nueve mensajes se indica en negrita. (Aunque esta figura refleja nuestra perspectiva teológica, los principios de las parábolas son válidos, aunque uno sostenga otra perspectiva teológica[25]).

---

[23] Stanley A. Ellisen (folleto de clase. Western Conservative Baptist Seminary).

[24] Ibíd.

[25] Por ejemplo, Childs hace referencia a «Las parábolas del crecimiento». Dice, «Dahl intenta recuperar una dimensión apologética de estas parábolas que se ofrecen en la crítica específica del ministerio de Jesús. ¿Cómo podría ser este el reino cuando los signos son tan insignificantes? ¿Cómo podría tener éxito su reino cuando tantos seguidores se han alejado? Las parábolas del crecimiento pretenden contrastar los comienzos secretos, pequeños e insignificantes como el grano de mostaza y la levadura, con la riqueza de la cosecha final o la grandeza del árbol poderoso» (*Biblical Theology of the Old and New Testaments*, 639).

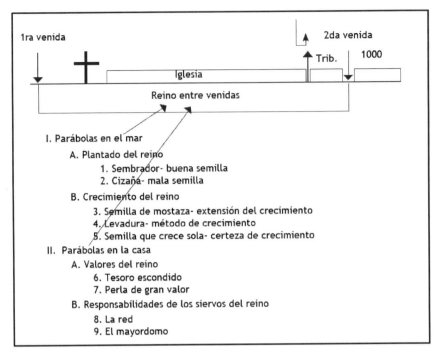

Figura 6.9

Predicar las parábolas

«Las verdades de las parábolas deben aplicarse con fines de utilidad práctica para las situaciones de la vida actual y el crecimiento espiritual», dice Ellisen.[26] Pero da tres precauciones importantes. En primer lugar, si se alegorizan las parábolas, asignando un significado a elementos insignificantes, se pierde el poder y la bendición del Espíritu Santo y se deja al oyente sin saber cuál es el significado deseado. En segundo lugar, predicar segmentos fragmentados de las parábolas no respeta la unidad de la figura y corre el riesgo de perder la verdad central. Por último, la aplicación debe partir de una interpretación adecuada.[27] Dicho de manera positiva, para predicar correctamente las parábolas, hay que observar las distinciones dispensacionales, extraer la doctrina con cautela y mantener la sencillez.[28]

Distinciones dispensacionales. No es necesario ser un *dispensationalista* para apreciar el hecho de que las parábolas del Nuevo Testamento, cuando se interpretan contextualmente, generalmente enseñan principios relacionados con las responsabilidades de los creyentes dentro de la casa de la fe. Por lo general, no tratan de la fe salvadora ni del destino eterno.[29] Cuando la verdad central se

---

[26] Ellisen, folleto de clase.

[27] Ibid.

[28] Ibid.

[29] Desde un punto de vista dispensacional, las parábolas no enseñan las doctrinas de la justificación por la fe, el perdón, la Iglesia o el reino milenario de Cristo. Sí enseñan la razón del rechazo del Mesías en su primera venida; la fecundidad de la Palabra en los corazones receptivos; el aplazamiento del reino davídico durante la ausencia del

descubre como la respuesta a una pregunta o problema que se encuentra dentro del contexto, se debe afirmar como una generalización. Por ejemplo, la parábola del sembrador enseña el principio de que la Palabra de Dios es productiva solo en los corazones de los individuos preparados para recibirla.

Doctrina. Como «toda la Escritura», las parábolas del Nuevo Testamento son «útiles para la doctrina» (2Tim. 3: 16-17 RVA). Sin embargo, la doctrina que se desprende de una parábola debe equilibrarse con la enseñanza de *todos los demás* pasajes pertinentes de la Escritura en su contexto.

Simplicidad. La propia naturaleza de las parábolas es tal que su significado es sencillo, claro y directo para el *espiritualmente receptivo*. «Cuanto más se aleja la exposición de los significados naturales y obvios y se complace en intrincadas analogías, menos probable es que se cumpla la intención original».[30]

El sermón del Evangelio[31]

El sermón del evangelio (o evangelístico) se distingue por dirigirse directamente a quienes aún no han creído en el Señor Jesucristo. Además, se describe por su intención de llevar al oyente a la convicción de pecado y a la voluntad de recibir las buenas noticias de la Biblia sobre el perdón de los pecados y la vida eterna mediante la fe en el Señor Jesucristo. A la luz de Romanos 1:16, la importancia de tales sermones no puede ser exagerada: «Porque no me avergüenzo del evangelio pues es poder de Dios para salvación a todo aquel que cree; al judío primero y también al griego» (RVA). Ninguna persona ha sido, ni puede ser, salva sin el Espíritu Santo (Tito 3:5) y, con la excepción de Adán y Eva, de algún instrumento humano (Rom. 10: 14). Por muy importante que sea la predicación evangelística, la iglesia se reúne principalmente para el culto, no para la evangelización. Sin embargo, hay dos hechos que hay que considerar cuando se habla de la predicación del evangelio. En primer lugar, los incrédulos, incluidos los niños pequeños, los visitantes y, posiblemente, los que afirman falsamente creer en Cristo, a menudo están presentes en los servicios de adoración. Segundo, la predicación expositiva del evangelio ocurre en otras ocasiones además de los servicios de adoración de la iglesia, incluyendo reuniones especiales y actividades de alcance.

Hay diferentes ventajas de predicar mensajes destinados a presentar el camino de la salvación. (Véase la figura 6.10)

---

rey; el papel del rey ahora como pastor que guía a los suyos fuera del redil de Israel; el reino de las tinieblas; la responsabilidad y las recompensas de los fieles en la administración de los negocios del Rey, etc. Para una visión alternativa de las parábolas, véase Simon Kistemaker, *The Parables of Jesus* (Grand Rapids: Baker, 1980).

[30] Ellisen, «Lección 6: Lineamientos para predicar las parábolas» (folleto de clase, 1976), 3.

[31] Gran parte del material de este epígrafe se ha adaptado a partir de apuntes de clase inéditos tomados de James Devine, ayudante de cátedra en Western Conservative Baptist Seminary en el área de homilética, 1976-1977. Véase el apéndice para una muestra de sermón del evangelio.

```
┌─────────────────────────────────────────────────────┐
│                                                       │
│        Ventajas de predicar mensajes diseñados        │
│        para presentar el camino de salvación          │
│                                                       │
│     •  Enseña al salvo cómo explicar el evangelio     │
│     •  Gana a algunos de los perdidos                 │
│     •  Clarifica la doctrina de salvación             │
│     •  Da perspectiva de los problemas de la gente    │
│     •  Alerta a la gente sobre oportunidades          │
│     •  Mantiene avivado el púlpito                     │
│                                                       │
└─────────────────────────────────────────────────────┘
```

Figura 6.10

El sermón evangélico debe abarcar las siguientes áreas. (Ver figura 6.11)

```
┌─────────────────────────────────────────────────────────────┐
│                                                               │
│    Las áreas que cubre el sermón de evangelismo incluyen:     │
│                                                               │
│   •  la naturaleza del hombre, la culpa, y las consecuencias  │
│      del pecado                                               │
│   •  la gracia, el poder y el amor de Cristo                  │
│   •  la naturaleza de la salvación                            │
│   •  cómo «recibir a Cristo»                                  │
│   •  cómo escapar de las consecuencias del pecado             │
│   •  una explicación del «evangelio» (1Cor. 15:3-4)           │
│                                                               │
└─────────────────────────────────────────────────────────────┘
```

Figura 6.11

El mensaje evangélico adecuado puede ser una exposición tópica-textual, o textual expositiva. Los *sermones evangélicos tópicos-textuales* presentan la necesidad de salvación del hombre a causa del pecado, y la provisión de Dios en Cristo. Al igual que un folleto evangelístico, extraen principios de una variedad de textos relevantes dentro de sus respectivos contextos. Los *sermones evangélicos expositivos textuales* desarrollan estos principios a partir del contexto de un *solo* pasaje. Algunos ejemplos son Isaías 53:4-6; Juan 3:16-21; y Juan 5:24-29.

Los sermones evangélicos se adaptan a diversas situaciones y circunstancias, pero siempre se dirigen a las conciencias y voluntades de los individuos perdidos.[32] Son directos, sencillos y positivamente instructivos. No son ingeniosos, complejos ni argumentativos. Si hay que utilizar terminología teológica, debe explicarse claramente y estar bien ilustrada. Su propio testimonio debe ser parte de su presentación del evangelio, porque habla de lo que usted sabe que es verdad por experiencia personal.

(Véase Juan 3:11; 4:22; Hechos 2:32; 3:15-16; 22:3-21; 2Corintios 4:13-14; y 1Juan 1:1-4).

---

[32] Compare el enfoque de evangelismo de Pablo en Atenas en Hechos 17, a su testimonio ante los judíos en Hechos 22, y ante el rey Agripa en Hechos 26.

Predicación de los tipos del Antiguo Testamento[33]

Zuck define un tipo como «una persona, acontecimiento o cosa del Antiguo Testamento que tiene una realidad histórica y que ha sido diseñada por Dios para prefigurar de forma preparatoria una persona, acontecimiento o cosa real así designada en el Nuevo Testamento y que corresponde y cumple (realza) el tipo».[34]

Ellisen describe cómo se distingue un *tipo* de otros tipos de revelación de la siguiente manera (véase la figura 6.12)[35]:

Tipos del Antiguo Testamento . . .

- Ilustran algo futuro, pero no son profecía
- Consiste en personas históricas, objetos o ceremonias, no visiones o sueños
- Demuestran citas divinas, no invención o imaginación
- Son cumplidas en el Nuevo Testamento, no en el Antiguo
- Son distinguibles de otras figuras del lenguaje

Figura 6.12

A diferencia de los símbolos, que se entendieron en el momento en que se dieron, los tipos son más bien imágenes tomadas en el Antiguo Testamento y desarrolladas en el Nuevo.[36] A diferencia de las parábolas, los tipos son físicos, no verbales. Son reales, no ficticios. Nuevamente, a diferencia de las alegorías, los tipos son físicos, no verbales, y solo tienen algunos puntos de semejanza.

Hay dos clases de tipos del Antiguo Testamento: los *innatos* y los *inferidos*. Los tipos *innatos* se identifican expresamente como tipos en el Nuevo Testamento, incluyendo personas, cosas y ceremonias típicas. Ejemplos de *personas típicas* son Adán (Rom. 5:14; 1Cor. 15:22), Abel (Heb. 12:24) y Melquisedec (Heb. 5:6-10; 7:1-11). Entre los ejemplos de *cosas típicas* se encuentran el cordero sacrificial (Juan 1:29; Heb. 9:14), y el maná en el desierto (Ex. 16:14-30; Juan 6:34, 58). El maná representaba a Cristo en el sentido de que proporcionaba el sustento diario desde el cielo al pueblo de Dios en sus momentos de necesidad (Núm. 11:8; Juan 6:51). Descendía del cielo, era dado por Dios como un regalo gratuito, y daba lugar a un juicio cuando se rechazaba (Núm. 11). Las *ceremonias típicas* incluyen

---

[33] Para una muestra de sermón sobre un tipo, véase la página XXX. Para una buena discusión de «El expositor y la tipología de la Escritura», véase Unger, *Principles of Expository Preaching*, 201-16.

[34] Zuck, *Basic Bible Interpretation*, 176.

[35] Ellisen, folleto de clase. También véase Zuck, *Basic Bible Interpretation*, 177-182.

[36] De James Barr, Childs afirma: «Barr se esforzó por demostrar que en términos de método no había ninguna diferencia básica entre la alegoría y la tipología. Ambas se derivan de un 'sistema resultante' en el que el texto se interpreta desde la perspectiva de un sistema exterior que se aplica a él, y que la diferencia entre alegoría y tipología depende en gran medida del sistema resultante que se aplique... En resumen, Barr caracterizó el uso que el Nuevo Testamento hace del Antiguo como un tipo de operación diferente de la exégesis, y ningún enfoque moderno como la tipología podría salvar la discrepancia» (*Biblical Theology of the Old and New Testaments*, 14). La opinión de Barr parece ignorar las distinciones entre *los tipos y las alegorías* (como su carácter físico) y, sobre todo, la unidad de la propia Escritura.

ofrendas y fiestas, sobre todo la Pascua (Ex. 12; Lev. 23:4-8; 1Cor. 5:7) y el sábado (Lev. 23:1-3; Ex. 34:21; Heb. 4).[37]

Los tipos *inferidos* no se identifican explícitamente en el Nuevo Testamento, pero son paralelos a algún aspecto de Cristo o de la verdad neotestamentaria con aparente intencionalidad por parte del escritor. Isaac es un ejemplo de *persona típica inferida*. Al igual que Jesús, Isaac era el hijo único de su padre (Heb. 11:17; cf., Juan 3:16). Su nacimiento también fue predicho y su concepción fue milagrosa. Y, al igual que Jesús, Isaac fue ofrecido por su padre como sacrificio, y se sometió voluntariamente al propósito de su padre (Gén. 22). En estos y otros aspectos, Isaac proporciona un patrón histórico y una ilustración de lo que Dios estaba decidido a hacer de una manera más grande a través de la persona de Cristo. Del mismo modo, las diferencias importantes entre un tipo y su cumplimiento (anti-tipo) a menudo ayudan a enfatizar verdades importantes por contraste. Jesús, por ejemplo, no fue librado en el último momento, como lo fue Isaac, sino que fue sacrificado como ofrenda por el pecado.

José prefiguró a Cristo por el amor de su padre (Gén. 37:3), el registro de su carácter sin ninguna mención de pecado, su sufrimiento injusto, su ser odiado y rechazado por sus hermanos (Gén. 37:4, 8, 28; 39:17-18; Mt. 21:37-39; 27:19), su exaltación (Gén. 41), su novia gentil (Gén. 41:45; Ef. 5:23), y su eventual reconocimiento y recepción por parte de sus hermanos (Gén. 45:1-8; Zac. 12:10; Mt. 24:30). Las *cosas típicas* inferidas incluyen:

- El arca de Noé, que se asemeja a Cristo como lugar de liberación del juicio (Gén. 6: 17-18; Rom. 8: 1; Heb. 6: 18), con una sola puerta (Jn. 10: 9), que solo Dios podía cerrar (Gén. 7: 13; cf., Jn. 10: 28; Ef. 1: 3); y
- ciudades de refugio (Núm. 35; Heb. 6:8) que se asemejaban a Cristo en el sentido de que eran conspicuas y accesibles tanto para los judíos como para los gentiles mientras viviera el sumo sacerdote (cf., Jos. 20:9; Gál. 3:27-29; Heb. 7:25; Ap. 22:17).

La historia de la interpretación de los tipos del Antiguo Testamento revela el problema del exceso, ¡encontrando tipos en prácticamente todo![38] Este enfoque sustituye la imaginación por sólidos principios hermenéuticos. Empaña la reputación de la tipología en su conjunto y conduce a una enseñanza falsa. Como alguien ha dicho, «la bendición no justifica los medios». En el otro extremo, ha estado el problema de la negligencia, rechazando la tipología por completo.[39] Este

---

[37] Compare la lista de símbolos en Zuck, *Basic Bible Imerpretation*, 187-93.

[38] Las escuelas históricas de tipología excesiva incluyen el período rabínico (precristiano); la Edad Media (Edad Oscura) (500-1400), en la que el alegorismo de Orígenes se impuso al literalismo de Antioquía; la escuela de Johannes Cocceius (160369), aunque hizo un intento de estudiar los tipos sistemáticamente, dividiéndolos en clasificaciones «innatas» e «inferidas»; y la escuela de John Hutchinson (1784), que reaccionó ante el racionalismo extremo de su época encontrando un significado típico en prácticamente todo el Antiguo Testamento (Ellisen, folleto de clase).

[39] Entre las escuelas históricas de abandono se encuentran los reformadores Lutero y Calvino, cuya reacción al alegorismo largamente arraigado de la edad oscura, y el deseo de volver al literalismo de la escuela de Antioquía, les llevó a descartar la validez de la tipología. La escuela racionalista negó lo sobrenatural y supone que los escritores del Nuevo Testamento simplemente acomodaron su material al del Antiguo Testamento con fines

enfoque niega el arte de la interpretación bíblica e ignora el valor de las «ayudas visuales». Tanto el liberalismo teológico como la neo-ortodoxia niegan la unidad del Antiguo y el Nuevo Testamento, por lo que tienden a considerar los tipos simplemente como dispositivos utilizados por los escritores del Nuevo Testamento para ilustrar la verdad del Antiguo Testamento.

La posición mediadora reconoce tipos legítimos y ha sido por ello que se llama «la media de oro». Patrick Fairbairn (1805-1874) articuló este punto de vista, que se mantuvo durante el periodo apostólico.[40] Sostiene que los tipos inferidos son validados por un principio hermenéutico consistente llamado «analogía manifiesta». La moderación de Fairbairn y de los estudiosos más recientes se debe al desarrollo de principios que protegen contra los extremos. Antes de examinar ocho directrices para interpretar los tipos, Ellisen enumera cinco razones por las que el estudio de los tipos del Antiguo Testamento es valioso.

En primer lugar, afina y profundiza la comprensión del Nuevo Testamento al observar cómo «lo Nuevo está en lo Antiguo contenido, y lo Antiguo está en lo Nuevo explicado».[41] En segundo lugar, profundiza y amplía la comprensión y la apreciación de la persona y la obra de Cristo en toda la Biblia. En tercer lugar, sirve como ayuda bíblica en la enseñanza de la doctrina, especialmente en la cristología y la soteriología. En cuarto lugar, una tipología sólida tiene también un valor apologético. Confirma la inspiración divina al reconocer el carácter profético de los tipos. En quinto lugar, la tipología de principios enfatiza el valor del Antiguo Testamento para el creyente de hoy, demostrando la unidad de toda la Biblia como dada por un solo autor».[42]

Ellisen ofrece ocho pautas para interpretar los tipos del Antiguo Testamento.[43] En primer lugar, hay que estudiar el entorno local del tipo. «Esto forma la base del significado típico, sugiriendo el propósito y el carácter del tipo histórico».[44]

En segundo lugar, las aplicaciones deben basarse en el cumplimiento del propósito del tipo en la historia.[45] En tercer lugar, deben identificarse las áreas de semejanza y contraste entre el tipo y el anti-tipo. Estas suelen encontrarse en el carácter, la actividad o el propósito del tipo, a menudo sugeridos por el Nuevo

---

pedagógicos. La escuela del obispo Marsh (1757-1839), reconocía solo aquellos tipos «declarados como tal por el Nuevo Testamento» (Ellisen, folleto de clase).

[40] Patrick Fairbairn, *The Typology of Scripture or the Doctrine of Types*, 2 vols. (Filadelfia: Daniels y Smith, 1852). «La obra más exhaustiva y definitiva sobre la historia y los principios de la interpretación de los tipos bíblicos. Antigua y laboriosa, pero todavía insuperable». (Ellisen, folleto de clase) 41. St. Augustine, como citado por Mears, *What the Bible Is All About*, 23.

[41] San Augustín, como citado por Mears, *What the Bible Is All About*, 23.

[42] Ellisen, folleto de clase.

[43] También son útiles los nueve principios de Zuck para interpretar los símbolos, que reconocen los elementos de objeto (el símbolo), referente (a qué se refiere el símbolo) y el significado (la semejanza entre el símbolo y el referente) Zuck, *Basic Bible Interpretation*, 185-86.

[44] Ellisen, folleto de clase.

[45] Childs se refiere a la observación de Stanley Walters, de que las palabras clave de Génesis 22 tienen «una resonancia peculiar dentro de la colección canónica más amplia». Las palabras *carnero, holocausto* y *aparecer*, que solo se encuentran en el mismo grupo en Levítico 8-9 y 16, vinculan «la experiencia singularmente privada de Abraham con el culto público de Israel, y a la inversa, el sacrificio de Israel es atraído a la órbita teológica de la ofrenda de Abraham: 'Dios proveerá su propio sacrificio'» (*Biblical Theology of the Old and New Testaments*, 327-28).

Testamento. Por ejemplo, mientras que Abraham ofreció voluntariamente a su único hijo, Isaac, Dios el Padre realmente sacrificó al suyo.[46]

En cuarto lugar, esta semejanza o contraste debe utilizarse para describir la analogía del tipo con la verdad del Nuevo Testamento que anticipa.

En quinto lugar, hay que destacar la cualidad del tipo como *cita divina* para prefigurar la verdad del Nuevo Testamento (en contraposición a una mera ilustración o lección objetiva).

En sexto lugar, la analogía no debe ser presionada u obligada a *decir* más de lo que se pretendía desde cualquier punto de vista de la semejanza.

En séptimo lugar, las doctrinas no deben basarse solo en los tipos, ya que, como dice el folleto de Ellisen, «los tipos son ilustraciones de doctrinas enseñadas en lenguaje no figurativo en otros lugares».[47] Ellisen añadió que los tipos desafían «la mente para aceptar o repensar una doctrina enseñada explícitamente en otro lugar, mostrando cómo Dios previó y prefiguró esta verdad en los tiempos de las sombras del Antiguo Testamento».[48]

En octavo lugar, la ventaja de la retrospectiva del Nuevo Testamento para traer en un enfoque más nítido la persona y la obra de Cristo deben ser reconocidas.

La predicación de tipos del Antiguo Testamento mueve al estudiante de las Escrituras en el *dominio afectivo* del corazón, además de abordar el *dominio cognitivo* de la cabeza y el *dominio conductual* de las manos. Reconoce el valor que Dios mismo ha dado a las figuras históricas y a las imágenes de las palabras. Los tipos no solo proporcionan las imágenes mentales que retratan coloridamente la persona y la obra de Cristo, sino que lo hacen de una manera que muestra cuidadosamente la soberanía de Dios en el cumplimiento de su plan de las edades.

La *película* expuesta a la luz de la erudición santificada debe ser completamente revelada en el *cuarto oscuro* de su estudio, y expuesta apropiadamente en la *galería* de la congregación. Algunas de las imágenes más vívidas del Señor Jesucristo solo pueden verse en el Antiguo Testamento desde la perspectiva del Nuevo Testamento.[49] Ocasionalmente, la predicación de un tipo, o una serie sobre los tipos, puede hacer que pasen de ser meros negativos en la mente de los oyentes a ser *pruebas* positivas que estimulen su deseo de más. A medida que el predicador y la gente miren el rostro de cada retrato, se deleitarán en la soberanía del Artista. Las decisiones requeridas se verán más claramente como parte de su servicio bien razonado.

---

[46] Childs se queja de la interpretación tipológica de Génesis 22, refiriéndose a «una tendencia cristiana acrítica a aferrarse a una similitud externa entre rasgos tales como el hecho de que Isaac cargue el leño y el de que Jesús cargue la cruz, que oscurece el verdadero testimonio del propio texto». De nuevo, el intento de relacionar miméticamente cada testimonio bíblico desdibuja las discontinuidades radicales del texto. Pertenece a la tarea teológica básica perseguir exegéticamente cómo se conserva la singularidad de cada texto junto con una aplicación teológica frecuentemente ampliada para la fe cristiana actual» (Ibid., 335-36).

[47] Ellisen, folleto de clase.

[48] Ibid.

[49] Ibid.

Resumen y conclusión

La rica variedad de la literatura bíblica, así como la amplia gama de necesidades humanas, sugieren los tipos de sermones estudiados en este capítulo.

Los sermones de párrafos son el pilar, pero hay nada menos que ocho tipos. Los sermones doctrinales son presentaciones ordenadas de lo que la Biblia enseña sobre temas particulares como la Escritura, el hombre, el pecado, la salvación, Dios, Cristo, el Espíritu Santo, Israel, la Iglesia y las últimas cosas. Presentan un desafío especial porque exigen el estudio de cada pasaje de la Escritura para determinar cómo se relaciona con una verdad particular. Los sermones de los capítulos deben situarse cuidadosamente en el contexto del libro. Los sermones sobre libros ayudan a la gente a ver el panorama general del tema y el propósito de un escritor, y cómo su libro encaja en el conjunto de la Biblia.

Los sermones biográficos revelan el carácter de manera que ayudan a la gente identificarse con la persona cuya vida se examina.

La predicación de las parábolas del Nuevo Testamento y de los tipos del Antiguo Testamento, son especialidades. Sus interpretaciones y aplicaciones requieren una cuidadosa observancia de las pautas que producen ricas recompensas.

Los sermones evangélicos son necesarios porque en los servicios de predicación suele haber personas que no son salvas, y los que conocen al Señor necesitan ver buenos ejemplos de cómo las buenas noticias de la Biblia sobre la vida eterna a través de la fe en Jesucristo pueden ser presentadas a los que aún no lo conocen.

Preguntas para la discusión

El siguiente sermón se ofrece como ejemplo del método Whiting. (Véase la figura 6.13) Responda a las preguntas sobre este sermón para repasar los principios y directrices de los capítulos 4-5.

1. ¿Qué tipo de sermón es?
2. ¿Cómo es el estilo?
3. Evalúe su uso de la tipología.
4. ¿Cómo introduciría, ilustraría y concluiría un sermón así?

```
La prueba de tu fe
Génesis 22:1-19

Dios probará tu fe en Su fidelidad para proveer


I. Dios prueba la fe de su gente (1-10)
      A. Dios probó la fe de Abraham
              al ordenar el sacrificio de Isaac (1-2)
      B. Abraham demostró lealtad a Dios
              al obedecer completamente (3-10)
      C. Dios comprobó el compromiso de Jesús
              a Su Palabra al probarlo (Mt. 4:1-11)
      D. Dios prueba la calidad de nuestra lealtad a Él
              (Rom. 5:3-4; 12:2; Stg. 1:2-4; 1Pe. 1:6-7)

II. Dios prove con base a su fidelidad (11-19)
      A. Dios previno a Abraham de hacerle daño a Isaac (11-12)
      B. Dios presentó a Abraham un cordero sustituto (13-14)
      C. Dios prometió mantener su pacto con Abraham (15-19)
              1. Dios juró por sí mismo (16)
              2. Dios honró la fe de Abraham (18)
      D. Dios nos bendice a través de nuestra fe en la fidelidad
              de Cristo (1Cor. 1:9; Heb. 3:6)
```

Figura 6.13

PARTE III

Transmitir el desarrollo

Las partes I y II se ocuparon de cómo construir el puente verbal que transmite el mensaje de Dios a través de la agencia única del instrumento humano de Dios. La Parte III trata del montaje del puente para transmitir eficazmente la verdad.

Capítulo 7, «Las características de los sermones expositivos eficaces» enfatiza la importancia de los mensajes que son autoritativos, precisos, unificados, organizados y apasionados. Se examinan y evalúan brevemente varios estilos de preparación se examinan y evalúan brevemente.

Capítulo 8, «Las características de los comunicadores expositivos eficaces» trata principalmente de la necesidad del predicador de ser piadoso, relacional y articulado.

CAPÍTULO 7

Las características de los sermones expositivos eficaces

Un puente puede ser una cosa de impresionante belleza, el deleite de un fotógrafo, la inspiración de un artista. Pero los puentes se construyen principalmente, no para admirarlos, sino para facilitar el viaje a través de las barreras. Se puede argumentar que la funcionalidad *es* bella, pero pocos celebrarían el diseño o la apariencia de una estructura que no funcionara realmente. Los distintos tipos de puentes funcionan de manera diferente, pero los que cumplen su propósito comparten características comunes. Son estructuralmente sólidos y están bien construidos con materiales adecuados. A pesar de las diferencias radicales en cuanto a estilo y dimensiones, todos los puentes dignos cumplen el mismo objetivo. Un diseño bien concebido los hace a todos iguales, por decirlo de alguna manera. Del mismo modo, todos los buenos sermones se parecen en ciertos aspectos.

En este capítulo examinaremos brevemente algunas características generales de los sermones expositivos eficaces junto con el Método Whiting de homilética. Específicamente, veremos los pros y los contras de tres estilos de preparación.

Los sermones que cumplen con su cometido de tender un puente de comunicación manifiestan todas las cualidades de *autoridad, fidelidad, orden, movimiento, claridad* y *pasión.*[1] Cada atributo contribuye a la conexión necesaria para transmitir la verdad atemporal del mundo antiguo de la Biblia al mundo contemporáneo de su audiencia.

Autoridad

No como los escribas

Todo predicador expositivo eficaz habla con autoridad porque el sermón comunica el mensaje de Dios. Desafortunadamente, hay muchas maneras de desperdiciar y perder la efectividad de la autoridad divina. Una forma en que incluso el orador menos digno puede robar el trueno del Creador es confiar en la experiencia, el conocimiento y la sabiduría personales, humanos y finitos. Al rendir cuentas al Autor de las Escrituras, a más de un predicador se le podría plantear la pregunta que Dios le hizo a su siervo Job: «¿Quién es ese que oscurece el consejo con palabras sin conocimiento?» (Job 38:2 RVA).

Con Job, muchos oradores podrían verse obligados a admitir «'¿Quién es ese que encubre el consejo, con palabras sin entendimiento?'. Ciertamente dije cosas que no entendía, cosas demasiado maravillosas para mí, las cuales jamás podré comprender». (42:3 RVA)

El poder efectivo de la Palabra de Dios se ve diezmado por aquellos que le añaden su propia autoridad insignificante, para «darle más empuje». Los predicadores han sido acusados de golpear el púlpito con más fuerza en los puntos de los que están menos seguros. Con el dogmatismo han socavado su credibilidad. O, en un intento de embellecer humanamente, explicar, defender o corregir políticamente la verdad bíblica, han disminuido su impacto.

Los predicadores también pierden la autoridad divina cuando citan constantemente (o plagian) las palabras de otros. De esta manera, los líderes religiosos de Israel proporcionaron el fondo insípido contra el cual la predicación de Jesús fue aún más sobresaliente. Mateo 7:28-29 dice: «Y aconteció que, cuando Jesús terminó estas palabras, las multitudes estaban maravilladas de su enseñanza; porque les enseñaba como quien tiene autoridad, y no como los escribas» (RVA).

---

[1] Observe la lista similar de atributos dada por Charles Koller: «Para ser bien recibido, el sermón debe tener unidad, estructura, objetivo y progresión; debe estar sostenido por la autoridad bíblica, y debe ser presentado inteligentemente. No hay duda de que la predicación expositiva sería mucho más popular de lo que es, si estuviera más generalmente bien hecha». (Charles W. Koller, *Expository Preaching Without Notes* [Grand Rapids: Baker, 1962], 28). Para las «seis características de sermones» que se consideran esenciales para una comunicación eficaz, véase Macleod, *The Problem of Preaching*, 75-88. Sus sugerencias son: ser personal, ser pictórico, ser propulsivo, ser pastoral, ser persuasivo y ser profético.

No autoritario

Hablar en nombre de Dios es hablar con su autoridad, no con la suya. Como Dios Hijo, Jesús podría haber hablado con su propia autoridad. Pero como Dios Hijo, con la adición de la naturaleza humana, Jesús siempre hizo y dijo solo lo que el Padre inició (ver Juan 5:30; 8:28; 8:42; 12:49; 14:10). La única arma que empuñó contra los ataques del diablo fue la misma «espada del Espíritu» con la que está armado el creyente: «la Palabra de Dios» (véase Mateo 4:4 y Efesios 6: 17).

Autoritativo

Jesús y sus apóstoles hablaron lo que sabían por fe que era verdad. (Véase Juan 3:11; 4:22; y 2Corintios 4:13.) En consecuencia, usted debe proclamar las cosas de las que está seguro, basándose en el estudio en oración. Frases como «pienso» o «creo» expresan dudas o especulaciones que deben evitarse. Esto no quiere decir que se deba pretender estar seguro de algo incierto. De hecho, algunos textos presentan problemas en los que la honestidad intelectual exige admitir dos o más soluciones posibles que deben decidirse en función de sus méritos. Por ejemplo, quien interpreta los días de la Creación como días literales de veinticuatro horas sería negligente si no mencionara las bases sobre las que algunos eruditos conservadores creen que la palabra *día* se refiere a períodos de tiempo más largos.

Otro ejemplo se encuentra en 2Reyes 6:24-25. La venta de estiércol de paloma se menciona en el contexto de la escasez de alimentos cuando los habitantes de Jerusalén estaban sitiados. Esto puede implicar o no que los excrementos de paloma se comían por desesperación. El autor John Gray sugiere que se refiere al uso de estiércol de aves como combustible.[2] Otra posibilidad, señalada en el *Easton's Bible Dictionary*, es que el «estiércol de paloma» se refiera a «las semillas de una especie de mijo, o una clase muy inferior de legumbre, o la raíz del *ornithogalum*, es decir, la leche de ave, la estrella de Belén».[3] No importa cuál sea la interpretación correcta, el punto es claro: ¡el pueblo de Dios asediado estaba en una situación desesperada! Aunque sea imposible decir exactamente lo que el autor quiso decir, un objetivo del Método Whiting es proclamar el punto del pasaje con la mayor confianza posible en el significado de sus detalles de apoyo.

Fidelidad

Precisión histórica

El fruto del estudio fiel es «decir las cosas como son». Lucas, el médico historiador y compañero de viaje del apóstol Pablo, comienza su Evangelio haciendo hincapié en la exactitud histórica de su investigación.

---

[2] John Gray, *I and II Kings: A Commentary* (Old Testament Library) (Filadelfia: Westminster. 1970), 522. Sin embargo, Josefo relata que durante el asedio romano a Jerusalén, la gente comía estiércol. (*Antigüedades*, 9.4.4)

[3] M. G. Easton, *Easton's Bible Dictionary* (Oak Harbor. Washington: Logos Research Systems, Inc., 1996, c1897).

Puesto que muchos han intentado poner en orden un relato acerca de las cosas que han sido ciertísimas entre nosotros, así como nos las transmitieron los que desde el principio fueron testigos oculares y ministros de la palabra, me ha parecido bien también a mí, después de haberlo investigado todo con diligencia desde el comienzo, escribírtelas en orden, oh excelentísimo Teófilo, para que conozcas bien la verdad de las cosas en las cuales has sido instruido. (1:1-4 RVA)

La necesidad/deseo de los oyentes de conocer la certeza de las cosas declaradas en la predicación expositiva es satisfecha por aquellos que son más efectivos. Al igual que el libro de Lucas, el sermón expositivo eficaz debe ser minuciosamente fáctico. Al predicar los primeros once versículos de Mateo 2, por ejemplo, el predicador cuidadoso responderá a estas preguntas: ¿Hubo realmente tres magos que visitaron al niño Jesús en Belén, o se supone que lo hicieron porque trajeron *tres* regalos? ¿Eran *reyes* («Los tres reyes de Oriente somos...»), o el autor del himno *supuso* su realeza? ¿Llegaron al pesebre junto con los pastores, o visitaron a Jesús en una casa más de un año después? Al comunicar la Palabra de Dios, hay que tener cuidado con los detalles y explicar lo que el oyente medio puede no saber.

Por ejemplo, la hiel que le dieron a Jesús en la cruz cumple la profecía del Salmo 69:21. En Mateo 27:34, Él se negó a beberla, no porque tuviera mal sabor, sino porque contenía un opiáceo que habría disminuido su dolor. Estaba decidido a soportar *todo* el castigo por el pecado, en lugar de los pecadores — ¡incluyendo al predicador y a la congregación!

Un contenido de sermón históricamente preciso mejora su capacidad de hablar con la autoridad de Dios. También facilita un enfoque único al mantener el sermón en el camino.

Unidad

Enfoque. Todos los sermones eficaces apuntan a una respuesta específica, como si se utilizara un rifle en lugar de una escopeta. En el método Whiting esto se consigue desarrollando el tema de un pasaje a través del esquema de apoyo que «crece» a partir del propio texto. Una de las ventajas de este enfoque es que le da una base para enfatizar en el sermón lo que se enfatiza en el texto. Como resultado, el punto del sermón es el punto del escritor bíblico. Esto supone una intencionalidad por parte del escritor e implica su necesidad de ordenar lo que Kaiser llama la «intención del autor».[4] Aunque todo en el texto es importante, no todo en un pasaje determinado tiene la misma importancia.

Integridad. El concepto de unidad también implica la conectividad y la extracción de los principios. En otras palabras, el sermón no solo «cuelga» estructuralmente, de modo que fluye de un pensamiento a otro, de principio a fin, sino que tiene un centro, como el núcleo de una célula. Esta unidad orgánica de un sermón es especialmente importante para su impacto como monólogo. En el aula o

---

[4] Kaiser, *Toward an Exegetical Theology*, 113.

en el estudio bíblico en grupo, el diálogo tiende a descentralizar la consideración de los diversos principios de un pasaje, sin que ello afecte negativamente a su impacto. En este sentido, un debate puede incluir varios sermones. Pero cuando una persona se dirige a un público que le escucha, la comunicación de una idea única, central, integrada y completa es el sello de la mayor eficacia.

Orden

Organización

Cuando un sermón está centrado en relación con su pensamiento principal, el *tema* del pasaje, su desarrollo organizado es muy natural y beneficioso. Cada pensamiento fluye a partir del que le precede, y el oyente lo encuentra fácil de seguir. La sensación de progreso hacia un objetivo ayuda a ganar y mantener su atención. Independientemente de los diversos estilos de aprendizaje representados en la congregación, una presentación ordenada de la verdad ayuda a los oyentes a adaptar el mensaje a su forma de aprender.

Significancia

En su libro *Creative Bible Teaching*, Richards y Bredfeldt afirman que «el orden y la estructura dan sentido a la información y las ideas». Para ilustrar este punto, preguntan:

¿Qué lista de palabras es más fácil de recordar? ¿Cuál tiene más significado?

1. perro, elefante, conejo, ratón, ballena, caballo
2. ratón, conejo, perro, caballo, elefante, ballena[5]

Mientras que la primera lista es aleatoria, la segunda va de menor a mayor. Del mismo modo, los puntos del sermón que siguen una secuencia lógica y están relacionados con la experiencia vital son más aptos para ser comprendidos y recordados.

Movimiento

Progreso

La organización de un sermón expositivo eficaz está estrechamente relacionada con su movimiento. La gente necesita sentir que llega a alguna parte. Si el concepto de *orden* se compara con un sistema de carreteras de superficie claramente marcadas, rampas de acceso, autopistas y salidas, el concepto de *movimiento* es comparable al viaje real. Por muy deseable que sea el destino, o por muy bien trazado que esté el itinerario, un pasajero potencial tendrá poco interés en viajar con un conductor

---

[5] Richards y Bredfeldt, *Creative Bible Teaching*, 115.

que vaya demasiado despacio, que se quede atascado en el tráfico, que haga uno o dos viajes laterales por el camino o que, simplemente, se embarque en un viaje demasiado largo para un día.

Impedimentos

Las distracciones externas, como el ruido de una construcción cercana, el llanto de un bebé o la tos persistente de alguien de la congregación, dificultan el progreso del sermón. Las distracciones internas, como el hambre, la ansiedad, la somnolencia o la preocupación por las dificultades relacionales, hacen lo mismo. Ya sean externas o internas, estas cosas no son su responsabilidad como predicador, porque están fuera de su control. Sin embargo, los obstáculos que *puede* eliminar incluyen un número excesivo de puntos del sermón, demasiados detalles, ilustraciones innecesarias o ineficaces, o demasiado tiempo dedicado a cuestiones menores.[6] En resumen, aproveche el poder de la condensación.

Economía

En su excelente libro titulado *Words on Target*, la autora Sue Nichols hace hincapié en lo que denomina «las tres grandes» cualidades que surgen en la escritura exitosa. Son la *economía, la energía* y la *sutileza*. «Economía», dice, «significa comunicar sin palabras innecesarias. Significa decir las cosas rápidamente, utilizando palabras cortas en párrafos cortos».[7] Hay que priorizar los elementos que se van a describir o explicar. Invariablemente, el buen material se dejará en el *suelo de la redacción* para poder presentar lo más necesario sin que se vea entorpecido. El tiempo dedicado a cada elemento del sermón será proporcional a su importancia.

Moderación

Los expositores eficaces *moderan* sus emociones para que la congregación no se desgaste por un exceso de gravedad, frivolidad o uniformidad.

Claridad

Pensamiento claro

Las palabras de R. E. O. White sobre la importancia del pensamiento claro seguramente tocarán la fibra sensible de cualquier predicador:

> Por lo general, hablamos o escribimos con la misma claridad con la que pensamos. Cuando las palabras se agotan, y nuestra escritura se enreda o se vuelve turbia y difusa, el remedio es sentarse y pensar claramente qué es lo que estamos tratando de decir. Cuando hayamos ordenado nuestro pensamiento confuso, hayamos corregido

---

[6] Las ilustraciones no deben introducir un tema extraño o un tema nuevo. Deben estar relacionadas con el público y limitarse a los hechos necesarios.

[7] Sue Nichols, *Words on Target* (Richmond: John Knox Press, 1973), 17.

nuestras ideas preconcebidas, las generalizaciones apresuradas, las suposiciones ocultas, las falsas analogías, las exageraciones y las contradicciones, entonces las palabras llegarán fácilmente.[8]

Supuestos

Los predicadores que dan sermones impactantes son los que hacen imposible que la gente *no* entienda el mensaje. Sin insultar la inteligencia de su público, tienen cuidado de no asumir que sus oyentes conocen sus Biblias, entienden la terminología teológica o recuerdan al instante las declaraciones hechas anteriormente en el mensaje. Y lo que es más importante, no dan por sentado que su público ha acudido a la reunión motivado para aprender o incluso interesado en el tema.

Los buenos comunicadores saben que la gente no puede leer su mente ni entender siempre sus palabras. Buscan oportunidades para proporcionar ayudas visuales, ya sean objetos físicos, imágenes proyectadas, folletos, lenguaje corporal o discursos pintorescos. Sin simplificar el mensaje de Dios, redactan sus sermones para facilitar su comprensión.

Pasión

Todos los predicadores de sermones eficaces comparten esta cualidad vital: la *pasión*, o el fuerte sentimiento, tanto en relación con su motivación personal para comunicar como con su empatía hacia sus oyentes.

La compulsión de comunicar

En la introducción de su libro *Teaching to Change Lives*, Hendricks dice de las siete leyes del maestro: «Si las reduces, estas siete leyes exigen esencialmente una *pasión por comunicar*».[9] Dicha pasión proviene del propio borde creciente de la vida del comunicador que Dios está cambiando a medida que él o ella sigue aprendiendo, creciendo y mejorando.[10] Pablo describió la pasión de los apóstoles como «el amor de Cristo [que] nos impulsa» (2Cor. 5:14 RVA). Ya sea el amor del apóstol *por* Cristo, o el amor de Cristo, o ambos, el impulso era afectivo.

Compasión por las personas

La pasión por comunicar no es ajena a la genuina compasión del orador por los que sufren y están necesitados. Esta fue la compasión modelada por el Señor Jesús en Marcos 6:34: «Cuando Jesús salió, vio una gran multitud y tuvo compasión de ellos, porque eran como ovejas que no tenían pastor. Entonces comenzó a enseñarles muchas cosas» (RVA). Ciertamente debe demostrar la relación que todo creyente

---

[8] White, *A Guide to Preaching*, 219.
[9] Hendricks, *Teaching to Change Lives*, 15.
[10] Ibid., 17-36.

tiene con sus compañeros del mismo cuerpo. En 1Corintios 12:26, Pablo dijo: «De manera que si un miembro padece, todos los miembros se conduelen con él; y si un miembro recibe honra, todos los miembros se gozan con él». Esto no describe la mera simpatía, en la que uno siente pesar por otro, sino la verdadera empatía, en la que uno siente el dolor de otro. El cuidado suficiente para llorar con ellos y confrontarlos con amor, proviene de un conocimiento experimental de Dios como el propio Padre. (Véase Salmo 103:13; 1Tesalonicenses 2:11; y Colosenses 3:12-13.) Moisés y Pablo sintieron tal compasión por el pueblo de Israel que cada uno expresó su voluntad de renunciar a su propio disfrute de las bendiciones de Dios si con ello podía asegurar las bendiciones de Dios para su pueblo elegido (Véase Éxodo 32:32 y Romanos 9:3).

Celo piadoso

Cuando Jesús limpió el templo, en Juan 2:17, cumplió la profecía del Salmo 69:9, al consumirse de celo por la casa de Jehová. De manera similar, Esteban se enfrentó abiertamente a aquellos que, según él, siempre se habían resistido al Espíritu Santo (Hechos 7:51). Los sermones que cambian vidas también demuestran la pasión divina en el sentido de amar lo que Dios ama y odiar lo que Él odia.

Estilos de preparación

Manuscrito

Ventajas. Los sermones escritos palabra por palabra son *precisos*. En el proceso de composición del guión, usted puede trabajar en todos los atributos de los sermones expositivos efectivos discutidos anteriormente en este capítulo. Tiene tiempo no solo para prestar atención a la unidad, el orden y el movimiento de su mensaje, sino para variar el vocabulario, economizar la redacción y pulir la presentación ensayando a partir de un guión fijo. Una vez que tenga el manuscrito en mente, puede utilizarlo simplemente como un estímulo, echando un vistazo a lo esencial de lo que ha escrito, con libertad para apartarse de él.

Desventajas. Los manuscritos toman mucho tiempo de preparación, y, a menos que se mantengan fuera de la vista de la congregación, su apariencia puede distraer al oyente, dando la impresión de que se está presentando un trabajo de investigación o una conferencia en lugar de hablar, como dijo Andrew Blackwood, «de corazón a corazón y de ojo a ojo»[11] en el Espíritu. Además, con poca luz o en ocasiones al aire libre (bodas, funerales, reuniones de campamentos, etc.), donde el viento puede ser un factor, las notas extensas pueden ser difíciles de leer y manejar. Tienden a restringir la espontaneidad y pueden incluso tentarle a leer su mensaje, lo cual está bien para la radio, pero no para el púlpito.

---

[11] Koller, *Expository Preaching Without Notes*, 35, quoting Blackwood, *The Fine Art of Preaching*, 159.

Memorización

Ventajas. Los mensajes memorizados pueden presentarse con el estilo dramático y la libertad de movimiento de un actor de teatro. Tienen todas las ventajas de un manuscrito sin el problema de ocultar, ver o manejar extensas notas. Memorizar ciertas partes de un sermón, como las introducciones, las ilustraciones o las conclusiones, permite una redacción precisa y un buen contacto visual.

Desventajas. Además del tiempo y el esfuerzo que supone memorizar un sermón de cualquier longitud, existe la posibilidad de olvidar las líneas. Las interrupciones imprevisibles pueden suponer un dilema sobre dónde y cómo empezar de nuevo. Y, al igual que un manuscrito, los sermones memorizados pueden parecer enlatados, impersonales e inflexibles.

Extemporáneo

Ventajas. Muchos estarán de acuerdo en que la predicación extemporánea proporciona al predicador lo mejor de ambos mundos.[12] Con un mínimo de notas que le permitan avanzar en su esquema, recordarle el tema y las ilustraciones, etc., tiene la libertad de hablar según se le ocurran las palabras. No hay notas llamativas en su camino o a la vista de la congregación, y menos preocupación por perder su lugar. Si se prepara a conciencia, es probable que su discurso sea más natural y convincente y que te permita ser flexible. Una forma excelente de prepararse para predicar es escribir un sermón a mano, trabajando mucho en su redacción, pero luego dejarlo en el estudio y llevar solo el esquema al púlpito.

Desventajas. Olvidar algo que tenía previsto incluir, incluir algo que hubiera sido mejor omitir, y repetirse, son algunas de las desventajas de hablar libremente dentro de las pautas de las notas limitadas. Los sermones también pueden ser más largos — o más cortos — de lo que se pretende.

Resumen y conclusión

Los sermones expositivos eficaces no son el resultado de seguir reglas estrictas, pero sí presentan cualidades comunes. Comunican la autoridad *divina*, no la suya o la de otra persona. Por ello, son fácticos y fieles a la realidad histórica. Si se evitan las exhibiciones egoístas o la demagogia, se eliminan las digresiones que enturbian el reflejo del sermón en el enfoque único y la integridad del texto. Como unidad, el sermón es obviamente examinable. La disposición ordenada de su material hace que tenga sentido para el oyente. A medida que avanza con eficacia hacia un objetivo definido, el oyente tiene la sensación de haber progresado y logrado algo. Las distracciones se minimizan y las emociones son variadas y controladas. En lugar de dar por sentado el conocimiento o el interés del oyente por la Biblia y la

---

[12] «Hay, como siempre ha habido, ministros que predican eficazmente a partir de notas manuscritas o copiosas en el púlpito, así como algunos que leen sus sermones en su totalidad: pero los mismos predicadores serían aún más eficaces si pudieran estar sin notas en el púlpito. Este parece ser claramente el veredicto de la historia». (Koller, *Expository Preaching Without Notes*, 24. Véase también Blackwood, *The Fine Art of Preaching*, 153)

teología, exprese sus ideas de forma que sea prácticamente imposible que se produzcan malentendidos. Con la compulsión divina de comunicar, empatizará con el oyente y demostrará celo por la gloria de Dios.

Si prepara un manuscrito, memoriza su sermón o habla a partir de notas limitadas dependerá de su preferencia personal y de la ocasión. No hay un derecho o un error bíblico, y los tres estilos han sido utilizados eficazmente por los predicadores expositivos. Sin embargo, después de evaluar las ventajas y desventajas, parece que los predicadores expositivos más eficaces hablan extemporáneamente.

Preguntas para la discusión

1. ¿De qué manera enseñó Jesús, no como los escribas, sino con autoridad?
2. Sin mencionar nombres, describa cómo ha sido testigo de la pérdida de la autoridad divina por parte de un predicador contemporáneo.
3. ¿Por qué es tan importante la *exactitud histórica* en un sermón que pretende cambiar el *corazón* de las personas?
4. ¿Por qué está de acuerdo, o no, en que la unidad orgánica es más importante en un sermón que en una discusión en el aula?
5. ¿Qué se entiende por «economía de palabras»? ¿Qué ocurre si se lleva la concisión demasiado lejos?
6. Utilizando el sermón de Pedro en Hechos 2, el sermón de Esteban en el capítulo 7 y el sermón de Pablo en el capítulo 17, identifique ejemplos de pasión como los descritos en este capítulo.
7. ¿Cuál es su estilo de preparación de sermones y por qué?

CAPÍTULO 8

Las características de los comunicadores expositivos eficaces

El componente humano de los puentes que salvan eficazmente la brecha de la comunicación está marcado por ciertas cualidades. Al igual que la sustancia de los sermones eficaces, los servidores que los pronuncian y modelan con impacto suelen ser *piadosos, relacionales* y *elocuentes*. Reconocen que un sermón no es bueno por sí mismo, sino solo en la medida en que está bien comunicado. Al mismo tiempo, los expositores piadosos se dan cuenta de que son prominentes, no preeminentes. Su valor e importancia es directamente proporcional a la medida en que sus sermones comunican el mensaje de Dios. Un comentario del autor Donald Demaray sobre Jonathan Edwards, el persuasivo predicador del Segundo Gran Avivamiento, servirá como descargo de responsabilidad para este capítulo:

> Algunos de los sermones de Edwards duraban más de dos horas, lo que no es tan raro en una época más pausada que la nuestra. Sin embargo, es probable que su discurso fuese a veces aburrido. Su voz era débil y poco dominante. Carecía de muchas gracias en el púlpito. Leía sus manuscritos, y un autor, observando la miopía de Edwards, lo retrata agarrando sus papeles en una mano, sosteniendo una vela en la otra, y mirando fijamente las palabras mientras leía.[1]

Sin embargo, las debilidades de Edwards se mencionan para llamar la atención sobre un hecho importante: «El Espíritu Santo supera las debilidades y los impedimentos, y desarrolla las capacidades naturales de los siervos de Dios».[2] (Esto no significa que Edwards no hubiera podido comunicarse de forma aún más eficaz si hubiera sido fuerte en sus áreas de debilidad).

Piadoso

La piedad describe la vida de una persona centrada en Dios, cuyos pensamientos, sentimientos y acciones reflejan una dependencia consciente y una respuesta reverente a Dios. El pensamiento piadoso precede a la acción piadosa (véase Romanos 12:2). Para ser piadoso, debes aceptarte a ti mismo por lo que Dios te ha

---

[1] Donald E. Demaray, *Pulpit Giants* (Chicago: Moody, 1973), 57-58.
[2] Ibid.,166.

hecho, y luego actuar con naturalidad, hablar directamente y ser real (ver Romanos 12:3).[3] Pero la auto-aceptación no significa auto-confianza. Y los comunicadores piadosos no deben pedir a Dios que potencie sus propios mensajes para gloria del predicador. Más bien, confían en el poder del Espíritu Santo para entregar *su* mensaje para *su* gloria. Considere cómo Pablo pidió oración a la Iglesia de Éfeso: «[orando] en todo tiempo en el Espíritu con toda oración y ruego, vigilando con toda perseverancia y ruego por todos los santos. *Y también oren por mí, para que al abrir la boca me sean conferidas palabras para dar a conocer con confianza el misterio del evangelio por el cual soy embajador en cadenas; a fin de que por ello yo hable con valentía, como debo hablar*». (Ef. 6:18-20 RVA, énfasis añadido).

En vista de su papel dependiente, el pueblo que Dios utiliza se dedica a la disciplina intelectual de meditar en la Palabra de Dios, meditando en oración sobre las implicaciones y el significado de los principios extraídos del pasaje (véase Colosenses 4:2-4). Ejercen el buen juicio para decidir la mejor manera de transmitir su descubrimiento de lo que Dios quiso decir con lo que dijo. Evitan las murmuraciones sobre la congregación. Ser transparentes y vulnerables acerca de sus propias debilidades y luchas no solo hace que tomen a Dios más en serio que a ellos mismos, sino que también les hace querer a aquellos que pueden identificarse con ellos. También desarma a los posibles adversarios.

Estar centrado en Dios le da credibilidad como predicador, que Richards y Bredfeldt identifican como la primera de varias características de todos los grandes maestros. Citando la investigación de David W. Johnson y Frank P. Johnson, nombran seis factores que influyen en la credibilidad: *fiabilidad de la información, pureza de los motivos, calidez y amabilidad, reputación, experiencia y pasión*.[4]

Relacional

Por *relacional* queremos decir que no se limita a predicar sermones, sino que sirve a la gente. Usted establece y alimenta un vínculo de comunidad, utilizando toda su personalidad para impactar la personalidad entera de cada uno de sus oyentes. Cada persona del público debe sentir que usted le habla directamente a él o ella. Esto se consigue captando y manteniendo su atención con una introducción creativa y un buen contacto visual. Las sonrisas apropiadas, los gestos y un tono amistoso *dicen* que el mensaje no es solo sobre Dios, o sobre usted, sino sobre los oyentes. La gente no está allí para observar tu actuación. Más bien, *usted* está allí para que *ellos* conozcan, amen y sirvan mejor al Dios vivo y verdadero por el resto de sus vidas. Las palabras vívidas, las acciones intencionadas, la variedad vocal y los despliegues visuales son otros ingredientes señalados por Richards y Bredfeldt, como parte de un estilo que transmite.[5] Ninguno de estos factores dicta un estilo particular, sino

---

[3] En 1Corintios 15:9-10 Pablo dice, «Pues yo soy el más insignificante de los apóstoles, y no soy digno de ser llamado apóstol, porque perseguí a la iglesia de Dios. Pero por la gracia de Dios soy lo que soy, y su gracia para conmigo no ha sido en vano. Más bien, he trabajado con afán más que todos ellos; pero no yo, sino la gracia de Dios que ha sido conmigo». (RVA)

[4] Richards y Bredfeldt, *Creative Bible Teaching*, 213-14.

[5] Ibid., 222.

que todos son incorporados por predicadores efectivos, ya sea que se paren detrás de un púlpito opaco, se desplacen con un micrófono de solapa, proyecten imágenes en una pantalla o se sienten en un taburete.[6]

Los predicadores relacionales saludan a las personas con un interés genuino por las cosas que les interesan. No se limitan a ser encantadores cuando se presentan ante los demás, sino que toman la iniciativa de conocerlos y se ponen a su disposición para que los contacten y los ayuden.[7]

Articulado

La voz

Según un viejo refrán, «Muchos sorbos se pierden entre la copa y el labio».[8] Un trago derramado en el último momento posible antes de ser bebido bien podría no haber sido servido. Lo mismo ocurre con la palabra hablada. Si todo en el sermón es maravilloso *excepto* que la gente no puede oírlo, entenderlo o mantenerse despierta, es como el original puente de Narrows a Gig Harbor de Tacoma, Washington, que derramó coches en Puget Sound cuando se derrumbó. Hablar en voz demasiado baja, rápida, indistinta o monótona puede hacer que la gente se duerma. Pero cuando se utiliza bien, la voz es su mejor herramienta. La forma más eficaz de captar y mantener la atención es hablar con una modulación o variedad adecuada.

Inflección

Los cambios o modulaciones deliberados en el tono de voz del orador se conocen como *inflexión*. Utilice la modulación ascendente para expresar una pregunta, indecisión, incertidumbre, duda o suspenso. Utilice la modulación descendente para sugerir firmeza, determinación, certeza, finalidad y confianza. Sin embargo, la forma más eficaz de garantizar una modulación de voz adecuada no es pensar en ello, sino mostrar un entusiasmo genuino por lo que se tiene que decir. Hendricks dice: «Si realmente crees y sientes tu mensaje, se notará. Usarás buenos gestos». Además, afirma: «La comunicación más eficaz siempre incluye un ingrediente *emocional*: el factor *sentimiento*, el elemento de emoción».[9] Esta afirmación no es nueva. La filosofía de la predicación de Jonathan Edwards enfatizaba que, dentro de la estructura intelectual, una fuerte apelación a las emociones era la clave para desbloquear una respuesta volitiva.[10]

---

[6] Aprenda a adaptar la forma de transmitir un sermón a la cultura del público al que se dirige. Esto puede requerir un ajuste radical de lo que le parece más natural, pero comunica sensibilidad y aceptación de la audiencia. Esto es esencial para una buena comunicación.

[7] Algunos oradores concluyen sus mensajes aceptando preguntas de los oyentes. Otros ofrecen sus direcciones personales de correo electrónico para seguir hablando con quienes tengan preguntas o comentarios.

[8] Fuente desconocida.

[9] Hendricks, *Teaching to Change Lives*, 72.

[10] Lynn R. Wessell, «*Great Awakening: The First American Revolution*», *Christianity Today* 17 (August 1973): 23.

Ritmo

El ritmo de la conversación debe corresponder a los pensamientos que se expresan. Los asuntos de peso, como el tema o la aplicación, deben hablarse despacio para que sean más claros y tengan más énfasis. En cambio, un discurso corto y rápido puede comunicar emoción o sorpresa. Variar el ritmo del discurso lo hace más interesante para los oyentes.

Tono

Aunque hay notables excepciones, una voz demasiado aguda puede comunicar debilidad, irritación, juventud o nerviosismo. Por lo general, es preferible utilizar el rango más bajo de la voz para comunicar seguridad, aplomo, fuerza, madurez y confianza.

Movimiento

Tanto si se trata de gestos con las manos y los brazos, como de dar unos pasos, utilizar ayudas visuales (como PowerPoint), hacer una pausa momentánea o simplemente cambiar la voz, el movimiento es la principal forma de captar y *mantener* la atención de su público.

Forma de hablar

Los comunicadores eficaces de la Palabra de Dios no solo hablan con claridad, sino que eligen cuidadosamente sus palabras y las pronuncian con buena dicción. Evite la jerga y el lenguaje «de moda». Exprésese con naturalidad, sin un «tono de predicador». Y definitivamente manténgase alejado de bromas groseras, lenguaje soez y todos los improperios.

Resumen y conclusión

Los comunicadores expositivos eficaces son piadosos, relacionales y elocuentes. Aunque son prominentes en el púlpito, Dios es obviamente preeminente en sus pensamientos, palabras y comportamiento. Como resultado de lo que son en relación con Dios, se preocupan por las personas con las que toda su personalidad forma parte del puente comunicativo. Su discurso está motivado por su pasión por Dios y por el mensaje que Él les ha dado. Su compasión por sus oyentes y su genuino interés por su bienestar espiritual y eterno se expresan en el uso apropiado de la voz, el cuerpo y el lenguaje.

Preguntas para la discusión

1. Describa al predicador, o predicadores, cuyos sermones han tenido el mayor impacto en su vida. ¿En qué se parecen, o no, al perfil presentado en este capítulo?

2. ¿Por qué, desde el punto de vista bíblico, está de acuerdo o no en que la transparencia y la vulnerabilidad de un expositor de las Escrituras mejora la comunicación efectiva?

3. ¿Por qué, desde el punto de vista bíblico, estás de acuerdo o no en que la comunicación más eficaz siempre incluye un elemento emocional?

4. ¿Por qué, bíblicamente, está usted de acuerdo o en desacuerdo con que, aunque Dios puede usar a quien quiera, aquellos que exhiben las características de los comunicadores expositivos efectivos podrían ser aún más útiles como Sus voceros?

PARTE IV

Desarrollo y transmisión de lo que Dios quiso decir cuando dijo lo que dijo

Capítulo 9, «Predicando el Pentateuco», presenta brevemente la naturaleza de la narrativa hebrea. Hace un repaso de la Escritura hebrea, el Pentateuco y el libro del Éxodo. Se presenta un ejemplo de sermón de Éxodo 20:1-17, titulado «La prescripción de Dios para las relaciones correctas».

Capítulo 10, «Predicando narrativa histórica», presenta la naturaleza de historia, la trama y el arquetipo. Para mostrar cómo se puede estructurar un sermón para para que coincida con la historia, se presenta un ejemplo de sermón del libro de Rut, titulado «El Dios oculto que tiene el control».

Capítulo 11, «Predicando los libros poéticos», presenta la naturaleza de la literatura hímnica. Se presenta un ejemplo de sermón del Salmo 113, titulado «Contando la grandeza de Dios».

Capítulo 12, «Predicando la profecía del Antiguo Testamento», introduce la naturaleza de la profecía bíblica, relacionando la profecía con los pactos bíblicos y ampliando el significado de un texto a nuevos contextos. En Zacarías 4:1-7, se presenta un ejemplo de sermón, titulado «La obra de Dios, el poder de Dios».

Capítulo 13, «Predicando los Evangelios y Hechos», analiza la naturaleza del género evangélico y del libro de los Hechos. El trasfondo histórico, el análisis literario y la comprensión teológica de cada libro. Se presentan ejemplos de sermones de Juan 3:10-16, «Por qué el Hijo descendió»; Hechos 6:1-7, «El valor y la importancia del servicio oficial en la Iglesia»; y Lucas 10:25-37, «¿Acción o apatía?».

Capítulo 14, «Predicando las epístolas», examina la naturaleza del género epistolar y las veintidós epístolas del Nuevo Testamento, con atención a su contexto histórico, el análisis literario y la comprensión teológica. Se ofrece un ejemplo de sermón, titulado «La excelencia del amor», de 1Corintios 13.

Capítulo 15, «Predicando el Apocalipsis», aborda cuestiones de género, enfoques de interpretación, antecedentes históricos, análisis literario, y la comprensión teológica. Se ofrece un ejemplo de sermón sobre el Apocalipsis 1:1-8, titulado «El Apocalipsis de Jesucristo».

CAPÍTULO 9

Predicando el Pentateuco

El imperativo

El imperativo de predicar la Palabra de Dios se aplica ciertamente a los cinco primeros libros de la Biblia, ya que constituyen su fundamento. Los temas principales de la Biblia están arraigados en el rico suelo de la narración histórica. Sin embargo, el Pentateuco[1] se descuida a menudo en el ministerio del púlpito incluso de los predicadores expositivos. Esto puede deberse a una falta de confianza en la relevancia e integridad de las Escrituras hebreas en su conjunto, o a la ignorancia de la estructura básica y el mensaje de los libros de Moisés en particular. Este capítulo demostrará cómo utilizar el método Whiting de homilética para desarrollar un sermón a partir del Pentateuco. Al hacerlo, se enfatizarán los anillos históricos, culturales y dispensacionales del contexto en lugar del análisis gramatical enfatizado en el capítulo 4. Para ayudarle a comprender y apreciar el papel fundamental del Pentateuco, a continuación, se ofrece una breve visión general del Antiguo Testamento en su conjunto.

Visión general de las Escrituras hebreas

Su relevancia

En su *Survey of Old Testament Introduction*, Gleason Archer señala que los escritores del Nuevo Testamento se refirieron al Antiguo Testamento como un todo único y compuesto, cuyo autor final fue Dios mismo.[2] Archer explica su afirmación diciendo: «Los escritores del Nuevo Testamento consideraron la totalidad de las Escrituras hebreas como un testimonio de Jesucristo, el Hombre perfecto que cumplió toda la Ley; el Sacrificio y Sumo Sacerdote de las ordenanzas rituales; el Profeta, Sacerdote y Rey de quien los profetas predijeron; y el Amante que los libros poéticos describieron».[3]

---

[1] Los libros de Moisés son llamados Pentateuco porque fueron originalmente escritos en cinco (*penta*) rollos o libros (*teuchos*). Los mismos libros son llamados la Ley porque contienen la revelación del código ético y moral de Dios. También se les llama Torá, un término que tiene la idea de tener una relación correcta con Dios y el cual se usa a veces para referirse a toda la Biblia Hebrea.

[2] Gleason Archer, *A Survey of Old Testament Introduction* (Chicago: Moody, 1964), 17.

[3] Ibid.

Como se ha señalado en la discusión de los tipos en el capítulo 6, los eventos registrados en el Antiguo Testamento fueron vistos por los escritores del Nuevo Testamento como pre-figuraciones de las realidades del Nuevo Testamento. El cruce del Mar Rojo prefiguraba el bautismo cristiano (1Cor. 10:1-2). La conquista de Canaán bajo el mando de Josué tenía la intención divina de representar el descanso espiritual en el que los cristianos entran por la fe (Heb. 3-4). Llamar a Israel para que saliera de Egipto apuntaba a la experiencia de Jesús registrada en Mateo 2:15. Así pues, el Nuevo Testamento ofrece pruebas convincentes de que las Escrituras hebreas constituían un organismo coherente e integrado, centrado en el doble tema de la redención de los pecadores perdidos y la reivindicación del reino de Dios en la tierra.

Su estructura

La disposición hebrea (referida en Mateo 5:17; 7:12; etc., como la *Ley y los Profetas*) incluye la *Ley* (de Moisés), los *Profetas* (es decir, los antiguos profetas: Josué, Jueces, Samuel, Reyes; y los últimos profetas: Isaías, Jeremías, Ezequiel y los Doce), y los *Escritos*. Los libros denominados Escritos consisten en los libros poéticos de Job, Salmos y Proverbios; los *Rollos, que* incluyen Cantar de los Cantares, Rut, Eclesiastés, Ester y Lamentaciones; y las *Historias*, que incluyen Ester, Daniel, Esdras, Nehemías y Crónicas.

Cuando las Escrituras hebreas se tradujeron al griego en Alejandría (Egipto) en el siglo III a.C., los libros se ordenaron tal y como aparecen en las traducciones modernas. Esta primera traducción se conoció como la *Septuaginta* (LXX, para abreviar) por los setenta y dos hombres que participaron en su elaboración (LXX es el número redondo más cercano). A los cinco libros de la Ley y los doce de la Historia (en total diecisiete) les siguen los cinco libros de los Profetas Mayores y los doce de los Profetas Menores (en total diecisiete). Los cinco libros de Poesía en el centro han sido considerados como el «corazón» del cuerpo del Antiguo Testamento. El patrón simétrico resultante de 17-5-17 se ilustra en la figura 9.1.[4] El hecho de que la Palabra de Dios pueda estar dispuesta de este modo demuestra algo del orden y el equilibrio que cabría esperar en la revelación escrita del Autor de la creación y la redención.

Ley e historia	Poesía		Profecía
5	5		5
12			12
17			17
Retrospectivo	Introspectiva		Prospectiva

Figura 9.1

---

[4] Ellisen, «*Part I: The Pentateuch*», en *Western Baptist Seminary Bible Workbook* (Portland: Western, ca. 1973), 2.

Visión general

Las Escrituras hebreas revelan el Plan de Dios para redimir a los pecadores perdidos y reclamar Su reino en la tierra a través de Su Hijo de la promesa (véase Génesis 3:15 y 1Corintios 15:24).[5]

Los Libros de la Ley y de la Historia son, en su mayoría, la narración de la obra de Dios en los acontecimientos pasados en favor de una nación, Israel, que Jehová formó por su gracia soberana. Habiendo llamado a Abram a una relación de pacto con Él, Jehová comenzó a cumplir sus promesas de bendecir a Abram y de bendecir a todas las naciones a través de la nación (Israel) que vendría de él.

El Pentateuco se ha relacionado con Israel de la siguiente manera.[6] (Véase la figura 9.2)

El Pentateuco en relación con la nación de Israel		
1. Génesis:	Israel *seleccionado*	de la idolatría
2. Éxodo:	Israel *salvo*	de Egipto
3. Levítico:	Israel *apartado*	del mundo y la carne
4. Números:	Israel disciplinado para *servir*	de andar errante en Sinaí
5. Deuteronomio:	La ley de Israel es *revisada*	para ser bendecido en Canaán

Figura 9.2

Los doce libros de Historia abarcan a Israel desde su concepción hasta la época del profeta Malaquías. Los cinco libros de Poesía expresan el hecho de que una vida con sentido, propósito, habilidad y belleza depende de disfrutar de una relación correcta con Dios. Por último, los diecisiete libros de Profecía proclaman el juicio de Dios sobre el pecado y la futura restauración de su pueblo del pacto, Israel.[7]

El Pentateuco

Autoría

Los críticos han teorizado que el Pentateuco es una compilación de escritos, editados después del cautiverio en Babilonia, por *diferentes* autores que registran varias etapas en el desarrollo de la religión de Israel.[8] Pero Jesús se refirió a Moisés como el Legislador en Juan 5:46-47; 7:19-23; y en muchos otros lugares. Además, los libros de Moisés demuestran una

---

[5] Ellisen, *3 Worlds in Conflict*, 16.

[6] Ellisen, «*Part I: The Pentateuch*», *Western Baptist Seminary Bible Workbook*, 3.

[7] Ibid.

[8] La hipótesis documental de Welhausen (1866) estaba basada en el supuesto de que Israel fue primero un pueblo pastoral; luego, más organizado, luego obsesionado con la vida santa, después tuvo un sacerdocio altamente desarrollado. JEDP: *Jehovahistic, Elohistic, Deuteronomic, Priestly* [*de Jehová, de Elohim, Deuteronómico, Sacerdotal*]. Para una evaluación de la teoría JEDP, véase Umberto Cassuto, *The Documentary Hypothesis* (Jerusalén: Magnes, 1961).

continuidad de contenido, tema, propósito y estilo que es consistente con un solo autor.[9] La historia consecutiva que se encuentra en el Pentateuco no es más que uno de los muchos factores que confirman su unidad. Un libro continúa donde lo deja el otro. Otros indicios de la autoría única son el desarrollo espiritual progresivo desde el Génesis hasta el Deuteronomio y la suavidad de la transición de un libro a otro. Por último, el Pentateuco presenta evidencias de un paralelismo invertido, o quiasmo (una disposición simétrica de unidades literarias en la que el primer conjunto coincide con el segundo en orden inverso, produciendo un centro de énfasis prominente).[10] (Véase la figura 9.3)

El Génesis y el Deuteronomio se refieren a la formación del universo y nación de Israel, mientras que Éxodo y Números tienen que ver con el ordenamiento de la nación. El centro prominente creado por este diseño paralelo es el libro del Levítico, que llama al pueblo de Dios a reflejar su santidad.[11]

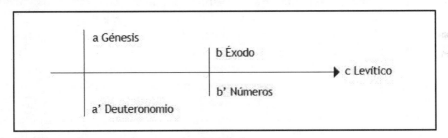

Figura 9.3

Temas dominantes

Gary Derickson, en una conferencia en la que demostró la importancia y la contribución del Pentateuco a la teología del Antiguo Testamento, identificó estos temas dominantes: La soberanía de Dios, el juicio, la fidelidad, la santidad y la redención. Además, afirma que, desde el punto de vista cósmico, el Pentateuco ofrece la única explicación racional del origen del universo.

Desde el punto de vista étnico, es el único que explica la diversidad de las naciones. Desde el punto de vista religioso, los libros de Moisés documentan los inicios del pecado y la redención del hombre, la nación y los pactos de Israel, y el plan de Dios para las épocas. Desde el punto de vista histórico, el Génesis cubre por sí solo un período de tiempo mayor que el de los otros sesenta y cinco libros juntos.[12] (Véase la figura 9.4[13])

---

[9] Bruce Wilkinson y Kenneth Boa, *Talk Thru the Old Testament* (Nashville: Thomas Nelson, 1983), 3.

[10] David Dorsey, *The Literary Structure of the Old Testament* (Grand Rapids: Baker, 1999), 30.

[11] Gary Derickson (lecture, Faith Evangelical Seminary, Tacoma, Washington, 2004).

[12] Ibid.

[13] Adaptado de Ellisen, *Western Baptist Seminary Bible Workbook*, 4.

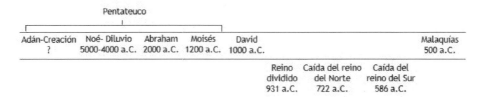

	Pentateuco					
Adán-Creación ?	Noé- Diluvio 5000-4000 a.C.	Abraham 2000 a.C.	Moisés 1200 a.C.	David 1000 a.C.		Malaquías 500 a.C.
				Reino dividido 931 a.C.	Caída del reino del Norte 722 a.C.	Caída del reino del Sur 586 a.C.

Figura 9.4

Pactos

Un pacto bíblico es un acuerdo formal en el que Dios promete hacer ciertas cosas en favor de la humanidad.[14] Con la excepción del pacto mosaico (explicación a continuación), todos los pactos bíblicos dependen únicamente de la fidelidad de Dios para su cumplimiento.

El pacto adámico se refiere a la promesa de Dios en Génesis 3:15 de aplastar la cabeza de la serpiente con el talón de la simiente de la mujer. Se le ha llamado el *protevangelium* [proto-evangelio] porque proporciona la base de la esperanza de que Dios enviaría a un ser humano para liberar al hombre del pecado y restablecer su gobierno en la tierra.

El pacto de Noé, en el Génesis 9, proporciona la base bíblica para el gobierno humano al autorizar el uso de la fuerza mortal para mantener la justicia. El pacto de Dios con Abraham en Génesis 12 (y repetido en los capítulos 13, 15, 17, 18 y 22) constituye el conjunto central de promesas. Como se muestra en la figura 9-5, el pacto con Abraham se basa en las promesas redentoras y de reino de los pactos adámico y noético.

La promesa a Abraham de la bendición personal es la base del pacto mosaico temporal. El pacto mosaico, cuyo núcleo está formado por los Diez Mandamientos, fue sustituido por el nuevo pacto de Jeremías 31, que prometía la interiorización de la justicia de Dios en los corazones del pueblo de Dios. El Nuevo Pacto está ratificado por la sangre de Jesucristo (compárese Jeremías 31:31 y Mateo 26:28; Marcos 14:24; Lucas 22:20; y 1Corintios 11:25), y los creyentes obedientes en Cristo ya están disfrutando de sus bendiciones personales y espirituales a través del Espíritu Santo que mora en ellos (véase Gálatas 3:27-28).

El pacto de la tierra en Deuteronomio 28-30, garantiza a Israel la tierra prometida a Abram, y establece las condiciones de la bendición en la tierra.

El pacto davídico de 2Samuel 7:16 se basa en el pacto noético, pacto de gobierno humano, y promete el gobierno permanente y universal de un descendiente de David en su trono.

El siguiente resumen de los pactos bíblicos muestra la singularidad condicionalidad del pacto mosaico con respecto a la nación de Israel. (Véase la figura 9.5.)

---

[14] Para un tratamiento más completo de los pactos bíblicos y cómo se relacionan, véase Ellisen, *3 Worlds in Conflict*, 31-44.

El siguiente gráfico, adaptado de Stanley Ellisen, muestra cómo el pacto con Abraham es fundamental para los demás pactos de las Escrituras. (Véase la figura 9.6)

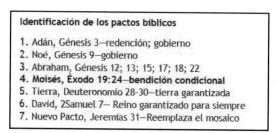

Identificación de los pactos bíblicos

1. Adán, Génesis 3—redención; gobierno
2. Noé, Génesis 9—gobierno
3. Abraham, Génesis 12; 13; 15; 17; 18; 22
4. **Moisés, Éxodo 19:24—bendición condicional**
5. Tierra, Deuteronomio 28-30—tierra garantizada
6. David, 2Samuel 7— Reino garantizado para siempre
7. Nuevo Pacto, Jeremías 31—Reemplaza el mosaico

Figura 9.5

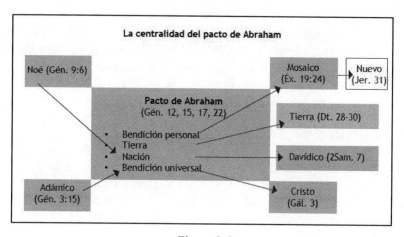

Figura 9.6

Resumen del Pentateuco por libros[15]

Las sucintas descripciones de Derickson de los libros de Moisés, que se enumeran a continuación, ofrecen un resumen básico del Pentateuco.

1. **Génesis:** La palabra de Dios...creó un orden mundial perfecto y trajo juicio y bendición a sus habitantes, preservando una línea a través de la cual vendría la bendición.
2. **Éxodo:** La preparación de Dios para que Israel se convierta en una nación... se lleva a cabo a través de la liberación de la nación hacia Él, la entrada en un pacto nacional y la construcción de un tabernáculo.
3. **Levítico:** La santidad de Dios...exige un culto y una conducta santos de su pueblo.

---

[15] Derickson (folleto, Faith Evangelical Seminary).

4. **Números:** La preparación de Israel para entrar en Canaán, bajo el liderazgo de Dios...implicó la organización nacional, la disciplina y la provisión de leyes adicionales en medio de las bendiciones de Dios.
5. **Deuteronomio:** El llamado de Israel a la fidelidad al pacto...tiene como resultado la bendición de Dios en lugar del castigo sobre la base de su pacto.

Predicando la Ley

Establecimiento del texto

El primer paso para preparar un sermón a partir del Pentateuco es identificar dónde encaja el pasaje seleccionado en el esquema del Pentateuco en su conjunto. ¿Cuál es el papel del libro concreto en el que se encuentra el pasaje? Esto se puede hacer elaborando, o consultando, buenos esquemas de los libros. Por ejemplo, los Diez Mandamientos se encuentran en el libro del Éxodo. Un resumen del Pentateuco indica que el Éxodo tiene que ver con la ordenación de la nación de Israel. Se basa en la formación de la nación en el Génesis. Anticipa el énfasis culminante en la santidad en Levítico. Éxodo es paralelo al libro de Números, que trata de la organización de la nación en el desierto del Sinaí antes de entrar en la tierra prometida a Abraham en el Génesis. Por lo tanto, antes de examinar el texto de Éxodo 20, su ubicación en el Pentateuco indica su propósito de establecer la base para una relación correcta con Dios por parte de una nación que Él ha llamado para ser apartada del mundo como una agencia de bendición universal.

¿Dónde encaja el pasaje en relación con el argumento del libro? Un esquema del Éxodo sirve para precisar más los Diez Mandamientos en su contexto. La palabra *éxodo* es griega y significa «la salida». El libro de Éxodo se refiere a la liberación de Israel de la esclavitud en Egipto y a su desarrollo en el desierto como nación en una relación de pacto con su Creador y Redentor, Jehová. La redención y organización de Israel como nación teocrática establece los principios para el trato de Dios con los creyentes en la era de la gracia de la iglesia (1Cor. 10:11). En resumen, el tema de Éxodo es «la redención y organización de Israel como nación teocrática»[16] se puede esbozar de la siguiente manera. (Véase la figura 9.7)

Del esquema de Éxodo se desprende que los Diez Mandamientos constituyen el puente fundacional entre la redención de Israel por parte de Dios en los capítulos 1-19, y la adoración de Israel a Dios en los capítulos 25-40.

El texto concreto se establece determinando los límites dentro de los cuales el escritor expresa un pensamiento completo. En el caso de los Diez Mandamientos, cada mandamiento es un párrafo, pero los párrafos están delimitados por indicadores identificables de tiempo, lugar o personas, en el texto.[17] La observación

---

[16] Ellisen, *Western Baptist Seminary Bible Workbook.*

[17] Von Rad destaca otro elemento unificador en sus comentarios «Por encima de toda la multitud de mandamientos, reglas y ordenanzas, está la autoridad de los Diez Mandamientos», y «Debemos estudiar el primer mandamiento con bastante detenimiento, porque es la cabeza y el principal de todos los mandamientos». (Gerhard von Rad, Moses [Londres: Lutterworth Press, 1960], 49, 39.)

de estos indicadores se llama *establecer el texto*. Los Diez Mandamientos se introducen con la frase «Y Dios habló todas estas palabras, diciendo...» (Ex. 20:1), lo que indica un cambio de interlocutor. En el versículo 18, el orador cambia de nuevo, de Dios a Moisés, que narra la respuesta del pueblo a todo lo que presenciaron. Así, Éxodo 20: 1-17 está marcado por quién habla.

Esquema de Éxodo	
I. Éxodo	1-19
Dios separa la nación para sí	
II. Ley	**20-24**
Dios entra en pacto	
III. Tabernáculo	25-40
Dios construye una habitación para Su trono	
A. Instrucción (25-31)	
B. Obstrucción [becerro de oro] (32-34)	
C. Construcción (35-40)	

Figura 9.7

Identificar los puntos de énfasis

Al enumerar las observaciones del texto, es posible identificar la estructura quiásmica de los Diez Mandamientos.[18] Comienzan y terminan abordando cómo *piensa una persona*. En segundo lugar, y en penúltimo lugar, se hace hincapié en lo que una persona *dice*. Esto deja, acentuado en el centro, el enfoque en lo que una persona *hace*. Las palabras y los actos correctos provienen de los pensamientos correctos.

Otra observación es que las relaciones del hombre con Dios son equilibradas por las relaciones del hombre con el hombre. También es significativo el hecho de que las relaciones del hombre con Dios sean lo primero. Las buenas relaciones humanas dependen de una relación adecuada con Dios. Se pueden hacer otras observaciones, que se deberían enumerar a medida que se desarrolla la hoja de la verdad tratada en el capítulo 4.[19]

Identificar el género literario

Dentro del texto, hay que identificar el tipo de literatura. Entre las posibilidades están la prosa, la narrativa histórica, la literatura sapiencial y la literatura apocalíptica. La *narrativa histórica* es un tipo de prosa, el género de los relatos, en

---

[18] Para más sobre los quiasmos y otros recursos literarios, véase Dorsey, *The Literary Structure of the Old Testament*; y Kaiser, *Toward an Exegetical Theology*.

[19] Se pueden hacer las siguientes observaciones sobre los Diez Mandamientos: (1) Las relaciones del hombre con Dios se equilibran con las relaciones del hombre con el hombre. (2) Las relaciones del hombre con Dios son prioritarias. (3) La Ley de Dios se ocupa de *cómo pensamos* en nuestros corazones, así como de cómo actuamos. (4) El tema de la Ley de Dios es *la santidad*. (5) La Ley se dirige a los *individuos*. (6) La Ley es *un todo*. (7) La Ley fue *dictada verbalmente* por Dios mismo. (8) Ocho de los Diez Mandatos son negativos. (9) La Ley de Dios estaba destinada *a ser cumplida*, no a ser adorada. (10) La Ley *nunca justificó a los pecadores*. (11) La Ley proporcionó al pueblo del pacto de Dios las condiciones para disfrutar de sus *bendiciones* en la tierra. (12) Como norma divina de conducta correcta, la Ley *sigue* cumpliendo su propósito de convencer a los pecadores (1Tim. 1:8)

el que se pueden representar diversos *arquetipos*[20] (o *motivos argumentales*). La *poesía hebrea* emplea el paralelismo, en el que el pensamiento de la segunda línea repite, completa, contrasta o resalta el pensamiento de la primera línea, para dar énfasis y atraer la atención. La *literatura sapiencial* incluye la poesía, pero se distingue por su argumentación sostenida para sacar conclusiones sobre cuestiones espirituales, éticas y morales. La *literatura apocalíptica* es altamente simbólica en cuanto a la descripción de acontecimientos futuros e invisibles, imposibles de conocer si no es a través de las revelaciones divinas al profeta.

Los Diez Mandamientos están escritos en prosa, la literatura de narrativa histórica directa, los registros y la ley. Como prosa, hay dos tipos de leyes. El derecho *apodíctico* consiste en afirmaciones o exigencias basadas en motivos.[21] La ley *causal* establece las consecuencias de una acción como efecto de su causa.[22] Los Diez Mandamientos son principalmente *apodícticos*, pues establecen lo que se exige al pueblo de Dios sobre la base de que Él lo ha redimido.

El significado del autor

El significado de la narración bíblica lo determina el escritor, no el lector. A través de Moisés, Dios dio la revelación de su santidad en la forma identificable de tratados internacionales entre reyes (*soberanos*) y sus súbditos (*vasallos*). Esta observación por sí sola impide leer los Diez Mandamientos como un medio para justificar a los pecadores. Según su forma, los Diez Mandamientos estipulan las obligaciones básicas impuestas y aceptadas por los súbditos de un gobernante. La cuestión no es si la relación entre las partes existe o continúa, sino si quienes están bajo la autoridad de su gobernante disfrutan de sus bendiciones o soportan sus maldiciones. En el caso de Dios e Israel, la cuestión era si la nación se apropiaría o perdería las bendiciones del pacto con Abraham, prosperando en la tierra de la promesa y siendo una bendición para las naciones.[23]

Siguiendo el modelo de los hititas en los siglos XIV y XIII a.C., el pacto mosaico está *fechado* en Éxodo 19:1-2. A continuación, se describe la actividad del rey, o *suzernin* [soberano] en términos de su entorno geográfico. Luego se describe a Moisés, como mediador del pacto, en términos de su título y actividad (19:3-25). El pacto propiamente dicho va precedido de un *preámbulo* en 20:1 que destaca la majestad y el poder del Rey, Dios. Un prólogo *histórico* describe las relaciones anteriores entre el rey y sus súbditos, para producir agradecimiento y confianza en los corazones de los súbditos. En Éxodo 20:2 se le dice al pueblo: «Yo soy el Señor, tu Dios, que te sacó de la tierra de Egipto, de la casa de esclavitud» (RVA).

---

[20] Los arquetipos incluyen: (1) las historias de héroes, como la de José; (2) el viaje, como en el caso de Jacob; (3) la comedia, que comienza felizmente y termina felizmente después de encontrar un grado de dolor o pérdida; (4) la tragedia, en la que la secuencia de eventos llevó de la prosperidad al desastre; (5) la revelación, como con Abraham, que fue llevado de la ignorancia a la esperanza de un futuro glorioso. Véase a Mathewson, *The Art of Preaching Old Testament Narrative*; y Ryken, *How to Read the Bible as Literature*.

[21] *Apodíctico* se refiere a la ley que necesariamente se desprende de las motivaciones. (Clarence L. Barnhard y Robert K. Barnhard [eds.], *The World Book Dictionary* [Chicago: Doubleday,1984] ,97.)

[22] Ibid., 323.

[23] K. A. Kitchen, *Ancient Orient and Old Testament* (Chicago: IVP, 1966), 90-102.

Obsérvese que la nación pertenecía a Dios no en función de su actuación, ¡sino de *la suya*![24]

Los Diez Mandamientos son *estipulaciones* que establecen condiciones específicas y básicas para la bendición (20:3-17). A estos les siguen demandas detalladas y otras disposiciones para colocar el registro del tratado en el templo para su lectura pública. La *ratificación del pacto* implicaba la aceptación por parte del pueblo de los términos del contrato en forma oral y escrita. Se sellaba con sangre y se finalizaba con la participación en una comida del pacto (24:11).[25]

Para corregir la idea errónea popular de que la Ley era contraria a la gracia de Dios, la *Biblia de Estudio Nelson* afirma:

> La Ley era una instrucción benévola de Dios mismo. Era la dirección de Dios, como una mano extendida, que señalaba el camino que había que tomar en la vida. Los israelitas estaban en una posición envidiable. Dios había demostrado su amor por ellos al salvarlos. Había demostrado su fidelidad a sus promesas a sus padres, Abraham y Sara. Había formalizado su relación con ellos en un tratado y había prometido hacerlos su pueblo especial. Finalmente, incluso les dio instrucciones sobre cómo vivir. Estaban en paz con su Creador.[26]

Desarrollo del sermón

Como se ha señalado anteriormente, el sermón debe reflejar la estructura y el tono de su texto bíblico. Teniendo esto en cuenta, se ofrece como ejemplo el siguiente esquema de sermón. (Véase la figura 9.8)

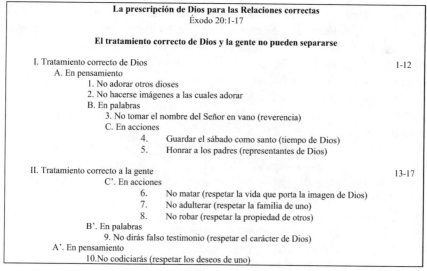

La prescripción de Dios para las Relaciones correctas
Éxodo 20:1-17

El tratamiento correcto de Dios y la gente no pueden separarse

I. Tratamiento correcto de Dios 1-12
   A. En pensamiento
      1. No adorar otros dioses
      2. No hacerse imágenes a las cuales adorar
   B. En palabras
      3. No tomar el nombre del Señor en vano (reverencia)
   C. En acciones
      4. Guardar el sábado como santo (tiempo de Dios)
      5. Honrar a los padres (representantes de Dios)

II. Tratamiento correcto a la gente 13-17
   C'. En acciones
      6. No matar (respetar la vida que porta la imagen de Dios)
      7. No adulterar (respetar la familia de uno)
      8. No robar (respetar la propiedad de otros)
   B'. En palabras
      9. No dirás falso testimonio (respetar el carácter de Dios)
   A'. En pensamiento
      10. No codiciarás (respetar los deseos de uno)

Figura 9.8

---

[24] Ibid.

[25] Ibid.

[26] Earl D. Radmacher, Ronald B. Allen, y H. Wayne House, eds., *The Nelson Study Bible*, New King James Version (Nashville: Thomas Nelson, 1997), 134.

Ejemplo de sermón

Introducción (gancho)

En la película de 1981 *Carrozas de Fuego*, dos ancianos decanos de la Universidad de Cambridge discuten sobre el celo de uno de sus estudiantes-atletas llamado Harold Abrahams. Abrahams, que es judío, acaba de salir de la sala después de defender apasionadamente su controvertido uso de un entrenador profesional en la preparación de los Juegos Olímpicos de 1924. Sacudiendo la cabeza, uno de los decanos expresa su desaprobación por la arrogancia percibida de Abrahams, diciendo de su estudiante judío y su herencia: «Una montaña diferente, un Dios diferente».

Para muchos cristianos, los Diez Mandamientos representan la dura Ley de Moisés recibida en el Monte Sinaí, en contraste con la amable gracia de Dios revelada en Jesús en el Monte Calvario. Pero, ¿representan las dos montañas dioses diferentes?

Entendido correctamente, el Sinaí, donde Moisés recibió *la* Ley *de Dios*, y el Calvario, donde Cristo fue crucificado «por el plan predeterminado...de Dios» [Hechos 2:23], representan diferentes propósitos del mismo Dios. Sus propósitos son *complementarios*, no *competitivos*. Solo entran en conflicto cuando se malinterpreta uno o el otro. Ambos se refieren a las relaciones correctas. El Sinaí da la receta; el Calvario la cumple.

Cuerpo (libro)

Según Éxodo 19:1, la Ley fue dada «en el tercer mes después de la salida de los hijos de Israel de la tierra de Egipto». [RVA] Se habían necesitado dos meses para llevar al pueblo al lugar donde Dios se le apareció a Moisés y se declaró a sí mismo como el «YO SOY», desde la zarza ardiente. En ese momento, Dios también le había dado a Moisés una señal. Según Éxodo 3:12, Dios llevaría a Moisés y al pueblo de Israel a este lugar en la base del Monte Sinaí, donde lo adorarían. ¡Qué profundo asombro debió ser para Moisés darse cuenta del cumplimiento de la promesa de Dios!

En cuanto a la gente, habían visto el poder de Dios en operación. Después de traer una serie de plagas milagrosas sobre Egipto, Él los había llevado a través del Mar Rojo en tierra seca, destruyó el ejército egipcio que los perseguía, los guió con la nube y la columna de fuego, y les proporcionó milagrosamente comida y agua. Ahora necesitaban comprender la santidad de Dios.

Después de recibir los Diez Mandamientos en la montaña, Moisés bajó al pueblo y les habló, enseñándoles la Ley de Dios.

¿Cuál es el objetivo de la ley? Una forma de decirlo es que: *El trato correcto a Dios y a las personas no puede separarse.*

I. Trato correcto de Dios

Observe, en los versículos 1-2, quién inició la comunicación de la Ley de Dios, y sobre qué base.

Y Dios habló todas estas palabras, diciendo: «Yo soy el SEÑOR tu Dios que te saqué de la tierra de Egipto, de la casa de esclavitud». (RVA)

De acuerdo con el modelo conocido de los tratados internacionales por los que los reyes ordenaban la conducta de sus súbditos. Dios se identifica a sí mismo. Recuerda a los israelitas que los liberó de la esclavitud en Egipto. El pueblo tiene que agradecer a Dios su bienestar y su propia existencia. Le pertenecen por lo que ha hecho por ellos. Tienen todas las razones para aceptar los términos que Él está a punto de establecer para el orden y el significado de su relación ya existente.

Los dos primeros mandamientos se refieren al trato correcto de Dios *en el pensamiento*. La obediencia a estas Leyes está en el ámbito del corazón y la mente. Habiendo aprendido la idolatría en Egipto. A Israel se le dio ahora la primera estipulación para la bendición. Se refería a quién adorar: «*No tendrás otros dioses delante de mí*» [v. 3 RVA]. Esta demanda es razonable porque Él es el único Dios verdadero y vivo. La demanda es compasiva porque toda persona, lugar, objeto o idea que pueda ser exaltada en lugar de Dios es falsa, decepcionante y finalmente desastrosa.

El problema de la idolatría es la irrealidad, y es tan real hoy como en los días de Moisés. Si los cristianos modernos no fueran capaces de romper este mandamiento, en su propio perjuicio, el apóstol Juan no habría dicho, al final de su primera epístola «*Hijitos, guárdense de los ídolos*» [5:21 RVA].

La mayoría de nosotros evitamos bastante bien inclinarnos ante las estatuas talladas. Sin embargo, a menudo seguimos adorando las creaciones de Dios en su lugar: el cuerpo humano, el placer, nuestros hijos, los amigos — incluso la vida física. Dios quiere evitarnos la decepción de promover tales cosas al nivel de su propia incompetencia.

Habiendo hablado de a quién debía adorar Israel, Dios se refiere a continuación a *cómo adorar*, prohibiendo las prácticas deshonrosas que habían aprendido de los egipcios. Comenzando de nuevo con el versículo 4, leemos:

«No te harás imagen, ni ninguna semejanza de lo que esté arriba en el cielo ni abajo en la tierra ni en las aguas debajo de la tierra. No te inclinarás ante ellas ni les rendirás culto, porque yo soy el SEÑOR tu Dios, un Dios celoso que castigo la maldad de los padres sobre los hijos, sobre la tercera y sobre la cuarta generación de los que me aborrecen. Pero muestro misericordia por mil generaciones a los que me aman y guardan mis mandamientos». [Ex. 20:4-6 RVA]

¿Qué hay de malo en poner ante nosotros algo que represente a Dios y nos recuerde que debemos adorarle? Dios es incomparable. Nada que la gente pueda hacer o descubrir puede representar adecuadamente cómo es Él. Cada intento de hacerlo, lo reduce en los pensamientos de uno a alguien distinto, por lo tanto, a ser algo menos que lo que Él es. Habiéndonos creado para la intimidad personal con Él, ningún objeto puede ocupar su lugar.

Dios no liberó a Israel para cobrarles un tributo, como si necesitara algo de ellos, sino por la relación *personal que* necesitaban con Él. Dios es celoso por su nombre, porque es digno de nuestro amor y servicio.

Su voluntad de tratar con la gente durante generaciones según su amor por Él, o la falta de él, demuestra Su compromiso a largo plazo con Su pueblo del pacto para su bien. Él honra su parte del trato tanto si ellos lo hacen como si no.

Más tarde, Jesús afirmaría que el hombre habla por lo que llena su corazón. Así que, habiendo abordado el corazón, Dios pasa a tratar al hombre *con palabras*. En el versículo 7, leemos:

> «No tomarás en vano el nombre del SEÑOR tu Dios, porque el SEÑOR no dará por inocente al que tome su nombre en vano». (RVA)

El *nombre* de una persona en este contexto es su reputación. Representa todo lo que es cierto de él. Dios se reveló en el nombre personal *Jehová*, el «YO SOY» de Éxodo 3:14. Habla de que Él es eternamente el Dios que no depende de nadie ni de nada fuera de Él para existir. Es el nombre con el que firma sus pactos, vinculándose al bien de su pueblo. Tratar Su nombre a la ligera es no demostrar reverencia por Su propio ser. Determina Su testimonio entre los que no son salvos. Invocar el nombre de Dios en un intento de manipular los resultados de los eventos lo reduce a un encanto. Tales abusos hacen que una persona sea susceptible de ser castigada por el bien de la comunidad y la preservación del honor de Dios.

A partir del versículo 8, el movimiento de los pensamientos a las palabras se extiende al trato correcto de Dios *en las obras*. *Guardar el sábado* como un administrador del tiempo de Dios implica no solo descansar en el séptimo día, como Dios descansó de su trabajo creativo en el séptimo día, sino también trabajar los otros seis días. El texto dice:

> «Acuérdate del día sábado para santificarlo. Seis días trabajarás y harás toda tu obra, pero el séptimo día será sábado para el SEÑOR tu Dios. No harás en él obra alguna, ni tú, ni tu hijo, ni tu hija, ni tu esclavo, ni tu esclava, ni tu animal, ni el forastero que está dentro de tus puertas. Porque en seis días el SEÑOR hizo los cielos, la tierra y el mar, y todo lo que hay en ellos, y reposó en el séptimo día. Por eso el SEÑOR bendijo el día sábado y lo santificó». (v. 8-11 RVA)

Dios, aunque vive más allá de los límites del tiempo, ha actuado y descansado en el tiempo, dando el ejemplo que es beneficioso para todos, pero obligatorio solo para Israel bajo la relación de pacto.

Honrar a los padres se relaciona con el trato correcto a *Dios* porque los padres son *los representantes de Dios* ante sus hijos. El verso 12 dice:

> «Honra a tu padre y a tu madre, para que tus días se prolonguen sobre la tierra que el SEÑOR tu Dios te da». (RVA)

Honrar a los padres significa tratarlos con respeto. Implica la obediencia del hijo, tal como Pablo aplica este principio en Efesios 6:1. La obediencia absoluta a los padres no se pretende, porque los otros mandamientos se aplican también al niño. Por lo tanto, Pablo limita su encargo de obediencia a los padres con la frase «en el Señor» (RVA.) Hay casos raros en los que un hijo puede tener que desobedecer a un padre para obedecer a Dios. Pero entonces es un «no puedo», más que un «no quiero». El principio general es que *el trato correcto a Dios y a las personas no puede separarse.*

El sexto mandamiento inicia una nueva división en la que el enfoque ha pasado de un trato correcto con Dios a...

II. Trato correcto de las personas

El desarrollo simétrico de estas estipulaciones del pacto es instructivo en sí mismo. Las responsabilidades verticales (las personas con Dios) se equilibran con las horizontales (las personas con las personas), pero en el orden adecuado. A menos que una persona sea *piadosa*, no puede ser *prójimo* en el sentido más estricto. De hecho, no demostrar compasión hacia las personas necesitadas indica un problema en la relación de la persona con Dios, como muestra la parábola del buen samaritano. Del mismo modo, los crímenes contra la humanidad, como el pecado de David con Betsabé, son en última instancia, como David confesó más tarde, contra Dios, y solo contra Dios. Otro ejemplo es el del joven José. Cuando fue tentado por la mujer de Potifar, respondió: «¿Cómo, pues, haría yo esta gran maldad, y pecar contra Dios?» (Gén. 39:9 RVA). El *trato correcto con Dios y con las personas no puede separarse.*

El sexto mandamiento, en el versículo 13, «*No cometerás homicidio*» (RVA), permanece en la categoría de *acciones*. Las acciones se enfatizan en la disposición de los Diez Mandamientos como la expresión de lo que hay en el corazón. Dios se preocupa por las personas y los bienes. Por lo tanto, tenga cuidado de evitar la filosofía que minimiza la importancia de *las cosas* en su énfasis en lo que se considera *espiritual*. Recuerde que Dios, que es *Espíritu*, hizo todas las *cosas* que hay.

El mandamiento de no asesinar no prohíbe matar a personas en defensa propia, en defensa nacional o en la ejecución de criminales capitales. Este mandamiento tampoco entra en conflicto con Génesis 9:6, que dice: «El que derrame sangre de hombre, su sangre será derramada por hombre; porque a imagen de Dios él hizo al hombre». El hombre debe su vida a Dios. Este es el argumento bíblico más básico contra el aborto y el suicidio asistido por médicos.

El séptimo mandamiento, en el versículo 14, «*No cometerás adulterio*» (RVA), se refiere a los límites del matrimonio dentro de los cuales Dios ha salvaguardado el acto de procrear la vida a su imagen. Es una disposición que respeta a la propia familia. También honra el pacto matrimonial como establecimiento de una relación que pretende reflejar el cumplimiento de la promesa del propio Dios. *El trato correcto a Dios y a las personas no puede separarse.*

El octavo mandamiento, en el versículo 15, «*No robarás*» (RVA). El robo no respeta la propiedad de Dios sobre todas las cosas. Es el rechazo de Su providencia en la satisfacción de las necesidades de las personas según Su voluntad. Más obviamente, robar es no tratar a los demás como uno quisiera ser tratado. Hoy en día, la «inocencia» de las personas; la propiedad intelectual, o las ideas; y las identidades son a menudo robadas, así como su riqueza.

Cuando Dios dijo: «*No darás falso testimonio contra tu prójimo*» (v. 16 RVA), abordó la base del sistema legal de Israel. La confirmación de lo que es cierto mediante el testimonio de dos o tres testigos depende de su información veraz. Los que mienten en el estrado socavan la justicia y pueden arruinar la reputación de los que calumnian.

Este noveno mandamiento, que prohíbe *la calumnia*, vuelve al ámbito de las palabras. Coincide con la prohibición de abusar del nombre de Dios, en el versículo 7. La propia capacidad de expresarse verbalmente es una cualidad divina. Con este poder, las personas pueden confesar su fe en la revelación de Dios, y bendecir a Dios y a los demás. Cuando se abusa de este privilegio, se refleja mal en el Comunicador original, a cuya semejanza fuimos hechos.

El décimo mandamiento, registrado en el versículo 17, vuelve a la esfera del *pensamiento*. Tiene que ver con el apetito mental de una persona por lo que pertenece a otros.

«No codiciarás la casa de tu prójimo; no codiciarás la mujer de tu prójimo, ni su siervo, ni su sierva, ni su buey, ni su asno, ni nada que sea de tu prójimo». (RVA)

Codiciar es albergar deseos egoístas desmesurados por cosas que Dios no ha dado. A menudo conduce al robo. Pero incluso cuando no lo hace, el espíritu de descontento es una afrenta a la sabia providencia y generosidad de Dios. En Colosenses 3:5, Pablo equipara la avaricia con la idolatría. En Hebreos 13:5-6 el escritor dice:

«Sean sus costumbres sin amor al dinero, contentos con lo que tienen ahora porque él mismo ha dicho: Nunca te abandonaré ni jamás te desampararé. De manera que podemos decir confiadamente: El Señor es mi socorro, y no temeré. ¿Qué me podrá hacer el hombre?» (RVA)

Conclusión

El objetivo de estos mandamientos fundamentales es que Dios merece que su pueblo refleje cómo es Él en sus relaciones con Él y entre sí. Él exige su obediencia no solo porque se lo deben a Él, sino porque es esencial para la vida de prosperidad espiritual que Él les ofrece graciosamente. En resumen, el *trato correcto con Dios y con las personas no puede separarse*.

Aplicaciones (ver)

A lo largo del texto, los mandamientos se dirigen al israelita individual. La obediencia nacional dependía de lo que cada hombre, mujer, joven y niño hiciera individualmente. Lo mismo ocurre con nosotros.

Si todavía no has venido a Cristo, necesitas entender cuatro cosas sobre la Ley. Primero, nadie se salva por cumplirla. La salvación de la pena del pecado nunca fue el propósito de la Ley. En Romanos 3:20, Pablo escribió: «Porque por las obras de la ley nadie será justificado delante de él; pues por medio de la ley viene el reconocimiento del pecado» (RVA).

En segundo lugar, la Ley es como la regla de Dios, contra la cual incluso las mejores personas se muestran torcidas, o pecadoras. Santiago dijo: «Porque cualquiera que guarda toda la ley pero ofende en un solo punto se ha hecho culpable de todo» (2:10 RVA).

En tercer lugar, sin la justicia revelada en la Ley de Dios, no hay esperanza de vida eterna, solo la certeza del castigo eterno. En Mateo 5:20, Jesús dijo: «...a menos que su justicia sea mayor que la de los escribas y de los fariseos, jamás entrarán en el reino de los cielos».

En cuarto lugar, Cristo ha cumplido la justicia exigida por la Ley; y Dios pone su justicia a la cuenta de cualquiera que simplemente crea en Él. En Romanos 3:21-26, Pablo escribe:

> Pero ahora, aparte de la ley, se ha manifestado la justicia de Dios atestiguada por la Ley y los Profetas. Esta es la justicia de Dios por medio de la fe en Jesucristo para todos los que creen. Pues no hay distinción porque todos pecaron y no alcanzan la gloria de Dios, siendo justificados gratuitamente por su gracia mediante la redención que es en Cristo Jesús. Como demostración de su justicia, Dios lo ha puesto a él como expiación por la fe en su sangre, a causa del perdón de los pecados pasados, en la paciencia de Dios, con el propósito de manifestar su justicia en el tiempo presente para que él sea justo y, a la vez, justificador del que tiene fe en Jesús. (RVA)

Aunque el creyente en Jesucristo no está obligado a guardar los Diez Mandamientos como condición para la bendición del pacto, la justicia de Cristo, que se pone a la cuenta del creyente por la fe en Él, cumple las exigencias morales de esta misma ley. Hasta que una persona llega a la fe en el Cristo del Monte Calvario, la Ley del Monte Sinaí es una herramienta indispensable para hacerle consciente de su necesidad de un Salvador. En Gálatas 3:24, Pablo compara la Ley con el tutor de un niño, cuyo trabajo era llevar al niño al punto de ser heredero legal.

Invitación (tomar)

Si Dios ha utilizado su Ley para hacerte consciente de tu necesidad del Salvador, te insto a que pongas hoy tu confianza en Él. Él es el Hijo de Dios en forma humana, que murió en tu lugar y resucitó. La Biblia dice: «Cree en el Señor Jesucristo, y serás salvo» (Hechos 16:31 RVA).

Si ya has confiado en Jesús como el pago de Dios por la pena de tus pecados, te invito a que le confieses a Él cualquier pecado que te haya hecho conocer a través de esta consideración de los Diez Mandamientos. Primera de Juan 1:9 dice: «Si confesamos nuestros pecados, él es fiel y justo para perdonar nuestros pecados y limpiarnos de toda maldad». (RVA).

Por último, anímese a utilizar la Ley «legítimamente», como dice Pablo en 1Timoteo 1:8 (RVA). No es un medio para una gracia salvadora, sino una forma de mostrar a la gente su necesidad de ella. En palabras de los asesores académicos de Harold Abrahams, hay efectivamente dos montañas. Pero el único Dios diseñó el Sinaí para preparar a su pueblo para el Calvario, a fin de que, mediante la fe en Cristo, pudiera disfrutar de las bendiciones de las relaciones correctas para siempre, establecidas en los Diez Mandamientos. El trato correcto *con Dios y con el pueblo no puede separarse*.

Resumen y conclusión

Las Escrituras hebreas constituyen una parte unificada de la revelación escrita de Dios y se apoyan en los libros fundacionales de Moisés, el Pentateuco. La unidad, el orden y la simetría de los libros del Antiguo Testamento y del Pentateuco reflejan a Dios como su Autor último. Los Libros de Moisés forman un quiasmo que enfatiza la santidad en la que el pueblo del pacto de Dios debe relacionarse con Él.

Los pactos bíblicos están relacionados a través de las promesas que Dios hizo a Abraham. Solo el pacto mosaico estaba condicionado a la obediencia del pueblo. Es sustituido por el nuevo pacto, ya ratificado por la sangre de Jesucristo. En el Espíritu Santo, los creyentes en Cristo disfrutan de las bendiciones personales prometidas a Abraham. Israel participará en otras características del nuevo pacto en el reino davídico por venir. La Ley, registrada en el libro de Éxodo, fue una provisión de gracia de Dios. Su revelación de cómo Israel debía disfrutar de la verdadera prosperidad en la tierra de la promesa codifica el trato correcto de Dios y el pueblo que se cumple en el cristiano a través del Espíritu Santo.

La predicación de la Ley comienza por establecer el texto e identificar los puntos de énfasis y el género literario. El significado del autor se descubre prestando atención a los anillos históricos, culturales y dispensacionales del contexto, así como al análisis gramatical del texto.

Preguntas para la discusión

1. En sus propias palabras, ¿por qué debemos predicar a partir de las Escrituras hebreas en general, y del Pentateuco en particular?
2. ¿Cómo argumentarías a favor de la autoría única del Pentateuco, si se te cuestiona?

3. Traza las disposiciones del pacto abrahámico desde los pactos fundacionales con Adán y Noé, hasta los pactos dados posteriormente.

4. ¿Por qué es tan importante comprender el carácter condicional del pacto mosaico y su sustitución por el nuevo?

5. Enumere tres aspectos del desarrollo del sermón según el método Whiting que, en su opinión, se ejemplifican en el sermón de muestra sobre Éxodo 20:1-17.

6. Enumere tres puntos débiles del sermón de muestra, a la vista de su comprensión del método Whiting.

CAPÍTULO 10

Predicando narrativa histórica

A la gente le gustan las historias, porque están *viviendo* una historia. Las historias sobre personas enriquecen la vida de los oyentes y lectores, que pueden experimentar la vida de forma vicaria a través de personajes que se parecen más o menos a ellos mismos. Cuando se cuentan historias reales sobre personas reales, forman parte de la historia. Proporcionan un patrón instructivo para la comparación y el contraste. Cuando Dios es el autor de historias verdaderas sobre personas reales, las lecciones históricas revelan la verdad sobre la relación de una persona con Él y con otras personas que no podría ser comunicada tan bien de otra manera. En resumen, las historias son personalmente relacionales; las historias verdaderas son históricas, y la historia de las relaciones de Dios con las personas es reveladora.

El Pentateuco narra el origen del universo, del hombre, del pecado y de la salvación a través del pueblo del pacto de Dios, Israel. Los siguientes libros de historia (de Josué a Ester) cuentan la historia de cómo Dios cumple las promesas de sus pactos, pero lo hace a través de las historias de muchas personas con las que podemos identificarnos. Los distintos relatos están unificados por el plan y el propósito del Dios que controla tanto los acontecimientos como su registro. Su revelación se transmite a través de muchas historias escritas por numerosas personas en la variedad de formas en que se cuentan las historias y se experimenta la vida. Por tanto, cada modelo de narración tiene un lugar y un propósito en la comunicación de las verdades espirituales que se basan en «Su historia» y que necesitan desesperadamente todo tipo de personas en todo tipo de circunstancias.

En un intento de explicar por qué los relatos bíblicos se relegan con tanta frecuencia a los libros infantiles y a la escuela dominical y se descuidan desde el púlpito, Steven Mathewson ofrece cuatro razones: En primer lugar, en comparación con las epístolas del Nuevo Testamento, las historias del Antiguo Testamento parecen tener poca importancia por la cantidad de espacio que ocupan. En segundo lugar, los que se identifican como «predicadores del Nuevo Testamento» tienden a ver el valor de la narrativa del Antiguo Testamento como algo meramente *ilustrativo* de la verdad del Nuevo Testamento y no como *algo fundamental*. En tercer lugar, la longitud de la historia del Antiguo Testamento y la dificultad de las lenguas bíblicas pueden resultar abrumadoras. Y cuarto, las historias no se prestan naturalmente a los esquemas analíticos de los sistemas homiléticos rígidos.[1]

---

[1] Mathewson, *The Art of Preaching Old Testament Narrative*, 21-23.

De especial relevancia para el método Whiting de desarrollo de sermones es el comentario de Mathewson: «El enfoque del esquema analítico presiona la historia en un molde que a menudo va en su contra, especialmente cuando los puntos del esquema son aliterados o paralelos».[2]

Este capítulo destaca algunas consideraciones importantes para desarrollar sermones que reflejen la forma del texto narrativo en los libros históricos de la Biblia. Estas consideraciones incluyen un breve repaso de los libros históricos que no se discutieron en el capítulo 10, un estudio de algunas formas de estructurar los relatos y el desarrollo de un ejemplo de sermón sobre el libro de Rut.

Resumen de los libros históricos

La narrativa, el género literario de los relatos, se encuentra en otros libros de la Biblia además de los doce libros de historia. Sin embargo, una visión general de los libros bíblicos de Josué a Ester indica un énfasis consistente, que merece atención cuando se desarrollan sermones de uno de estos libros, como el libro de Rut. Bruce Wilkinson y Kenneth Boa presentan los libros históricos con el siguiente resumen:

> Estos libros describen la ocupación y el asentamiento de Israel en la Tierra Prometida, la transición de los jueces a la monarquía, la división y el declive del reino, los cautiverios del reino del norte y del sur, y el regreso del remanente.
>
> Los libros históricos se dividen en tres: (1) los libros teocráticos (Josué, Jueces y Rut), (2) los libros monárquicos (Samuel, Reyes y Crónicas), y (3) los libros de la restauración (Esdras, Nehemías, Ester).[3]

Esta descripción categórica de los Libros Históricos proporciona una manera útil de pensar en su contenido en relación con el período de tiempo en el que ocurrieron los eventos registrados. Según Wilkinson y Boa, los *Libros Teocráticos* cubren los acontecimientos cuando solo Dios gobernaba a su pueblo, antes de la era de los reyes, entre 1405 y 1043 a.C. Los *Libros Monárquicos* tratan de los tiempos de los reyes, desde Saúl hasta el cautiverio en Babilonia, 1043 y 586 a.C. Los *Libros de la Restauración* se refieren *a* los acontecimientos post-exílicos entre el 605 y el 536 a.C.[4]

Los libros de historia no solo están dispuestos para cubrir periodos de tiempo de forma ordenada, sino que su mensaje colectivo es que Dios es fiel para cumplir lo que Moisés registró en el libro de Deuteronomio, particularmente en los capítulos 28-30. La historia de Israel demuestra las bendiciones de la obediencia a la revelación de Dios, y la maldición de la desobediencia. La consistencia de este tema es evidente en las declaraciones del mensaje de Derickson, ordenadas a continuación bajo las categorías y fechas de Wilkinson y Boa.[5]

---

[2] Ibid, 26.

[3] Wilkinson y Boa, *Talk Thru the Old Testament*, 47.

[4] Ibid, 47-48.

[5] Derickson, folleto de clase.

Los libros teocráticos, 1405-1043 a.C.

1. **Josué:** La conquista y distribución de la tierra por parte de Israel... *fue el resultado de seguir la guía de Dios* a través de Josué y de la obediencia a sus mandatos.
2. **Jueces:** La maldad no purgada de la tierra cuando Israel la ocupó... se apoderó del pueblo mientras *Dios levantaba repetidamente* libertadores para combatir con el mal.
3. **Rut:** *El cuidado soberano de Dios* en las vidas de Noemí y Rut... se produjo tanto por la acción divina como por la acción humana de Booz.

Los libros monárquicos,[6] 1043-586 a.C.

4. **Samuel:** *El gobierno de Dios sobre Israel... fue mediado* por Samuel, luego por Saúl y finalmente por David.
5. **Reyes:** *Las bendiciones y maldiciones de Dios sobre Judá e Israel...* llegaron de acuerdo con su pacto y como resultado de la fe y la obediencia, o de la rebelión.
6. **Crónicas:** *La bendición de Dios (con la victoria y la paz) o la maldición (con la derrota y el exilio)* ... fueron el resultado del compromiso espiritual de Judá o de la rebelión (reflejada en su trato con el templo).

Los Libros de la Restauración, 605-536 a.C.[7]

7. **Esdras:** *La bendición de Dios en respuesta a la obediencia y la pureza nacional...* permitió al pueblo reconstruir su templo y obedecer su ley mediante el apoyo de los reyes de Persia y los príncipes de Judá.
8. **Nehemías:** *La restauración de la nación por parte de Dios...* se llevó a cabo a través del liderazgo de Nehemías.
9. **Ester:** *El cuidado soberano de Dios en la preservación de su pueblo elegido* ... se demuestra en su trabajo a través de las circunstancias y la exaltación de las personas clave con el fin de anular el intento de sus enemigos para destruirlos.

La continuidad histórica y la coherencia teológica en el mensaje general de estos libros es lo que cabría esperar de escritores movidos por el Espíritu Santo (véase 2Pedro 1:21). Proporcionan al predicador expositivo una base contextual para extraer el principio que una historia determinada pretendía enseñar en realidad. Al practicar lo que Walter Kaiser llama el *método sintáctico-teológico*,[8] el expositor fiel evita el doble peligro de presentar los hechos históricos sin su significado

---

[6] Obsérvese que los libros de Samuel, de los Reyes y de las Crónicas se resumen sin hacer referencia al hecho de que cada uno de ellos se escribió en dos pergaminos debido a su longitud, dando lugar a 1 y 2 Samuel, etc.

[7] Según Thompson, «la separación de Esdras-Nehemías en dos libros, Esdras y Nehemías, solo puede considerarse artificial» (*Introducing Biblical Literature*, 135).

[8] Kaiser designa como método sintáctico-teológico de la exégesis el «señalamiento de los significados perdurables y el significado continuo para todos los creyentes de todos los tiempos» (*Toward all Exegetical Theology*, 197).

teológico[9] y de separar el significado espiritual de su base en la historia.[10] Por ejemplo, el significado transmitido por el escritor de Rut, y la importancia que los predicadores encuentran en ese significado, encajarán con los hechos históricos, la revelación de Dios hasta ese punto de la historia y el mensaje general de los libros de historia.[11] Sin embargo, como las historias se cuentan de determinadas maneras, el Método Whiting debe aplicarse prestando especial atención a su estructura y forma, y el sermón debe desarrollarse de manera que refleje ese patrón.

La naturaleza de las historias

Las historias parecen fáciles de contar, y aún más fáciles de escuchar. Pero descifrar el significado que pretende el narrador es a menudo difícil, aunque no imposible. Al hablar de cómo identificar el plan general y el propósito de los libros bíblicos, por ejemplo, Walter Kaiser afirma: «El patrón más difícil de determinar es en aquellos casos en los que la mayor parte de un libro, si no todo su texto, está formado por materiales narrativos».[12] Según Kaiser, el intérprete debe a menudo «tomar su decisión sobre la base de qué detalles fueron *seleccionados* para su inclusión y cómo fueron *dispuestos* por el escritor».[13] Kaiser no está diciendo que todo lo que se excluye de una narración carezca de importancia. De hecho, la mano providente de Dios, que no se menciona en el libro de Ester, se hace aún más prominente por su participación invisible en el desarrollo de los acontecimientos.

Arquetipos

Una forma de analizar la literatura de los relatos bíblicos es identificar cuál de los diversos patrones argumentales posibles, conocidos como *arquetipos*, se encuentra en ellos.[14] El arquetipo de la historia general se denomina a veces *motivo argumental. Los arquetipos* que se encuentran en varios episodios dentro de la historia se denominan a veces *escenas tipo*.[15] Entre los arquetipos más destacados en la Escritura están el *héroe,* la *epopeya,* la *tragedia* y la *comedia.*
Héroe

---

[9] Kaiser llama al énfasis en los hechos históricos por sí mismos, dejando las lecciones en el pasado, *ebionita*, ya que el ebionismo consideraba a Jesús como un ser humano meramente histórico, y no como divino también. (Ibid., 203 [nota al pie de página]).

[10] Ibid, 203. Kaiser llama al énfasis en las lecciones espirituales sin referencia a su contexto histórico un enfoque docetista del estudio de la Biblia, porque los docetistas intentaron separar la naturaleza de Cristo de la historicidad de su vida.

[11] Ibid, 209.

[12] Ibid, 78.

[13] Ibid. A la luz de las observaciones de Kaiser sobre la narrativa, cabe destacar los comentarios de Thompson «En la Biblia no se describe nada que no contribuya a la acción. La descripción de personajes, escenarios, sentimientos internos y objetos ajenos a la acción nunca distrae al narrador de llevar su historia a un rápido clímax... La supresión de la descripción, más que dar un efecto de estar incompleta, da a las historias bíblicas un aire de misterio. El vacío y el silencio en la narración se convierten en 'un fondo cargado' (Auerbach) como una pintura japonesa» (*Introducing Biblical Literature*, 32-33).

[14] Mathewson, *The Art of Preaching Old Testament Narrative*, 47.

[15] Ibid.

Según Leland Ryken, las historias de héroes son el arquetipo más común en la narrativa.[16] Las describe de la siguiente manera: «Las historias de héroes se centran en las luchas y los triunfos del protagonista. El héroe o la heroína central es representativo de todo un grupo y suele ser un personaje ampliamente ejemplar, al menos al final de la historia. El destino del héroe o heroína es un comentario implícito sobre la vida y la realidad».[17]

Es importante entender que las historias de los héroes bíblicos incluyen el registro de faltas y fracasos para enseñar un ideal positivo con el ejemplo negativo.[18] El pecado de David con Betsabé es un caso evidente. El hecho de que la Biblia registre algo que un héroe dice o hace, no sella su comportamiento con la aprobación divina.[19]

Una sub-clase dentro del arquetipo del héroe es la *épica*, descrita por Ryken como «una narración larga, una historia de héroes a gran escala», que es lo suficientemente amplia como para representar a una nación o producir la autoconciencia de la sociedad en su conjunto.[20] Los ejemplos de Ryken incluyen el tema del pacto del Pentateuco, el Éxodo, la vida de David, el libro del Apocalipsis y la Biblia en su conjunto.[21]

Tragedia

La tragedia, dice Ryken, «retrata el movimiento de la prosperidad a la catástrofe».[22] Describe el patrón por el que se desarrollan estas historias como: dilema/elección/catástrofe/sufrimiento/percepción/muerte.[23] Cuando se trata de una figura prominente, como un rey o gobernante, se le llama héroe *trágico*.[24] Saúl y Sansón son algunos de los sorprendentes ejemplos de tragedia en la Biblia.[25]

Tramas cómicas

Las comedias no se refieren a las historias que son divertidas, sino a las que tienen un final feliz.[26] El protagonista avanza a través de una serie de obstáculos para acabar triunfando sobre ellos. Ryken señala: «En las historias cómicas el protagonista se asimila gradualmente a la sociedad (en contraste con la tragedia, donde el héroe se aísla progresivamente de la sociedad). El final típico de una comedia es un matrimonio, una fiesta, una reconciliación o una victoria sobre los

---

[16] Ryken, *How to Read the Bible as Literature*, 75.

[17] Ibid.

[18] Ibid, 77.

[19] También es cierto que los personajes del Antiguo Testamento no deben ser juzgados en base a una revelación que no tuvieron.

[20] Ryken, *How to Read the Bible as Literature*, 79-81.

[21] Ibid.

[22] Ibid, 83.

[23] Ibid, 84.

[24] Ibid.

[25] Ibid.

[26] Ibid, 82.

enemigos».[27] La trama se ha descrito como «en forma de U»,[28] porque la acción pasa de las circunstancias favorables a la adversidad y vuelve a las circunstancias aún más favorables por la experiencia de la pérdida o la oposición. La mayoría de las historias bíblicas entran en esta categoría, incluyendo las historias de Job, Rut, ¡e incluso Jesús![29]

Elementos comunes

Todas las historias, según Steven Mathewson, giran en torno a cuatro elementos clave: «trama, personajes, escenario y punto de vista».[30] Descubrir el significado de las historias del Antiguo Testamento requiere que el predicador exegético las mire «a través de la lente de cada elemento».[31] Este análisis puede incorporarse a la elaboración de las fichas de la verdad que se comentan en el capítulo 4. Simplemente pregunte y responda a preguntas como ¿*Quiénes* son los personajes? ¿*Cuál* es la trama? ¿*Cuándo* ocurren los hechos? ¿*Dónde* ocurre la acción? ¿*Dónde* se encuentra el escritor en relación con los acontecimientos que registra? ¿*Cómo* está ambientada la historia? ¿*Por qué se* cuenta la historia?

Otra idea importante a tener en cuenta al analizar las historias es la forma en que «se combinan para formar estructuras narrativas más amplias».[32] Utilizando la historia de Sansón y Dalila, Thompson explica: «En la narrativa bíblica, los relatos originalmente independientes pierden su autonomía y se subordinan e integran en un todo coherente mayor. En consecuencia, el examen de una pequeña historia conduce a la estructura narrativa más amplia en la que ocurre».[33]

Trama

Los expertos políticos, los detectives y los reporteros a veces nos dicen que «sigamos el dinero» si queremos entender por qué las cosas suceden como lo hacen. De manera similar, la clave para entender la narrativa bíblica es «seguir la acción». Según Mathewson, «la trama se refiere a la acción. Consiste en una secuencia de acontecimientos que suele girar en torno a un conflicto o una crisis. Los acontecimientos de la historia se mueven a través de este conflicto o crisis hacia algún tipo de resolución».[34] Esta organización de la información sobre los acontecimientos tiende a adoptar una de varias formas posibles, que Mathewson denomina *forma de la trama*.[35] Identifica el flujo de la acción en una trama como algo que progresa a través de cuatro etapas principales: (1) exposición, (2) crisis,

---

[27] Ibid.

[28] Ibid, 83.

[29] Ibid.

[30] Mathewson, *The Art of Preaching Old Testament Narrative*, 43.

[31] Ibid.

[32] Thompson, *Introducing Biblical Literature*, 42.

[33] Ibid.

[34] Mathewson, *The Art of Preaching Old Testament Narrative*, 44.

[35] Ibid.

(3) resolución y (4) conclusión.[36] Aunque no es necesario, ni siempre posible, señalar la transición de un elemento de la trama a otro, es importante seguir el movimiento general.

La *exposición* se refiere a la información proporcionada para preparar el escenario. En el libro de Rut, esta información se encuentra en el capítulo 1.

> Aconteció en los días en que gobernaban los jueces que hubo hambre en el país. Entonces un hombre de Belén de Judá fue a vivir en los campos de Moab, con su mujer y sus dos hijos. El nombre de aquel hombre era Elimelec; el nombre de su mujer era Noemí, y los nombres de sus dos hijos eran Majlón y Quelión. Ellos eran efrateos de Belén de Judá. Llegaron a los campos de Moab y se quedaron allí. (v.1-2 RVA)

Para entender la historia de Rut es necesario conocer algo sobre el período de los jueces. Debido al fracaso de Israel en la ejecución del juicio de Dios y en el exterminio de los habitantes de Canaán, el pueblo estaba constantemente sometido a la idolatría, la anarquía y el acoso de los enemigos. Israel aún no había tomado Jerusalén a los jebuseos (véase Jueces 1:21) y no tenía rey. Jueces 17:6 dice: «En aquellos días no había rey en Israel, y cada uno hacía lo que le parecía recto ante sus propios ojos» (RVA). Dios levantó gobernantes conocidos como *jueces* para librar al pueblo de la ruina cuando cayeron en la desobediencia al pacto mosaico y cosecharon las consecuencias prometidas. Cuando se arrepentían, había restauración y descanso hasta la siguiente recaída en el pecado. Se han identificado siete de estos ciclos. Desde el punto de vista de los primeros lectores de la historia, esto habría planteado una cuestión importante: Sin la estabilidad de la monarquía en Jerusalén, ¿quién velaba por el bienestar de los israelitas?

Debido a una hambruna, Elimelec, cuyo nombre significa «Dios es mi rey», abandona Belén («casa del pan»), en la tierra de las promesas de Dios, para ir a vivir entre el pueblo de Moab, al que se le prohibió entrar en la asamblea de Israel y con el que los israelitas tenían prohibido casarse. Estos hechos son la exposición que pone en marcha la historia.

La *crisis* se refiere a «la complicación, el conflicto o la tensión»[37] que crea la pregunta que hay que responder o el problema que hay que resolver en una historia. Cuando alcanza su mayor nivel de intensidad, la crisis se denomina a veces «el clímax o momento cumbre».[38] En Rut 1:3-5 la imagen del caos moral como resultado del mal juicio se oscurece aún más con la muerte de todos los maridos: «Pero Elimelec, marido de Noemí, murió; y ella quedó con sus dos hijos, los cuales tomaron para sí mujeres moabitas. El nombre de la una era Orfa; y el de la otra, Rut. Habitaron allí unos diez años. Y murieron también los dos, Majlón y Quelión, quedando la mujer sin sus dos hijos y sin su marido» (RVA).

A pesar de lo mal que iban las cosas para las mujeres despojadas, las muertes de los maridos proporcionan el punto de inflexión hacia la resolución del conflicto.

---

[36] Ibid.
[37] Ibid, 45.
[38] Ibid.

La *resolución* se insinúa por primera vez en el inesperado compromiso de Rut con Noemí de aferrarse tanto a ella como al Dios del que Noemí se ha acordado solo para quejarse de sus pérdidas. Cuando las dos regresan a la casa del pan en la tierra prometida, *resulta que* es la época de la cosecha de cebada. Rut recoge espigas en un campo propiedad de un pariente cercano, que *resulta que* está dispuesto a redimir a Rut pagando a Noemí por su tierra y a ceder a su hijo la tierra que podría haber heredado.

La *conclusión* de una historia suele adoptar la forma de un *epílogo*, que resume el resultado, atando los cabos sueltos. La historia de Rut concluye con el reconocimiento de que Rut la moabita es mejor para Noemí que siete hijos. Se trata de una declaración sorprendente de una viuda despojada de sus hijos en una cultura en la que los hijos varones eran muy apreciados y los moabitas eran malditos. La historia termina con Noemí cuidando del nieto que, desde el punto de vista del narrador (posiblemente Samuel), ¡está en la línea del rey David!

Las conclusiones suelen aclarar el propósito del escritor al escribir. Ellisen describe el propósito de Rut como la representación de una escena de amor pastoral de fidelidad en medio de una época de pecado, idolatría e infidelidad — y *que* involucra ¡a una mujer de Moab! Se convirtió en una de las dos mujeres gentiles mencionadas en la genealogía de David, siendo la otra Rahab la ramera. La historia demuestra la preocupación de Jehová por los pueblos de las naciones que un día serán bendecidos a través de la Simiente prometida de la mujer, el Mesías de Israel.[39] El resumen de Gregory Trull es más sucinto: Rut es una «historia de amor y lealtad que conduce a una línea real».[40]

Personajes

Las historias del Antiguo Testamento, como cualquier otra, tienen un personaje central conocido como *protagonista*.[41] Los principales adversarios que actúan contra el personaje central se conocen como *antagonistas*.[42] Los personajes que acentúan al personaje central se denominan *contrastantes*.[43] Además, hay una serie de personajes menores cuyo papel es menos importante. Cuando se prepara la predicación de una narración histórica según el Método Whiting, la pregunta *quién* en la ficha de la verdad debe ampliarse para identificar a los personajes principales *y* secundarios. Por ejemplo, en el libro de Rut, véase la figura 10.1.

Después de analizar el papel de cada personaje desde el punto de vista literario, ahora puede evaluarlos a la luz de la información histórica proporcionada. ¿Cómo se describen los personajes? (Rut es una moabita. ¿Es un dato significativo?) ¿Qué hace cada uno? ¿Cuál es el significado del nombre de cada personaje? (Noemí significa «agradable», lo que explica por qué pidió a la gente que la llamara Mara [«amarga»] en lugar de Noemí a su regreso a Belén). ¿Cómo conversan e

---

[39] Stanley A. Ellisen, *Interpretive Outline of the Whole Bible* (Portland: Western Baptist Seminary, c 1974).

[40] Gregory Trull, *Survey of Biblical Literature* [Revisión de la literatura bíblica] (conferencia de clase, Corban College, Salem, Oregon, 2005).

[41] Mathewson, *The Art of Preaching Old Testament Narrative*, 58-59.

[42] Ibid.

[43] Ibid.

interactúan los personajes? (En Rut 1:14, Orfa *besa* a Noemí, pero Rut se *aferra* a ella y le dice: «Tu Dios [será] mi Dios» (v. 16 RVA).

Clasificación de personajes en Rut	
Principal:	[*Oculto: Jehová*] Rut y Booz – Protagonistas Noemí – Contraste
Secundario:	Elimelec, Majlón, Quelión, Orfa

Figura 10.1

Según el autor Ronald Hals, el escritor de Rut menciona el nombre de Dios no menos de veinticinco veces en ochenta y cinco versos.[44] Kaiser observa, además:

En nueve de estas referencias se utiliza el nombre de Dios en una oración que pide la bendición para uno de los personajes principales del libro. Es significativo que cada uno de los personajes principales sea objeto de al menos una de esas oraciones. Más sorprendente aún es el hecho de que, sin interrumpir el flujo de la narración, el escritor muestra implícitamente que en cada caso la oración fue atendida.

Así, la contención y la reticencia dominan el estilo del autor en que no moraliza ni editorializa abiertamente sobre lo que ha ocurrido (o no). Esto hace que la conclusión sea aún más dramática y poderosa. Los incidentes mayores y menores de la vida de esta familia están todos bajo el cuidado providencial de Dios y se incluyen en la historia de la salvación.[45] El «hilo del plan de Dios» se teje directamente «en el tapiz de los acontecimientos cotidianos».[46] El hecho de que Dios dirija incluso los detalles más pequeños de nuestras vidas es un motivo que se repite a lo largo del libro de Rut.[47]

Entorno

Como se ha mencionado anteriormente, el escenario de la historia comienza en Moab, donde mueren tres maridos, y avanza hasta Belén, donde Rut es redimida y se restablece la esperanza de Noemí.

Punto de vista

Para entender correctamente el significado de una historia, hay que identificar el punto de vista desde el que se cuenta. Este a veces cambia. Mathewson describe la perspectiva del narrador como *focalización*.[48] Si la narración es desde la

---

[44] Ronald M. Hals, *The Theology of the Book of Ruth* (Filadelfia: Fortress, 1969), 3-19.

[45] Kaiser, *Toward all Exegetical Theology*, 78.

[46] Hals citado por Kaiser, *Toward an Exegetical Theology*, 79.

[47] Kaiser, *Toward all Exegetical Theology*, 78-79.

[48] Mathewson, *The Art of Preaching Old Testament Narrative*, 73. La referencia de Thompson al «punto de vista editorial» es un asunto diferente, que no debe confundirse con la focalización del narrador. Thompson parece tener una visión baja de las Escrituras cuando dice: «El punto de vista editorial establece al creyente cristiano como el socio que sustituye a todos los demás en la línea del pacto de Dios con el hombre». Además, afirma: «La

perspectiva del lector, la llama focalización *externa* porque el lector (desde fuera de la historia) sabe cosas sobre los personajes que estos no saben sobre sí mismos.[49] Si la historia se narra desde el punto de vista del personaje, la perspectiva es la de la *focalización interna*, porque el lector está a merced de lo que los personajes (internos) revelan sobre sí mismos.[50] Si el narrador habla o escribe desde su propia perspectiva, Mathewson la denomina *focalización cero*, porque tanto el forastero/lector como el infiltrado/personaje dependen del narrador, que está a cargo de lo que revela sobre los personajes.[51]

Los cambios de focalización se indican a menudo con verbos de percepción, describiendo lo que el narrador ve, oye o sabe.[52] Cuando el narrador revela su propia opinión sobre un asunto, no hay duda de que es él quien dirige el relato.[53] Uno de los indicadores más comunes de un cambio de perspectiva es cuando se utiliza la frase «he aquí».[54] A veces la historia se cuenta desde la perspectiva de Dios, que lo sabe todo.[55] La historia de Job, por ejemplo, comienza con información sobre el reto de Satanás, que solo Dios podía conocer y que nunca se le dice a Job.

Sermón de muestra

Las siguientes notas de sermón sobre el libro de Rut no representan el formato habitual del método Whiting. Se incluyen aquí en parte para demostrar su libertad para adaptar su sermón dentro de los principios básicos del Método Whiting. El método establece simplemente un punto de referencia del que puede apartarse, si lo desea, según su propio estilo de predicación o para variar, pero con la seguridad de que las bases exegéticas están cubiertas. Abordar la historia de Rut como una obra de teatro o una película es una manera de reflejar la forma en que la historia se cuenta realmente en las Escrituras. Elimina puntos de un esquema analítico que podrían distraer y ser innecesarios.

Obsérvese que el sermón comienza con una introducción y un repaso de todo el libro de Rut. Esto puede considerarse como un vuelo de reconocimiento a gran altura. A continuación, desde más cerca, el sermón se desarrolla en torno al personaje central, cuyo nombre, Jehová, se explica. Dando vueltas a menor altura, el escritor se refiere a las oraciones de los personajes para mostrar la fidelidad de

---

colocación de los libros cristianos después de los libros judíos ha estampado el punto de vista cristiano en toda la Biblia». (*Introducing Biblical Literature*, 44). Aunque la revelación fue dada progresivamente, y sus patrones narrativos, símbolos, imágenes, tipos de personajes, etc., reflejan una relación hacia adelante, el texto inspirado no es en última instancia el producto de los editores.

[49] Mathewson, *The Art of Preaching Old Testament Narrative*, 73.

[50] Ibid.

[51] Ibid.

[52] Ibid.

[53] Por ejemplo, «El SEÑOR percibió el grato olor, y dijo el SEÑOR en su corazón: 'No volveré jamás a maldecir la tierra por causa del hombre, porque el instinto del corazón del hombre es malo desde su juventud. Tampoco volveré a destruir todo ser viviente, como he hecho'». (Gén. 8:21 RVA). Mathewson, *The Art of Preaching Old Testament Narrative*, 73.

[54] Ibid.

[55] Ibid, 74.

Dios al responderlas. Por último, se reconoce la providencia de Dios en la vida cotidiana como base de un gran estímulo para el público contemporáneo.

El Dios oculto que tiene el control
Rut 1-4
Dios puede usar para bien las malas decisiones que tomamos

Introducción

Este libro es una historia escrita en la época de David o Salomón sobre personas y acontecimientos reales que ocurrieron unos doscientos años antes, en el período de los jueces. No se incluye todo lo que ocurrió en la vida de las personas que aparecen en el libro, por lo que el autor del libro de Rut seleccionó los detalles que desarrollaban el tema o la idea que deseaba enseñar en el libro. Rut es un libro teológico, no solo una bonita historia.[56]

Estudio del libro de Rut

Introducción	Puesta en escena	1:1-5
Escena I	El camino a Belén	1:6-18
Interludio 1	*Llegada a Belén*	1:19-22
Escena II	El campo de Booz	2:1-17
Interludio 2	*El reporte de Rut*	2:18-23
Interludio 3	*El plan de Noemí*	3:1-5
Escena III	La era de Booz	3:6-15
Interludio 4	*El reporte de Booz*	3:16-18
Escena IV	La puerta de Belén	4:1-12
Conclusión	Un hijo es nacido	4:13-17
Genealogía	Apéndice	4:18-22

Desarrollo del libro de Rut

Personaje principal: No Rut, Noemí o Booz, sino Jehová.
Tema: *Dios puede usar para bien las malas decisiones que tomamos*

Tema desarrollado

Nombres de Dios en el Libro
Jehová — Nombre de pacto de Dios, «Él que es y será» para su pueblo; cf. Ex. 3:14, el Dios de la fidelidad, utilizado diecisiete veces.

---

[56] House basa su análisis en Hals, *The Theology of the Book of Ruth*.

Dios — El significado básico es «El que es grande o poderoso», se refiere en este libro al Dios de Israel tres veces y al Dios de Moab una vez.

Todopoderoso — Utilizado en los dos versos donde Noemí habla y dice que Jehová vino contra ella.

Referencias directas a Dios

Oración:
Noemí ora para que Rut reciba la bondad de Jehová y para que encuentre un hogar y un marido (1:8-9).
En 2:20 se menciona la bondad de Jehová con Rut.
En Booz recibe esta última petición.
La bendición de Booz por Noemí (2:19-20) y de Rut por Booz (3:10).

Encuentra cumplimiento en el final feliz de la historia.

Oraciones por la prosperidad de la familia (4:11-12, 14b).

Cumplido en el bisnieto de esa pareja.

Se convirtió en el rey David.
Booz ora para que Rut encuentre refugio bajo las alas de Jehová (2:12).

Se cumplió en la petición de Rut para que Booz hiciera la parte del pariente más cercano (3:9) donde «ala» o «falda» es la misma palabra. Aquí Booz se convirtió en la respuesta a sus propias oraciones.

Las acciones de Dios

El narrador habla y tiene la acción de Jehová, iniciando el movimiento de la historia (1:6).
El narrador muestra la acción de Jehová, llevando la historia a un final feliz (4:13).
Noemí menciona la acción de Dios contra ella (1:13, 20-21).
Noemí menciona la acción de favor de Dios (2:20).
Las mujeres de Belén informan de la bondad de Dios (4:14).

Referencias indirectas a Dios

0«Bendito», en 2:19, implica *por Jehová.*
«Y dio la casualidad de que la parcela del campo pertenecía a Booz» (2:3 RVA) (incluso el llamado accidente atribuido a Jehová). El plan de Noemí y acciones de Rut (3:1-13)

Conclusión

La historia nos habla. En los diversos acontecimientos de nuestras vidas, rara vez vemos actos espectaculares de liberación y provisión. Pero Dios está ahí, cuidando de su mundo y cumpliendo su plan para sus hijos según su calendario.

Resumen y conclusión

Las historias reales sobre personas reales forman parte de Su historia. Cuando Dios supervisa su grabación, estos diversos relatos de la historia bíblica revelan la verdad sobre las relaciones personales con Dios y con los demás. No solo ilustran la verdad del Nuevo Testamento, sino que forman parte de su fundamento. Los libros de Josué a Ester comprenden una unidad de las Escrituras, la mayoría de las cuales requieren una comprensión de cómo se estructuran los relatos de la narrativa histórica.

El contenido de los Libros Históricos suele estar ordenado cronológicamente, desde la teocracia de Israel hasta su monarquía y restauración post-exílica. Cada uno de los libros por sí mismo, y la suma de todos ellos, demuestra la fidelidad de Dios para bendecir o maldecir a su pueblo según las disposiciones del pacto mosaico. Como historia teológica, nunca presente la narrativa del Antiguo Testamento como un mero registro de la experiencia humana sin su significado teológico y práctico. Del mismo modo, nunca proclame sus lecciones espirituales sin su base en la historia.

Analizar la literatura de todas las historias bíblicas con respecto a su *arquetipo, trama, punto de vista* y *personajes*. Los arquetipos se refieren a diversos patrones argumentales, como *el héroe, la epopeya, la tragedia* y la *comedia*. La *trama*, o secuencia de acción, suele incluir (1) una *exposición* que prepara el escenario, (2) una *crisis* que presenta un problema, (3) la *resolución* que resuelve la tensión, y (4) una *conclusión* que resume los resultados. *La focalización* se refiere a si la historia se cuenta desde la perspectiva del lector, de los personajes o del narrador. Observar los cambios en el punto de vista desde el que se cuenta la historia es esencial para una buena comprensión.

Cuando un personaje es central en la historia, se clasifica como *personaje principal*. Las historias suelen tener dos o tres tipos de personajes principales: el *protagonista*, que es el sujeto principal de la acción; el *contrastante*, cuyo carácter sirve para realzar el efecto del personaje central; y el *antagonista*, que se opone. Los *personajes menores* no carecen de importancia, pero son menos prominentes que los principales. Además de observar el papel de cada personaje a la luz de la información objetiva seleccionada y ordenada, hay que tratar siempre de entender lo que la historia enseña sobre Dios. La historia de Rut trata realmente del cuidado que Dios tiene de su pueblo a pesar de los tiempos caóticos en los que no son conscientes de que Él está actuando para cumplir su plan y propósito.

Preguntas para la discusión

1. ¿Está usted de acuerdo en que las historias bíblicas tienden a ser descuidadas en la predicación expositiva? Si es así, ¿cuál cree que es la razón principal?
2. ¿Cuál es el objetivo de los Libros Históricos y qué sentido *tienen*?
3. ¿Por qué es igualmente importante evitar predicar los relatos del Antiguo Testamento como mera historia, y evitar enseñar lecciones espirituales sin referencia a su base en la historia?
4. Explique qué se entiende por *arquetipo* y diga por qué Ruth es una *comedia*.
5. Explique con sus propias palabras:
   a. trama
   b. exposición
   c. crisis
   d. resolución
   e. conclusión
6. Explique la diferencia entre focalización interna y externa.
7. Explica lo siguiente:
   a. protagonista:
   b. antagonista:
   c. contrastante:
   d. personaje secundario:
8. ¿Por qué estás de acuerdo o no en que Jehová es el personaje principal del libro de Rut?

CAPÍTULO 11

Predicando los libros poéticos

Los libros de Job, Salmos, Proverbios, Eclesiastés y el Cantar de los Cantares se clasifican como libros de *poesía* o libros poéticos. Debido a su calidad poética, Lamentaciones, tradicionalmente agrupada con los Profetas Mayores (más largos), también se incluyen en este breve estudio. Estos seis libros contienen la mayor parte de la poesía hebrea de la Biblia, pero también incluyen *sabiduría* y algo de literatura *profética*. La principal distinción de estos seis libros, cinco de los cuales se sitúan adecuadamente en el corazón del cuerpo de la Escritura, es que su contenido expresa las alturas y profundidades de las respuestas mentales y emocionales a la grandeza de Dios en el contexto de la dureza de la vida. Por esta razón, su proclamación expositiva satisface las necesidades de las personas que se preguntan cómo procesar la perplejidad, la persecución y el dolor, así como cómo expresar la oración y la alabanza al Dios soberano.

Literatura de la sabiduría

La literatura sapiencial de Job, Proverbios y Eclesiastés se «caracteriza ... por la postura de un narrador que se imagina a sí mismo como un hombre sabio que declara sus observaciones sobre la experiencia humana».[1] Como género literario, se distingue por su argumentación sostenida para sacar conclusiones sobre cuestiones espirituales, éticas y morales. Mientras que la sabiduría humana dice: «Conócete a ti mismo», la sabiduría de Dios dice: «Conoce a Dios» (véase Santiago 3:17-18).

Job

Resumen

El autor del libro de Job es desconocido. La tradición judía favorecía la autoría mosaica, pero Job 32:16-17 parece indicar que Eliú es el autor. Otros posibles autores son Salomón y el propio Job.[2] Los acontecimientos registrados en Job

---

[1] Ryken, *The Literature of the Bible*, 243.
[2] Adaptado de Stanley Ellisen, *Westem Baptist Seminary Workbook*, 6ff.

parecen situarse en la época de los patriarcas, Abraham, Isaac y Jacob.[3] Se cree que el escenario es el sureste de Israel, donde los buenos pastos hicieron de Job un hombre rico.

Job «es una narración cómica compuesta por elementos de sabiduría, drama, lírica y tragedia».[4] Como se explica en el capítulo 10, la *comedia* se refiere a su «trama en forma de U en la que los acontecimientos comienzan en la prosperidad, descienden a la tragedia y se elevan repentinamente a una conclusión feliz».[5] Aunque la historia se cuenta como si fuera una obra de teatro, Santiago se refiere a Job no como un personaje ficticio, sino como un hombre que vivió realmente (5:11). El libro que lleva su nombre es conocido como una *teodicea*, «una obra que intenta reconciliar la bondad y la soberanía de Dios con la existencia del mal y el sufrimiento en el mundo».[6] Un análisis literario revela que Job 28:1-28 es el centro destacado.[7] Su lección es que Dios no explica sus caminos al hombre (véase Romanos 11:33-36). En ninguna parte de la narración se le habla a Job del diálogo entre Dios y Satanás, en los capítulos 1 y 2. Sin este conocimiento, Job maldijo el día de su nacimiento, llorando de su dolor. Este discurso del capítulo 3 sirve de base para el discurso de Dios en los capítulos 38-41.

Job y sus amigos compartían la misma filosofía de vida, es decir, que Dios bendice a los justos y maldice a los injustos. Solo diferían en cómo veían a Job. Job defendía su propia justicia. El escritor del libro, de hecho, se refiere a él como «perfecto» (1:1 RV1960). (Su «perfección» no describía una vida sin pecado, sino su posición en la relación correcta con Dios). Sus amigos, sin embargo, lo juzgaron como *injusto* por el hecho de que estaba sufriendo. Eliú defendió a Dios como más grande (una respuesta correcta pero incompleta). Dios no lo explica.[8] La figura 11.1 esboza el libro.[9]

Notas interpretativas

En la elaboración de las fichas de la verdad sobre el libro de Job, es especialmente importante llevar un registro de las respuestas a estas preguntas: *¿Quién* habla? *¿cuáles* son los temas?, *¿cómo* encaja en el argumento?,[10] *¿cuál* es la perspectiva de Jehová? A continuación, anota otras observaciones y lecciones. Por ejemplo, Job 1:7-12 indica que Satanás tiene acceso al trono de Dios, donde acusa a los «hermanos» (Apocalipsis 12:10 RVA). Esto significa que aún no ha sido arrojado a la tierra. Como un perro con una correa sostenida en la mano de Dios, Satanás no

---

[3] Esto está basado en el patrón de sacrificios ofrecidos por Job como sacerdote de su casa; su longevidad (como doscientos años, según 42:16); y la falta de referencia a Israel, el Éxodo milagroso o a la Ley de Moisés. Elifaz el temanita pudo haber descendido de Esaú a través de su hijo Elifaz y su hijo Temán (Gén. 36:15) (Ibid).

[4] Ryken, *The Literature of the Bible*, 109.

[5] Ibid.

[6] Ibid., 110.

[7] Dorsey, *The Literary Structure of the Old Testament*, 170.

[8] Véase Francis I. Anderson, *Job* (Londres: IVP, 1976).

[9] Arthur B. Whiting esquematizó el libro de Job así: Sufrimiento, 1-2: Discusión, 3-41; Liberación, 42. (Ellisen, *Western Bible Workbook*, conferencia, 1974)

[10] «Una de las tragedias de la predicación tópica y eisegética es que se refiere a porciones de la Escritura sin hacer referencia al lugar que ocupan en el argumento del libro. Job tuvo altibajos en el proceso de corrección de su visión sesgada de la vida, que recibió al final». (Derickson, conferencia)

puede hacer más daño que el que Dios permite para el cumplimiento de Su propósito, ¡que es para el bien final del creyente!

Job ofrece una visión única de la relación de Satanás con Dios y de la enemistad de Satanás con los hombres. Enseña la necesidad de arrepentimiento incluso de las personas más justas. También muestra que la disciplina divina de los hijos de Dios es, en última instancia, constructiva, que Él es digno de una confianza implícita y que manda a los hombres al margen de las recompensas materiales.

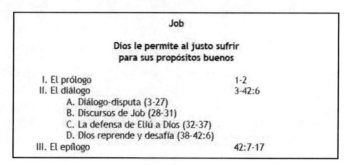

Figura 11.1

Con respecto a juzgar si es un castigo o un perfeccionamiento, cualquier prueba debe ser evaluada sobre la base del carácter que está siendo juzgado. Asumir que una persona está siendo castigada simplemente porque está soportando una prueba es perder una lección de Job. (Véase Mateo 4:1 y Santiago 5:11).

Sobre el tema de la confianza, obsérvese que el discurso final de Dios en los capítulos 38-41 son una respuesta al discurso de Job en el capítulo 3. Dice, en efecto, que no hay «errores» en este mundo. Todo está bajo el buen control de Dios. Como dijo una vez Derickson a una sala llena de estudiantes universitarios, «La confianza no consiste en conocer las respuestas, sino en confiar en el que las sabe, aunque no me las haya dicho. Hay que confiar en Dios sin entender sus caminos. Dios es digno de ser servido al margen de cualquier 'ventaja' o incentivo externo. Dios sí recompensa a los justos... al final».[11]

Predicando Job
Si Job se predica como una serie de mensajes, asegúrese de mantener la claridad sobre dónde está el texto en relación con el drama en su conjunto. Se puede predicar Job enunciando las preguntas que se plantean en el relato y respondiendo luego a ellas mediante un enfoque inductivo del texto.

---

[11] Ibid.

Proverbios

Título

La palabra *proverbios* proviene de dos palabras latinas, *pro* («en lugar de») y *verba* («palabras»). Un proverbio es una frase corta, pegadiza y memorable que resume un principio sabio *en lugar de muchas palabras*. La palabra hebrea traducida como «proverbio», *mashal*, transmite la idea de un principio vital rector expresado mediante la comparación de dos o más cosas.[12]

Autoría y fecha

Salomón es mencionado como autor de la mayoría de los Proverbios (1:1; 10:1; 25:1). O bien escribió o dictó los capítulos 1-25 y puede ser el llamado «rey Lemuel» en 31:1.[13] Según 1Reyes 4:32, Salomón pronunció hasta tres mil proverbios que probablemente se asentaron en los registros oficiales de la época. Después de que Dios cumpliera su promesa de dar a Salomón un corazón sabio (1Reyes 3:12), Salomón se convirtió en el más destacado de una clase de hombres sabios que buscaron y recopilaron truismos sobre la vida durante la Edad de Oro de la Sabiduría, 1000-700 a.C.

Formas literarias

Los proverbios aparecen al menos en cuatro formas: (1) unidades individuales; (2) grupos de máximas sobre un tema concreto; (3) unidades ampliadas, llamadas *epigramas*; y (4) sonetos que expresan las etapas de un pensamiento en curso.[14] El *lema*, o principio general, del libro de los Proverbios es: «El temor del Señor es el principio del conocimiento [o de la sabiduría]» (1:7; 9:10 RVA).

Argumento

«Los cortesanos proclaman que Jehová ha establecido y mantiene un orden justo en el que vive el hombre».[15] Es el fin o el resultado lo que revela la verdad sobre un curso de acción, no la forma en que pueda parecer en un momento dado.[16]

Estructura

La colección se presenta de forma que el lector aprecie la relevancia y la urgencia de aprender y poner en práctica su sabiduría.[17] La introducción en dos partes sirve para «enganchar» al lector. Y aunque los proverbios parecen inconexos, parece que hay un orden en su disposición.[18] (Véase la figura 11.2)

---

[12] Ellisen, *Western Bible Workbook*, 43; Thompson, *Introducing Biblical Literature*, 251.
[13] Radmacher, Allen, y House, *Nelson Study Bible*, 1076.
[14] Ellisen. *Western Bible Workbook*, 44.
[15] Bruce Waltke, «*Do Quoheleth and Job Contradict Proverbs?*» (un programa no publicado).
[16] Ibid.
[17] Dorsey, *The Literary Structure of the Old Testament*, 187.
[18] Ibid., 189.

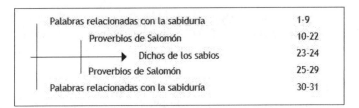

Palabras relacionadas con la sabiduría	1-9
Proverbios de Salomón	10-22
Dichos de los sabios	23-24
Proverbios de Salomón	25-29
Palabras relacionadas con la sabiduría	30-31

Figura 11.2

Cuestiones de interpretación[19]

Para entender correctamente los Proverbios, hay que abordar al menos seis cuestiones. En primer lugar, hay que distinguir los *proverbios* de las *promesas*. Mientras que algunas promesas están salpicadas entre los proverbios (como en 3:5-6), los proverbios son generalizaciones sobre la vida, a las que hay notables excepciones. Por ejemplo, aunque no hay mejor manera de vivir una larga vida de prosperidad en la tierra que practicar los principios de Proverbios 3:1-10, las excepciones incluyen a Juan el Bautista y al Señor Jesucristo. Estos hombres pusieron en práctica el principio solo de una manera espiritual y eterna que, al parecer, no fue prevista por Salomón.

En segundo lugar, hay que entender «el temor del Señor». Incluye tanto la voluntad de obedecer Su Palabra como un sano temor a las consecuencias de la desobediencia. No es un punto de partida a partir del cual una persona progresa, sino el principio fundamental para entender y aplicar todos los demás principios. (Véase Juan 7:17)

En tercer lugar, la sabiduría y la insensatez se personifican como dos tipos de mujeres. Hay una razón por la que la Sabiduría es ejemplificada por la esposa y madre laboriosa y fiel de Proverbios 31. Ella alimenta el temor a Jehová en el corazón de su hijo en parte honrando la autoridad de su marido. En marcado contraste, la Insensatez es retratada como la mujer inmoral que, al seducir a los hijos de otros, afirma su intrépida independencia de la autoridad de Dios y del hombre.

En cuarto lugar, Proverbios a menudo compara o contrasta dos aspectos de dos cosas, como en Proverbios 14:1. No solo se compara/contrasta a la mujer sabia con la insensata, sino que también se comparan sus acciones. (Véase la figura 11.3)

La mujer sabia **edifica** su casa,
Pero la necia con sus manos **la derriba**

Figura 11.3

En quinto lugar, es importante evitar la falsa distinción entre lo sagrado y lo secular. En general, los Proverbios describen las relaciones humanas

---

[19] Véase Derek Kidner, *Proverbs* (Londres: IVP, 1976); H. Wayne House y Kenneth M. Durham, *Living Wisely in a Foolish World* (Grand Rapids: Kregel, 1992): J. Carl Laney, *Balancing Your Act Without Losing It* (Wheaton: Tyndale, 1988); y Bob Deffinbaugh, *Wisdom Literature, Proverbs* (www. Bible.org).

«horizontales», demostrando que la sabiduría es, en última instancia, un comportamiento (véase Santiago 3:13-18), y que el civismo, y toda la vida, es una preocupación de Dios.

En sexto lugar, los personajes de Proverbios deben entenderse en relación entre sí.[20]

El simple: El que es crédulo y se deja engañar fácilmente. Todos comienzan sin ser probados, sin ser enseñados, sin ser aprendidos. El simple «anda en el consejo de los impíos» (Sal. 1:1a LBLA) y se vuelven sabios o necios.

El necio: Aquel que es aburrido y obstinado. Ignora la búsqueda de la sabiduría. Se cierra a la razón, pero insiste en dar a conocer sus opiniones públicamente. «Se detiene en el camino de los pecadores» (Salmo 1:1b RVA). Sin arrepentimiento, los necios se convierten en burlones.

El escarnecedor: Aquel que es despectivo. No solo es necio y orgulloso, sino que obstruye el camino de la sabiduría para los demás. El burlón «se sienta en la silla de los escarnecedores» (Salmo 1:1c LBLA).

Los sabios: Un corazón abierto y obediente hacia Dios, deseoso de seguir...bajo Su instrucción. El sabio acepta la corrección (ver 15:31) y presta atención a los mandatos bíblicos (ver 10:8). El sabio tiene su deleite en la ley del Señor (Sal. 1:2 LBLA).

Principios generales de los proverbios[21]

1. *Causa y efecto*. La obediencia a la ley moral de Dios es generalmente beneficiosa, y la desobediencia es generalmente destructiva (ver Gálatas 6:7).
2. *El bien y el mal*. Redefinir el bien y el mal no cambia lo que son en el juicio de Dios (ver Malaquías 2:17).
3. *Influencia del mundo*. El amor al Padre y los deseos del mundo se excluyen mutuamente (véase 1Juan 2:15).
4. *Auto-engaño*. El egocentrismo y la autosuficiencia son resultados naturales de la caída del hombre en el pecado (véase Jeremías 17:9). Es coherente con la naturaleza humana caída culpar a los demás, salvarse a sí mismo, determinar la verdad por sí mismo y exigir la satisfacción de las necesidades sentidas.
5. *Minoría piadosa*. Los piadosos son a menudo superados en número, tentados por el razonamiento de que «todo el mundo lo está haciendo», y necesitan realizar su «mayoría» con Dios viviendo a la luz de las normas bíblicas (véase Juan 17:18-21).
6. *La verdad absoluta*. La verdad es la misma para todas las personas en todos los lugares y en todo momento.[22]

---

[20] Kidner, *Proverbs*, 31-43.

[21] Para más estudios, véase a House y Durham, *Living Wisely in a Foolish World*, 198-214.

[22] McDowell, *Right from Wrong*.

Predicando Proverbios

Los proverbios pueden predicarse de manera tópico-expositiva. Esto requiere que se identifique cada proverbio y cada pasaje relacionado de la Escritura, se interprete en su contexto y se relacione su significado con el tema general por medio de un esquema. Por ejemplo, el presente escritor (Dan) predicó una vez un sermón acerca del perezoso de Proverbios, utilizando como guía un esquema de un estudio del tema realizado por Derek Kidner.[23] (Véase la figura 11.4.) Este enfoque es legítimo solo si se estudian los pasajes en sus respectivos contextos y se da el debido crédito a la fuente de cualquier ayuda organizativa utilizada.

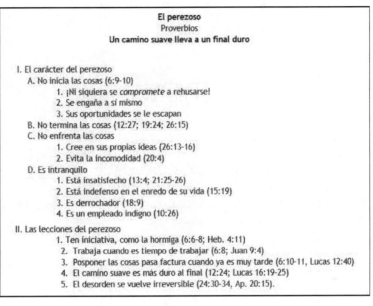

El perezoso
Proverbios
Un camino suave lleva a un final duro

I. El carácter del perezoso
  A. No inicia las cosas (6:9-10)
    1. ¡Ni siquiera se *compromete* a rehusarse!
    2. Se engaña a sí mismo
    3. Sus oportunidades se le escapan
  B. No termina las cosas (12:27; 19:24; 26:15)
  C. No enfrenta las cosas
    1. Cree en sus propias ideas (26:13-16)
    2. Evita la incomodidad (20:4)
  D. Es intranquilo
    1. Está insatisfecho (13:4; 21:25-26)
    2. Está indefenso en el enredo de su vida (15:19)
    3. Es derrochador (18:9)
    4. Es un empleado indigno (10:26)
II. Las lecciones del perezoso
    1. Ten iniciativa, como la hormiga (6:6-8; Heb. 4:11)
    2. Trabaja cuando es tiempo de trabajar (6:8; Juan 9:4)
    3. Posponer las cosas pasa factura cuando ya es muy tarde (6:10-11, Lucas 12:40)
    4. El camino suave es más duro al final (12:24; Lucas 16:19-25)
    5. El desorden se vuelve irreversible (24:30-34, Ap. 20:15).

Figura 11.4

Proverbios también pueden predicarse textualmente, como se ilustra en Figura 11.5.

---

[23] Este esquema fue adaptado del estudio temático de Kidner sobre «el perezoso» (Kidner, *Proverbs*, 42-43).

```
                Gritos de la sabiduría ignorados
                        Proverbios 1:8-33

      Los individuos son responsables de buscar la sabiduría que Dios da


   I. La seducción de los pecadores                                    8-9
            A. Los beneficios simples de la guianza parental (8-9)
            B. El mordisco amargo de la aventura pecaminosa (10-19)
  II. El grito de advertencia de la sabiduría                        20-23
            A. ¿Por qué es personificado por una mujer? (20)
            B. ¿Por qué es representada por una ciudad? (21-22)
            C. ¿Por qué la respuesta negativa? (22)
            D. ¿Por qué la oferta generosa? (23)
 III. El necio desprecia la sabiduría                                24-33
            A. Porqué la sabiduría ríe (24-27)
            B. Porqué la sabiduría se esconde (28-30)
            C. Cómo se establece la rebeldía (31-32)
            D. Cómo se disfruta la sabiduría (33)
```

Figura 11.5

Eclesiastés

«Eclesiastés» es la forma latina de la palabra griega que significa «el predicador». El título hebreo, *Quoheleth*, significa la silla o el maestro de una asamblea. Irónicamente, los «predicadores» no suelen predicar el libro del «predicador» porque lo perciben como cínico, fatalista o existencial. En realidad, pone el esfuerzo humano en la perspectiva adecuada. Nos enseña a disfrutar de la vida, ya que es un don de Dios, pero a disfrutarla *con responsabilidad*, ya que le daremos cuenta a Él.

Autor

La frase «hijo de David, rey en Jerusalén» (1:1 RVA) indica que Salomón es el escritor. Se cree que lo escribió cerca del final de su vida, después de haberse alejado del Señor y haber experimentado la desilusión de las actividades pecaminosas.

Tema

«La satisfacción solo se puede encontrar temiendo a Dios y guardando sus mandamientos».[24]

Esquema

---

[24] Radmacher, A
llen, y House, *Nelson Study Bible*, 1082.

Eclesiastés*
«La satisfacción puede ser hallada solo temiendo a Dios y guardando sus mandamientos»

I. Prólogo: Todo es vanidad	1:2
II. Poema sobre la vanidad en el orden físico	1:3-11
Los ciclos de la naturaleza ilustran una falta de de finalización, la novedad, el recuerdo, el beneficio	
III. Por investigación y observación, Qohélet prueba que todo es vanidad	1:12-11:16
IV. Sobre la juventud y la vejez	12:1-8
V. Epílogo	12:9-14

*El esquema se puede seguir al notar la calificación resumen: «Todo es vanidad y luchar contra el viento»

Figura 11.6

Argumento

Bruce Waltke afirma: «Aunque Quoheleth niega que se pueda observar un orden moral en la creación, afirma que un Dios sabio, bueno y justo gobierna sobre todo».[25]

Frases clave

«Vanidad» no se refiere a lo que es malo, sino a lo que es fugaz e incapaz de ser retenido. Es la palabra por la que Abel fue apropiadamente nombrado, y significa «vapor». «Bajo el sol» se refiere a todo lo que constituye la vida, pero que no tiene un significado eterno en sí mismo. «Esforzarse tras el viento» equivale a perder el tiempo.

Principios

A pesar de lo que pueda parecer la vida, según la experiencia humana, Dios es *sabio, bueno* y *justo*. Es sabio porque tiene un plan (3:10; 7:14). Dios es bueno porque ha dado la creación al hombre como un regalo para que lo disfrute (2:24; 3:13-14). Dios es justo porque hay un día de retribución y recompensa (3:16-17; 11:9-10).

Conclusión

La literatura sapiencial *didáctica*, que incluye el libro de Job y los Salmos 37 y 49, así como la literatura sapiencial reflexiva de Job y el Eclesiastés, proclaman por la fe que existe un Dios justo que mantiene un orden ético. Los libros reflexivos, sin embargo, demuestran que el hombre no puede descubrir este orden en la creación mediante la observación y la experiencia. El autor de Job, sin embargo, sostiene que hay suficientes pruebas de la grandeza y sublimidad de Dios para que el hombre sea inexcusable por su arrogancia contra el Creador y su incapacidad de caminar humildemente ante Él.[26]

---

[25] Waltke, «*Do Quoheleth and Job Contradict Proverbs?*», 5.
[26] Ibid., 7.

Salmos

Los Salmos comprenden oraciones y poemas recopilados desde aproximadamente el año 1500 al 500 a.C. Originalmente se les ponía música acompañada por el punteo de instrumentos de cuerda. Llevan al lector desde las profundidades de la desesperación hasta las alturas de la alegría, mientras Jehová demuestra su fidelidad para proveer, proteger, liberar, sostener y consolar al pueblo de su pacto.

Autores de los Salmos

Más de una docena de compositores están representados en el himnario de Israel, a veces llamado *El Salterio*. La lista de Ellisen en la figura 11.7, basada en las inscripciones, indica tanto la variedad de compositores como la preponderancia de la contribución del rey David.[27]

Autoría de los Salmos

David escribió 73 salmos: 3-9; 11-32; 34-41; 51-65; 68-70; 86; 101; 103; 108-110; 122; 124; 131; 133; 138-145. El Salmo 2 es atribuido a David en Hechos 4:25.

Asaf escribió 12 salmos: 50; 73-83.

Los hijos de Coré escribieron 9 salmos: 42, 44-45; 47-49; 84-85; 87.

Salomón escribió dos salmos: 72, 127.

Hemán, Salmo 88

Etán, Salmo 89

Moisés, Salmo 90

Jeremías, Salmo 137

Hageo y **Zacarías**: Salmos 146-147

Esdras: Salmo 119

Ezequías: Salmos 120-134

El resto es llamado Salmos huérfanos

Figura 11.7

Disposición

Al igual que el Pentateuco, los Salmos fueron escritos en cinco rollos. Se cree que Esdras ordenó los Salmos según una progresión de pensamiento y por el uso de los nombres de Dios. Estaban divididos de la siguiente manera. (Véase la figura 11.8)[28]

Los cinco libros de los Salmos			
Libro	Salmos	Autor	Nombres de Dios
Libro I	1–41	David	Jehová
Libro II	42–72	David	Elohim
Libro III	73–89	Asaf	Jehová -Elohim
Libro IV	90–106	Anónimos	Jehová
Libro V	107–150	Varios	Jehová

Figura 11.8

---

[27] Ellisen, *Western Bible Workbook*, 27.
[28] Ibid., 30.

Según Ellisen, «cada Libro de los Salmos concluye con una doxología, una afirmación de alabanza a Dios que se encuentra en el último verso o dos del salmo final».[29] «En el caso del Libro V todo el último poema, el Salmo 150, es la doxología final».[30] Los libros I y II están compuestos principalmente por salmos davídicos. El libro III incluye salmos de Asaf, Salmos 73-83, y de los hijos de Coré,[31] Salmos 84-88. Los libros IV y V incluyen salmos anónimos, junto con algunos de David y otros.[32]

Tipos de salmos[33]

La variedad de salmos bíblicos incluye *cantos de alabanza, salmos reales, de acción de gracias* (nacionales e individuales), de *lamento* (nacionales e individuales), *imprecatorios* y *penitenciales*.

Los *cantos de alabanza a Dios* (o himnos) suelen estar estructurados con una introducción, un cuerpo y una conclusión. El cuerpo suele dar la razón por la que se debe alabar a Dios, normalmente introducida por palabras traducidas como «porque» (por ejemplo, 96:4; 106:1) o «quién» (por ejemplo, 103:3; 104:2). (Véanse las figuras 11.9 y 11.10)

Salmo 8		
Introducción:	1	Alabanza
Cuerpo:	2–8	Fundamentos para alabar
Conclusión:	9	Alabanza

Figura 11.9

Algunos ejemplos de *salmos reales* son 2:1-6; 5:2; 10; 18:1-4; 24:7-10; y 93. Estos salmos a veces enfatizan el reinado universal y absoluto de Jehová, como el Salmo 93. Otras veces proclaman el reinado del Mesías, como el Salmo 24.

Los *salmos nacionales de acción de gracias* suelen celebrar la liberación de Jehová a Israel. Por ejemplo, el Salmo 124:1-5 dice:

«Si el SEÑOR no hubiera estado por nosotros»,
dígalo, por favor, Israel,
«si el SEÑOR no hubiera estado por nosotros
cuando se levantaron contra nosotros los hombres,

---

[29] Ibid.

[30] Ibid.

[31] Coré se rebeló contra Dios (Núm. 16:1-35), pero sus hijos se rebelaron contra la rebelión de su padre al permanecer fieles. Dios entonces los usó para componer el tipo de canciones que deben ser usadas en la adoración de la iglesia local.

[32] Radmacher, Allen, y House, *Nelson Study Bible*, 873.

[33] Véase Claus Westermann, *The Praise of God in the Psalms* (Richmond: John Knox, 1965); Ronald B. Allen, *Praise! A Matter of Life and Breath* (Nashville: Nelson, 1980); *When Song Is New* (Nashville: Thomas Nelson, 1983); y *Lord of Song: The Messiah Revealed in the Song* (Portland: Multnomah, 1985); y Derek Kidner, *Psalms*, 2 vols. (Londres: IVP, 1975).

Salmo 103		
Introducción:	1–5	Mandato de alabar
Cuerpo:	6–19	Razón por la que debemos alabar a Jehová
Conclusión:	20–22	Mandato de alabar

Figura 11.10

entonces nos habrían tragado vivos
cuando se encendió su furor contra nosotros;
entonces las aguas nos habrían inundado;
el torrente habría pasado sobre nosotros;
entonces las aguas tumultuosas habrían pasado sobre nosotros». RVA

La característica común a *cada uno de los salmos de acción de gracias* es la expresión de gratitud por la liberación personal de alguna calamidad, por ejemplo, Salmo 30:2-3:

Te glorificaré, oh SEÑOR, porque me has levantado
y no has dejado que mis enemigos se alegren de mí.
Oh SEÑOR, Dios mío, a ti clamé y me sanaste. RVA

Patrones de lamento en los Salmos 3, 5, 6, y 7

I. Invocación (Sal. 3:1-2; 5:1-7; 6:1; 7:1a)
II. Ruego a Dios por ayuda (Sal. 6:2-5; 7:1b)
III. Quejas (Sal. 3:1-2; 5:8-10; 6:6-7; 7:2)
IV. Confesión de pecado y declaración de inocencia (Sal. 3:3-6; 6:8-9; 7:3-5)
V. Maldición de enemigos (imprecación) (Sal. 3:7-8; 6:10; 7:6-9)

Figura 11.11

Los salmos de lamentación expresan emociones negativas, ya sea del individuo o de la nación. Tales salmos a menudo expresan una oración de desorientación.[34] Se reconocen por las expresiones de dolor, necesidad o queja. Generalmente siguen el patrón mostrado en la figura 11.11.

En la elaboración de las fichas de la verdad, lea los salmos de lamentación en sus contextos literario e histórico. Pregunte *cómo* reflejan las antiguas expresiones semíticas de dolor y arrepentimiento. Busque comprender la causa del lamento, preguntando *por qué*. Es muy importante comprender *lo que* el salmo enseña sobre Dios. Además, procure descubrir *cómo* el lamento apela a las emociones.

---

[34] Thompson se refiere a dos situaciones humanas que determinan la perspectiva del salmista cuando escribe en primera persona. O está *fuera del centro* (en aflicción) o *en el centro* (disfrutando una relación correcta con Dios). El movimiento es generalmente «hacia, no lejos de, el centro» como hombre hace sociedad con Dios — a veces como Creador y a veces como el pactante. (*Introducing Biblical Literature*, 72)

Los salmos nacionales de lamentación solo difieren en el sentido de que las quejas del pueblo de Dios por la calamidad y el sentimiento de abandono por parte de Dios se expresan de forma colectiva. A menudo estos salmos contienen largas descripciones de la aflicción del pueblo, como en el Salmo 44.

Los salmos imprecatorios pronuncian las maldiciones de Dios sobre sus enemigos, como en el Salmo 69:22-28. Expresan la justicia con la que Dios se venga, dando así expresión legítima a la justa indignación de los creyentes de hoy y liberando de la tentación de tomar la propia venganza. (Véase Romanos 12:19-20)

Los salmos penitenciales expresan el arrepentimiento del pecado. El ejemplo más conocido es el Salmo 51, en el que David confiesa su pecado con Betsabé.

Encabezados

Muchos de los salmos comienzan con un encabezado (o inscripción). En la Biblia hebrea, es el primer verso numerado. En la mayoría de las traducciones al español, la súper-inscripción no está numerada, a menudo en un tipo de letra que contrasta, y aparece como el título. La mayoría de los lectores no entienden que los encabezados forman parte del texto inspirado por Dios. Otros simplemente no están de acuerdo. Sin embargo, estas declaraciones introductorias suelen proporcionar alusiones históricas útiles que describen el escenario. A menudo dan los nombres de los personajes bíblicos implicados en la experiencia o la escritura del salmo. A veces indican al lector de qué tipo de salmo se trata. Esto proporciona una tremenda pista sobre cómo debe interpretarse el salmo. Por ejemplo, cuando se predica el Salmo 3, se debe estudiar primero su escenario histórico en 2Samuel 15-17, indicado en el encabezado, y transmitirlo a la audiencia en la introducción o cuerpo del mensaje.

Estructura hebrea

Los salmos están estructurados de diversas maneras, como *estribillos recurrentes*, *acrósticos* y *paralelismos*.[35] Los estribillos recurrentes forman lo que se denomina un *inclusio*, en el que una idea central está envuelta en afirmaciones similares. Por ejemplo, véase el Salmo 46:7-11 en la figura 11.12.

Figura 11.12

> **Inclusio Salmo 46: 7-11**
>
> 7 El SEÑOR de los Ejércitos está con nosotros; nuestro refugio es el Dios de Jacob. Selah 8 Vengan y vean los hechos del SEÑOR, quien ha causado desolaciones en la tierra. 9 Hasta los confines de la tierra hace cesar las guerras; quiebra el arco, rompe la lanza y quema los carros en el fuego. 10 «Estén quietos y reconozcan que yo soy Dios. Exaltado he de ser entre las naciones; exaltado seré en la tierra». 11 El SEÑOR de los Ejércitos está con nosotros; nuestro refugio es el Dios de Jacob. Selah (RVA)

---

[35] «La unidad básica en la poesía bíblica consiste en dos, a veces tres, líneas paralelas. Una unidad de dos versos se denomina dístico o dístico; una unidad de tres versos, trístico» (Ibid., 25).

La afirmación «El Señor de los ejércitos está con nosotros» forma claramente un estribillo. La nota de la *Nelson Study Bible* muestra cómo el reconocimiento de un *inclusio* de este salmo sugiere un tema o punto de énfasis para el predicador: «El emparejamiento de las palabras 'el Señor de los ejércitos' con 'el Dios de Jacob' en ambos versos, alaba al Todopoderoso, el Comandante de los ejércitos del cielo por haber elegido vivir con los descendientes de Jacob, su pueblo. ¿Quién podría proteger mejor a Su pueblo?»[36]

Otros ejemplos de *inclusio* son el Salmo 49:12, 20. (Véase la figura 11.13)

Inclusio Salmo 49:12, 20

¹²Pero el hombre no permanecerá en sus riquezas; más bien, es semejante a los animales que perecen.

> Estas afirmaciones similares *enmarcan* la idea central que se desarrolla en ellas, que la vida humana es fugaz y depende de Dios para tener algún sentido de permanencia.

²⁰El hombre que vive con honores, pero sin entendimiento, es semejante a los animales que perecen.

Figura 11.13

Un *acróstico* se logra cuando cada línea comienza con la sucesión de letras del alfabeto, como en Proverbios 31:10-31. En el capítulo más largo de la Biblia, el Salmo 119, cada una de las ocho líneas de cada párrafo comienza con la misma letra del alfabeto hebreo, sucesivamente. (Véase la figura 11.14)

Salmo 119: 1-8

אַשְׁרֵי תְמִימֵי־דָרֶךְ הַהֹלְכִים בְּתוֹרַת יְהוָה ²

אַשְׁרֵי נֹצְרֵי עֵדֹתָיו בְּכָל־לֵב יִדְרְשׁוּהוּ

3 אַף לֹא־פָעֲלוּ עַוְלָה בִּדְרָכָיו הָלָכוּ

4 אַתָּה צִוִּיתָה פִקֻּדֶיךָ לִשְׁמֹר מְאֹד

5 אַחֲלַי יִכֹּנוּ דְרָכָי לִשְׁמֹר חֻקֶּיךָ

6 אָז לֹא־אֵבוֹשׁ בְּהַבִּיטִי אֶל־כָּל־מִצְוֹתֶיךָ

7 אוֹדְךָ בְּיֹשֶׁר לֵבָב בְּלָמְדִי מִשְׁפְּטֵי צִדְקֶךָ

8 אֶת־חֻקֶּיךָ אֶשְׁמֹר אַל־תַּעַזְבֵנִי עַד־מְאֹד

Nota: El alfabeto hebreo comienza con la letra Aleph, א, al igual que cada uno de los 8 primeros versos del Salmo 119. Los siguientes 8 versos comienzan con la segunda letra Beth, ב, y así sucesivamente a lo largo del salmo.

Figura 11.14

Por muy emocionante que sea esto para el estudiante serio de la Biblia, tenga cuidado de no detenerse en la mecánica de la estructura poética, como el *inclusio* y

---

[36] Radmacher, Allen, y House, *Nelson Study Bible*, 925.

los acrósticos. Derickson exhorta a los jóvenes predicadores: «No se paren a predicar sobre acrósticos. Pero, en medio de la predicación, deje que la gente se dé cuenta de lo que Dios ha decidido hacer. Menciónelo de pasada para alabar a Dios y motivar a la gente a apreciar su carácter. Señale, como un guía turístico, lo que no podrían ver de otra manera. De lo contrario, la gente podría verse privada de la riqueza del medio, así como del mensaje. Tiene un propósito tanto estético como utilitario».[37]

El paralelismo se refiere a las diversas formas en que los pares de versos de la poesía hebrea (también llamados *pares* o *cola*) funcionan juntos para aumentar el impacto de su significado. El paralelismo puede ser completo, como en el Salmo 103, o incompleto. El paralelismo incompleto es un ejemplo de lo que se llama *anacoluto*. A veces señala un estado emocional en el que el escritor está demasiado excitado, distraído o simplemente olvida seguir el esquema estructural que comenzó.

El paralelismo también puede ser *interno* o *externo*. El paralelismo interno, se refiere a cómo la segunda de dos líneas de poesía afecta la primera. Algunos ejemplos son el *sinónimo*, el *antitético*, el *sintético, el emblemático*, el *climático* y el *paralelismo invertido*, conocido como *quiasmo*.

El paralelismo de *sinónimos* consigue la amplificación repitiendo de forma ligeramente diferente en la segunda línea lo que se ha dicho en la primera. A veces la primera afirmación es general y la segunda más específica. El Salmo 18:5 es un ejemplo:

Me rodearon las ligaduras del Seol;
me confrontaron los lazos de la muerte. RVA

En el paralelismo *antitético*, la segunda línea es una negativa de la primera línea, no una contradicción. Busque una conjunción adversativa, como «pero», como en el Salmo 1:6.

Porque el SEÑOR conoce el camino de los justos,
pero el camino de los impíos perecerá. (RVA)

En el paralelismo *sintético*, la línea o líneas que siguen a la primera línea avanzan o completan el pensamiento expresado en la primera línea. Un buen ejemplo se encuentra en el Salmo 1:1.

Bienaventurado el hombre que no anda según el consejo de los impíos ni se detiene en el camino de los pecadores ni se sienta en la silla de los burladores. (RVA)

El paralelismo *emblemático* establece una comparación mediante el uso de un símil que a menudo se traduce «como», o mediante el uso de una metáfora, que

---

[37] Derickson, conferencia.

hace una comparación sin estas palabras. El Salmo 1:3 es un ejemplo de paralelismo emblemático con un símil: «Será como un árbol plantado junto a corrientes de agua» (RVA). «Él» es comparado, o paralelizado, con «un árbol» por la palabra traducida «como». Otro buen ejemplo se encuentra en el Salmo 42:1, donde David dice «Como el ciervo ansía... así ansía mi alma». (RVA)

El paralelismo *climático*, como su nombre indica, se construye hasta un clímax, como en 92:9. (Véase la figura 11.15)

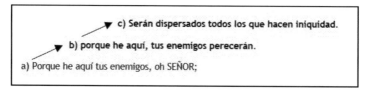

Figura 11.15

El paralelismo *invertido* también se llama *quiasmo*, porque el orden de comparación en la primera línea se invierte en la segunda, creando un patrón que se asemeja a la letra griega (*chi*, que se pronuncia «ki»). El patrón resultante es a-b-b - a. (Véase la figura 11.16)

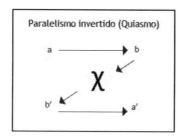

Figura 11.16

a Porque en mí ha puesto su amor,
b yo lo libraré;
b lo pondré en alto,
a' por cuanto ha conocido mi nombre.

Figura 11.17

El Salmo 91:14 (RVA) es un buen ejemplo de quiasmo. (Véase la figura 11.17)

De la estructura quiásmica de este verso se desprende que el salmista ha reducido el concepto de amar a Dios (a) a conocer su nombre (a'). *El paralelismo externo* incluye más de un versículo, lo que proporciona tanto variedad como una ayuda para la memorización. Un buen ejemplo es el Salmo 137: 5-6, que también ilustra el paralelismo invertido (quiasmo) que acabamos de comentar. (Véase la figura 11.18)

```
┌─────────────────────────────────────────────────────────────┐
│             Paralelismo externo, Salmo 137:5-6                │
│                                                               │
│   a      Si me olvido de ti, oh Jerusalén,                    │
│                  b que mi mano derecha olvide su destreza.    │
│                  b' Mi lengua se pegue a mi paladar           │
│   a''    si no me acuerdo de ti,                              │
│   a'''   si no ensalzo a Jerusalén                            │
└─────────────────────────────────────────────────────────────┘
```

Figura 11.18

Predicando Salmos

Al final de este capítulo se presenta un ejemplo de sermón sobre el Salmo 113. El siguiente esquema de Gregory V. Trull, adaptado y presentado en la figura 11.19, sugiere una serie de mensajes que podrían titularse «El Mesías en los Salmos».[38]

```
┌─────────────────────────────────────────────────────────────┐
│                    El Mesías en los Salmos                    │
│                                                               │
│   Mesías el Hijo                                              │
│      •  Sal. 2                                                │
│         —Canción de coronación de los reyes de Israel         │
│         —Cumplida de manera definitive en Jesucristo          │
│   El rechazo al Mesías                                        │
│      •  Sal. 69:8-9 Celo del Mesías                           │
│         —El celo del Mesías trajo rechazo a David             │
│         —Rechazo definitive en Cristo                         │
│      •  Sal. 41:9 Traición de un amigo                        │
│         —David traicionado por uno de la mesa real            │
│         —Cristo traicionado por uno en la Última Cena         │
│   La muerte del Mesías                                        │
│      •  Sal. 34:19-20 Ni un hueso roto                        │
│         —Imagen del cordero pascual                           │
│         —Literalmente cumplida en Jesús (Juan 19:36)          │
│      •  Sal. 22 Agonía de la crucifixión                      │
│         —Abandono (v. 1)                                      │
│         — Agua derramada (v. 14)                              │
│         — Apuesta por la ropa (v. 18)                         │
│         — Manos y pies perforados (v. 16)                     │
│   Resurrección del Mesías                                    │
│      •  Sal. 16:10 Mesías no verá corrupción                 │
│         — Solo Jesús no se descompuso en la tumba (Hechos 2:31)│
│   Reino del Mesías                                            │
│      •  Sal. 72:11, 17 Reino Universal de Bendición          │
│      •  Sal. 110:1-3, 5-7 Mesías, el rey guerrero            │
│      •  Sal. 110:4 Mesías el rey sacerdote (Heb. 7:13-14)    │
└─────────────────────────────────────────────────────────────┘
```

Figura 11.19

Cantar de los Cantares

El Cantar de los Cantares expresa el amor intensamente apasionado entre el rey Salomón y una joven. Su admiración mutua y su ansia de consumar su relación

---

[38] Trull, folleto.

físicamente se expresan con respeto a los vínculos del matrimonio, dentro de los cuales se celebra adecuadamente la sexualidad humana.[39]

```
┌─────────────────────────────────────────────┐
│           Cantar de los Cantares             │
│        Exaltación del amor matrimonial        │
│                                              │
│       Cortejo                    1-2          │
│       Ceremonia                  3-4          │
│       Compromiso                 5-8          │
└─────────────────────────────────────────────┘
```

Figura 11.20

Antecedentes

En hebreo el Cantar de los Cantares se llamaba «El Cantar de los Cantares que es de Salomón».[40] La traducción latina de Jerónimo (Vulgata) llamó al libro «Cánticos».[41] Tanto los eruditos judíos como los cristianos están generalmente de acuerdo en que Salomón es el autor.[42] Aunque el libro nunca es mencionado por otro escritor bíblico, describe lujos reales en consonancia con la autoría de Salomón indicada en 1:1 y por un total de siete menciones de su nombre.[43] El uso de algunas palabras persas y griegas puede explicarse por el conocimiento de Salomón de otras culturas.[44]

Forma literaria

La introducción de Cantar de los Cantares en la *Nelson Study Bible* indica varias características literarias de la poesía. En primer lugar, el Cantar es un *idilio* lírico, un tipo de canción de amor único en la Biblia.[45] En segundo lugar, los discursos y los acontecimientos no siguen necesariamente un orden cronológico.[46] «A veces la línea argumental queda suspendida mientras el público ve escenas de incidentes anteriores o aún no contados».[47] En tercer lugar, «además de los dos personajes que llevan la línea de la historia — la sulamita y el rey Salomón, un grupo de mujeres interrumpe ciertas escenas con breves discursos musicales o advertencias. Salomón utiliza el coro para hacer transiciones de una escena a otra, así como para añadir énfasis a temas importantes».[48]

---

[39] Radmacher, Allen, y House, *Nelson Study Bible*, 873.
[40] Ellisen, *Western Bible Workbook*, 84.
[41] Ibid.
[42] Ibid.
[43] Ibid.
[44] Ibid.
[45] Radmacher, Allen, y House, *Nelson Study Bible*, 1097.
[46] Ibid.
[47] Ibid.
[48] Ibid.

Interpretación

Quizá por su lenguaje erótico, sin mención a Dios, el Cantar de los Cantares se ha interpretado de diversas maneras en un aparente intento de descubrir un significado espiritual. Según el autor Craig Glickman, esto ha dado lugar a que se escriban más comentarios sobre el Cantar que sobre cualquier otro libro de la Biblia, sin que ninguna opinión goce de amplia aceptación.[49] Por ejemplo, algunos lo han considerado una alegoría sin base histórica, «que representa el amor de Jehová por Israel en el Antiguo Testamento y el amor de Cristo por su iglesia en el Nuevo Testamento».[50] Otros, respetando su base histórica, lo han visto como un tipo del amor de Cristo por la Iglesia, con limitados puntos de similitud.[51] Y otros han visto el canto de Salomón como un drama, que fue representado.

Los intentos de leer el significado espiritual del Cantar pueden provenir de una visión baja de la creación material, incluyendo el cuerpo humano y el amor sexual. Sin embargo, tomada literalmente, la Canción era muy apreciada por los judíos. Era el primero de los «rollos» (*Megilloth*) que se leía en la sinagoga el octavo día de la Fiesta de los Panes sin Levadura.[52] Que los judíos tenían una visión naturalista del Cantar es evidente por una tradición mencionada en la *Nelson Study Bible*: «Debido a su lenguaje explícito, los sabios judíos antiguos y modernos prohibieron a los hombres leer el libro antes de los treinta años (y presumiblemente impidieron a las mujeres leerlo en absoluto)».[53]

Teología

«El Cantar de los Cantares ofrece un ejemplo de cómo Dios creó al hombre y a la mujer para vivir en felicidad y plenitud. Las personas son creadas como seres sexuales».[54] «Dios ordenó el matrimonio desde el principio de la creación: El hombre y la mujer debían convertirse en una sola carne (Gén. 2:25)».[55]

Mensaje

El mensaje de la Canción es sencillo, dice Derickson: «El amor humano y el matrimonio son hermosos en sus expresiones emocionales y físicas».[56] Y lo amplía con cuatro afirmaciones que ponen el sexo en perspectiva divina. Esta es una de las principales aportaciones del poema.

- El sexo es un regalo de Dios.
- El sexo es el diseño de Dios.
- El sexo se expresa mejor dentro de límites.
- El sexo es sagrado y debe ser tratado como tal.

---

[49] Craig S. Glickman, *A Song for Lovers* (Downers Grove, Illinois: IVP, 1977), 173.
[50] Ibid.
[51] Ibid.
[52] Ellisen, *Western Bible Workbook*, 84.
[53] Radmncher, Allen, and House, *Nelson Study Bible*. 1098.
[54] Ibid.
[55] Ibid.
[56] Derickson, conferencia.

Predicando Cantar de los Cantares[57]

La tradición de los judíos de restringir el acceso al Cantar de los Cantares demuestra que entendían su significado natural. Aunque esto sugiere la debida precaución al proclamar su mensaje a un público mixto de todas las edades, el libro no debe abandonarse en el púlpito. Al menos tres aspectos de su mensaje se necesitan desesperadamente hoy en día.

En primer lugar, representa una visión elevada de la mujer como plena igualdad del hombre, sin desdibujar la importante distinción de sus respectivos papeles. La reciprocidad de la pasión de los amantes queda demostrada por la coincidencia de los discursos recíprocos. Salomón y su novia están igualmente enamorados, dispuestos a iniciar y disfrutar de la intimidad física.

En segundo lugar, el amor romántico implica una dolorosa separación, así como la alegría de la intimidad. Sin interpretar el libro como una alegoría, puede utilizarse para ilustrar el anhelo de la esposa de Cristo de estar unida a Él cuando venga a por su Iglesia.

En tercer lugar, el mensaje de que el amor sexual es bueno en el matrimonio, pero no antes, es más necesario hoy que nunca. La advertencia suena no menos de tres veces:

«¡Júrenme, oh hijas de Jerusalén...que no despertarán
ni provocarán el amor hasta que quiera!» (2:7; 3:5; y 8:4 RVA).

Lamentaciones

Como el apéndice de un libro, las Lamentaciones poéticas de Jeremías parecen proporcionar material que no encaja adecuadamente en su profecía. Como el apéndice del cuerpo humano, las Lamentaciones parecen un pequeño y amargo órgano del que el lector podría prescindir. Se le ha llamado «el libro más triste de la Biblia».[58] ¿Quién quiere escuchar cinco movimientos de un canto fúnebre? Y, sin embargo, el libro de las Lamentaciones muestra la esperanza en medio de la angustia, que todo el mundo necesita en algún momento de la vida. Su registro y respuesta a la caída de Jerusalén en manos de Babilonia en el año 586 a.C. (ver Jeremías 29 y 52) sirve como advertencia para volver a Dios con fe y confiar en que Él los restaurará algún día.

Estructura y mensaje

Estructurado como un quiasmo, el libro lleva al lector del duelo a la confesión y a la confianza. (Véase la figura 11.21.) Como acróstico alfabético, demuestra el orden, incluso en el caos del dolor. Su lección general, dice Derickson, es: «Cuando sufras, confía en la fidelidad de Dios para demostrar su misericordia».[59]

---

[57] Véase Glickman, *A Song for Lovers.*
[58] Wilkinson y Boa, *Talk Thru the Old Testament,* 206.
[59] Derickson, conferencia.

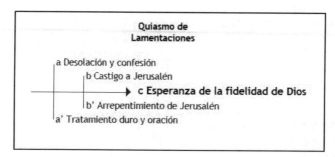

Figura 11.21

Predicando Lamentaciones

Lamentaciones se presta a un *sermón de libro* en el que los capítulos 1-2 y 4-5 pueden mostrar el poema central del capítulo 3. Los versículos clave son los de 3:22-25, que brillan aún más en la noche oscura de la angustia personal y nacional, tanto en lo político como en lo espiritual:

> Por la bondad del SEÑOR es que no somos consumidos, porque nunca decaen sus misericordias. Nuevas son cada mañana; grande es tu fidelidad. «El SEÑOR es mi porción», ha dicho mi alma; «por eso, en él esperaré». Bueno es el SEÑOR para los que en él esperan, para el alma que lo busca. (RVA)

Jeremías, al que a menudo se le llama «el profeta llorón», puede ser visto como un tipo de Cristo, que lloró sobre la misma ciudad siglos después (Mateo 23:37-38). Como «varón de dolores y experimentado en el sufrimiento» (Isaías 53:3), Jesús es alguien de quien los predicadores modernos y sus oyentes no pueden permitirse el lujo de ocultar sus rostros. Por lo tanto, Lamentaciones proporciona un recordatorio necesario de que Dios cumple su palabra al juzgar el pecado. Demuestra que no es impío sufrir como consecuencia de los pecados de otros. De hecho, los ministros necesitan entrar (y hacer suyo) el sufrimiento de aquellos a quienes quieren ministrar. Como alguien que lloró amargamente, Jeremías también enseña a todos los hombres que no es impío mostrar emociones. Su libro concede al creyente «permiso» para llorar, para expresar externamente el dolor interior de la pérdida. Pero la contrición que enseña es más que el amargo remordimiento de Judas Iscariote, registrado en Mateo 27:3. La confesión de los pecados es una parte esencial de la sanidad. (Véase 1Juan 1:9.) Por último, el libro ilustra el bendito consuelo que solo conocen los que lloran el pecado y sus consecuencias. (Véase Mateo 5:4.) Ilustra el gozo del creyente que no se aflige como los «que no tienen esperanza» (1Tesalonicenses 4:13 RVA).

Predicando poesía hebrea de las Escrituras

Una parte importante del análisis consiste en observar la disposición literaria del texto por parte del autor. De este modo, se puede trabajar para presentar el esquema natural del texto en lugar de imponerle uno artificial.

Sermón de muestra sobre el Salmo 113
Contando la grandeza de Dios
Salmo 113

El Hallel, Salmos 113-118, ordena alabar a Jehová, «Hallel-u-jah»

1-3 Declaración introductoria de lo que deben hacer los siervos de Jehová
   Mandato, no petición
   ¿Pero qué es la alabanza?
      La alabanza debe hacerse en comunidad
      La acción de gracias puede hacerse en privado
      Decir la palabra *Alabanza* no cumple la tarea
      La alabanza es hacer alarde de manera pública y emocionada
      A veces exageramos cuando presumimos de los nietos, etc.
      Al ensalzar las virtudes de Dios, nunca podemos exagerar
      Nunca se puede decir lo suficiente
   El nombre de Jehová debe ser alabado.
      El nombre se refiere a la reputación o al carácter; su persona y su obra
         Señor en mayúsculas ocupa el lugar del nombre propio de Dios, Jehová
         Sigue la tradición judía de evitar pronunciar el nombre que no debían
      tomar en vano, sustituyéndolo por Adonai, traducido correctamente como
      «Señor».
   Bendito sea el nombre: ahora y siempre
         La servidumbre es un alto o bajo honor dependiendo de quién
         sea servido
         No hay mayor privilegio que ser el servidor de Jehová
         Desde el este del sol hasta el oeste, es todo lugar; toda la tierra
4-9b Cuerpo
   Soberanía de Jehová (trascendente)
      Por encima de todas las naciones
      Por encima de los cielos
      Dios no puede ser comparado
   Ternura de Jehová (inmanente)
      Se humilla (El hombre se exalta de forma natural)
      Dios tiene que mirar «abajo» para mirar lo que nosotros consideramos lo
      más alto «arriba»
      La combinación de la verdad es única para los hebreos/cristianos
      Monoteísmo
9c Conclusión: Alabar a Jah
   Misericordia hacia una mujer estéril (que era una vergüenza cultural)
   En lo mejor de nosotros, deberíamos darnos cuenta de que debemos alabar a
   Dios por todo lo que somos y tenemos.

Resumen y conclusión

Los libros de Job, Salmos, Proverbios, Eclesiastés y Cantar de los Cantares representan la mayor parte de la poesía hebrea de las Escrituras. En conjunto, expresan el corazón y la mente del hombre en su relación con la grandeza de Dios mientras experimenta la dureza de la vida.

Job demuestra la necesidad de confiar y obedecer a Dios, aunque no explique sus caminos.

Proverbios promueve el temor a Dios como principio fundamental de todos los demás. Los proverbios enfatizan los dichos de los sabios como generalizaciones para demostrar el mantenimiento del orden ético por parte de Dios en un mundo caótico por el pecado. Los sencillos no tienen por qué hacerse tontos, y los tontos no tienen por qué hacerse burlones. Prestando atención a las advertencias de la sabiduría y cediendo a su cortejo, los sencillos pueden llegar a ser sabios.

El Eclesiastés subraya la incapacidad del hombre para atrapar y mantener un sentido satisfactorio de propósito, aparte del disfrute responsable de la vida como un regalo de Dios.

Los salmos generalmente conducen al lector desde las profundidades de la desesperación hasta las alturas de la alegría mientras Jehová revela su fidelidad para proveer, proteger, liberar, sostener, consolar y bendecir a su pueblo del pacto. Diferentes tipos de salmos expresan, a través de una variedad de estructuras poéticas, las alabanzas, las quejas, la acción de gracias, el lamento, la confesión y la esperanza del pueblo de la alianza de Dios. Además, una importante literatura hímnica, que se encuentra solo en el libro de los Salmos, anticipa la filiación, el rechazo, la muerte, la resurrección y el reinado del Mesías.

El Cantar de los Cantares es un canto de amor explícito sobre el cortejo, la ceremonia y el compromiso del rey Salomón y una joven sulamita. Comunica importantes verdades que necesitan los jóvenes y los adultos de ambos sexos. Entre ellas, la igualdad de mujeres y hombres, el dolor de la separación entre amantes y la conveniencia de despertar las pasiones sexuales solo después de que la pareja se haya casado. Aunque no es una alegoría, la canción de amor ilustra algunos aspectos de la relación entre Cristo y la Iglesia como su esposa.

Las Lamentaciones, aunque son fáciles de descuidar, reflejan las amargas penas de pecado y destaca la fidelidad de Dios hacia el pueblo de su alianza. Anima a confesar el pecado y demuestra el consuelo y la alegría que solo conocen los que lloran los efectos del pecado, como hicieron Jeremías y Jesús.

Los sermones de la poesía hebrea bíblica deben reflejar la disposición y la estructura del texto.

Preguntas para la discusión

1. Enumere los libros de sabiduría y diga con sus propias palabras lo que distingue a la literatura sapiencial.
2. Además de la poesía hebrea, describa con sus propias palabras qué tienen en común todos los libros poéticos.

3. ¿Cuál es una buena manera de predicar a Job, según este capítulo?
4. Si se predica el libro de Job, ¿qué debe cuidar especialmente el predicador, y por qué?
5. ¿Por qué está de acuerdo o no en que el libro de los Proverbios está compilado de forma ordenada?
6. Explique cómo entiende el lema de Proverbios que aparece en 1:7. ¿Qué significa... y qué no significa?
7. Describa dos formas de predicar los Proverbios según este capítulo.
8. Según este capítulo, ¿qué significa la frase del Eclesiastés «todo es vanidad»?
9. Describe cada uno de los siguientes tipos de salmos:
    a. Cantos de alabanza
    b. Salmos reales
    c. Acción de gracias (nacional/personal)
    d. Lamentación (nacional/personal)
    e. Imprecatoria
    f. Penitencial
10. Explique con sus propias palabras su significado:
    a. Inclusio
    b. Acrósticos
    c. Paralelismo
        − Sinónimo
        − Antitético
        − Sintético
        − Emblemático
        − Climático
        − Invertido (quiasmo)

CAPÍTULO 12

Predicando profecía del Antiguo Testamento

La naturaleza de la profecía del Antiguo Testamento

Los diecisiete libros de Isaías a Malaquías incluyen la mayor parte, pero no toda, la literatura profética del Antiguo Testamento. Moisés se refirió a sí mismo como profeta y predijo la venida de uno (Cristo) como profeta, de entre el pueblo, al que debían escuchar (Véase Deuteronomio 18:15 y Hechos 3:22 y 7:37). Como se señaló en el capítulo 9, los judíos también consideraban los libros de Josué, Jueces, Samuel y Reyes como *antiguos profetas*. A lo largo de la narración histórica del Antiguo Testamento, se han registrado algunas palabras de muchos de los profetas, como las de Natán, Ahías, Jehú, Elías, Eliseo, Semaías, Hanani y Hulda.[1] En Hechos 2:30, Pedro se refiere a David como profeta, al haber predicho la resurrección de Cristo en el Salmo 16:10. Pero incluso si la «literatura profética» se limitara a los cuatro profetas mayores y a los doce menores escritos, ¡abarcaría no menos de una cuarta parte de la palabra que Pablo ordenó a Timoteo (y a la Iglesia) que proclamara! (Véase 2Timoteo 4:2)

Los profetas

Voceros de Dios

La idea básica de un profeta es la de alguien que habla en nombre de Dios. Pero, aunque los predicadores modernos hablan en nombre de Dios declarando el significado y la relevancia de la verdad revelada, no profetizan como receptores y comunicadores directos de la revelación divina, como hacían los profetas bíblicos. Dichos portavoces fueron elegidos divinamente y recibieron el mensaje de Dios. Wilkinson y Boa enumeran «los sueños, las visiones, los ángeles, la naturaleza, los milagros y la voz audible»[2] como formas que Dios utilizó para revelarles su voluntad y sus palabras. Cargados con la palabra de Jehová,[3] los profetas cumplían con su responsabilidad de comunicarla. Dado que representaban al Dios de la

---

[1] Wilkinson y Boa. *Talk Thru the Old Testament,* 185.
[2] Ibid.
[3] Para ejemplos de la frase «La carga de la palabra del Señor» véase Zacarías 9:1; 12:1; y Malaquías 1:1.

historia que mantenía el pacto, su mensaje también implicaba la *predicción* de acontecimientos futuros. En Isaías 41:21-23, el desafío que se le da a Israel sirve para recordar a la nación su dependencia de la revelación de Dios:

> *«Presenten su causa», dice el SEÑOR;*
> *«expongan sus argumentos», dice el Rey de Jacob.*
> *«Que se acerquen y nos anuncien lo que ha de suceder.*
> *Declárennos las cosas que han sucedido desde el principio,*
> *y prestaremos atención.*
> *O hágannos oír de las cosas por venir,*
> *y sabremos su final».*
> *Dígannos lo que ha de venir después,*
> *para que sepamos que ustedes son dioses.*
> *Por lo menos, hagan el bien o el mal,*
> *para que nosotros tengamos miedo y también temamos». (RVA)*

En Daniel 2:28, Daniel declara el poder de Dios para conocer y declarar a través de sus profetas cosas futuras e invisibles: «Pero hay un Dios en el cielo que revela los secretos, y ha dado a conocer al rey Nabucodonosor lo que sucederá en los últimos días. Tu sueño, y las visiones de tu cabeza en tu lecho, fueron estos...» (RVA).

Destinatarios de la revelación

La erudición británica tiende a considerar a los profetas como personas de extraordinaria intuición humana o dones psíquicos.[4] Pero, según las Escrituras, los profetas eran personas corrientes a las que Dios llamaba para que fueran sus portavoces (oráculos) (véase Santiago 5:16-18 y 2Pedro 1:21). La denuncia bíblica de Balaam como *falso profeta* no se basó en que sus predicciones resultaran falsas, sino en que dirigió al pueblo en contra de la voluntad de Dios.[5]

Monitores de las responsabilidades del pacto

Los profetas simplemente anunciaron lo que Dios haría, de acuerdo con sus pactos con Israel, para proporcionar la bendición universal a través de un hombre. Las consecuencias de la obediencia y de la desobediencia, detalladas en los pactos mosaico y de la tierra (véase el capítulo 9), eran *predecibles* sobre la base tanto de las disposiciones generales de los pactos como de la revelación específica a los profetas sobre los detalles y el momento del juicio y la restauración de Dios.

Dado que hablaban con autoridad divina principalmente al pueblo con el que Dios había establecido un pacto, los profetas servían de vigilantes de la nación. Sus

---

[4] Para un ejemplo, véase Roland K. Harrison, *Introduction to the Old Testament* (Grand Rapids: Eerdmans, 1969), 757-58. En una línea similar, Von Rad consideraba que la revelación era dada al profeta «para equiparlo para su oficio» con una dotación especial del espíritu que no era normativa para otras personas» (Von Rad, *Old Testament Theology*) 63. Sin embargo, era la propia revelación, y no el profeta, quien portaba la autoridad divina.
[5] Véase 2Pedro 2:15; Jueces 1:11; y Apocalipsis 2:14.

advertencias y promesas también pretendían motivar la vida santa que se enfatiza en el Pentateuco. Los profetas también esperaban las bendiciones del reino del Mesías venidero.[6] Dado que las advertencias y promesas de Dios se referían a las bendiciones y maldiciones materiales de la tierra, no deben explicarse al margen de las lecciones espirituales. Según Ellisen, los pactos de Dios están destinados a: (1) revelar y garantizar los propósitos redentores de Dios en su Pacto Eterno;[7] (2) revelar y garantizar los propósitos del Reino de Dios a través de su nación elegida, Israel; y (3) proporcionar una base de fe para las relaciones personales con Dios.[8]

Además de pronunciar juicios y consuelos basados en los pactos existentes, el nuevo pacto se revela en Jeremías 31:33-34. Como se señaló en el capítulo 8, el nuevo pacto reemplazó el único pacto temporal (mosaico) dado por Dios, con uno en el que Él proporcionó por gracia el perdón de los pecados y la guía interior por la morada el Espíritu Santo. El pacto abrahámico, que precedió al pacto mosaico por quinientos años, es unilateral, incondicional y aún está en vigor. Debido a que la Iglesia participa en las bendiciones del *nuevo* pacto, ratificado por la sangre de Cristo, es esencial que los predicadores expongan las profecías del *antiguo* pacto (Antiguo Testamento) en las que está arraigado (Ver Mateo 26:28 y Gálatas 3:8).

El carácter de la profecía

El mensaje profético

Una comprensión adecuada de seis características de la profecía bíblica corregirá los conceptos erróneos comunes sobre ella. Primero, fue dada para ser entendida.

Aunque uno debe ser regenerado para apropiarse verdaderamente de la verdad teológica de la Escritura y conocerla existencialmente (véase 1Corintios 2:14-15), la mente no regenerada puede comprenderla *intelectualmente*, porque los símbolos utilizados se explican a menudo.[9]

En segundo lugar, la profecía bíblica suele mezclar cosas cercanas y lejanas. Por ejemplo, la primera y la segunda venida de Cristo se describen como un único acontecimiento en Isaías 9:6. Jesús ilustró la necesidad de discernir el cumplimiento parcial de una sola declaración profética cuando, en la sinagoga de Nazaret, leyó el versículo 61 de Isaías. Al detenerse en la mitad del versículo 2, dijo: «Hoy se ha cumplido esta Escritura en los oídos de ustedes» (Lucas 4:21). La segunda mitad del versículo 2, que Jesús no leyó, se refería al día de la venganza de Dios, que no se cumplirá hasta que Él vuelva.

En tercer lugar, la profecía bíblica es definitiva. Isaías mencionó a Ciro con 150 años de antelación (44:28; 45:1). Josías fue nombrado con 300 años de antelación

---

[6] En Lucas 24:27 Lucas escribe sobre Jesús: «Y comenzando por Moisés y *todos los Profetas*, les expuso en todas las Escrituras lo que se decían de Él» (RVA, énfasis añadido). En Hechos 10:43 Pedro dijo: «*Todos los profetas* dan testimonio de él [Jesús], y de que todo aquel que cree en él recibirá perdón de pecados por su nombre» (RVA, énfasis añadido).

[7] Para referencias bíblicas al Pacto Eterno, véase Hebreos 9:15 y 13:20.

[8] Ellisen, *Three Worlds in Conflict*, 29.

[9] Por ejemplo, la imagen del sueño de Nabucodonosor en Daniel 2.

(1Re. 13:2). Mientras que el médico y astrólogo del siglo XVI, Nostradamus,[10] es célebre por sus predicciones, que se cree que se cumplieron solo ocasionalmente, los profetas de Dios acertaron el ciento por ciento de las veces (véase Deuteronomio 18:22).

En cuarto lugar, el orador/escritor de la profecía bíblica era consciente del contenido y sus implicaciones. Es evidente que no se limitaban a canalizar la información como un conducto por su implicación emocional, sus explicaciones razonadas y su disposición a sufrir por la verdad que comunicaban. Para un ejemplo de esto, véase Jeremías 1:17-19.

En quinto lugar, las predicciones bíblicas comunican el conocimiento de cosas que solo podían conocerse por revelación. Por ejemplo, las setenta semanas de la profecía de Daniel (Dan. 9:24-27) revelan la duración del tiempo entre la reconstrucción del templo de Jerusalén y la crucifixión del Mesías de Israel.[11]

En sexto lugar, las predicciones de la profecía bíblica eran relevantes en el momento en que se dieron. No eran meras previsiones que acabarían siendo ciertas, sino advertencias, juicios y promesas de restauración y del Mesías que respondían a las necesidades actuales.[12]

A la luz de estas seis características, una buena definición de trabajo de la profecía bíblica es: la revelación de Dios de su plan y propósito eterno, proporcionada en una historia escrita de los eventos antes de que ocurran en el tiempo y el espacio.

Dificultades en la interpretación de la profecía

La literatura de la profecía bíblica en general, y la apocalíptica[13] en particular, es rica en lenguaje figurado y simbolismo que a menudo desafía la capacidad del

---

[10] «Nostradamus es el nombre latinizado de Michel de Nostradamus, un médico y astrólogo que vivió en la Francia del siglo XVI... A Nostradamus se le atribuye la profecía de docenas de episodios cruciales de la historia reciente, como el ascenso de Adolf Hitler, el asesinato de John F. Kennedy y, más recientemente, la destrucción de las torres del World Trade Center... El argumento más convincente contra los poderes de Nostradamus es que sus aparentes 'aciertos' son el resultado del azar y de una interpretación creativa. Hay unas mil cuartetas, la mayoría de las cuales contienen más de una predicción y todas, salvo unas pocas, se describen en términos vagos y oscuros. A lo largo de cientos de años, es ciertamente posible que algunos acontecimientos se alineen con algunas predicciones, simplemente por coincidencia». (Tom Harris, «*How Nostradamus Works*», http://science.howstuffworks.com/ nostradamus. htm)

[11] «Una interpretación comúnmente sostenida establece que las sesenta y dos semanas pueden añadirse a las siete semanas del v. 25, dando como resultado un total de sesenta y nueve semanas, o 483 años. Si estos años se añaden a la fecha del decreto de Artajerjes en Neh. 2, 445 a.C., con un ajuste para permitir el uso de un año de 360 días, el final de las sesenta y nueve semanas coincide con la fecha de la crucifixión de Jesús». (Radmacher, Allen y House, *Nelson Study Bible*, 1437)

[12] Dado que toda la Escritura está inspirada por Dios y es útil (2Tim. 3:16), la relevancia de las profecías bíblicas no puede limitarse a los destinatarios originales. Sin embargo, la afirmación de Von Rad de que la propia comprensión del profeta era «solo una forma posible entre muchas otras de entender un oráculo» parece confundir el único significado previsto (interpretación) de los textos bíblicos con sus muchas aplicaciones posibles. Von Rad afirma: «Al remitirse a las generaciones posteriores y a las situaciones a las que se enfrentaban, se abrieron nuevas formas posibles de tomar los oráculos del profeta, y este proceso continuó hasta el momento en que, en el Nuevo Testamento, la predicación de los profetas se reinterpretó por última vez a la luz de los acontecimientos presentes». (*Old Testament Theology*, 49).

[13] La literatura apocalíptica se distingue por el hecho de que suele implicar a un intérprete angélico; está escrita en prosa, no en poesía; mira a la conclusión de la historia; y es altamente simbólica.

intérprete para entenderlos y explicarlos.[14] Por ejemplo, la descripción de la visión de Ezequiel de unas ruedas dentro de otras (Ez. 1) puede indicar que vio el trono de Dios.[15] Pero sería difícil llegar a esta conclusión basándose únicamente en el contexto inmediato, y esta interpretación deja de lado todos los detalles que permitirían hacerse una idea de lo que vio Ezequiel.

Las lagunas cronológicas entre lo que se suele denominar cumplimiento *cercano* y *lejano* de las profecías presentan otro problema. Por ejemplo, en su primera venida, Jesús cumplió la profecía de Isaías 9:6 de que nacería un niño y un hijo sería dado. Pero el hecho de que asumiera el manto de gobierno parece referirse a algo todavía futuro. Sin embargo, la promesa del reinado de Cristo no era irrelevante para aquellos en cuyo tiempo no se cumplió. Por el contrario, motivó una vida santa, al igual que la anticipación de la venida de Cristo a su Iglesia debe motivar la santidad en la vida del creyente del Nuevo Testamento (Véase 1Juan 3:1-3).

Otro reto es comprender el entorno geopolítico en el que se dan las profecías. La interpretación de Isaías 6:1, por ejemplo, depende de que el lector conozca la naturaleza del reinado de Uzías. La muerte de Uzías prepara el escenario para la visión de Isaías de la gloria del Rey exaltado y siempre vivo, cuya soberanía es absoluta, universal y eterna.

Discernir cómo se cumple una profecía también supone un reto. Considere seis escenarios: (1) Algunas predicciones del Antiguo Testamento, (por ejemplo, Jeremías 47) se cumplen claramente en el propio Antiguo Testamento. Pero (2) otras no se cumplieron hasta el Nuevo Testamento. Por ejemplo, el nacimiento de Jesús en Belén fue el cumplimiento de Miqueas 5:2. (3) La profecía del Antiguo Testamento puede cumplirse *parcialmente*, o en un sentido, pero no plenamente, como sucederá en el futuro. Isaías 35, por ejemplo, se refiere a la gloria milenaria, algunos de cuyos aspectos milagrosos se cumplieron en la primera venida de Cristo. La *tensión* resultante se conoce a veces como el fenómeno del «ya-no todavía». (4) Algunas predicciones del Antiguo Testamento *aún* no se han cumplido, en ningún sentido, como la creación de nuevos cielos y una nueva tierra, predicha en Isaías 65:17-25. (5) Algunas predicciones del Nuevo Testamento se han cumplido parcialmente. En Mateo 24, Jesús hizo predicciones que se han cumplido «todavía-no». Finalmente, (6) hay predicciones del Nuevo Testamento que aún no se han cumplido, como la de 2Pedro 3.

Por último, es importante comprender el método rabínico de interpretación del cumplimiento de las profecías. Arnold G. Fruchtenbaum explica que, en la tradición rabínica del *Drash*, se decía que una profecía se cumplía sobre la base de un solo punto, o unos pocos puntos, de semejanza entre muchos puntos de no semejanza. Cita, por ejemplo, Hechos 2:16-21, donde Pedro se refirió a la efusión

---

[14] En lugar de establecer una distinción tajante entre literatura profética y apocalíptica, Robert Thomas considera el Apocalipsis como un documento genuinamente profético que tiene elementos apocalípticos, es decir, «cuando el mensaje fue transmitido al profeta en forma de visiones». Afirma, además, que «el género literario de los escritos inspirados no fue la elección del autor humano, sino que fue un resultado inevitable de la manera en que Dios eligió revelar su mensaje al profeta».

[15] Daniel 7:9 parece apoyar esto. En este versículo Daniel describe el trono de Dios como si tuviera ruedas de «fuego ardiente» (RVA). La evidencia arqueológica indica que los tronos antiguos también tenían ruedas.

del Espíritu Santo como lo que Joel profetizó en Joel 2:28. De hecho, *nada* de lo profetizado en Joel 2:28 ocurrió en el día de pentecostés. No hay constancia de que los hijos e hijas de Israel profetizaran, que los ancianos soñaran sueños o que los jóvenes vieran visiones. En realidad, el evento significativo de hablar en lenguas que *sí* ocurrió en el día de pentecostés ni siquiera es mencionado por Joel. El único punto de conexión es que Joel habla de un derramamiento del Espíritu Santo, un evento que ocurrió en el día de pentecostés, y la razón por la que Pedro cita el texto de Joel.[16]

Consideraciones primarias al predicar la profecía del Antiguo Testamento

Al prepararse para predicar a partir de los libros proféticos de la Escritura, debe prestar una cuidadosa atención a al menos cuatro áreas: *antecedentes históricos, análisis literario, comprensión teológica* y *puntos de predicación*.

Antecedentes históricos

El sermón sobre Isaías 6:1-13, que se muestra en la figura 12-1, ilustra lo importante que puede ser el escenario de un pasaje para su correcta exposición y proclamación. El sermón se titula «Poniendo en orden nuestra cosmovisión». Basado en los primeros cuatro versículos, el sermón comienza subrayando la importancia de «saber quién es Dios»: El capítulo comienza con una declaración de un hecho histórico que es fácil de pasar por alto para el lector moderno mientras busca alguna verdad sorprendente de profundidad espiritual y relevancia práctica. Sin embargo, la falta de comprensión de esta declaración inicial diezma el impacto que habría tenido en sus lectores originales. La frase «En el año en que murió el rey Uzías» hace mucho más que fechar la visión que Isaías pasa a describir. Proporciona el trasfondo contrastante contra el cual el tema de la visión de Isaías debe ser entendido y proclamado.

Al elaborar una ficha de la verdad a partir de este pasaje, debes aplicar las seis interrogativas al longevo rey de Judá, Uzías, así como a Jehová, cuya gloria se le permite ver a Isaías. ¿*Quién* era Uzías?, ¿*qué* lo distinguía de otros reyes?, ¿*cuándo* murió?, ¿*dónde* vivió y reinó Uzías?, ¿*por qué* vale la pena mencionar su muerte? Aunque los buenos comentarios pueden ser útiles, y consultarlos *después* de haber hecho tu propio análisis del texto es un paso importante, una concordancia exhaustiva[17] debería ser tu principal fuente de información bíblica sobre Uzías. Considera la historia de Uzías tal como se cuenta en la literatura histórica de 2Reyes 15:1-5.

---

[16] Fruchtenbaum, «*Rabbinic Quotations of the Old Testament*».

[17] Una concordancia exhaustiva enlista cada palabra usada en una versión particular de la Biblia. Véase James Strong, *Strong's Exhaustive Concordance of the Bible* (Nueva York: Abingdon, 1890), o búsquese en software bíblicos como Libronix.

En el año veintisiete de Jeroboam, rey de Israel, comenzó a reinar Azarías, hijo de Amasías, rey de Judá. Tenía dieciséis años cuando comenzó a reinar, y reinó cincuenta y dos años en Jerusalén. El nombre de su madre era Jecolía, de Jerusalén. Él hizo lo recto ante los ojos del SEÑOR, conforme a todas las cosas que había hecho su padre Amasías. Sin embargo, los lugares altos no fueron quitados, y el pueblo aún ofrecía sacrificios y quemaba incienso en los lugares altos. El SEÑOR hirió al rey, y quedó leproso hasta el día de su muerte, habitando aislado en una casa. Jotam, hijo del rey, tenía a su cargo la casa del rey y gobernaba al pueblo de la tierra. (RVA)

Los nombres de Azarías y Uzías se refieren al mismo rey de Judá.[18] Durante nada menos que cincuenta y dos años reinó en Jerusalén. Además de disfrutar de un reinado extraordinariamente largo, hizo lo que era recto a los ojos de Jehová. Sin embargo, Jehová lo hirió con lepra por un pecado. El relato de 2Crónicas 26:16-21 llega al meollo de la cuestión. En resumen, la prosperidad trajo consigo el orgullo, que llevó al rey a pecar en el templo (véase la figura 12-1, punto I. A.).

Cuando Uzías se hizo fuerte, su corazón se enalteció hasta corromperse. Él actuó con infidelidad contra el SEÑOR su Dios y entró en la casa del SEÑOR para quemar incienso en el altar del incienso. El sacerdote Azarías entró tras él, y ochenta sacerdotes del SEÑOR con él, hombres valientes. Estos se pusieron contra el rey Uzías y le dijeron: ¡No te corresponde a ti, oh Uzías, quemar incienso al SEÑOR, sino a los sacerdotes hijos de Aarón, que han sido consagrados para ello! ¡Sal del santuario, porque has actuado mal! ¡Esto no te servirá de gloria delante del SEÑOR Dios!
Pero Uzías, quien tenía en su mano un incensario para quemar incienso, se llenó de ira. Y al airarse contra los sacerdotes, brotó lepra en su frente, en presencia de los sacerdotes, en la casa del SEÑOR, junto al altar del incienso. El sumo sacerdote Azarías y todos los sacerdotes lo vieron, y he aquí que él tenía leprosa la frente. Entonces lo hicieron salir aprisa de allí. Él mismo se apresuró a salir, porque el SEÑOR lo había herido. El rey Uzías quedó leproso hasta el día de su muerte. Siendo leproso habitó aislado en una casa, porque había sido excluido de la casa del SEÑOR. Su hijo Jotam tenía a su cargo la casa del rey y gobernaba al pueblo de la tierra. (RVA)

Es en un contraste marcado y chocante con el hombre al que los judíos habrían admirado adecuadamente durante generaciones que Jehová es visto como el «indescriptiblemente Santo» (véase la figura 12-1, punto I. B). Isaías continúa:

En el año que murió el rey Uzías, vi yo al Señor sentado sobre un trono alto y sublime; y el borde de sus vestiduras llenaba el templo. Por encima de él había serafines. Cada uno tenía seis alas; con dos cubrían sus rostros, con dos cubrían sus pies y con dos volaban. El uno proclamaba al otro diciendo:

---

[18] Los diccionarios bíblicos, como *Harpers Bible Dictionary*, *Easton's Bible Dictionary*, y *New Bible Dictionary*, muestran que Uzías y Azarías son nombres alternativos para el mismo individuo.

¡Santo, santo, santo es el SEÑOR de los Ejércitos! ¡Toda la tierra está llena de su gloria! Los umbrales de las puertas se estremecieron con la voz del que proclamaba, y el templo se llenó de humo. (6:1-4 RVA)

La gloria visible del Dios tres veces santo, siempre vivo y auto-existente (Jehová) debe apreciarse contra el oscuro telón de fondo del rey cuyo largo reinado de éxito militar, político y doméstico terminó de forma poco gloriosa. A la luz de esta impresionante comparación, Isaías se da cuenta de su propia necesidad de limpieza personal.

El esquema del sermón de House en la figura 12.1 enfatiza los antecedentes históricos del pasaje:

Poniendo en orden nuestra cosmovisión Isaías 6:1-13	
I. Conociendo quién Dios es	1-4

A. La importancia del entorno histórico en la visión de Isaías
     (2Reyes 15:1-5; 2Crónicas 26:16-21)
     • La prosperidad trajo orgullo
     • El pecado de Uzías en el templo
   B. Dios el indescriptiblemente santo	

II. Conociendo quiénes somos	5
A. Reflejo personal cuando vemos a Dios B. Aceptación personal de nuestra pecaminosidad	
III. Conociendo el perdón que no tiene que ver con obras	6-7
A. Reconocimiento del pecado B. Favor inmerecido de Dios	
IV. Conociendo nuestra misión a la luz del perdón	8
A. El deseo de Dios de interactuar con Su pueblo B. Nuestra necesidad de seguir el perdón con compromiso	
V. Conociendo que el juicio con frecuencia precede a la redención	(9b-13)

Figura 12.1

Análisis literario

Sidney Greidanus destaca la importancia del análisis literario de los textos proféticos en su libro *The Modern Preacher and the Ancient Text*. Dice: «Cualquiera que lea los últimos Profetas pronto descubrirá y se sentirá frustrado por la falta de una estructura cronológica. Esto no quiere decir que los libros proféticos no tengan ninguna estructura, sino que tienen una estructura diferente de la que hemos llegado a esperar en la literatura occidental, e incluso hasta cierto punto en la narrativa hebrea».[19]

En cuanto a la identificación del principio por el que los profetas organizaron su material, el autor Gene Tucker expresa un hecho básico a tener en cuenta: «Los profetas, como todos los demás individuos creativos, formaban parte de una tradición, y utilizaban el lenguaje y las formas de expresión de su propio tiempo y lugar».[20] Tucker sostiene que en lugar de buscar un género profético en sí,

---

[19] Sidney Greidanus, *The Modern Preacher and the Ancient Text* (Grand Rapids: IVP, 1988), 239.
[20] Gene Tucker, *Form Criticism of the Old Testament* (Filadelfia: Fortress, 1971), 54.

deberíamos «buscar esa continuidad que nos ayude a entender a cada individuo».[21] Concluye que la mayor parte de la literatura profética consiste en relatos, oraciones o discursos. Un *relato* se refiere a la información que el profeta reporta — a menudo en primera o tercera persona.[22] Según Tucker, «relativamente pocas oraciones — *palabras* dirigidas por el hombre a Dios — se encuentran en los libros proféticos».[23] «La mayoría de las unidades dentro de los libros proféticos caen bajo la categoría general de discursos en los que el profeta mismo se dirige a Israel, a un grupo dentro de Israel, a un individuo o a una nación extranjera». Estos discursos no suelen ser «largas composiciones formales», sino «expresiones breves y poéticas».[24] Identifica como *discurso del mensajero* el que suele ir introducido por las palabras «Así dice el Señor».[25] El contenido de estos discursos incluye palabras directas de Dios, u *oráculos*, y anuncios (o pronunciamientos) de juicios y promesas.[26]

Algunos materiales proféticos, como el libro de Ezequiel, están organizados cronológicamente según el momento en que se pronunciaron los oráculos. Hageo y Zacarías también se desarrollan cronológicamente. La recopilación de visiones y oráculos suele reflejar también cierto grado de ordenación temática, según Greidanus, a los oráculos de juicio les siguen los de salvación.[27]

Tanto la prosa como la poesía se encuentran en la literatura profética, pero Von Rad afirma: «Si bien hay excepciones, la forma de hablar propia de los profetas es, por regla general, en poesía: es decir, es un discurso caracterizado por el ritmo y el paralelismo. Por el contrario, los pasajes en los que no son ellos mismos los que hablan, sino que son los sujetos del relato, están en prosa».[28]

En cuanto a las formas poéticas, en el capítulo 10 se analizaron varios tipos de paralelismo. Un ejemplo de *paralelismo externo* se encuentra en el libro de Oseas. Según Dorsey, el contenido de Oseas está organizado como un quiasmo.[29]

Oseas
Salvación
El adulterio espiritual de Israel y el amor incondicional de Jehová

a Israel es la esposa rebelde de Dios: él hará que ella regrese a casa (1:1-3:5)
  b Condenación de la prostitución espiritual e idolatría de Israel (4:1-5:7)
    c Condenación por infidelidad política, corrupción y sacrificios vacíos (5:8-6:11a)
      d **CENTRO: Israel no ha regresado a Jehová** (6:11b-7:16)
    c' Condenación por infidelidad política, corrupción y sacrificios vacíos (8:1-9:7b)
  b' Condenación de la prostitución espiritual e idolatría de Israel (9:7c-10:15)
a' Israel es el hijo rebelde de Dios: (11:1-14:9)

---

[21] Ibid., 55.
[22] Ibid., 57.
[23] Ibid., 58.
[24] Ibid.
[25] Ibid., 59.
[26] Ibid.,60-70.
[27] Greidanus, *The Modern Preacher*, 239.
[28] Von Rad, *Old Testament Theology*, 33.
[29] Dorsey, *The Literary Structure of the Old Testament*, 266. (Nota: No todos los eruditos encuentran el quiasmo donde lo hace Dorsey. Hay que analizar la estructura literaria de la Escritura con objetividad.) 30. Greidanus, *The Modern Preacher*, 252.

Figura 12.2

Reconociendo el prominente centro formado por este *paralelismo invertido* le permitirá organizar su sermón para comunicar el mensaje de Dios. Las estructuras retóricas del paralelismo interno, tratadas en el capítulo 10, también «refuerzan, agudizan y amplían el significado del pasaje».[30] El material profético es especialmente rico en metáforas (como la imagen de marido y mujer que hace Oseas de Jehová e Israel), y en exageraciones deliberadas llamadas *hipérboles* (como cuando Amós llama a las mujeres ricas de Samaria «vacas de Basán» [4:1 RVA]).

Comprensión teológica

Aunque se preste atención a todo el trasfondo histórico y a la estructura literaria de un texto profético, no hay que olvidar que, como dice Greidanus, «la principal preocupación de la Escritura es darnos a conocer a Dios, su palabra, su voluntad, sus actos».[31] Aunque «en la literatura profética, el énfasis teocéntrico es tan evidente que es difícil de ignorar», dice Greidanus, «a veces se pasa por alto el impulso central porque los predicadores se concentran en la persona del profeta».[32] Si bien es posible hacer de un profeta como Jonás el tema de un sermón biográfico, este no es el punto de vista del material en sí.

Los predicadores también pueden distraerse al absorber los detalles de las predicciones apocalípticas y su cumplimiento en un futuro lejano, perdiendo así el significado de la profecía para su audiencia inmediata. Greidanus advierte: «Cuando se predica sobre la profecía del Antiguo Testamento, no se debe pasar demasiado rápido al Nuevo Testamento. Por ejemplo, aunque Jesucristo cumple en última instancia el tipo de Israel como siervo sufriente de Jehová, en Isaías 53, hacer la profecía *solo* sobre Él, y no sobre la nación, hace que se pierda el sentido de que el pueblo asociado a Cristo tiene un papel de siervo.[33] El siguiente diagrama representa al siervo de Jehová tal como lo describe Delitzsch.[34]

---

[30] Greidanus, *The Modern Preacher*, 252.

[31] Ibid., 256.

[32] Ibid.

[33] Ibid., 258.

[34] C. F. Keil and F. Delitzsch, *Commentary on the Old Testament* (Grand Rapids: Eerdmans. 1973) 7:303. Véase también, *A Survey of Old Testamell Introduction*, 348.

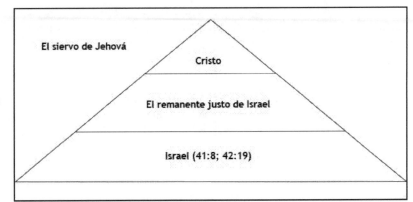

Figura 12.3

El significado teológico de un pasaje se entiende utilizando sus diversos anillos de contexto para responder a lo que el texto enseña sobre el carácter y la obra de Dios. Es la generalización sobre Dios que tiene una aplicación intemporal y universal. En otras palabras, es un principio divino.

El significado teológico de Isaías 6:1-13 podría enunciarse como sigue: Jehová, en contraste con la majestuosidad corruptible de los reyes humanos, es glorioso en santidad absoluta y existencia independiente. El significado teológico de Oseas es que Dios es intolerante con el adulterio espiritual y, sin embargo, es fiel a la hora de extender su misericordia a su pueblo inmerecido cuando se arrepiente.

Puntos de predicación

Kaiser sugiere cuatro formas inadecuadas de predicar los textos proféticos de la Escritura.[35] Cada una de ellas equivale a una forma de sacar el texto del contexto. Una de ellas es aplicar directamente el nombre o el carácter de una persona en un texto profético a una enfermedad social actual (por ejemplo, aplicar 1Reyes 21 a «los Acabs de nuestros días»). Otro es seleccionar una acción de la profecía y utilizarla como plataforma de lanzamiento para enseñar algo no relacionado con el contexto (por ejemplo, «vincular el engrandecimiento de Acab con sistemas institucionales como el socialismo, el asistencialismo... y el gobierno en general»).[36] Un tercer abuso consiste en aprovechar un enunciado que sirva de lema o trampolín desde el que saltar a numerosas referencias cruzadas. Por ejemplo, un predicador que se proponga predicar contra la liberación de la mujer podría lanzar sus salvas a partir de la afirmación convenientemente redactada de 1Reyes 21:7: «Yo [Jezabel] te daré la viña de Nabot de Jezreel» (RVA). Una cuarta forma de perder la intención del autor es tratar el contenido de un texto como una parábola (una historia ficticia con un significado espiritual), por ejemplo, tratar el relato de la confiscación de la viña de Nabot por parte de Jezabel como si fuera solo una historia contada para ilustrar la confiscación ilegal de la propiedad privada por parte del Estado, cuando, de hecho, es un ejemplo histórico de ello.

---

[35] Kaiser, *Toward all Exegetical Theology*, 188.
[36] Ibid.

Para ayudarle a evitar estos abusos, Kaiser sugiere que su sermón refleje el aspecto condicional de la profecía. Afirma: «La predicación de los profetas puede tener un gran atractivo contemporáneo si enfatizamos el arrepentimiento como la condición para experimentar el favor de Dios».[37] Aunque esto es generalmente cierto en principio, tenga cuidado de no aplicar las advertencias y promesas emitidas a Israel como si se dirigieran a la Iglesia. La profecía del Antiguo Testamento fue escrita *a* nosotros, pero no *para* nosotros.

Libros de Profecía

Isaías

Antecedentes históricos

Isaías era hijo de Amoz, quien, según la tradición judía, era hermano del rey Amasías.[38] Si la tradición es cierta, Isaías era primo hermano del rey Uzías.[39] La esposa de Isaías fue llamada profetisa en Isaías 8:3. El nombre de su hijo, Maher-salal-jas-bazb, significa «Rápido es el botín, rápida es la presa», y se cree que simboliza el inminente saqueo del Reino del Norte por parte de Asiria, como profetizó Isaías en los capítulos 1-39.[40] El nombre de su segundo hijo, Sear-Jasub, significa «Un remanente volverá», y se relaciona con la liberación prometida en los capítulos 40-66.[41]

El encabezado (versículo 1) del libro indica que Isaías profetizó principalmente en Jerusalén en estrecha relación con los reyes Acaz y Ezequías. Se le llama «el príncipe de los profetas del Antiguo Testamento» y «el profeta evangélico», porque sus escritos proporcionan el más amplio alcance de la teología en el Antiguo Testamento y hacen hincapié en la buena noticia del Mesías.[42]

La fecha de escritura es alrededor de 740-690 a.C., después de recibir su comisión el año en que murió el rey Uzías (740 a.C.; véase Isaías 6). Probablemente habló las profecías de los capítulos 1-35 durante los reinados de Uzías, Acaz y Ezequías, y los últimos capítulos (40-66) durante el malvado reinado de Manasés.[43] Según Freeman:

La prosperidad material de los dos reinos produjo los inusuales males sociales y morales, así como la decadencia religiosa, que inevitablemente resulta en tales circunstancias. La riqueza y el lujo resultantes de su prosperidad económica, junto

---

[37] Ibid., 194.
[38] Hobart Freeman, *An Introduction to the Old Testament Prophets* (Chicago: Moody, 1968), 195.
[39] Ibid.
[40] Véase Strong, *Strong's Exhaustive Concordance of the Bible, Hebrew and Chaldee Dictionary*, 62.
[41] Freeman, *An Introduction to the Old Testament Prophets*, 111.
[42] Ellisen, *Western Bible Workbook*, 3-4.
[43] Ibid.

con el espíritu de optimismo creado por sus éxitos militares, produjeron una actitud de seguridad carnal en las dos capitales, que también fue reprendida por el contemporáneo de Isaías, Amós (760-753).[44]

Análisis literario

Como se ha señalado anteriormente, Isaías está organizado con un énfasis en el juicio en los primeros treinta y nueve capítulos, y la liberación en los últimos veintisiete capítulos. Los capítulos 36-39 han sido descritos como un *interludio histórico*[45] que constituye el punto de inflexión del libro. Con la amenaza de Asiria evitada en los capítulos 36-37, la amenaza de Babilonia, predicha en los capítulos 38-39, era el resultado del tratado pecaminoso de Ezequías con ellos. Pero a partir del capítulo 40, el énfasis cambia a la liberación que Dios traerá en última instancia a través de su Siervo obediente y sufriente.

Comprensión teológica

El profeta hace hincapié tanto en el control general de Dios como en su voluntad de obrar a través de siervos elegidos, incluido el remanente de Jacob, pero incluso el rey gentil Ciro, y en última instancia, el Mesías. En 7:14, la profecía de la concepción de una virgen fue dada como señal al malvado rey Acaz. En 9:6, la profecía del Mesías se dio como juicio y consuelo cuando Israel había rechazado la Palabra de Dios. Los acontecimientos registrados en los capítulos 13-23 se cumplen durante el gobierno de Manasés.

Puntos de predicación

El lector se enfrenta a la necesidad de formar parte de un remanente fiel que Dios liberará. El pecado de Ezequías de hacer un tratado con Babilonia explica la división del libro y fue registrado tanto en Reyes como en Crónicas porque fue muy significativo. En pocas palabras, un pequeño pecado le costó a la nación su libertad. Los capítulos 40-66 enfatizan la bendición con el regreso del cautiverio. En esta sección, se nombra al rey persa Ciro con 150 años de antelación.

Llamado el «ungido» de Dios, en Isaías 45:1 (RVA), Ciro es un tipo del Mesías. El Mesías, aunque se le hizo sufrir, cumpliría el tipo de siervo de Jehová, que el Israel nacional no había logrado ser.[46] De gran importancia es el hecho de que los capítulos 60-66 contienen promesas de restauración y bendición a Israel que demuestran que el rechazo de los judíos a Cristo no tuvo como resultado el rechazo final de Israel.

---

[44] Freeman, *An Introduction to the Old Testament Prophets*, 195.

[45] Ellisen, *Western Bible Workbook*. 5.

[46] «Los judíos abandonaron la interpretación mesiánica tradicional del siervo debido al testimonio cristiano de la identificación del siervo con Jesús de Nazaret, y aplicaron las profecías a algunos de los profetas, o a la propia nación de Israel. A partir del siglo XIX, los eruditos críticos han adoptado una u otra de las interpretaciones judías de forma categórica o con ciertas modificaciones».

Jeremías

Antecedentes históricos[47]

El nombre de Jeremías significa «a quien Jehová establece» y se ajusta a la historia de su vocación profética y su servicio al Señor. Las profecías de Jeremías fueron recopiladas por un ayudante llamado Baruc (36:4). Jeremías era sacerdote, hijo de Hilcías, y vivía en la ciudad sacerdotal de Anatot, a unas tres millas al norte de Jerusalén (1Cr. 6:60). Fue elegido antes de nacer y recibió su llamado cuando era bastante joven. A causa de los tiempos amenazantes, no se le permitió casarse (16:1-4). Jeremías fue designado para enfrentarse a los reyes, príncipes, sacerdotes y falsos profetas de Judá (1:18). Comenzó su ministerio en el año trece del reinado de Josías (626 a.C.), durante la primera parte de la reforma de Josías y unos cinco años antes de que los libros de la Ley fueran encontrados en el templo por Hilcías. Su ministerio continuó hasta el undécimo año de Sedequías, cuando el Reino del Sur fue llevado al cautiverio en 586 a.C.

Con el surgimiento de Babilonia como imperio mundial sobre Egipto y Asiria, Jeremías profetizó durante el peor período de la historia judía. Vivió al menos cuatro tragedias nacionales. Primero, el asesinato de Josías en Meguido (609 a.C.) provocó un luto nacional similar al de los presidentes estadounidenses Lincoln y Kennedy. (Véase Zacarías 12:11) Segundo, el asedio de Nabucodonosor a Jerusalén comenzó en el 605 a.C. Muchos cautivos, incluyendo a Daniel, fueron tomados, y Judá comenzó a ser destruida por los babilonios, moabitas y amonitas (2Re. 24: 1-4). En tercer lugar, Jerusalén cayó en manos de Nabucodonosor en el año 597. El rey Joacim, Ezequiel y muchos tesoros del templo fueron llevados junto con todos los demás cautivos. En cuarto lugar, Jeremías fue encarcelado en 587, y Jerusalén fue destruida un año después. Desde el punto de vista religioso, las reformas de Josías llegaron demasiado tarde para librar al Reino del Sur de la idolatría desenfrenada como resultado de las alianzas extranjeras.

Análisis literario

Ordenado de forma lógica, no cronológica, la mayor parte de Jeremías es autobiográfica. Los capítulos 7-10 consisten en una serie de sermones.[48] El más famoso es el *sermón del templo*, en el que se afirma que la destrucción del templo por parte de Dios es inevitable. Los capítulos 11-18 presentan el *sermón del pacto de* Jeremías, que enseña que Dios cumple su pacto, aunque el pueblo no cumpla el suyo. (Compárese con 2Timoteo 2:13)

Comprensión teológica

---

[47] Ellisen, *Western Bible Workbook*, 27-28.
[48] Véase Von Rad, *Old Testament Theology*, vol 2, 196ff.

El capítulo 31 anuncia el nuevo pacto, del que los creyentes en Cristo disfrutan hoy de un anticipo a través de las bendiciones del Espíritu Santo que mora en ellos.[49] disposiciones del nuevo pacto incluyen el perdón de los pecados, el conocimiento universal de Jehová y la posesión universal del Espíritu Santo. Jeremías demostró su fe en la promesa de Dios de restaurar un remanente en la tierra comprando un campo allí.

Puntos de predicación

El capítulo 17 se refiere a la idolatría, la violación del sábado y la injusticia. Una sociedad se mide en parte por cómo trata a sus miembros vulnerables.

El consuelo se encuentra en los capítulos 30-33. Cuando los malvados prosperan, como hizo Babilonia, es solo cuestión de tiempo hasta que Dios los juzgue.

Dios es fiel a honrar a los que lo honran. (Véase 1Samuel 2:30) Cuando treinta y cinco despreciados recabitas, cuyo padre les prohibió beber vino, sembrar semillas, plantar una viña o construir una casa, obedecieron el mandato de su padre, fueron alabados no por obedecer el contenido de su mandato, sino por su firmeza como ejemplo para Judá. Asimismo, la vida de Ebed-Melec, un eunuco etíope, fue perdonada cuando otros fueron asesinados, porque había rescatado a Jeremías. La fidelidad de Dios se extiende a su pueblo incluso cuando está bajo juicio, y bendecirá a los que esperan pacientemente su restauración.

El propio Jeremías fue un tipo de Cristo, que predijo de manera similar la destrucción de Jerusalén por los romanos, y es llamado el «profeta llorón», prefigurando a Cristo como el Hombre de los Dolores, que luchó con la misma hostilidad religiosa y también lloró sobre Jerusalén (Lucas 19:41).

Ezequiel

Antecedentes históricos

El nombre Ezequiel significa «Dios es fuerte» o «Dios fortalece». Aunque el nombre de Ezequiel no se encuentra en ninguna otra parte de las Escrituras, se menciona en 1:3 y 24:24, lo que confirma su autoría del libro. Sacerdote, hijo de Buzi, Ezequiel nació hacia el 622 a.C. y fue llevado cautivo con Joaquín en el 597 a.C. Vivió durante cinco años entre los cautivos junto al río Quebar antes de empezar a profetizar a la edad de treinta años. Ezequiel estaba casado, pero su mujer murió cuando comenzó el asedio de Jerusalén, hacia el 588 a.C. (24:1, 15-18). Ejerció su ministerio en su propia ciudad natal, donde los ancianos acudían a escucharle (14:1; 20:1, 3). Su profecía fue escrita alrededor de 592-570 a.C. (ver 1:2-3, 29:17). Así como Jeremías profetizó en Jerusalén, y Daniel en la corte real de Babilonia, Ezequiel habló a la colonia de cautivos.

---

[49] En una conferencia impartida en el *Faith Evangelical Seminary*, Gary Derickson comparó a los creyentes del Nuevo Testamento con los israelitas durante su peregrinación por el desierto. Ellos recibieron el pacto antes de tener la tierra en la que pudieran experimentar plenamente sus bendiciones.

Análisis literario

Ezequiel está ordenado según la secuencia en que recibió y pronunció sus oráculos, o palabras del Señor. Tras el llamado de Ezequiel en los capítulos 1-3, hay advertencias para Judá en los capítulos 4-24 y profecías contra las naciones en los capítulos 25-32. A partir del capítulo 32, las profecías giran en torno a la restauración de Israel en la tierra con un nuevo y glorioso templo.

Comprensión teológica

Ezequiel habló de la voluntad de Dios de restaurar a su pueblo arrepentido y ser su Buen Pastor en una nueva Jerusalén, que se levantaría con un esplendor sin igual. Como sacerdote, Ezequiel hizo hincapié en el nuevo templo y su culto. Su estribillo es «'Y sabrán que yo soy el Señor'» (15:7 RVA). Ezequiel es conocido por su uso de señales y visiones. Es el profeta del «Espíritu», al que menciona más de veinticuatro veces. En Ezequiel 47:21-23, la justicia de Dios se manifiesta en su negativa a despojar a los gentiles asimilados a las tribus de Israel.

Puntos de predicación

El papel de Ezequiel como vigilante ilustra el principio de que el éxito del ministerio se mide por la fidelidad, no por los resultados.

Daniel

Antecedentes históricos

El nombre de Daniel significa «Dios es mi juez». Los judíos clasificaron el libro de Daniel entre los *Escritos* y no entre los *Profetas* porque se le consideraba un estadista más que un predicador.[50] Nacido hacia el 625 a.C., presumiblemente de sangre real (véase Daniel 1:3-6 y 2Reyes 20:18), fue llevado a Babilonia en el 605 a.C. con los primeros deportados. Daniel fue contemporáneo de Jeremías, habiendo crecido durante la reforma de Josías. Ejerció su ministerio en la corte real de Babilonia mientras Ezequiel ejercía su ministerio entre los cautivos. Daniel profetizó desde el año 603 (véase Daniel 2:1) hasta aproximadamente el año 535 a.C. (véase 10:1), durante el reinado de Babilonia hasta la era persa. Sirvió bajo cuatro reyes, incluyendo a Nabucodonosor, Ciro y Darío, y fue primer ministro dos veces. Al menos uno de los reyes bajo los que sirvió Daniel, Nabucodonosor, llegó a la fe en Jehová. Daniel habría conocido a Zorobabel y podría haber influido en Ciro para que permitiera el regreso de los cautivos a Jerusalén.[51]

Análisis literario

---

[50] Matthew Henry, *Matthew Henry's Commentary on the Whole Bible* (Peabody, Massachusetts: Hendrickson, 1996).
[51] Ellisen, *Western Bible Workbook*, 61-62.

Daniel se divide naturalmente entre los relatos de triunfos personales que muestran el control de Dios sobre las personas (caps. 1-6), y las profecías que demuestran el control de Dios sobre la historia (caps. 7-12). Resulta interesante que los capítulos 2 y 7, en los que se esboza el marco temporal de la dominación del mundo gentil, fueron escritos en arameo, la lengua de los gentiles.

Comprensión teológica

Daniel fue escrito para explicar los *tiempos de los gentiles*, es decir, la tolerancia soberana de Dios a la dominación a Israel por los gobernantes del mundo gentil.

Puntos de predicación

Como profeta, las liberaciones personales de Daniel ilustran el control soberano de Dios sobre los acontecimientos. Daniel y sus amigos no fueron los únicos jóvenes cautivos. Pero fueron los únicos que se mantuvieron fieles a Dios. Secuestrados, y posiblemente castrados, estaban en una situación desesperada desde una perspectiva humana. Desde el punto de vista de Dios, estaban en una misión en una posición estratégica para cumplir el propósito de Dios.

Oseas

Antecedentes históricos

El nombre Oseas es una pronunciación de Josué, que significa «salvación» o «liberación». El libro está fechado en los reinados de los cuatro reyes del sur (de Uzías a Ezequías), del 755 al 725 a.C. Cuando Oseas profetizó contra el Reino del Norte, Israel estaba cada vez más amenazado por Asiria al este y en declive político tras su periodo más próspero bajo Jeroboam II. Moralmente, el reino se acercaba a su punto más bajo. Una banda de sacerdotes cometía asesinatos (6:9), la gente sacrificaba a sus hijos y el culto se había contaminado con la prostitución. (Véase Oseas 4:11-14; 5:3-4; 6:10; 7:3-5; y 2 Reyes 14-17.) Freeman señala que «el pueblo confundía el culto de Jehová con el de Baal, mientras que el culto a los becerros prevalecía por doquier. La nación rechazó a Dios y confió en alianzas extranjeras (8:9-10)».[52]

Análisis literario

El contenido de Oseas está organizado como un quiasmo.[53] (Véase la figura 12-2) El centro prominente enfatiza la infidelidad de Israel a Jehová.

Comprensión teológica

---

[52] Freeman, *An Introduction to the Old Testament Prophets*, 178.
[53] Dorsey, *The Literary Structure of the New Testament*, 266.

El matrimonio de Oseas con una esposa que sabía que le sería infiel simbolizaba el rechazo de Jehová y la posterior restauración de Israel. El cumplimiento del pacto de Jehová no depende de la fidelidad de su pueblo del pacto, sino de su fidelidad a su juramento.

Puntos de predicación

La profecía de Oseas ilustra el amor incondicional de Dios por aquellos con los que ha establecido una relación de pacto. También muestra los efectos devastadores de pecar contra Dios con el amor a los falsos dioses, su intolerancia al comportamiento idolátrico, pero también su compromiso con su pueblo.[54]

Joel

Antecedentes históricos

El nombre Joel significa «Jehová es Dios». Esto da énfasis a la afirmación de 2:27: «Y conocerán que... yo soy el Señor su Dios» (RVA; 3:17 se lee de manera similar). Joel, hijo de Petuel (1:1), profetizó en Judá y Jerusalén. Sus frecuentes referencias a los sacerdotes sugieren que él también pudo haber sido sacerdote.

El hecho de que Joel escribiera probablemente hacia el año 835 a.C. es coherente con varios hechos: en primer lugar, su actitud, estilo de escritura y lenguaje son muy parecidos a los de Amós y no a los de los profetas que escribieron después del exilio. En segundo lugar, es muy citado por Amós, Isaías y Miqueas. En tercer lugar, en Joel, los enemigos de Judá son Filistea, Egipto, Grecia y Edom, no Asiria ni Babilonia. La ausencia de toda mención de un rey o príncipes sugiere la época en que Josías era el rey menor de edad supervisado por Joiada, el sumo sacerdote.

Políticamente, los ancianos y los sacerdotes parecen dominar la escena (1:13-14). Internacionalmente, Judá estaba siendo molestada por los vecinos Tiro, Sidón y Filistea, que asaltaban la tierra y vendían al pueblo como esclavos a Grecia. Religiosamente, los pecados eran la indiferencia y la embriaguez. Esto sugiere que Joel pudo haber profetizado después de que Joiada y Joás hubieran purgado la tierra del culto a Baal. De ser así, habría sido un contemporáneo de Eliseo en Israel.

Análisis literario

El libro se divide naturalmente en dos partes, los capítulos 1-2 que predicen una plaga de langostas como anticipo del juicio, y los capítulos 3-4 que prometen una futura restauración y esperanza.

---

[54] Compare 2Timothy 2:13.

Análisis teológico

Joel hace hincapié en la efusión del Espíritu Santo en el día del Señor,[55] a la que Pedro compara con Pentecostés (Hechos 2:16-20). El libro enseña que el juicio debe traer el arrepentimiento (Joel 2:12-13) y que el arrepentimiento oportuno trae la seguridad de la restauración (vv. 25-26).

Puntos de predicación

Aunque el juicio de Dios en el Día de Jehová (Joel 1:15) no podía evitarse más que el devastador azote de las langostas (vv. 3-4), este juicio debía traer el arrepentimiento. El mensaje de Joel era que un remanente sería liberado, incluyendo a todo individuo que invoque el nombre de Jehová (2:32). Hoy, como entonces, el arrepentimiento oportuno asegura la restauración.

Amós

Antecedentes históricos

Amós era de la aldea de Tecoa, a seis millas al sur de Belén, donde no servía como sacerdote o profeta capacitado, sino como administrador o propietario de grandes rebaños de ganado (Amós 1:1; 7:14).[56] El significado de su nombre, «carga» o «gravoso», también describe la pesada carga de oráculos que Dios le había dado para pronunciar contra el Reino del Norte y las naciones circundantes. Ellisen señala que Amós fue el primer profeta descrito como uno que empleó visiones y predijo la perdición de Israel.[57] Freeman describe el entorno político y moral en el que escribió Amós:

> La prosperidad y el lujo sin precedentes de la nación, junto con sus indulgencias pecaminosas, la facilidad y la ociosidad eran indicadores de la decadencia nacional y la depravación moral.

La corrupción moral de Israel es descrita por el profeta como: seguridad carnal (6:1); desprecio del juicio por el pecado (v. 3a); violencia y opresión (v. 3b); indolencia (v. 4a); lujo desenfrenado y gula (vv. 4b, 6b); placeres ociosos (v. 5); embriaguez (v. 6a; cf.4:1); falta de compasión (v. 6b).[58]

---

[55] Nota: La referencia de Pedro a Joel 2:28 en Hechos 2:17 no significaba que la profecía de Joel se estuviera cumpliendo entonces, sino que la venida del Espíritu Santo en la Fiesta de Pentecostés se asemejaba a un aspecto de la profecía de Joel.

[56] La palabra usada para «pastores» en 1:1 no es la palabra hebrea usual *ro'eh*, sino la poco usada palabra *noqe*, sugiriendo más bien «criadores de ovejas» como lo muestra la versión Palabra de Dios para Todos. La única otra ocasión en la que aparece *noqe* es en 2Reyes 3:4, en donde Mesa, rey de Moab, se dice que se involucró en la crianza de ovejas en tal proporción que fue capaz de proveer al rey de Israel cien mil corderos y la lana de cien mil carneros. Amós evidentemente manejaba o poseía grandes manadas de ovejas y cabras y estaba a cargo de otros pastores. John F. Walvoord, Roy B. Zuck, y Dallas Theological Seminary, *The Bible Knowledge Commentary* [Wheaton: Victor Books, 1983], 1425).

[57] Ellisen, *Western Bible Workbook*, 14.

[58] Freeman, *An Introduction to the Old Testament Prophets*, 184.

Análisis literario

Amós consta de tres grupos de oráculos en nueve capítulos, dispuestos en un quiasmo, con el capítulo 5 formando el centro prominente para el énfasis. (Véase la figura 12-4)[59] Según Tucker, «dos géneros básicamente diferentes, el encabezado y el lema, se han combinado para servir juntos como introducción del Libro de Amós».[60] Así, los oráculos contra Judá, Israel, y las naciones circundantes están unificadas bajo un mismo título.[61] Freeman observa:

> La segunda sección, capítulos 3-6, consiste en tres sermones contra Israel por sus pecados. Los sermones de juicio son fácilmente perceptibles ya que cada uno comienza con la fórmula profética «Escucha esta palabra» que encabeza los capítulos 3, 4 y 5. Cada una de las tres denuncias concluye con un enfático «por tanto» (3:11; 4:12; 5:16; 6:7) que anuncia la nación del juicio que sigue.[62]

El tercer grupo de juicios, en los capítulos 7-9, incluye cinco visiones: las langostas (7:1), el fuego (7:4), una plomada (7:7), un cesto de frutos de verano (8:1) y el altar (9:1).[63] La profecía concluye con una promesa de restauración y gloria para Israel.

En cuanto a su ubicación en el canon y su relación con las otras profecías, el mensaje de Amós amplifica Joel 3:16, que dice: «El Señor ruge desde Sión».[64] Abdías, a su vez, se basa en Amós 9:12, «para que posean el remanente de Edom» (RVA). (Véase la figura 12.4) [65]

Amós		
La justicia de Dios al juzgar a Israel		
a El juicio general de las naciones		1-2
b Destrucción de la idolatría de Betel		3
c Condenación de las mujeres decadentes y la falsa adoración		4
d **CENTRO: Llamado al arrepentimiento y el lamento**		5
c' Condenación de los hombres decadentes y la falsa adoración		6
b' Destrucción de la idolatría de Betel		7
a' El juicio simbólico a las naciones		8-9

Figura 12.4

Comprensión teológica

Amós enfatiza y defiende la justicia de Dios al juzgar a Israel en vista de sus injusticias sociales, la degeneración moral y la apostasía.[66] (Véase Amós 9:1 y Hebreos 10:26) Amós es conocido por varios pasajes clásicos, entre ellos el 3:3 («¿Pueden dos caminar juntos, si no están de acuerdo?») y el 7:7 («Así me lo

---

[59] Adaptado de Dorsey, *The Literary Structure of the New Testament*, 278.
[60] Tucker, *Form Criticism of the Old Testament*, 73.
[61] Freeman, *An Introduction to the Old Testament Prophets*, 184.
[62] Ibid.
[63] Ibid.
[64] Keil y Delitzsch, *Commentary on the Old Testament*, 239.
[65] Freeman, *An Introduction to the Old Testament Prophets*, 139.
[66] Ibid,184.

mostró: He aquí que el Señor estaba de pie sobre un muro hecho con una plomada, con una plomada en la mano» [RVA]. Ocho veces dice Amós: «Así dice el Señor».

Puntos de predicación

Amos enseña que (1) hay una moral universal (Caps. 1-2), (2) Dios se deleita en compartir sus planes con sus siervos (3:7), y (3) la adoración insincera es un insulto a Dios (4:4-5).

Abdías

Antecedentes históricos

Abdías, un nombre común del Antiguo Testamento, significa «siervo» o «adorador de Jehová». No se sabe nada del profeta Abdías ni de la fecha de su escrito. Como su contenido es la condena de Edom (descendientes de Esaú), se cree que fue escrito en una época en la que Israel estaba oprimido por los edomitas. Varios factores favorecen una fecha en torno al 845 a.C. En primer lugar, el orden en que Abdías fue colocado en los libros del Antiguo Testamento sugiere una fecha temprana de escritura. También es posible que Amós y Jeremías citen a Abdías. Fue durante el reinado de Joram y el ministerio de Eliseo cuando Edom se rebeló contra su sujeción a Judá y se convirtió en su enemigo permanente (2Reyes 8:22). Arabia y Filistea atacaron a Judá (2Cr. 21:16-17). Si la fecha temprana es exacta, Abdías es (a) el primer profeta escritor y (b) el primero en introducir el día del Señor.[67]

Análisis literario

Según Dorsey, «la estructura del libro de Abdías sirve para reforzar su mensaje. El equilibrio entre la descripción de la futura caída de la orgullosa Edom (unidades a y b) y la declaración del futuro ascenso de la caída de Israel sobre Edom (unidades b' y a') subraya el tema de que Jehová corregirá los males que Edom ha cometido contra Israel invirtiendo la suerte de las dos naciones.[68] Véase la figura 12.5.[69]

```
                        Abdías
                   El siervo de Jehová
             Dios sabe cómo humillar al orgulloso

a  El orgulloso Edom será derrotado (1-4)
      b  Edom será completamente saqueado (5-7)
           c  La población de Edom será masacrada (8-11)
                d CENTRO: Acusación a Edom (12-14)
           c' Edom y las naciones serán juzgados (15-16)
      b' Israel recuperará lo que ha perdido (17-18)
a' El Israel humillado será victorioso (19-21)
```

---

[67] Ellisen, *Western Bible Workbook*, 21.
[68] Dorsey, *The Literary Structure of the New Testament*, 289.
[69] Adaptado de ibid.

Figura 12.5

Comprensión teológica

La profecía de Abdías describe la historia de Israel. El juicio de Edom tipifica la actitud de Dios hacia todo orgullo y su determinación de destruir a los enemigos de Israel. Edom estaba construida sobre los acantilados del monte Seir, que era inexpugnable para los hombres, pero vulnerable para Dios, que humilla a los orgullosos (cp. Abdías 1:3-4, Amós 9:2).

Figura 12.6

Puntos de predicación

Abdías se escribió para proclamar la perdición de Edom por su orgullo, odio y maltrato a los judíos, y la eventual gloria de Israel (1:10, 15). A los israelitas se les ordenó no odiar (mostrar menos estima) al edomita, «porque es tu hermano», decía Deuteronomio 23:7 (RVA). Sin embargo, el odio de los edomitas hacia los judíos se convirtió en un símbolo de toda hostilidad contra los judíos. Herodes, un edomita, maltrató a Cristo. Para el año 70, solo quedaba un remanente de edomitas. Dios prometió derribar cualquier intento de reconstrucción que hicieran (Mal. 1:3-4). En Abdías 1:12-14, donde Dios expresa su descontento con Edom por su maltrato a su «hermano Jacob» (v. 10 RVA), lo vemos en las palabras traducidas «No debiste», tal y como se expresa en las distintas versiones.

Se pueden extraer varias lecciones de Abdías. En primer lugar, la lucha entre Jacob y Esaú comenzó en el vientre materno. Fue alimentado por el favoritismo basado en la elección del hombre en lugar de la elección de Dios. Segundo, el orgullo es peligroso. Como dice Proverbios 16:18 (RVA), «Antes de la quiebra está el orgullo; y antes de la caída la altivez de espíritu».

Jonás

Antecedentes históricos

El nombre de Jonás significa «paloma» y se ajusta a su misión de mensajero de la paz. Jonás era hijo de Amitai, de Gat-Hefer, en Zabulón (actual el-Mesad), a seis kilómetros al norte de Nazaret. Fue reconocido como profeta a principios del reinado de Jeroboam II, 793-753 (2Reyes 14:23-25). Si escribió el libro de Jonás más tarde, una fecha probable es alrededor del 765 a.C.[70]

Los críticos han rechazado la historicidad de Jonás por su incredulidad en los acontecimientos milagrosos registrados en el libro. Pero los estudiosos conservadores creen en la naturaleza histórica del libro por al menos tres razones. En primer lugar, nada en el libro contradice la realidad histórica ni sugiere que la literatura sea una parábola, una leyenda o una alegoría. En segundo lugar, la tradición judía siempre ha considerado que el libro es históricamente real. En tercer lugar, Cristo se refirió a que Jonás fue tragado por el pez y al arrepentimiento de Nínive como hechos históricos[71] (Mateo 12:40-41; Lucas 11:29-30).

Desde el punto de vista político, Israel vivía en constante temor a los ataques relámpago de Siria y Asiria. Asiria estaba en ascenso como potencia mundial. Su capital, Nínive, tenía una población de 600.000 habitantes dentro de una muralla de unos sesenta kilómetros de circunferencia. Como primer misionero extranjero, Jonás se dirige al Reino del Norte con el relato de su misión a Nínive, su archienemigo.

Análisis literario

Sobre la estructura de Jonás, Dorsey escribe:

> La mayoría de las personas que leen el libro de Jonás reconocen que el libro está compuesto por una serie de episodios. Parece que son siete, cada uno de ellos marcado para el público por los cambios de escenario, género y personajes. Estos siete episodios están dispuestos en orden cronológico. Pero también es relativamente llamativo un esquema secundario de ordenación paralela. Los tres primeros episodios (el primer encargo de Jonás, su primera experiencia con los paganos y su primera oración) se corresponden con los tres segundos episodios (su segundo encargo, su segunda experiencia con los paganos y su segunda oración) en una configuración a-b-c, a'-b'-c'. Después de estos seis episodios está la lección de Jehová para Jonás, con la que concluye el libro. Los siete episodios del libro presentan, pues, una disposición paralela: a-b-c, a'-b'-c', d.[72] (Véase la figura 12.7)[73]

---

[70] Ellisen, *Western Bible Workbook*, 23-24.
[71] Ibid.
[72] Dorsey, *The Literary Structure of the New Testament*, 290.
[73] Adaptado de ibid., 291.

```
                          Jonás
                          Paloma
            La preocupación de Dios por el perdido
             en contraste con la falta de interés de Israel

    a  La comisión y huida de Jonás (1:1-3)
            b  Jonás y los marineros paganos (1:4-16)
                    c  La oración de Jonás (1:17-2:10)
    a' La re-comisión de Jonás y su obediencia (3:1-3a)
            b' Israel y los ninivitas paganos (3:3b-10)
                    c' La oración de Jonás (1:17-2:10)
    d La lección de Jehová para Jonás (4:5-11)
```

Figura 12.7

Comprensión teológica

El libro es una lección objetiva para mostrar a Israel la preocupación de Dios por los perdidos en contraste con la falta de compasión de Israel. Así, mientras Abdías enfatiza la venganza de Dios, Jonás demuestra su misericordia. Además, Jonás sirve para tipificar la muerte, la sepultura y la resurrección de Jesucristo de entre los muertos, ya que ambos estuvieron en el lugar de la muerte durante parte de tres días y tres noches (Mateo 12:40).

Puntos de predicación

Jonás enseña que las circunstancias convenientes suelen acompañar el camino de la desobediencia a Dios (1:3). Las personas deben obedecer a Dios de buena gana, como lo hacen sus otras criaturas, la tormenta, el gran pez, la planta de sombra y el gusano. La historia demuestra de una vez por todas que las misiones son la obediencia para extender la compasión de *Dios* por los perdidos, no la compasión *propia*. Pero Él puede obrar a través de una persona a pesar de ella misma. Y Dios honra el arrepentimiento genuino de cualquiera. Sin embargo, Dios está tan interesado en la obra que hace en sus siervos como en lo que hace *a través de* ellos.

Miqueas

Antecedentes históricos[74]

El nombre Miqueas significa «¿Quién es como Jehová?». (véase Miqueas 7:18). Miqueas era de Moreset, veinte millas al suroeste de Jerusalén, en la frontera con Filistea. Es el único profeta menor cuyo ministerio escrito se dirigió a ambos reinos, aunque principalmente profetizó al Reino del Sur de Judá. El recuerdo de la profecía de Miqueas por parte de Ezequías le perdonó la vida a Jeremías (Jer. 26:18). Miqueas profetizó alrededor del año 725 a.C., durante los reinados de

---

[74] Ellisen, *Western Bible Workbook*, 14ff.

Jotam, Acaz y Ezequías. Para entender la naturaleza del ministerio de Miqueas, es beneficioso compararlo y contrastarlo con su contemporáneo, Isaías:

- Ambos advierten de la invasión.

- Ambos hablan de la liberación de Judá de Asiria.

- Ambos hablan del cautiverio de Judá en Babilonia.

- Ambas prevén bendiciones milenarias después de la reunificación y el arrepentimiento nacional.

- Ambos hablan del Mesías, Isaías prediciendo su concepción virginal, y Miqueas, su lugar de nacimiento (5:2).

Las diferencias entre Isaías y Miqueas incluyen el hecho de que, mientras Isaías se dirigía a la clase alta, Miqueas escribía a la gente común, con el toque de un «predicador del campo» (como Amós).[75] Isaías se ocupó de la vida política de Judá, pero Miqueas escribió sobre temas religiosos y sociales. Por último, mientras que la profecía de Isaías incluye a las naciones circundantes, la de Miqueas se limita al pueblo de Israel y Judá.

Análisis literario

Según Dorsey, «un análisis cuidadoso de la disposición del libro revela un arreglo simétrico de siete partes... que es ingenioso y al mismo tiempo resalta los temas centrales de Miqueas, particularmente (1) los pecados sociales de Israel, (2) el fracaso moral de su liderazgo, y (3) el establecimiento final de la propia realeza benévola de Jehová sobre la tierra».[76]

```
                         Miqueas
                    ¿Quién es como Jehová?

          Ambos reinos serán juzgados y liberados por el Mesías

   a  Derrota y destrucción venideras (1:1-16)
          b  Corrupción del pueblo (2:1-13)
                 c  Corrupción de los líderes (3:1-12)
                         d CENTRO: gloriosa restauración futura
                 c' Corrupción de los líderes (6:1-16)
          b' Corrupción del pueblo (7:1-7)
   a' Futuro revertimiento de la derrota y la destrucción (7:8-20)
```

Figura 12.8[77]

---

[75] «Hablaba como un hombre del pueblo, cuya simpatía estaba con la gente del campo, y trataba de protegerla contra los ricos codiciosos y los nobles de las capitales». (Charles F. Pfeiffer, *The Wycliffe Bible Commentary: Old Testament* [Chicago: Moody Press, 1962])

[76] Dorsey, *The Literary Structure of the New Testament*, 296.

[77] Ibid., 297.

Comprensión teológica

En 6:8, la profecía pregunta qué requiere Jehová de una persona. La respuesta enfatiza la rectitud del corazón. Otra pregunta clásica en 7:18, «¿Quién es un Dios como Tú?» enfatiza a Jehová como un Dios perdonador como ningún otro.

Puntos de predicación

El propósito de Miqueas era advertir de la proximidad del juicio sobre ambos reinos por su idolatría e injusticia, y de la eventual liberación que traería el Mesías. Profetizó que Belén sería el lugar de nacimiento de Jesús, setecientos años antes de que el César decretara que los descendientes de David se inscribieran allí, lo que dio lugar a su cumplimiento (5:2; véase Lucas 2:1-4). Cuando predique el libro de Miqueas, haga hincapié no solo en el cumplimiento preciso de las profecías predictivas, sino también en la comprensión teológica indicada en el epígrafe anterior.

Nahúm

Antecedentes históricos

El nombre Nahúm significa «consuelo» y se corresponde con el ministerio del profeta. La ciudad de Capernaúm, en Galilea, se llama *Caper* («ciudad de») *Naum* (Nahúm), y se cree que fue nombrada así por el profeta que tuvo allí su hogar. Es posible que Nahúm escapara del cautiverio del norte y huyera a Judá, donde profetizó contra Nínive con el fin de consolar a Judá en un momento de reforma temporal. Aunque hay dos fechas posibles de redacción, lo más probable es que Nahúmm escribiera durante el reinado de Ezequías, alrededor del año 700 a.C. Nahúm profetizó contra la misma ciudad de Nínive que se había arrepentido setenta y cinco años antes en respuesta a la misión reticente de Jonás. La ciudad fue posteriormente destruida por Nebopolasar en el 612 a.C. En consonancia con el significado de su nombre, Nahúm escribe como si la acción tuviera lugar en el momento de escribir, ¡pero no menciona ni un solo pecado de Judá!

Análisis literario

Dado que 1:2-10 refleja un acróstico incompleto, varias teorías tratan de explicar la composición de Nahúm. John Paterson señala la sugerencia de que el libro es una liturgia profética, pero duda de que haya sido escrito por la misma persona en la misma época.[78] Dorsey, por su parte, encuentra siete unidades dispuestas en un quiasmo alrededor de un centro que enfatiza el «lamento por la caída de Nínive, la guarida de los leones» (2:11-13). Sugiere que el uso por parte de Nahúm de un patrón de 4 + 3 se hace eco de un canto fúnebre hebreo, «reforzando el sentido de elogio sobre la desaparición de Nínive».[79] Visto así, la «visión inicial es un eficaz

---

[78] John Paterson, *The Goodly Fellowship of the Prophets* (Nueva York: Scribner's, 1948), 111.
[79] Dorsey, *The Literary Structure of the New Testament*, 304.

recurso para captar la atención, y también introduce la cuestión de la causa de la caída de Nínive, a la que Nahúm volverá posteriormente».

Nahúm
Consolación

El juicio de Dios y la destrucción sobre Nínive y Asiria

a Jehová... se venga de sus enemigos (1:2-10)
   b Jehová destruirá a Nínive (1:11-15)
      c Descripción vívida del ataque sobre Nínive (2:1-10)
         d **CENTRO: lamento por la caída de Nínive (2:11-13)**
      c' Descripción vívida del saqueo sobre Nínive (3:1-7)
   b' Nínive será destruida (3:8-13)
a' Nínive se asemejaba a una fuerza destructiva de la naturaleza (3:14-19)

Figura 12.9

Comprensión teológica

Según Nahúm, la destrucción de Nínive demuestra que el juicio tardío del pecado no debe confundirse con la aprobación divina del mismo. La justicia y la omnipotencia de Dios hicieron inevitable la destrucción de Nínive. Al mismo tiempo, Dios conoce íntimamente a los que buscan refugio en Él (1:7). En el capítulo 2, la destrucción y el exilio de Nínive como resultado de un diluvio se considera un juicio divino. En el capítulo 3 se subraya la crueldad de Nínive por la ausencia de alguien que se entristezca por su aniquilación.

Puntos de predicación

Como base para no tomar nunca su propia venganza, los creyentes deben saber que pueden contar con que Dios se vengará de sus enemigos (Rom. 12:19). No deben pensar que Dios tarda en cumplir su promesa (véase 2Pedro 3:8-9).

Habacuc

Antecedentes históricos

Según Wilkinson y Boa, «la única referencia temporal explícita en Habacuc es la de la invasión babilónica como acontecimiento inminente (1:6; 2:1; 3: 16).»[80] «La fecha más probable para el libro es en la primera parte del reinado de Joacim (609-597 a.C.). Joacim fue un rey impío que llevó a la nación por el camino de la destrucción (cf. 2Reyes 23:34-25:5; Jeremías 22:17).»[81] El nombre Habacuc, que significa «abrazar», se ajusta bien a su compromiso con Jehová en la oración con preguntas (1:2; 3:2). «Está preocupado por la iniquidad incontrolada y la corrupción generalizada en Judá, que parece quedar impune.»[82] Cuando se entera

---

[80] Wilkinson and Boa, *Talk Thru the Old Testament*, 273.
[81] Ibid.
[82] Freeman, *An Introduction to the Old Testament Prophets*, 251.

de la intención de Jehová de utilizar a los babilonios para castigar a Judá, el profeta cuestiona que Dios se sirva de un verdugo más perverso que Judá.

Habacuc
Abrazar

El justo debe esperar que Dios destruya a los enemigos de Jerusalén

a Primera queja de Habacuc sobre la justicia de Jehová (1:2-4)
   b La respuesta de Jehová a la primera queja de Habacuc (1:5-11)
      c Segunda queja de Habacuc sobre la justicia de Jehová (1:12-17)
         d **CENTRO: el justo vivirá por fe (2:1-5)**
      c' La respuesta de Jehová a la segunda queja de Habacuc, cinco ayes (2:6-20)
   b' Respuesta final de Jehová (3:1-15)
a' Salmo de Habacuc (3:16-19)

Figura 12.10

Análisis literario

«La disposición lineal del libro de Habacuc, que comienza con lo negativo y termina con lo positivo, sugiere que el propósito del libro es llevar a la audiencia de la confusión y la desesperación a la clarificación y la esperanza».[83] Según Dorsey, el libro se centra en 2:1-5, donde se dice que el justo vive por la fe. (Véase la figura 12.10)[84]

Comprensión teológica

Hablar a Dios sobre los hombres diferencia a Habacuc de la mayoría de los profetas que hablaban a la gente sobre Dios. El libro muestra la destrucción de los enemigos del Reino del Sur como el resultado inevitable de la santidad de Dios (1:13).

Puntos de predicación

La afirmación de Habacuc en 2:4, «Pero el justo vivirá por su fe» (RVA) articula un principio de supervivencia física en el próximo ataque babilónico. El apóstol Pablo lo aplicó a los creyentes del Nuevo Testamento. (Véase Hebreos 10:38 y la referencia de Pablo a Habacuc 2:4 en Romanos 1:17 y Gálatas 3:11). En Habacuc 2:20, la referencia del profeta a Jehová en Su santo templo llama al silencio ante Él como Juez. La gran declaración de Habacuc en 3:17-18, «Aunque la higuera no florezca... Sin embargo, me alegraré en el Señor», enfatiza el hecho de que Dios mismo, y no Sus bendiciones materiales, es la motivación adecuada para la adoración.

---

[83] Dorsey, *The Literary Structure of the New Testament*, 309.
[84] Ibid., 306.

Sofonías

Antecedentes históricos

Tataranieto del rey Ezequías, Sofonías era un primo lejano del rey Josías y probablemente tuvo un papel influyente en las reformas de Josías (véase Sofonías 1:1). Es el único profeta menor con sangre real. Escribió alrededor del año 625 a.C.[85] El nombre Sofonías significa «Jehová se esconde» y armoniza con la declaración de Sofonías 2:3 «Busquen al SEÑOR, todos los mansos de la tierra que ejecutan su decreto. Busquen justicia, busquen mansedumbre; quizás serán protegidos en el día del furor del SEÑOR» (RVA).

En ese momento, las reformas de Josías no hacen mayor efecto en el pueblo. Jerusalén merecía un juicio por la idolatría y el adulterio desenfrenados en los que participaban incluso los profetas y los sacerdotes, a pesar de los diversos castigos (3:7). Sofonías escribió la genealogía más detallada de los Profetas Menores.

Análisis literario

Según Dorsey, Sofonías suele dividirse en siete unidades principales que presentan un patrón simétrico:

El anuncio del juicio venidero en la primera unidad se equilibra con el anuncio de la restauración venidera en la última unidad. La condena de los príncipes y la gente rica de Jerusalén en la segunda unidad se equilibra con la condena de los príncipes y líderes malvados de Jerusalén en la penúltima unidad. La descripción del terrible día de Jehová en la tercera unidad se equilibra con la descripción del juicio de Jehová contra las naciones en la antepenúltima unidad. La cuarta unidad del libro, la central, es la llamada de Sofonías al arrepentimiento.[86]

Sofonías
Jehová esconde

El día del Señor y el juicio de Judá

a Juicio de Jehová sobre los malvados de Jerusalén (1:2-6)
  b Juicio venidero sobre los líderes corruptos (1:7-13)
    c Juicio de Jehová a todas las naciones (1:14-18)
      d CENTRO: llamado al arrepentimiento (2:1-3)
    c' Juicio de Jehová a todas las naciones (2:4-15)
  b' Juicio venidero sobre los líderes políticos corruptos (3:1-7)
a' Restauración futura de Jerusalén y sus fortunas (3:8-20)

Figura 12.11[87]

---

[85] Sabemos que Josías reinó de 640 a 609, y su reforma comenzó en el duodécimo año de su gobierno. Sofonías escribió en algún momento después del 628 a.C., cuando comenzó el renacimiento, y antes de que Nínive fuera destruida. Por lo tanto, Sofonías escribió en algún momento antes del 612 a.C. ...

[86] Dorsey, *The Literary Structure of the New Testament*, 313.

[87] Ibid., 311.

Comprensión teológica

En 1:14, el profeta advierte: «Cercano está el gran día del SEÑOR; está cerca y se apresura con rapidez» (RVA). En 2:3, insta al pueblo a «buscar al Señor». Dios siempre proporciona una vía de escape del juicio si se toma a tiempo (Sof. 2:1-3; 1Cor. 10:13).

Puntos de predicación

Sofonías anima a vivir con rectitud en vista del juicio de Dios sobre el mundo y la restauración de Judá. Este libro enseña que no mantener la separación del mundo conduce al dar concesiones espirituales y al juicio (1:4-5; véase 2Reyes 17:33). Si una comunidad no tiene *mentalidad* misionera, pronto se convierte en un *campo* de misión (véase Sofonías 1:6).

Hageo

Antecedentes históricos

El nombre Hageo significa «festivo» y se ajusta a la promoción que hizo el profeta Hageo de la construcción del templo y de la reanudación de las celebraciones de las fiestas de Israel (Esdras 5:1, 6:14). Hageo es el primero de los tres «profetas de la restauración», lo que significa que, junto con Zacarías y Malaquías, ministró en Judá a los que regresaron del cautiverio babilónico. Es posible que Hageo haya nacido en Babilonia y que haya sido uno de los primeros en regresar a Jerusalén con Zorobabel. Su profecía es la que está fechada con mayor precisión, ya que fue escrita en el segundo año del reinado de Darío, entre el 1 de septiembre y el 24 de diciembre de 520 a.C.

Zorobabel era gobernador de Judá y Josué era el sumo sacerdote. Después de que casi cincuenta mil cautivos regresaran a Jerusalén desde Babilonia, la reconstrucción de Jerusalén y del templo se detuvo por un decreto de Artajerjes (Cambises) en el año 529 a.C. (Esdras 4:21). El pueblo comenzó entonces a aceptar la imposibilidad de observar el culto y las fiestas del templo y se volcó en sus intereses personales. Sin embargo, siendo animados por Hageo y Zacarías, el pueblo reanudó los trabajos, lo que le valió el apoyo de Darío I.[88]

Habiendo regresado justo setenta años después de la primera deportación (606), el templo se completó en el 516 a.C., justo setenta años después de su destrucción en el 586. Así, la profecía de los setenta años de cautiverio se cumplió desde dos puntos de vista.

Análisis literario

Este libro es una colección de cinco mensajes fechados, junto con un episodio narrativo, que están dispuestos en orden cronológico. (Véase la figura 12.12)

---

[88] Ellisen, *Western Bible Workbook*, 46.

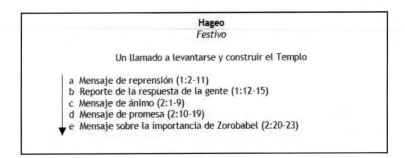

Figura 12.12

Comprensión teológica

Hageo enseña que no hay verdadera prosperidad fuera de la voluntad de Dios (1:6). Además, mientras que la contaminación del pecado llega por el tacto, no ocurre lo mismo con la santidad (2:13).

Puntos de predicación

El propósito de Hageo al escribir era condenar al pueblo por descuidar la reconstrucción del templo en favor de sus propios intereses, e indicar que tal descuido era la causa de su sequía y depresión económica. Su resonante estribillo es: «Reflexionen acerca de sus caminos» (1:5, 7 RVA), porque el pueblo decía: «Así ha dicho el SEÑOR de los Ejércitos: 'Este pueblo dice que aún no ha llegado el tiempo en que sea reedificada la casa del SEÑOR'» (1:2 RVA). En 2:9, el pueblo debía estar motivado por la promesa de Dios de que «la gloria del último templo sería mayor que la del primero» (RVA). Un principio que se puede predicar de 1:2 es que la tentación de la negligencia espiritual está siempre presente.

Zacarías

Antecedentes históricos

Zacarías era uno de los profetas-sacerdotes. Su nombre significa «Jehová se acuerda», y complementa el énfasis del profeta en la futura restauración y limpieza de Israel a través de la obra redentora del Mesías. Zacarías era hijo de Berequías, un sacerdote cuyo nombre significa «Jehová bendice». El nombre de su abuelo, Iddo, significa «el tiempo señalado». Así, en orden, los tres nombres significan: «el tiempo señalado... Jehová bendice... Jehová recuerda».[89] Zacarías comenzó a profetizar unos dos meses después de que comenzara Hageo, por lo que el escenario era el mismo. Los capítulos 1-8 fueron escritos entre octubre de 520 y noviembre de 518. Los capítulos 9-14 fueron escritos probablemente después del 480 a.C. Según la tradición judía, Zacarías fue asesinado en el santuario. Su muerte fue recordada por Jesús en Mateo 23:35 y Lucas 11:51.

---

[89] Ibid., 59.

Análisis literario

Zacarías consta de siete mensajes ordenados cronológicamente.

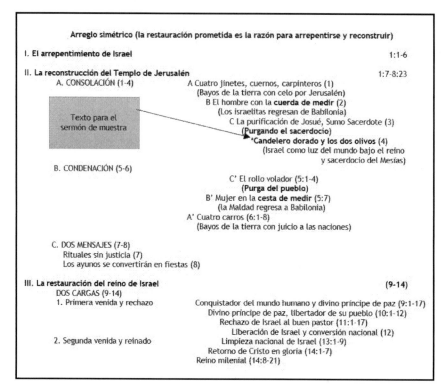

Arreglo simétrico (la restauración prometida es la razón para arrepentirse y reconstruir)

I. El arrepentimiento de Israel   1:1-6

II. La reconstrucción del Templo de Jerusalén   1:7-8:23

     A. CONSOLACIÓN (1-4)

Texto para el sermón de muestra

     A Cuatro jinetes, cuernos, carpinteros (1)
     (Bayos de la tierra con celo por Jerusalén)
     B El hombre con la **cuerda de medir** (2)
     (Los israelitas regresan de Babilonia)
     C La purificación de Josué, Sumo Sacerdote (3)
     (**Purgando el sacerdocio**)
     *Candelero dorado y los dos olivos (4)
     (Israel como luz del mundo bajo el reino
     y sacerdocio del Mesías)

     B. CONDENACIÓN (5-6)

     C' El rollo volador (5:1-4)
     (**Purga del pueblo**)
     B' Mujer en la **cesta de medir** (5:7)
     (la Maldad regresa a Babilonia)
     A' Cuatro carros (6:1-8)
     (Bayos de la tierra con juicio a las naciones)

     C. DOS MENSAJES (7-8)
     Rituales sin justicia (7)
     Los ayunos se convertirán en fiestas (8)

III. La restauración del reino de Israel   (9-14)
     DOS CARGAS (9-14)
     1. Primera venida y rechazo

     Conquistador del mundo humano y divino príncipe de paz (9:1-17)
     Divino príncipe de paz, libertador de su pueblo (10:1-12)
     Rechazo de Israel al buen pastor (11:1-17)
     Liberación de Israel y conversión nacional (12)

     2. Segunda venida y reinado

     Limpieza nacional de Israel (13:1-9)
     Retorno de Cristo en gloria (14:1-7)
     Reino milenial (14:8-21)

Figura 12.13

Este párrafo sobre el candelabro de oro y los dos olivos es el texto del ejemplo de sermón que sigue.

Comprensión teológica

Al igual que Isaías, Zacarías es un gran profeta *mesiánico*. Mientras que Daniel se centró en la profecía de la dominación del mundo gentil, Zacarías y Hageo se centraron en el templo, volviendo a enfatizar las profecías de Joel y Sofonías sobre el próximo día del Señor. Zacarías correlaciona todas las profecías anteriores sobre la restauración de Israel en la tierra bajo el Mesías, incluyendo la obra del Mesías tanto en su primera como en su segunda venida.

Puntos de predicación

La profecía de Zacarías se distingue por el predominio de las visiones, la información sobre los ángeles y una imagen detallada del futuro de Israel. Escribió para animar a los que habían regresado del exilio a Babilonia a confiar en Jehová, pintando un meticuloso retrato de la futura restauración. Al interpretar las ocho visiones nocturnas, hay que entender que forman un quiasmo que enfatiza el poder del Espíritu Santo. (Véase la figura 12.13)[90]

Sermón de muestra

La obra de Dios, el poder de Dios
Zacarías 4:1-7

El hombre hace la obra de Dios / Solo con el poder de Dios

I. Revelación del poder de Dios 1-3
    A. El despertar del profeta
        1. por un ángel que habla (1a)
        2. como si se tratara de un sueño (1b)
    B. La descripción del profeta
        1.un candelabro de oro (2)
            a. un cuenco en la parte superior
            b. siete lámparas
            c. cuarenta y nueve tubos de suministro
        2.dos olivos (3)
            a. uno en el lado derecho de la taza
            b. uno en el lado izquierdo de la taza
II. Petición del Profeta de Dios 4-5
III. Tranquilidad para el pueblo de Dios 6-7
    A. La palabra de Jehová a Zorobabel (6)
        1. no por la fuerza
        2. no por el poder
        3. por el Espíritu de Dios
    B. La advertencia de Jehová sobre los obstáculos (7a)
        1. una gran montaña de oposición que debe ser aplastada
        2. Zorobabel debe terminar personalmente lo que comienza
    C. El pueblo de Jehová celebra la gracia de Dios (7b)

Malaquías[91]

Antecedentes históricos

El nombre de Malaquías significa «mi mensajero» y describe adecuadamente al propio profeta, el sacerdote de 2:7, el mensajero de la alianza y el precursor del Mesías en 3:1. Malaquías fue el último profeta antes de Juan el Bautista, cuya venida predijo. El peso de la revelación de Malaquías es tan prominente en el libro que el propio profeta permanece en las sombras. Malaquías escribió hacia el año 430 a.C., después de que el templo fuera reconstruido. Había transcurrido suficiente

---

[90] Dorsey, *The Literary Structure of the New Testament*, 32 1.
[91] Ibid., 324.

tiempo para que el culto se convirtiera en una rutina formal y vacía. Políticamente, la nación estaba bajo el mando de Artajerjes I, el rey persa que permitió a Esdras y Nehemías regresar a Jerusalén. A pesar de haber experimentado varios resurgimientos, incluyendo el de Esdras en el 445 a.C., los exiliados que regresaron estaban desmoralizados, seguros de que Dios los había defraudado al no dar paso a la era prometida del Mesías. Cuestionaban con orgullo y amargura el amor de Dios y su compromiso con la justicia.

Análisis literario

Dorsey considera que la disposición de Malaquías es eficaz para destacar los puntos principales del libro:[92]

> Las unidades primera y última de la simetría (posiciones de prominencia) subrayan el punto de que Jehová premia la fidelidad y castiga la maldad... la doble condena de los sacerdotes y del pueblo por engañar y robar a Jehová con sus ofrendas inferiores, en las unidades segunda y penúltima, llama la atención sobre este tema. Y la doble cobertura del papel clave de los levitas en la renovación, en la tercera y antepenúltima unidades, destaca su importancia en la vida religiosa de Israel. Además, la colocación del llamado al arrepentimiento en el centro de la disposición simétrica del libro subraya el papel clave que debe desempeñar el arrepentimiento para que el pueblo reciba el perdón y la bendición de Dios.[93] (Véase la figura 12.14)[94]

Malaquías
Mi mensajero

El amor de Dios y la altanería de Israel

a Jehová es justo: Él ama al remanente fiel de Israel (1:2-5)
   b Los sacerdotes y el pueblo han hecho trampa con sus ofrendas a Jehová (1:6-14)
      c En el pasado Leví sirvió con rectitud (2:1-9)
         d **CENTRO: ¡Dejen de ser infieles!** (2:10-16)
      c' En el futuro el mensajero de Jehová vendrá (2:17-3:6)
   b' El pueblo ha robado a Jehová con sus diezmos y ofrendas (3:7-12)
a' Jehová es justo: Él recompensará al justo pero destruirá definitivamente al malvado (3:13-4:3)

Conclusión: el día de Jehová (4:4-6)

Figura 12.14

Comprensión teológica

Malaquías enfatiza la grandeza de Dios al escribir para corregir la actitud altiva de sus lectores. Aunque les asegura el amor de Jehová, también presenta el caso de Jehová contra su pueblo por sus actitudes pecaminosas y su religión formal.

---

[92] Ibid.

[93] Ellisen, *Western Bible Workbook, Part V, Minor Prophets*, 49.

[94] Véase a Dorsey, *The Literary Structure of the New Testament*, 318.

Puntos de predicación

Según Malaquías, el orgullo y la arrogancia de la adoración formal y sin vida por parte del pueblo era el resultado de su incapacidad para amar a Dios en respuesta a su amor por ellos.

Resumen y conclusión

A diferencia de los predicadores modernos, que proclaman el mensaje de los textos establecidos, los profetas recibieron mensajes directamente de Dios. Pero, al igual que los ministros de la Palabra de hoy, eran personas comunes y corrientes a las que Dios eligió y llamó para que llevaran su mensaje de juicio y esperanza de acuerdo con las estipulaciones de sus pactos y su capacidad para predecir el futuro en detalle con absoluta exactitud. Los cumplimientos de algunas de sus predicciones ya han sido registrados. Otras aún están por cumplirse. Todas fueron tomadas en serio por los escritores del Nuevo Testamento y no deben ser descartadas, o espiritualizadas, por los predicadores de hoy.

Entre los retos a los que se enfrentan los intérpretes de la literatura profética están el lenguaje figurado, la comprensión de la situación geopolítica, las lagunas cronológicas y las diversas formas en que pueden cumplirse las predicciones. Pero la palabra profética es comprensible y relevante. Incluso cuando el cumplimiento de las predicciones no se produciría en vida de quienes las escucharon, sirvieron para motivar el arrepentimiento y proporcionar la esperanza necesaria en ese momento.

Al prepararse para predicar a partir de la profecía del Antiguo Testamento, preste especial atención al trasfondo histórico, al análisis literario, a la comprensión teológica y a los puntos de predicación del libro y el pasaje en cuestión. La familiaridad con el mensaje básico de cada libro le dará un marco dentro del cual desarrollar el mensaje de un texto determinado.

Isaías instó a sus lectores del Reino del Sur de Judá a confiar en Jehová en lugar de acudir a otras naciones en busca de ayuda, porque Él prometió restaurar a Judá después de juzgarlo.

El impopular mensaje de **Jeremías** acerca de que era demasiado tarde para evitar la cautividad babilónica por el arrepentimiento se equilibra con la promesa de la nueva alianza, en cuyas bendiciones espirituales ya participa la Iglesia.

Como sacerdote, **Ezequiel** hizo hincapié en el nuevo templo y su culto. Aunque se centra en la partida y el regreso de la gloria de Dios, el papel de Ezequiel como vigilante ilustra el principio de que el éxito del ministerio se mide por la fidelidad, no por los resultados.

Como profeta, las liberaciones personales de **Daniel** ilustran el control soberano de los acontecimientos. El contenido de su profecía demuestra el control de Jehová sobre la dominación de Israel y del mundo por las naciones gentiles.

El matrimonio de **Oseas** con una esposa infiel simbolizaba el rechazo y posterior restauración de Israel. El cumplimiento del pacto de Jehová no depende de la fidelidad de su pueblo del pacto, sino de su fidelidad (la de Jehová) a su juramento.

Joel compara el próximo Día de Jehová con el imparable ataque de las langostas. Pero también predice la futura efusión del Espíritu Santo, que se cumplió parcialmente en Pentecostés. El libro enseña que el juicio está destinado a inspirar el arrepentimiento, y que el arrepentimiento oportuno trae la seguridad de la restauración.

Amós reivindica la justicia de Dios al juzgar a su pueblo. Su profecía enfatiza la existencia de una línea de plomada moral por la que Dios hace responsable a su pueblo.

La predicción de **Abdías** sobre la perdición de Edom demuestra que Dios capacidad de humillar a los orgullosos.

Jonás registra el fenomenal arrepentimiento de Nínive en respuesta a la compasión y misericordia de Dios por los perdidos, cualidades que no compartían ni el profeta ni su pueblo.

Según **Miqueas**, la cura definitiva para la injusticia social y la idolatría es la llegada de un libertador «que es como Jehová». Este libertador nacería en Belén.

El libro de **Nahúm** revela que la destrucción de Nínive demuestra que El juicio tardío del pecado no debe confundirse con la aprobación divina del mismo.

Habacuc enseña que la santa justicia de Jehová hace que su El castigo de los enemigos de Israel sea inevitable, y que Él debe ser adorado por lo que es, no por lo que otorga.

Sofonías anima a vivir con rectitud en vista del juicio de Dios de la humanidad y la restauración de Judá.

Hageo muestra que descuidar los ministerios del Espíritu puede resultar en la pérdida de bendiciones materiales y traer la disciplina de Dios, que a su vez conduce a las bendiciones de una relación restaurada.

Zacarías escribió para animar a los que habían regresado del exilio babilónico a confiar en Jehová. Lo hace dando una imagen detallada de la futura restauración.

Malaquías enfatizó que el orgullo y la arrogancia de la adoración formal y sin vida del pueblo era el resultado de su fracaso en amar a Dios en respuesta a su amor por ellos.

Un ejemplo de sermón de Zacarías muestra cómo desarrollar un párrafo de un profeta menor para un público moderno. La gente de hoy, como en la época de Zacarías, no puede hacer la obra de Dios sin el poder que Él suministra por su Espíritu Santo, retratado en la visión del candelabro abastecido con aceite de olivos vivos.

Preguntas para la discusión

1. Compare y contraste el profeta antiguo y el predicador moderno. Describe en qué se parecen y en qué se diferencian.
2. Si los profetas supervisaron principalmente las actitudes y el comportamiento de los descendientes de Jacob en relación con el antiguo

pacto (mosaico), ¿con qué fundamento pueden aplicarse sus mensajes a las personas que viven en la edad de gracia de la iglesia?

3. ¿Qué se entiende por cumplimientos cercanos y lejanos de las profecías, y cuál es un ejemplo?

4. ¿Qué significa la tensión «ya-no-todavía» en relación con la profecía?

5. ¿En qué sentido se cumplió Joel 2:28 en Pentecostés?

6. ¿Cómo depende el significado de Isaías 6:1 de la comprensión del trasfondo histórico?

7. Según Von Rad, ¿los profetas solían hablar en prosa o en poesía?

8. Al predicar las profecías del Antiguo Testamento, ¿por qué es importante no pasar demasiado rápido a las aplicaciones o al cumplimiento del Nuevo Testamento?

9. Identifique y describa dos o tres formas inadecuadas de predicar los textos proféticos de la Escritura, como sugiere Walter Kaiser.

10. ¿Qué pecado, cometido por el rey Ezequías, explica la división del libro de Isaías?

11. ¿Cuál de los profetas menores predijo el lugar de nacimiento de Cristo?

12. ¿Qué libro de los Profetas Mayores es conocido por el uso de signos y visiones?

13. Teniendo en cuenta el énfasis de Daniel en los *tiempos de los gentiles*, ¿qué es significativo en el lenguaje de los capítulos 2 y 7?

14. ¿La profecía de quién enseñó que el cumplimiento del pacto de Jehová no depende de la fidelidad de su pueblo del pacto, sino de su fidelidad a su juramento?

15. ¿Cuál de los profetas menores enfatiza el derramamiento del Espíritu Santo en el día del Señor?

16. ¿Qué profecía se distingue por el predominio de las visiones y una imagen detallada del futuro de Israel?

17. ¿Cómo ayuda el conocimiento de la geografía de Petra a entender el mensaje de Abdías?

18. ¿Por qué los estudiosos conservadores insisten en la historicidad de Jonás?

19. Describa el estado de la sociedad judía en la época en que escribió Jeremías.

20. ¿Qué atributos de Dios destaca el libro de Nahúm?

21. ¿Qué profecía enfatiza el hecho de que Dios mismo, y no sus bendiciones materiales, es la motivación adecuada para la adoración?

22. ¿Quién es el primero de los tres profetas de la restauración?

23. Describe los tiempos y el mensaje de Malaquías.

24. ¿Cuál de los profetas menores repite «Así dice el Señor» ocho veces?

25. Encuentre dos puntos fuertes y dos puntos débiles en el ejemplo de sermón sobre Zacarías 4:1-7.

CAPÍTULO 13

Predicando los Evangelios y Hechos

A lo largo de este libro, se ha hablado mucho de la construcción de puentes como analogía para la comunicación expositiva eficaz de la Palabra de Dios. Cuando su sermón se desarrolla a partir de uno de los cuatro Evangelios o del libro de los Hechos, su mismo texto es como una tabla del puente que Dios ha provisto entre la profecía del Antiguo Testamento y la instrucción del Nuevo Testamento para la Iglesia. Utilizar ese *material de puente* para construir un sermón que comunique el mensaje de Dios requerirá que piense como lo haría un judío del siglo I en los tiempos bíblicos. Al predicar los Evangelios, debe ponerse en el lugar de los que vivían bajo la Ley en presencia del Mesías prometido, que hablaba de la Iglesia en el futuro. Al predicar los Hechos, hay que tener en cuenta el carácter transitorio del libro. Tratar los Evangelios o los Hechos como algo distinto al puente que forman es confundir cosas que, en realidad, están separadas, o negar la conexión de cosas que, en realidad, están relacionadas.

Las referencias al reino deben entenderse cuidadosamente en función del aspecto del que se habla. Hay que ver los hechos históricos a través de la lente de la composición literaria del escritor para discernir su intención teológica. Tras haber analizado las Escrituras hebreas en los últimos cuatro capítulos, la consideración de los Evangelios y los Hechos debe comenzar ahora con una introducción al Nuevo Testamento.

Introducción al Nuevo Testamento

Las palabras *Nuevo Testamento* se refieren al nuevo pacto ratificado por la sangre del Mesías y puesto en vigor por su muerte. (Véase Mateo 26:28; Marcos 14:24; Lucas 22:20; 1Corintios 11:25; y 2Corintios 3:6.) Es *nuevo* en relación con el pacto mosaico, al que reemplazó como base de la comunión con Dios (Jeremías 31:31; Hebreos 8:8, 13; 9:15-17; 12:24). La entrada en el nuevo pacto con Dios por la fe en su Hijo Jesús el Mesías tiene implicaciones tanto redentoras como de reino (1Pe. 2:7-9). Veintisiete libros escritos en griego *koiné* (común), desde el año 45 al 95 aproximadamente, se denominan *Nuevo Testamento*. Cada libro del Nuevo Testamento hace su propia contribución a la revelación del plan de Dios para recuperar a los pecadores perdidos y restablecer su gobierno en la tierra (véase

Génesis 3:15; 12:1-3; 2Samuel 7:8-17; Jeremías 31:31; Hebreos 2:5-9). En cuanto a su reconocimiento como Escritura, los autores Wilkinson y Boa dicen,

> Los libros del Nuevo Testamento circularon por separado y se fueron reuniendo. Su inspiración y autoridad apostólica les garantizaron un lugar en el canon de las Escrituras, ya que fueron apartados de otros escritos en la iglesia primitiva. A medida que estos libros se copiaron y distribuyeron por todo el Imperio Romano, acabaron colocándose en un orden estándar (más lógico que cronológico).[1]

El Nuevo Testamento está centrado en Cristo. Incluye los libros de Mateo, Marcos, Lucas, Juan y Hechos; las Epístolas de Pablo, Pedro, Juan, Santiago, Judas y Hebreos; y el Apocalipsis. Los libros históricos se refieren a la persona y la obra de Cristo como cumplimiento de las profecías del Antiguo Testamento y fundamento de la Iglesia, mientras continúa su obra a través de su pueblo lleno del Espíritu. Las epístolas instruyen, corrigen y alientan a las iglesias y a los creyentes individuales en Cristo para que se den cuenta de su libertad no solo de la *pena* del pecado (Rom. 8:1; Tito 2:11), sino también del *poder* del pecado (Rom. 6-7; Tito 2:12), mientras esperan ser liberados de la *presencia misma* del pecado en la venida de Cristo para Su Iglesia (Tito 2:13). El Apocalipsis fue escrito para promover la adoración de Cristo en vista de Su exaltación en la gloria, Su autoridad en la Iglesia, y Su venida de nuevo para destruir finalmente a Sus enemigos, redimir al remanente fiel de Israel, y reinar en la tierra.

El «Evangelio» de los Evangelios

La palabra *evangelio* procede del griego *euaggelion*, que significa «buena noticia». Con el tiempo, el término se aplicó a los títulos de los cuatro primeros libros del Nuevo Testamento porque tratan de Jesús, el sujeto de las buenas noticias de la Biblia.[2] En 1Corintios 15:1-5, el apóstol Pablo escribe:

> Además, hermanos, les declaro el evangelio que les prediqué y que recibieron y en el cual también están firmes; por el cual también son salvos, si lo retienen como yo se los he predicado. De otro modo, creyeron en vano. Porque en primer lugar les he enseñado lo que también recibí: que *Cristo murió por nuestros pecados, conforme a las Escrituras; que fue sepultado y que resucitó al tercer día, conforme a las Escrituras*; que apareció a Pedro y después a los doce. [énfasis añadido] (RVA)

---

[1] Wilkinson y Boa, *Talk Thru the Old Testament*, 301.

[2] «1. Pablo afirmaba que había recibido este material credencial de otros (1Cor. 15:3), probablemente de Pedro y Santiago en Jerusalén, hacia el año 33-38 d.C. (Gálatas 1:18-20; especialmente 1:18: *historeo*). 2. El propio Pablo es testigo presencial de una aparición de Jesús en la resurrección (1Cor. 15:8; cf. 1Cor. 9:1; Gal. 1:16). 3. 3. El mensaje de Pablo fue «comprobado» por los apóstoles de Jerusalén (Gálatas 2:1-10) y aprobado específicamente (vv. 6-10). 4. Pablo dijo que los apóstoles estaban predicando el mismo mensaje que él sobre las apariciones de Jesús en la resurrección (1Cor. 15:11; cf. vs. 12, 14, 15)». (Gary R. Habermas, «*¿Quién era el verdadero Jesús?*» [conferencia, Morning Star Church, 25 de febrero de 2006])

Género

Los escritores de los cuatro relatos de la vida de Cristo -Mateo, Marcos, Lucas y Juan — han sido llamados *evangelistas*, aunque sus escritos se dirigían a los que ya estaban regenerados, no a los perdidos. Los cuatro Evangelios enseñan teología principalmente a través de la narración biográfica, los sermones, los dichos, las parábolas y la literatura apocalíptica.[3] Ryken, al explicar la importancia de descubrir el género de un pasaje evangélico, dice: «Suele proporcionar el mejor marco descriptivo para organizar una unidad determinada. Y a veces la interpretación correcta de una unidad depende de la identificación del género preciso del pasaje».[4] Según Greidanus, la característica esencial y distintiva del género evangelio es la información destinada a la declaración, a provocar la fe en el oyente/lector.[5] «Así, el género evangelio puede caracterizarse como la proclamación de la buena nueva del reino de Dios que ha llegado en la persona de Jesucristo», concluye.[6] La clasificación de los géneros «establece las expectativas de los intérpretes y determina las preguntas que hacen al texto... Así, la designación del género es un paso inicial en la interpretación».[7] Así pues, antes de considerar las preguntas que hay que formular al texto, examine brevemente su proclamación básica.

Kerigma

El *kerigma* se refiere al contenido común de las proclamaciones del evangelio de los apóstoles. Según el *Baker's Dictionary of Theology*, el evangelio apostólico común incluía «(1) una proclamación histórica de la muerte, resurrección y exaltación de Jesús, expuesta como el cumplimiento de la profecía y que implicaba la responsabilidad del hombre; (2) una evaluación teológica de la persona de Jesús como Señor y Cristo; (3) un llamado al arrepentimiento y a recibir el perdón de los pecados».[8] Además, el bautismo de Jesús por Juan, sus milagros y sus dichos se mencionan con frecuencia en los Evangelios. El mínimo irreductible del contenido del evangelio, que Pablo dice haber recibido de los discípulos del Señor, es la deidad, la muerte y la resurrección de Cristo (1Cor. 15: 3-4).[9]

No todos han apreciado el carácter kerigmático del género evangelio como su marca distintiva. Cuando se reducen a la mera historia o a la simple literatura, los Evangelios no han conseguido el reconocimiento de la crítica.

Crítica

Los Evangelios han sido sometidos a un examen académico en dos niveles, la *alta crítica* y la *crítica textual* (o *inferior*). La alta crítica se refiere a cuestiones como

---

[3] David E. Aune, *The New Testament in Its Literary Environment* (Filadelfia: Westminster Press, 1987), 46-34.

[4] Ryken, *How to Read the Bible as Literature*, 136.

[5] Greidanus, *The Modern Preacher*, 267.

[6] Ibid, 268.

[7] Ibid, 264.

[8] Everett F. Harrison, Geoffrey W. Bromiley, y Carl F. H. Henry. eds., *Baker's Dictionary of Theology* (Grand Rapids: Baker, 1978), 257.

[9] Habermas, «*Who is the Real Jesus?*»

la autoría, la fecha, la estructura literaria, los orígenes y el contenido de las Escrituras. Cuando se utiliza con precaución, la alta crítica puede ser útil para interpretar las Escrituras.[10] Sin embargo, cuando somete la Biblia a las limitaciones del entendimiento humano y al juicio subjetivo de los incrédulos, la alta crítica socava la fe en la historicidad, la autenticidad y la autoridad de los relatos evangélicos. La crítica textual, un paso necesario de la exégesis, intenta establecer el texto original comparando las pruebas de los manuscritos. La crítica *de las fuentes,* como subconjunto de la crítica superior, se enfrenta a lo que se denomina el *problema sinóptico*.[11] Trata de responder a dos preguntas: (1) ¿Por qué un texto de Mateo, Marcos o Lucas aparece duplicado en uno o todos los demás? y (2) ¿Por qué hay diferencias en los relatos de los mismos acontecimientos?[12]

La *hipótesis documental* supone que Marcos escribió primero, seguido de Mateo, Lucas y luego Juan. Esto lleva a *los críticos de la redacción* (los que *editan* el texto) a suponer que Mateo alteró el original de Marcos, y que Lucas utilizó a Mateo, más un documento «L».[13] Una visión conservadora de las Escrituras rechaza esta suposición, basándose en el hecho de que todos los padres de la iglesia creían que Mateo fue escrito primero. Incluso citaron de él como autoridad para la Iglesia. Además, Pablo trató el texto de Lucas como si estuviera a la par de la Escritura, y enseñó que los Evangelios fueron escritos con la autoridad de los apóstoles, que fueron entregados a la Iglesia (Ef. 2:20; 4:11). Marcos fue informado por Pedro. Lucas fue informado por Pablo.

El propio apóstol Juan indica que los escritores de los Evangelios *seleccionaron* el material histórico de todo lo que se *podía* decir, y luego lo ordenaron y adaptaron según los fines particulares para los que escribieron.[14] Esto explica tanto las similitudes como las diferencias en el contenido de los Evangelios. De ninguna manera esto debe llevar a la conclusión a la que llegan algunos críticos, de que los datos históricos fueron fabricados para apoyar doctrinas preconcebidas.

«En última instancia, la cuestión de la fiabilidad es una cuestión de fe en la palabra»,[15] dice Greidanus. Esa fe es razonable, porque los hechos presentados en los Evangelios son razonables y están tan bien establecidos como cualquiera de la historia.[16] La exactitud histórica de los Evangelios es crucial para su propósito y fue fácilmente comprobada por quienes escucharon por primera vez el kerigma. La historicidad de los Evangelios es creíble sobre la base de que fueron (a) escritos relativamente poco después de los acontecimientos que registran, (b) basados en relatos de testigos oculares, (c) aceptados por los apóstoles, y (d) asegurados de haber sido registrados con precisión por la superintendencia del Espíritu

---

[10] Buenos ejemplos de la aplicación constructiva de la alta crítica se encuentran en las obras de Ryken citadas en los capítulos anteriores.

[11] Véase Donald Guthrie, *New Testament Introduction* (Downers Grove, Illinois: IVP, 1970), 121-236.

[12] Véase Merrill C. Tenney, *New Testament Survey* (Grand Rapids: Eerdmans, 1961), 133.

[13] Ibid., 136.

[14] En Juan 20:30-31, Juan dijo, «Y muchas otras señales hizo también Jesús… que no están escritas en este libro; pero estas se han escrito para que creáis». (LBLA)

[15] Greidanus, *The Modern Preacher*, 276.

[16] Según Habermas, sólo cuatro fuentes apoyan la existencia del César Tiberio, y tres de las cuatro fueron escritas con posterioridad al evangelio de Juan. (Habermas, «*Who is the Real Jesus?*»)

Santo.[17] Greidanus, resumiendo cómo se compilaron los Evangelios y por qué se puede confiar en ellos, dice: «Relatan hechos históricos reales para proclamar sus buenas noticias. Aunque escriben sus relatos en un estilo especial, kerigmático, la evidencia de su historicidad es suficiente para acercarse a los Evangelios con confianza en su fiabilidad».[18]

Sin embargo, reducir los Evangelios a la mera historia es perder el propósito para el cual los escritores eligieron, organizaron y adaptaron su material. Al completar las hojas de la verdad para los sermones sobre los Evangelios, debe preguntarse: «¿Por qué el autor relató este incidente? ¿Por qué lo incluyó en su Evangelio? ¿Qué pretendía transmitir? ¿Qué tipo de respuesta esperaba de sus oyentes?».[19]

Predicación de los Evangelios

Selección del texto

Los textos de predicación (o *perícopas*) se reconocen observando el uso que hace el escritor de los recursos retóricos que se han tratado anteriormente en este libro, como la repetición, la inclusión, el paralelismo y el quiasmo. El objetivo es identificar una unidad literaria. Ya sea un párrafo o una porción más larga de la Escritura, el texto debe transmitir un pensamiento completo. El uso de una *sinopsis* (que significa «ver junto») facilita la comparación y el contraste del contenido de un texto determinado con relatos paralelos de otros Evangelios. Esto es útil para descubrir el propósito particular del escritor del texto estudiado. Pero estos análisis nunca deben tratar de importar al texto algo que el escritor omitió deliberadamente.[20]

Cuando el material de los Evangelios es reordenado y cotejado en un único relato cronológico, el producto se denomina a veces *armonía* de los Evangelios.[21] Aunque las armonías ayudan a comprender dónde encajan los acontecimientos de un texto determinado en una cronología de la vida de Jesús, recuerde que *no es así* como el Espíritu de Dios dirigió a ninguno de los escritores de los Evangelios para que presentaran el material. El objetivo del texto bíblico no es producir una imagen mental integral y cinematográfica de la vida y los tiempos de Cristo, sino enfatizar un aspecto a la vez. Pero el examen de un texto evangélico a la luz de los relatos paralelos o de las armonías responderá a las preguntas que le ayudarán a determinar la intención del escritor.

---

[17] Ibid. También, véase 2Pedro 1:16-21 y 2Timoteo 3:16-17.

[18] Greidanus, *The Modern Preacher*, 277.

[19] Ibid.

[20] Los usuarios de la lengua encontrarán una herramienta indispensable en *Aland, Synopsis Quattor Evageliorum* (Stuttgart, Germany: Wrtembergische, 1967).

[21] Un recurso excelente es R. A. Meltebeke y S. Meltebeke, *Jesus Christ, the Greatest Life Ever Lived*, una revisión de *The Greatest Story* (Portland: Western Seminary, 1994), una revisión de Johnston M. Cheney, *The Life of Christ in Stereo*, cds. Stanley A. Ellisen y Earl D. Radmacher (Portland: Western Seminary, 1969). También véase Alfred Edersheim, *The Life and Times of Jesus the Messiah* (Grand Rapids: Eerdmans, 1971).

Las preguntas correctas

Greidanus plantea excelentes preguntas que pueden incorporarse fácilmente al proceso de elaboración de la ficha de la verdad:

> ¿Se encuentra [el texto de la predicación] en otros Evangelios? Si no es así, ¿su inclusión en este Evangelio... apunta a los intereses y propósitos del autor? Si se encuentra en otro Evangelio, pero en un contexto diferente, ¿la disposición diferente del texto de predicación arroja luz sobre el propósito de su autor? ¿Ha añadido u omitido algo el autor? ¿Qué cambios verbales ha introducido? ¿Son meramente estilísticos? ¿Son más sustanciales?[22]

El uso de este enfoque con Mateo 8:18-27 proporciona un buen ejemplo de su valor. El énfasis de este pasaje es el *discipulado*, pero Mateo contiene relatos intermedios que Marcos y Lucas no incluyen. (Véase Marcos 4:35-41 y Lucas 8:22-25) ¿Por qué? ¿De qué manera la adición de estos relatos sirve al propósito teológico de Mateo? ¿A qué propósito responde el uso que hace Mateo de las palabras «Rabí», «Maestro» y «Señor»? El relato del viento y las olas se dio, siguiendo el acento de Mateo en el discipulado, para enfatizar la completa sumisión al señorío de Cristo. Subrayaba la valía de Jesús para ser seguido a pesar de la sorprendente dificultad de hacerlo.

Interpretación

Los textos de los evangelios se interpretan adecuadamente a la luz de las situaciones vitales tanto de los personajes *de* la historia como del escritor *de* la misma. Para lograrlo, debe considerar cuidadosamente el trasfondo histórico, el análisis literario y la comprensión teológica de los pasajes.

Antecedentes históricos

«La interpretación histórica trata de entender el texto tal y como lo entendió su público original».[23] Proporciona «el único punto de control objetivo contra las interpretaciones subjetivas y arbitrarias».[24]

Análisis literario

El *análisis literario* se centra en cómo está estructurado el texto para transmitir su mensaje. ¿Cómo encaja el texto en el argumento del libro? Si es narrativo, hay que entender la escena, los personajes, el diálogo y la trama. Si el texto es apocalíptico o discursivo, hay que estar atento a figuras retóricas como la repetición, la

---

[22] Greidanus, *The Modern Preacher*, 298-99.
[23] Ibid., 299.
[24] Ibid.

inclusión, el quiasmo, el paralelismo, el doble sentido, la ironía y el uso de la voz pasiva en referencia a la mano invisible de Dios.[25]

Análisis teológico

Dado que los Evangelios tratan sobre la persona y la obra de Jesucristo, cada pasaje debe interpretarse a la luz de lo que el escritor pretendía decir sobre Él. Aunque muchos otros personajes pintorescos de los Evangelios podrían ser objeto de un buen sermón biográfico, son simplemente el reparto secundario. Si se permite que eclipsen a la Estrella, se pierde algo más que la intención del escritor. Por ejemplo, la parábola del buen samaritano (Lucas 10:30-37), enseñada por Jesús y recogida por Lucas, no fue escrita simplemente para promover la compasión humana en el plano horizontal. Jesús, que antes había sido llamado burlonamente «samaritano» (Juan 8:48), es quien, a diferencia del sacerdote y el levita (líderes religiosos de Israel) poco compasivos, demostró la preocupación del Padre. La parábola trata de quién es Jesús, no solo de ser un buen prójimo.

Mateo

Antecedentes históricos

«Mateo es el evangelio escrito por un judío a judíos sobre un judío», dicen Wilkinson y Boa. «Mateo es el escritor, sus compatriotas son los lectores y Jesucristo es el tema».[26] El escritor, identificado en el título, *Kata Matthaion* («según Mateo»), también se llamaba Leví (Marcos 2: 14; Lucas 5: 27). La autoría de Mateo y su temprana fecha de redacción (antes de la caída de Jerusalén en el año 70 d.C.) han sido rechazadas por los estudiosos que asumen la prioridad del Evangelio de Marcos y la imposibilidad de que Jesús predijera la ruina de Jerusalén.[27] Sin embargo, Guthrie concluye que «no hay ninguna razón concluyente para rechazar el fuerte testimonio externo sobre la autoría de Mateo.[28] Independientemente de que escribiera originalmente su Evangelio (o sus notas) en arameo, como algunos han sugerido, lo más probable es que la edición griega se escribiera en Antioquía, Siria, entre los años 58 y 68 d. C.[29] Mateo, hijo de Alfeo, llevaba el estigma social de un publicano, que recaudaba impuestos en Capernaúm para el gobierno romano (Marcos 2:14).

Análisis literario

Greidanus identifica cinco secciones de enseñanza, todas ellas relacionadas con el reino de los cielos:

---

[25] Ibid., 285-95.

[26] Wilkinson y Boa, *Talk Thru the Old Testament*, 308.

[27] Guthrie, *New Testament Introduction*, 34-44.

[28] Ibid.

[29] Wilkinson y Boa, *Talk Thru the Old Testament*, 309.

1. La ley del reino (5-7)
2. Predicadores del reino (10:5-42)
3. Las parábolas sobre el reino (13:1-52)
4. La vida en el reino (18:1-35)
5. La consumación del reino (24:1-25:46)[30]

La estructura quiásmica de Mateo sitúa las parábolas del reino del capítulo 13 en un centro prominente que enfatiza esas ideas.[31]

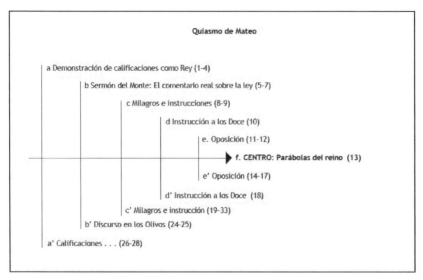

Figura 13.1[32]

Comprensión teológica

Mateo escribió para presentar a Jesús como el Rey mesiánico de Israel, empezando por el hijo de David. También explica a los seguidores de Jesús el aplazamiento de su gobierno en el trono de David como resultado de su rechazo por parte de los líderes de Israel, y describe la naturaleza de su gobierno actual en los corazones de los que le reciben.

Hay un gran énfasis en los gentiles en Mateo. Menciona a los magos (2:1), la iglesia de Cristo (16:18), la disciplina de la iglesia (18) y «todas las naciones» (28:19 RVA).[33] Tenney explica este frecuente énfasis: «El Evangelio de Mateo se adapta admirablemente a una iglesia que todavía estaba estrechamente relacionada con el judaísmo, aunque cada vez más independiente de él. Respira la atmósfera

---

[30] Greidanus, *The Modern Preacher*, 281.

[31] Para una revisión de cómo predicar las parábolas, véase el capítulo 6.

[32] Derickson, «Predicando los evangelios y Hechos» (conferencia).

[33] Los predicadores deben leer Mateo 28 desde el punto de vista de quién habla y de quién se habla. Jesús ordenó a sus discípulos que bautizaran a los gentiles en el nombre del Dios Trino. Los judíos nunca usaron la palabra nación, de sí mismos. Ellos eran *ha 'am*, el pueblo. Habiendo ido primero a la Casa de Israel (Mateo 10), ahora debían ir a las naciones. Esto puede explicar la fórmula bautismal trinitaria en contraste con el bautismo de los judíos convertidos al cristianismo, en el nombre de Jesús.

del mesianismo, pero tiene un mensaje para 'todo el mundo'».[34] Y añade: «El tema del Evangelio de Mateo se anuncia en sus palabras iniciales: 'El libro de la generación de Jesucristo, el hijo de David, el hijo de Abraham' (Mateo 1:1)».[35] Incluso en la genealogía diseñada para mostrar la descendencia de Jesús del rey David, los gentiles ocupan un lugar destacado. Booz, por ejemplo, era hijo de una prostituta cananea, y Rut era descendiente de Moab. La mención de Tamar y Betsabé también es importante para el propósito de Mateo, al igual que su omisión de los nombres de ciertos reyes malos. Jesús es el Rey de los gentiles así como de los judíos, pero entrar y participar en su futuro reino davídico (milenario) es condicional. Es la recompensa por la fidelidad de aquellos que han recibido, por fe, el don gratuito de la liberación de las consecuencias de sus pecados.

Marcos

Antecedentes históricos

Muchos autores creen que Marcos es el más antiguo de los Evangelios sinópticos.[36] Pero, sea o no el más antiguo, es sin duda el más breve y sencillo. El escritor es Juan Marcos, primo de Bernabé (Col. 4:10), cuya madre, María, abrió su casa en Jerusalén como lugar de reunión para los creyentes (Hechos 12:12). Basándose en el saludo de Pedro a Marcos como «hijo mío», en 1Pedro 5:13, Pedro puede haber sido el que llevó a Marcos a la fe en Cristo. Si Marcos era el «cierto joven» en Getsemaní que siguió a Jesús vistiendo solo una tela de lino (Marcos 14:51-52), entonces fue un testigo ocular de algunos eventos sobre los que escribió. Pero generalmente se asume que Pedro fue la fuente de la información de Marcos, lo que otorga al Evangelio su autoridad apostólica.[37]

Marcos acompañó a Saulo y a Bernabé en su viaje misionero, pero se marchó pronto para volver a su casa en Jerusalén (Hechos 13:13). Como Pablo se negó a permitir que Marcos se uniera a él y a Bernabé en su segundo viaje, Bernabé tomó a Marcos y se fue a Chipre, mientras que Pablo llevó a Silas a Siria y Cilicia (Hechos 15:36-41). Unos doce años más tarde, sin embargo, Marcos estuvo con Pablo en su primer encarcelamiento (Col. 4:10, File. 24). Al final de su vida, Pablo mandó llamar a Marcos, elogiándolo por su beneficioso servicio (2Tim. 4: 11).

La autoría de Marcos del Evangelio que lleva su nombre fue aceptada por la iglesia primitiva sin excepción. Se cree que lo escribió antes del año 70, ya que la predicción de Jesús sobre la destrucción del templo se considera incumplida en Marcos 13:2. La fecha más probable es entre el 55 y el 65 d.C.[38]

La tradición primitiva indica que Marcos fue escrito para un público romano, de Roma.[39] Esto explicaría por qué no incluyó la genealogía de Cristo, las referencias a la Ley, las costumbres judías, las profecías cumplidas y otros

---

[34] Tenney, *New Testament Survey*, 143.
[35] Ibid.
[36] Greidanus, *The Modern Preacher*, 279.
[37] Wilkinson y Boa, *Talk Thru the Old Testament*, 319.
[38] Ibid.
[39] Ibid., 320.

elementos que no habrían sido significativos para los gentiles. También explicó varias palabras en arameo, la lengua de los judíos, y a veces sustituyó las palabras latinas en su lugar.[40]

Análisis literario

Marcos hace hincapié en el servicio y el sufrimiento de Jesús, puntuando su relato rápido y lleno de acción con la palabra traducida «inmediatamente» unas cuarenta veces.[41] Su estilo se describe como *«un estilo literario popular*, aunque no esté a la altura de los estándares literarios de los altamente educados».[42] El tema de Marcos se expone en Marcos 10:45: «Porque también el Hijo del Hombre no ha venido a ser servido, sino a servir y a dar su vida en rescate por muchos». Los capítulos 1 a 8 se refieren principalmente a los milagros de Jesús en Galilea, y los capítulos 9 a 16 hacen hincapié en sus enseñanzas de camino a la cruz. Aune señala que «solo una vez se presenta una unidad narrativa fuera de la secuencia cronológica como un 'flashback': la historia del destino de Juan el Bautista en Marcos 6:17-29».[43]

En Cesarea de Filipo, después de la gran confesión de fe de Pedro, en respuesta a la pregunta de Jesús: «¿Quién dicen que soy yo?» Jesús comenzó a enseñarles que sería entregado en manos de los hombres y asesinado, pero que después de tres días resucitaría (9:31). El punto de inflexión es la transfiguración de Jesús, registrada en la mitad del Evangelio (9:1-8). Greidanus atribuye a M. Philip Scott el reconocimiento de la estructura quiástica de Marcos, adaptada en la figura 13.2.[44]

Comprensión teológica

El Evangelio de Marcos comienza y termina con declaraciones de la deidad de Jesús. Como se señaló en el análisis literario, el punto de inflexión comienza con 8:27, donde Jesús pregunta: «¿Quién dicen los hombres que soy yo?». Esto lleva al pronunciamiento del Padre en la Transfiguración: «Este es mi Hijo amado, a él oigan». (9:7 RVA). Habiendo demostrado que era el Hijo de Dios por medio de sus milagros (caps. 1-8), y habiendo tenido esa demostración confirmada por la declaración del Padre, Jesús enseña su camino a la cruz, donde un centurión *romano* declararía la verdad que Marcos buscó establecer y por la que escribió su evangelio: «¡Verdaderamente este Hombre era el Hijo de Dios!»

---

[40] Ibid.
[41] Greidanus, *The Modern Preacher*, 279.
[42] Aune, *The New Testament in Its Literary Environment*, 47.
[43] Ibid.
[44] Greidanus, *The Modern Preacher*, 280.

```
┌─────────────────────────────────────────────────────────────────────┐
│                    Estructura quiásmica de Marcos (RVA)               │
│  a Un ángel testificó su venida (1:2)                                  │
│    b «Tú eres mi... Hijo» (1:11)                                       │
│      c «¿Quién puede perdonar pecados?» (2:7)                          │
│        d La culpa de los escribas (3:29)                               │
│          e «¿Quién es mi madre ?» (3:33)                               │
│            f La supremacía de hacer la voluntad de Dios (3:35)  ┌──────────┐
│              g «¿Quién es este a quien los vientos... obedecen?» (4:41) │ Milagros │
│                h Jesús es llamado hijo de María (6:3)           └──────────┘
│                  i «¿Quién dicen que soy?» (8:29)                      │
│                    j Profecía de traición, pasión, resurrección (8:31) │
│                  ► k CENTRO: «Este es mi... Hijo, a él oigan». (9:7)   │
│                    j' Profecía de traición, pasión, resurrección (9:31)│
│                  i' «¿Por qué me llamas... bueno?» (10:18)             │
│                h' Jesús es llamado Hijo de David (10:47)               │
│              g' «¿Por qué autoridad haces estas cosas?» (11:28) ┌──────────┐
│            f' La supremacía del mandamiento del amor (12:30)    │ Enseñanza│
│          e' «¿Cómo es el Cristo hijo de David?» (12:35)         └──────────┘
│        d' Un juicio sobre los escribas (12:38-40)                      │
│      c' «¿Eres tú el Cristo, el Hijo del Bendito?» (14:61)             │
│    b' «¡Verdaderamente, este hombre era el Hijo de Dios!» (15:39)      │
│  a' «Un ángel testificará de Su Ida» (16:6)                            │
└─────────────────────────────────────────────────────────────────────┘
```

Figura 13.2

Jesús ordenó a la gente que no contara sus milagros por razones posibles. En primer lugar, no buscaba la publicidad. Cuando llegaba, lo hacía más difícil para la gente. Segundo, el momento en que difundía la verdad de la Iglesia era crítico. Además, cuando los demonios testificaban, su testimonio tenía un efecto negativo.

Lucas/Hechos

Antecedentes históricos

Según las declaraciones iniciales del tercer Evangelio, su escritor no fue testigo ocular de los relatos que registra. Era, en cambio, un historiador bien educado que certifica la exactitud de su documentación de los relatos *de otros* testigos oculares. Su propósito era establecer los hechos históricos en los que pudiera descansar la fe de un joven prominente llamado Teófilo («Amigo de Dios»).[45] Su presentación ordenada de las pruebas constituye un argumento convincente de que el Jesús histórico de la tradición oral es realmente el Hijo del único Dios verdadero, el Salvador de todos los hombres y digno de adoración universal.

La autoría de Lucas del tercer Evangelio se deduce a partir de dos conexiones: En primer lugar, las «secciones de *nosotros*» del libro de los Hechos identifican a su autor como el médico Lucas (Col. 4:10-14), que acompañó a Pablo en algunos de sus viajes misioneros.[46] En segundo lugar, la introducción del libro de los Hechos indica que es la segunda parte de una serie de dos partes.[47] Hechos 1

---

[45] Wilkinson y Boa, *Talk Thru the Old Testament*, 328.

[46] Véanse las secciones «nosotros» en las que el autor de los Hechos habla en primera persona, junto con Pablo: Hechos 16:10-17, 20:5-15, 21:11-18; 27:1-28:16.

[47] «El evangelio de Lucas forma parte de una obra de dos volúmenes compuesta por el mismo autor». (Childs, *Biblical Theology of the Old and New Testaments*, 276.)

continúa donde lo deja Lucas 24. Escribiendo al mismo Teófilo, el escritor de los Hechos se refiere al «relato anterior», que casi con seguridad es el tercer Evangelio: «En el primer relato escribí, oh Teófilo, acerca de todas las cosas que Jesús comenzó a hacer y a enseñar, hasta el día en que fue recibido arriba, después de haber dado mandamientos por el Espíritu Santo a los apóstoles que había escogido. A estos también se presentó vivo, después de haber padecido, con muchas pruebas convincentes. Durante cuarenta días se hacía visible a ellos y les hablaba acerca del reino de Dios» (1:1-3 RVA).

Si Lucas es el escritor tanto de Lucas como de los Hechos, como ha sido la tradición, la fecha de su escritura puede fijarse en torno al año 60 d.C., basándose en tres suposiciones razonables. En primer lugar, entre la resurrección de Cristo y la redacción del Evangelio de Lucas debió transcurrir el tiempo suficiente para que circularan los relatos de los testigos presenciales y para que Teófilo, un gentil, se sintiera atraído por el cristianismo.[48] En segundo lugar, el Evangelio fue escrito antes de los Hechos. En tercer lugar, la caída de Jerusalén, que Jesús profetizó en Lucas 19:41-44 y 21:20-24, no se mencionó como cumplida. (Tuvo lugar en el año 70 d.C.)[49]

Si estas suposiciones son correctas, entonces Lucas es único entre los Evangelios al predecir la caída de Jerusalén,[50] y su autor es el único escritor gentil de un libro del Nuevo Testamento.[51] Su Evangelio debe leerse como la obra lógicamente ordenada de un gentil que escribe a un gentil para fundamentar su fe en Cristo. Su rentabilidad para la enseñanza en la Iglesia está, por tanto, certificada.

Análisis literario

El «relato ordenado» que presenta Lucas está dispuesto de forma más lógica que cronológica. El principio organizador es, en palabras de Tenney, «el concepto central de Jesús como miembro de la humanidad que vivió la vida perfecta y representativa del Hijo del hombre mediante el poder del Espíritu Santo».[52] La tesis de Lucas se expone en 19:9-10 «Y Jesús le dijo [a Zaqueo]: 'Hoy ha venido la salvación a esta casa, por cuanto él también es hijo de Abraham; porque el Hijo del Hombre ha venido a buscar y a salvar lo que se había perdido'» (RVA). A este propósito de Lucas le convenía ampliar el viaje de Jesús desde Galilea a Jerusalén, al que Lucas dedica la mayor parte de su escrito (9:51-19:27).[53] Como literatura, Lucas es muy alabado por su belleza artística y el uso magistral de la lengua griega.[54]

Thompson sigue a Charles Talbert al observar en Lucas-Hechos «una cadena de autoridad definida, en la que cada sucesor imita a su predecesor: la secuencia pasa 'de los fieles del pueblo judío, simbolizados por Juan el Bautista..., a Jesús, y

---

[48] Ibid
[49] Tenney, *New Testament Survey*, 175.
[50] Radmacher, Allen, y House, *Nelson Study Bible*, 134.
[51] Ibid.
[52] Ibid., 1682.
[53] Tenney, *New Testament Survey*, 176.
[54] Greidanus, *The Modern Preacher*, 283.

de Jesús a los Doce'. Luego, de los Doce, enviados por Jesús, la cadena de autoridad pasa a Pablo y a las iglesias que éste funda. Los que pertenecen a esa cadena reciben en Lucas un carácter ejemplar».[55]

Greidanus considera que la estructura tanto de Lucas como de los Hechos consiste de tres partes principales marcadas por los cambios en la geografía. Esto puede ilustrarse de la siguiente manera. (Véase la figura 13.3[56])

Comprensión teológica

El Evangelio de Lucas hace hincapié en la humanidad de Cristo, su nacimiento, su infancia y su compasión por las mujeres, los niños y los marginados de la sociedad. Se refiere al Espíritu Santo más veces que Mateo y Marcos combinados.[57] Lucas proporciona la base teológica de cómo los gentiles, al igual que los judíos, pueden participar en las bendiciones de Abraham. Las propias habilidades de Lucas como historiador, médico y escritor de literatura sirven para enfatizar la nobleza de la humanidad cuando es redimida por el Hijo del Hombre. A medida que Lucas sigue el movimiento del cristianismo de Galilea a Jerusalén, y de Jerusalén a Roma y al fin de la tierra, también subraya el progreso personal del discipulado. Leon Morris afirma: «Es probablemente significativo que Lucas hable varias veces del cristianismo como 'el camino' (A9:2; 19:9, 23; 22:4; 24:14, 22); a veces también se refiere a él como 'el camino del Señor' (A18:25) y 'el camino de Dios' (A18:26) ... Llama la atención sobre el cristianismo como una forma de vida completa, no simplemente como un medio para satisfacer los impulsos religiosos».[58]

Lucas	Hechos
Lo que Jesús comenzó a hacer y enseñar:	Lo que Jesús continúa hacienda a través de la gente que él habita:
Introducción: Preparación para el ministerio de Jesús (1:5–2:52) I. El ministerio en **Galilea** (4:14–9:50)	
	I. El ministerio en **Jerusalén** (1:12–7:60)
II. El ministerio entre **Galilea y Jerusalén** (9:51–19:27)	II. El ministerio en **Judea y Samaria** (8)
III. El ministerio en **Jerusalén** (19:28–23:56) Conclusión: Consumación del ministerio de Jesús (24:1–53)	III. El ministerio hasta **lo último de la tierra** (9:1–28:31)

Figura 13.3

El libro de los Hechos fue escrito en Roma, probablemente antes del año 64 d.C., ya que no se menciona la persecución de Nerón que tuvo lugar después del

---

[55] Aune afirma: «Jerónimo (aprox. 327-420 d.C.) describió a Lucas como el evangelista más versado en la lengua griega (*Carta* 20:4)». (*The New Testament in Its Literary Environment*, 116).

[56] Thompson, *Introducing Biblical Literature*, 278.

[57] Greidanus, *The Modern Preacher*, 283.

[58] Tenney, *New Testament Survey*, 181.

incendio de Roma. Lucas mantiene su enfoque en el Espíritu en el que Cristo continúa su obra a través de las personas en las que habita (véase Hechos 6:10).[59] Hechos es una historia del nacimiento y la construcción de la iglesia entre los años 33 y 62 d.C. Al interpretar el libro, preste mucha atención al lugar en el que un pasaje determinado encaja en el contexto de la transición de la morada temporal a la permanente del Espíritu, y del enfoque en Israel a la igualdad de los gentiles como participantes de pleno derecho en la iglesia. Aprenda a formular y responder la pregunta: «¿Cómo estaba obrando Dios en esta coyuntura?».

No todo lo que se *describe* en el libro de los Hechos es necesariamente *prescrito* para la Iglesia. Una guía útil se da en el dicho: «La práctica apostólica apunta al principio apostólico». Esto significa que los apóstoles hicieron lo que hicieron por una razón. El lector debe tratar de entender el principio subyacente que dio lugar a una práctica concreta, en lugar de descartar el registro de lo que se hizo como una mera descripción de una época pasada. Por ejemplo, ¿el registro de Lucas sobre el sorteo para determinar el reemplazo de Judas (Hechos 1:26) simplemente *describe* lo que hicieron los apóstoles? ¿O *prescribe* el modo en que deben decidirse los asuntos hoy en día? La teología subyacente es que el Dios soberano satisfizo la necesidad de dirección de los apóstoles en una decisión que ellos eran bíblicamente responsables de tomar. El principio de la obediencia a las Escrituras en oración nunca es obsoleto y puede ser honrado sin seguir necesariamente la costumbre judía de echar suertes. (Proverbios 16:33 dice: «La suerte se echa en el regazo, pero toda decisión es del Señor»). Por otro lado, considere la práctica apostólica de bautizar a los nuevos creyentes. El hecho de que cada bautismo registrado en los Hechos se *describa* como realizado inmediatamente después de la confesión de fe de la persona en Jesucristo, indica una urgencia de obedecer que es deshonrada con demoras innecesarias.

Juan

Antecedentes históricos

El cuarto Evangelio fue escrito por el apóstol Juan después de los sinópticos, entre los años 70 y 90 d.C. Juan era evidentemente un judío galileo que pudo haber sido uno de los discípulos de Juan el Bautista hasta que fue llamado a seguir a Jesús al comienzo de su ministerio público (1:19-51).[60] Después de la ascensión de Jesús, se menciona a Juan como pilar de la iglesia de Jerusalén (Gal. 2:9). Según la tradición, más tarde fue a Éfeso. Escribió sus tres epístolas y el Apocalipsis durante su exilio en la isla de Patmos (Ap. 1:9). El propósito de Juan al escribir su Evangelio era complementar los Evangelios sinópticos con un énfasis diferente.

---

[59] Leon Morris, *New Testament Theology* (Grand Rapids: Zondervan, 1986), 196.

[60] El Espíritu Santo se identifica como el Espíritu de Jesús en Romanos 8:9. 61. Wilkinson y Boa, *Talk Thru the Old Testament*, 336.

Análisis literario

A diferencia de Mateo, Marcos y Lucas, Juan estructura su Evangelio para enfatizar el descenso del Verbo, que se hizo carne, y su ascenso a la gloria[61] después de haber manifestado la vida que hay en el Padre, haber muerto por los pecados del mundo y haber resucitado de la tumba.

En la primera parte del Evangelio de Juan, capítulos 2-12, Juan registra siete milagros que Cristo realizó públicamente. Cada uno de ellos apuntaba a su deidad como Maestro de su creación y estaba asociado a un discurso en el que Jesús se identificaba con Jehová (El YO SOY... Quien Es). Dice, por ejemplo, «Yo soy el pan de vida», «Yo soy la luz del mundo», etc. De este modo, Juan sienta las bases para la fe salvadora de su lector en Cristo.

En los capítulos 13-20, Juan registra las palabras y los acontecimientos que preparan al pueblo de Cristo para vivir una vida abundante y fructífera de alegría y unidad en el Espíritu Santo hasta que Él venga a llevarlos a casa.

El siguiente diagrama representa otra forma de trazar el desarrollo del Evangelio de Juan.

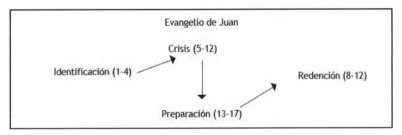

Figura 13.4[62]

Comprensión teológica

Juan 1:1-18 subraya la deidad de Cristo. Él es el Creador increado, pero es distinto del Padre, a quien vino al mundo a hacer *exégesis*. El Verbo viviente se hizo carne para traer luz, vida y amor a todos los que lo reciben por fe. La declaración del propósito de Juan en 20:30-31 suele malinterpretarse como un mensaje de cómo los pecadores pueden ser justificados.[63] Pero Juan escribe sobre la vida eterna, no en términos de cómo obtenerla, sino de cómo disfrutarla ahora:[64] «Por cierto, Jesús hizo muchas otras señales en presencia de sus discípulos las cuales no están escritas en este libro. Pero estas cosas han sido escritas para que ustedes crean que Jesús es el Cristo, el Hijo de Dios, y para que creyendo tengan vida en su nombre» (RVA). Juan escribe para que aquellos de sus lectores que, de hecho, han creído que Jesús

---

[61] Greidanus, *The Modern Preacher*, 284.
[62] Véase Morris, *New Testament Theology*, 266-68.
[63] Ibid.
[64] Ibid.

es el Cristo, el Hijo de Dios, puedan, «seguir creyendo [continuamente]», «seguir teniendo [la calidad de] vida [que es] en Su nombre».[65]

Ejemplo de sermón # 1
Por qué descendió el hijo

Juan 3:10-16
El Hijo de Dios bajó para elevar a los hombres a la gloria

I. El testimonio de las cosas celestiales (10-13)
    A. La comprensión de la verdad espiritual es una responsabilidad personal (10)
    B. El testimonio de la verdad espiritual debe ser recibido (11)
    C. Cristo es quien revela de las cosas celestiales (12-13)
II. El don de la vida eterna (14-16)
    A. En la imagen de la Serpiente
        1. Levantado (l4)
        2. Mirada con fe en Dios (15)
    B. Provisto en el Hijo (16)
        1. Porque el Padre amó al mundo
        2. Porque el Hijo es el único engendrado

Ejemplo de sermón #2
La importancia del servicio oficial en la Iglesia

Hechos 6:1-7
El servicio oficial refleja al Señor y hace avanzar su misión

I.La misión de la Iglesia (1,7)
    A. La difusión de la Palabra de Dios (7)
    B. Aumento del número de discípulos (1, 7)
    C. Obediencia a la fe (7)
II. La gestión de la Iglesia (1-6)
    A. Los líderes atacan los problemas (1b-3)
    B. Los líderes aplican los principios (2)
    C. Los líderes establecen prioridades (3-4)
    D. Los líderes delegan el poder (3, 6)
    E. Las congregaciones participan (5-6)

---

[65] En la cláusula propositiva ἵνα πιστεύοντες ζωὴν ἔχητε ἐν τῷ ὀνόματι αὐτοῦ, la palabra πιστεύοντες, es el presente del participio activo, nominativo, masculino, plural de πιστεύω, «creer». Juan escribe para que aquellos lectores que han entrado a la fe de que Jesús es el Cristo, el Hijo de Dios, puedan, «seguir creyendo [continuamente]», «sigan teniendo», ἔχητε seguir teniendo [la calidad de] vida [que es] en Su nombre».

Ejemplo de sermón #3
Acción o apatía: Lo que tenemos que aprender
De la historia del buen samaritano

Lucas 10:25-37 (RVA)

Introducción:

Por qué me gusta esta parábola:

Se trata de un abogado, que, habiendo sido profesor de derecho durante un número de años, tiene interés para mí en su método de argumentación y perspectiva.

Revela la forma en que una persona aborda la tarea de interpretar la Biblia, ya sea en un sentido normal o en un sentido espiritualizador.

Revela el corazón de los humanos, que son capaces de encontrar tantas formas para evitar los requisitos claros de Cristo.

Demuestra que la tarea del cristiano no termina con servicio religioso tradicional, sino que va más allá de nuestras palabras y se convierte en acciones, similares a las de Dios.

I.Las buenas preguntas pueden tener malos motivos (v. 25)

«Y he aquí, cierto maestro de la ley se levantó para probarle, diciendo: Maestro, ¿haciendo qué cosa poseeré la vida eterna?»

A. El ejemplo del abogado

«¿Qué debo hacer para heredar la vida eterna?» *Buscando ponerlo a prueba.*

B. Otros ejemplos en la Biblia

1.«¿Por qué sigue encontrando culpa? Porque ¿quién ha resistido a su voluntad?» (Rom. 9:19) *Tratando de culpar a Dios por la condena del hombre.*

2.«¿Por qué me has hecho así?» (Rom. 9:20) *Tratando de culpar a Dios por nuestra propia pecaminosidad.*

3.«¿Por qué no morí al nacer? ¿Por qué no perecí cuando salí del vientre materno?» (Job 3:11) *Cuestionando la bondad y la dirección de Dios en su vida.*

C. ¿Cómo y por qué hemos cuestionado a Dios?

1. ¿Por qué Dios permitió que me sucediera esto?

2. ¿Por qué Dios se llevó a mi ser querido?

3. ¿Cuáles son nuestros motivos?

II. Las buenas respuestas pueden tener una aplicación inadecuada (vv. 26-28)

Le dijo: «¿Qué está escrito en la ley? ¿Qué es lo que lees en ella? Él le respondió diciendo: 'Amarás al Señor tu Dios con todo tu corazón, con toda tu alma, con todas tus fuerzas y con toda tu mente; y a tu prójimo como a ti mismo'». Y le dijo, 'Has respondido bien; haz esto y vivirás'».

A. La respuesta del abogado: una respuesta grande y teológicamente correcta.

1. Este abogado entendía perfectamente la teología del Antiguo Testamento.

2. Sin embargo, no comprendió las implicaciones que se derivaban de su teología.

B. ¿Cómo respondemos?

1. A veces no hacemos lo correcto porque no tenemos clara nuestra teología: esto es ignorancia.

a. No estar bautizado

2. A veces no hacemos lo que es correcto a pesar de tener una buena teología: esto es pereza, si no rebeldía.

a. No ver el control de Dios en nuestras vidas cuando tenemos una rueda pinchada.

III. La gente a veces tiene respuestas inadecuadas a la dirección de Dios (v. 29) «Pero él, queriendo justificarse, dijo a Jesús, '¿Y quién es mi prójimo?'»

A. El abogado, después de ser confrontado con su propia comprensión de la verdad, trató de aliviar su culpa.

B. Nuestros intentos:

1. No hay suficiente tiempo en el día.

2. Alguien más lo hará.

3. Que se calienten y se alimenten.

4. No hará ninguna diferencia.

5. Lo haría, pero...

IV. La enseñanza de Dios sobre el cumplimiento de la segunda tabla de la ley: Ama a tu prójimo como a ti mismo (vv. 30-35)

«Respondiendo Jesús, le dijo: Cierto hombre descendía de Jerusalén a Jericó, y cayó en manos de ladrones quienes lo despojaron de su ropa, lo hirieron y se fueron dejándolo medio muerto. Por casualidad, descendía cierto sacerdote por aquel camino y, al verle, pasó de largo. De igual manera, un levita también llegó al lugar y, al ir y verle, pasó de largo. Pero cierto samaritano, que iba de viaje, llegó cerca de él y, al verle, fue movido a misericordia. Acercándose a él, vendó sus heridas echándoles aceite y vino. Y poniéndolo sobre su propia cabalgadura, lo llevó a un mesón y cuidó de él. Al día siguiente sacó dos monedas y se las dio al mesonero diciéndole: 'Cuídamelo, y todo lo que gastes de más yo te lo pagaré cuando vuelva'».

A. Cómo no interpretar una parábola, especialmente esta

«Un **hombre** bajó de Jerusalén a Jericó»; Se refiere **al propio Adán**; Jerusalén es la ciudad celestial de la paz, de cuya **bendición** cayó **Adán;** **Jericó** significa la luna, y significa nuestra **mortalidad**, porque nace, crece, mengua y muere.

Los ladrones son el **diablo y sus ángeles**.

«Que **lo despojó**», es decir, de su inmortalidad; y lo golpeó, persuadiéndolo a pecar; y lo dejó **medio muerto**, porque en la medida en que **el hombre** puede entender y conocer a Dios, vive, pero en la medida en que está consumido y oprimido por el pecado, está muerto; por eso se le llama medio muerto.

El **sacerdote y el levita** que lo vieron y pasaron, significan el **sacerdocio** y el **ministerio del Antiguo Testamento**, que nada podía aprovechar para la salvación. *Samaritano* significa «**Guardián**», y por lo tanto el Señor mismo es significado por este nombre.

La **unión** de las heridas es la **contención del pecado**.

El **aceite** es el **consuelo de la buena esperanza**; el **viento** la **exhortación a trabajar con espíritu ferviente**.

La **bestia** es la **carne en la que Él se dignó venir** a nosotros. El **ser puesto sobre la bestia** es la **creencia en la encarnación** de Cristo.

La **posada** es la **Iglesia**, donde los viajeros que regresan a su país celestial se refrescan después de la peregrinación. La **mañana es después de la resurrección** del Señor. Los **dos peniques** son los **preceptos del amor o la promesa de esta vida y de la venidera**.

El **posadero** es el **apóstol (Pablo)**. El pago supererogatorio es su consejo de celibato o el hecho de que trabajaba con sus propias manos, para no ser una carga para ninguno de los hermanos más débiles cuando el Evangelio era nuevo, aunque le era lícito vivir del Evangelio.

B. Posibles respuestas al hombre herido de la historia

1. El hombre herido tomó una mala decisión: este camino era traicionero.

a. ¿Le echamos en cara eso y lo utilizamos como excusa para no ayudar?

b. No estamos hablando de mendigos profesionales que ganan mucho dinero y simplemente son demasiado perezosos para mantener un trabajo. Los mendigos ayudados por Cristo y los apóstoles estaban realmente necesitados (normalmente ciegos o cojos), sin nadie que les ayudara.

2. ¿Debemos responder como el sacerdote y el levita? (personas muy conscientes de sus responsabilidades religiosas)

a. Religiosidad sin compasión Demasiado ocupado en hacer el trabajo de Dios (la primera tabla de la Ley) para obedecer los mandatos de Dios hacia los demás seres humanos (la segunda tabla de la Ley): ¿Están realmente en conflicto?

Esto es realmente una ilustración de lo que Cristo trató de enseñar a los líderes y al pueblo a lo largo de todo su ministerio.

1) Especialmente los líderes se veían a sí mismos exentos de su necesidad de tener compasión por los demás y ayudarlos, porque intentaban centrarse en las detalladas leyes de Dios sobre la pureza, excluyendo la ayuda al prójimo.

2) El ejemplo de Cristo:

a) El sábado frente al cuidado de los enfermos

b) El sábado contra el hambre de los discípulos

    c) Pagar todos los requisitos monetarios de la Ley, pero dejar sin cumplir las responsabilidades de otras cosas (misericordia, compasión, justicia)

3. El samaritano interrumpió su ajetreada vida para ayudar a alguien que probablemente le despreciaba.

    a. Los samaritanos y los judíos no se llevaban bien.

    b. El samaritano no solo vio y expresó su preocupación, sino que fue más allá.

V. La pregunta se da la vuelta: De «¿Quién es *mi* prójimo?» a «¿Quién es el prójimo?» (v. 36)

«Entonces, ¿cuál de estos tres crees que era el prójimo del que cayó entre los ladrones?»

A. Se puede encontrar al prójimo cuando se está dispuesto a ser prójimo.

B. No tienes que recorrer los bosques para encontrar un prójimo, sino simplemente responder a aquellos que Dios te revela a lo largo de tu camino diario.

VI. El mandato de Cristo es breve pero inequívoco:

    Ve y haz lo mismo que el buen samaritano (v. 37)

    Y dijo: «El que tuvo misericordia de él».

    Entonces Jesús le dijo: «Ve y haz lo   mismo».*

*Las escrituras en este esquema son de la Reina Valera Actualizada

Resumen y conclusión

Los Evangelios y los Hechos son en sí mismos *material puente* en su papel de enlace entre el antiguo y el nuevo pacto. Hay que tener cuidado de tratar estos libros históricos del Nuevo Testamento como eslabones de conexión que tienen continuidad, y al mismo tiempo reconocer las cosas que deben mantenerse separadas. Los Evangelios enseñan teología a través de una variedad de géneros literarios, pero se distinguen por su contribución a lo proclamado por la iglesia primitiva, el *kerigma*. Si se reducen a meros relatos históricos o a historias, los Evangelios se malinterpretan. En realidad, son relatos históricos, que deben entenderse apreciando por qué su información fáctica fue seleccionada y dispuesta de la forma en que lo hizo un determinado autor.

Al seleccionar los textos del sermón, asegúrese de que expresan un pensamiento *completo*, o una unidad literaria. La comparación de un texto con los relatos paralelos de otros Evangelios le ayudará a determinar la intención del autor en cuestión. Las armonías de los Evangelios también pueden ayudar a establecer un marco temporal en el que ver un texto determinado. La interpretación adecuada de un texto depende de que se formulen las preguntas correctas al completar una *ficha de la verdad* como parte del método Whiting. Póngase en la situación vital tanto de los personajes de la narración como del escritor. Para ello, debe considerar cuidadosamente el trasfondo histórico, el análisis literario y la comprensión teológica del escritor y de aquellos sobre los que escribe. Para predicar a partir del Evangelio de Mateo, preste atención al énfasis del reino en el libro. ¿Cómo encaja el texto en el propósito de Mateo de explicar a los gentiles, así como a los judíos, la naturaleza del reino durante este tiempo en el que el Rey no está reinando en el trono de David? La estructura quiásmica del libro centra la atención en las parábolas, que abordan precisamente esta cuestión del reino entre los advenimientos.

Marcos debe ser apreciado por su reflejo de la influencia del contenido de Pedro, y del público romano al que se dirige. También tiene una estructura quiásmica centrada en la declaración del Padre sobre la condición de Hijo de Jesús en la Transfiguración. El registro de los milagros que conducen a este punto demuestra su carácter sobrenatural como Dios. El registro de sus enseñanzas en el camino a la cruz enfatiza su carácter de siervo.

Lucas y los Hechos se entienden mejor como dos partes de un todo. El énfasis de su Evangelio en la perfecta humanidad de Cristo convenía a su público griego (representado por Teófilo), que necesitaba saber que el Mesías de Israel también merecía la adoración de los gentiles, ya que «vino a buscar y salvar lo que se había perdido» (Lucas 19:9-10 ss). Tanto el Evangelio de Lucas como el libro de los Hechos están estructurados en tres grandes partes marcadas por los cambios geográficos. El concepto de movimiento hacia la meta del discipulado maduro también parece reflejarse en el énfasis de Lucas en el cristianismo como «el camino». Los Hechos trazan el nacimiento y la construcción de la Iglesia como la obra continua de Cristo, por medio de su Espíritu Santo que mora en ella. Siempre hay que interpretar los textos de los Hechos a la luz de lo que Dios está haciendo en ese momento. El libro es transitorio, y lo que se *describe* (las prácticas) no siempre está *prescrito*, así que busque sabiamente los *principios permanentes* que subyacen a las *prácticas* de los apóstoles.

El Evangelio de Juan, escrito más tarde que los sinópticos, se ocupa de quién es Jesús como Verbo vivo que se hizo carne, para demostrar la verdad, la vida y el amor del Padre. Juan hace hincapié en el disfrute de la vida eterna a través del ejercicio continuo de la fe en Jesús, cuyo valor de tal confianza fue atestiguado por las siete señales que Juan registra, y por las declaraciones y discursos en los que Jesús reclama la igualdad con Jehová.

Preguntas para la discusión

1. Explique, con sus propias palabras, qué se entiende por *Nuevo Testamento*. ¿En relación con qué es nuevo, y en qué sentido?
2. Explique la diferencia entre el *evangelio* y los *evangelios*.
3. ¿Qué se entiende por los siguientes términos?
   a. Kerygma
   b. Alta crítica
   c. Crítica textual
   d. Crítica a la fuente
   e. Problema sinóptico
4. ¿Cuál es el objetivo al seleccionar un texto de los Evangelios o de los Hechos para la predicación? (¿Qué determina sus parámetros?)

5. ¿Cuáles son algunas de las cuestiones interpretativas que es especialmente importante plantear a los textos evangélicos?

6. ¿La situación vital de quién debe tratar de entender el predicador al interpretar los Evangelios, y por qué?

7. Describa las preocupaciones de cada uno de los siguientes:
   a. Antecedentes históricos
   b. Análisis literario
   c. Comprensión teológica

8. Explique el valor de reconocer el quiasmo en la estructura de Mateo y Marcos.

9. Dé varias razones para concluir la autoría lucana del tercer Evangelio y de los Hechos.

10. Describa varios aspectos en los que el Evangelio de Juan difiere de los sinópticos.

11. Encuentre dos cualidades encomiables y dos observaciones negativas sobre cada uno de los ejemplos de sermones proporcionados en este capítulo.

CAPÍTULO 14

Predicando las epístolas

Introducción

En comparación con el abismo que separa al estudiante moderno de la Biblia del mundo del Antiguo Testamento, los Evangelios y los Hechos, las epístolas del Nuevo Testamento están más cerca de casa. Parecen requerir un puente verbal más sencillo de construir para el predicador. Las epístolas consisten en cartas enviadas a iglesias y cristianos individuales con los que nos resulta más fácil identificarnos. En muchos casos, sus destinatarios eran gentiles, a veces incluso europeos. Su contenido aborda muchos de los mismos problemas con los que seguimos lidiando en esta época de la Iglesia. Si los destinatarios de la primera epístola de Juan vivían en la «última hora» (1Juan 2:18 RVA), nosotros lo estamos más. Por tanto, parece que se requiere menos esfuerzo para demostrar la relevancia de su contenido. Al interpretar las epístolas del Nuevo Testamento, solo tenemos (lo que Greidanus llama) «un horizonte», no dos, en el que centrar nuestra atención.[1]

Aunque todas estas observaciones pueden ser ciertas, sería fácil exagerar la facilidad de predicar las Epístolas. Por un lado, están más estrechamente relacionadas con los Evangelios de lo que uno podría imaginar.[2] Ryken dice: «Considerando todo, las epístolas del Nuevo Testamento son una extensión de los Evangelios. Ambas fueron escritas por líderes cristianos con autoridad y ambas existieron para explicar la vida y las enseñanzas de Jesús».[3] Además, mientras que la narrativa de gran parte del Antiguo Testamento, los Evangelios y los Hechos presentan sus retos para el intérprete, las Epístolas presentan dificultades propias.[4] Tienden a ser más didácticas, técnicas y abstractas, si no menos personales. De nuevo, es Ryken quien afirma: «La personalidad de los escritores es mucho menos

---

[1] Greidanus, *The Modern Preacher*, 311.

[2] «Los evangelios sinópticos, Juan y Pablo comparten una perspectiva teológica común, la cual está en continuidad con la teología del Antiguo Testamento, en contraste con el dualismo griego... Los evangelios sinópticos reflejan esta esperanza del Antiguo Testamento en proceso de cumplimiento. En la persona y misión de Jesús de Nazaret, el Reino de Dios ha venido a los hombres en la historia, trayendo a ellos muchas de las bendiciones del gobierno real de Dios. El Dios del cielo ha visitado a los hombres en la tierra para redimirlos en cumplimiento de la esperanza del Antiguo Testamento». (George Eldon Ladd, *The Pattern of New Testament Truth* [Grand Rapids: Eerdmans, 1968], 109).

[3] Ryken, *The Literature of the Bible*, 317.

[4] Aune afirma, «La 'carta' era la forma literaria más popular en el cristianismo primitivo. También es la más problemática ya que exhibe más variedad y flexibilidad que cualquier otra forma literaria». (*The New Testament in Its Literary Environment*, 159)

importante que el contenido religioso de sus cartas. Los escritores, en efecto, no escriben principalmente como personas individuales, sino en su papel de apóstoles, como transmisores de la verdad divina de una manera que recuerda a los profetas hebreos».[5] De las Epístolas, Greidanus escribe: «Están llenas de verdades detalladas y de cuidadosos matices de significado. En ellas, cada palabra está llena de significado. Por lo tanto, exponerlas requiere un arduo trabajo por parte del predicador antes de que pueda siquiera comenzar a armar un mensaje».[6]

Por otra parte, las Epístolas tienen una cualidad que se ha llamado «inmediatez situacional», lo que significa que fueron escritas no como ensayos de teología sistemática, sino en respuesta a personas concretas que vivían en lugares reales y luchaban con problemas comunes. Por esta razón, la cantidad de espacio que se le da a un tema puede ser desproporcionada a su importancia aparte de una controversia local o una cuestión específica (por ejemplo, la discusión del celibato en 1Corintios 7, o las lenguas en 1Corintios 12-14).

Nuestro objetivo en este capítulo es volver a examinar los factores básicos de su entorno histórico, el análisis literario y la comprensión teológica, de modo que el lector pueda utilizar el Método Whiting para preparar sermones que transmitan el mensaje de Dios.

El género de la epístola

La mayoría de los libros del Nuevo Testamento (veintiuno de veintisiete) se clasifican como epístolas. La palabra epístola es una transliteración de la palabra griega ἐπιστολή (*epístola)*, que significa «un mensaje escrito».[7] Aunque las Epístolas del Nuevo Testamento llevan las marcas de las cartas privadas ocasionadas por asuntos específicos, evidentemente fueron escritas con conciencia de autoridad apostólica (véase Romanos 1:1; 1Corintios 1:1; 2Corintios 1:1; 2Tesalonicenses 3:14, etc.) y destinadas a la circulación (1Tesalonicenses 5:27; Colosenses 4:16). Sin embargo, el hecho de que las epístolas hayan sido escritas en respuesta a preocupaciones particulares las saca de la categoría de *tratados teológicos*.[8] En otras palabras, no son tratamientos sistemáticos, abstractos y exhaustivos de los temas que abordan.

Más bien, siempre se centran en su aplicabilidad a la situación del escritor o de sus lectores y, por tanto, están algo limitadas por ella. Según Aune, «el solapamiento entre la letra y el discurso sugiere dos dimensiones importantes para entender la primera. En primer lugar, la oratoria era muy importante en el mundo greco-romano y la retórica ocupaba un papel central en la educación antigua».[9] En este sentido, las epístolas se parecen más a los sermones, especialmente los que se

---

[5] Ibid.

[6] Greidanus, *The Modern Preacher*, 311.

[7] Strong, *Strong's Exhaustive Concordance of the Bible: Greek Dictionary of the New Testament*, 32.

[8] Greidanus, *The Modern Preacher*, 313.

[9] Aune, *The New Testament in Its Literary Environment*, 158.

dictaban a un escriba.[10] Ryken afirma que «Pablo, además, compuso la mayoría de sus cartas oralmente mientras se las dictaba a un secretario. Como resultado, las epístolas del Nuevo Testamento y los oratorios muestran una gran similitud de estilo».[11] Como esto es cierto, cuando las epístolas se entienden en el contexto de la situación histórica tanto del escritor como del lector, su relevancia para la predicación de hoy es a menudo obvia.

Recursos literarios

Al igual que el género evangelio, las epístolas incluyen otras formas literarias. Según Greidanus, «encontramos el género narrativo en Gal 1:13-2:21; apocalíptico en 1Tes. 4:13-5:11; un himno en Fil. 2:6-11; y sabiduría en Gal. 5:9; 6:7; 1Cor 15:33; y 2Cor. 9:6».[12] Además, Greidanus encuentra una fórmula litúrgica en 1Timoteo 3:16, una afirmación de credo en Colosenses 1:15-20, listas de vicios y virtudes en Romanos 1:29-31 y Gálatas 5:22-23, grupos de imperativos en Colosenses 3 y el uso de lenguaje figurado.[13]

Con respecto al uso de fuentes por parte de Pablo, Guthrie afirma que «los pasajes de las Epístolas señalan un sustrato primitivo en el que se basan las principales doctrinas paulinas... El pasaje más importante es 1Corintios xv. 1-7, donde el apóstol afirma claramente que predica lo que le ha sido entregado. El mismo énfasis se encuentra en Romanos i:4, viii. 34 ... Dodd encuentra otros dos aspectos de la predicación primitiva, la escatología (Rom. i.16; 1Tes. i. 10) y la obra del Espíritu Santo en el creyente (Gál. iv. 6)».[14]

Es posible que Pablo también se viera influido por las primeras formas catequéticas que aparecen en sus escritos como «dichos fieles», según Guthrie,[15] que también observa la incorporación de la literatura hímnica en los escritos de Pablo: «El apóstol reconocía el valor de las expresiones rítmicas de la verdad cristiana y no las habría considerado, como algunos estudiosos han tendido a hacer, como pasos que se alejan de las alturas más nobles del pensamiento creativo hacia una formalidad estereotipada. Pero los himnos se recuerdan más fácilmente que las declaraciones abstractas de la verdad (por ejemplo, 1Cor. xiii.)».[16]

Prácticamente todos los recursos retóricos analizados en este libro aparecen en las epístolas. Por ejemplo, Greidanus observa el uso que hace Pablo del *diálogo*, o *diatriba*, cuando argumenta sus puntos con un oponente imaginario que plantea preguntas pertinentes en pasajes como 1Corintios 15:35-36. Se fija en la séptima *repetición* de la palabra «uno» en Efesios 4:4-6 (véase la RV), y en cómo llega al

---

[10] El uso de un escriba, o amanuense, para escribir todo excepto las líneas finales y la firma de una epístola era aparentemente común, según Romanos 16:22, 1Corintios 16:21, Colosenses 4: 18, y 2Tesalonicenses 3:17, «La cultura popular del primer siglo era, técnicamente, una cultura retórica... El modo normal de escribir es por dictado, y lo que se escribe está destinado a ser leído en voz alta a un grupo en lugar de en silencio por el individuo... Las pistas para la organización del pensamiento son, necesariamente. basadas en el sonido más que en la vista» (John D. Harvey. *Listening to the Text* [Grand Rapids: Baker, 1998], xv).

[11] Ryken, *The Literature of the Bible*, 327.

[12] Greidanus, *The Modern Preacher*, 311.

[13] Ibid.

[14] Guthrie, *New Testament Introduction*, 658.

[15] Ibid., 660.

[16] Ibid., 661.

clímax con la repetición de la palabra «todos» en el versículo 6.[17] «La gracia y la paz» se utilizan a veces para formar un *inclusio*, unificando el texto que rodea. Un ejemplo de *quiasmo* se encuentra en 1Corintios 12, 13 y 14, en el que el capítulo 13 forma el centro prominente que enfatiza el amor, entre el 12 y el 14, que hablan ambos de los dones espirituales.[18] Otros ejemplos incluyen varios tipos de paralelismo,[19] antítesis[20] y metáfora.[21] Cuando se reconocen y comprenden, las figuras retóricas no solo realzan la interpretación de un pasaje, sino que proporcionan al predicador abundante material ilustrativo para iluminar a sus oyentes.

Forma

Según Greidanus, en la época de los apóstoles las cartas solían constar de una introducción, un cuerpo y una conclusión. Wilkinson y Boa comentan la adaptación al Nuevo Testamento de esta forma sencilla:

> Esta cáscara se llenó de la riqueza de la revelación, y se produjo una transformación que hace apropiado llamar a estos escritos epístolas además de cartas. Su calidad literaria y su longitud las distinguen de las cartas ordinarias. Incluso Filemón (355 palabras) es considerablemente más larga que las cartas habituales de la época de Pablo, que cabían fácilmente en una hoja de papiro. Las epístolas de Pablo requerían que se unieran varias de estas hojas y se enrollaran en rollos.[22]

Carta típica del siglo I	Epístola paulina típica
Introducción: (remitente, destinatario, saludo)	Apertura: (remitente, destinatario, saludo)
	Acción de gracias
Cuerpo	Cuerpo
	Exhortación
Conclusión: (Saludos, oración, a veces una fecha)	Cierre: (Deseo de paz, saludos, advertencia, bendición)

Figura 14.1[23]

Además de ser más extensas y de mayor profundidad espiritual, las epístolas de Pablo añadieron los elementos de acción de gracias y exhortación.[24] Observar el

---

[17] Greidanus, *The Modern Preacher*, 319, 321.

[18] Ibid., 320-2 1.

[19] Véase 1Corintios 15:55 para un buen ejemplo de paralelismo sinónimo; 1Pedro 2:22 para el paralelismo invertido; y Romanos 4:25 para el paralelismo antitético.

[20] Adán y Cristo se contraponen en Romanos 5:12-21; el sufrimiento presente y el futuro se contraponen en Romanos 8:18-39 y en toda la discusión de Pablo en 2Corintios 4:16-18. (Ibid)

[21] Ejemplos de metáforas son la armadura de Dios en Efesios 6:11-17, y la lengua como fuego en Santiago 3:6. (Ibid., 323) 22. Wilkinson y Boa, *Talk Thru the Old Testament*, 367.

[22] Greidanus, *The Modern Preacher*, 316.

[23] Tenney, *New Testament Survey*, 261.

[24] Ibid., 316-17.

patrón resultante ayuda al intérprete a esbozar el argumento del libro para ver dónde encajan las partes en el conjunto, y dónde puede haberse omitido, añadido o cambiado un elemento por alguna razón.[25]

Epístola de Santiago

Antecedentes históricos

El hermanastro del Señor, Santiago (véase Gálatas 1:19), escribió la primera epístola, alrededor del año 44-46 d.C., no mucho antes del Concilio de Jerusalén, que él presidía (véase Hechos 15:13). Tenney dice que «la iglesia estaba todavía dentro del círculo general del judaísmo antes de que se convirtiera en un movimiento independiente».[26] Esto fue durante la fase en la que la Iglesia estaba llegando a los gentiles (Hechos 11:19-15:35), y probablemente antes del primer viaje misionero de Pablo.

Análisis literario

Santiago ha sido comparado con el libro de los Proverbios y con el Sermón del Monte porque trata de la aplicación práctica de la sabiduría sobrenatural al comportamiento ético. Wilkinson y Boa describen el escrito:

> Santiago escribe con un estilo muy conciso, autoritario y sin tapujos. Combinando las máximas concisas de la literatura sapiencial con la retórica apasionada de Amós, las punzantes púas de Santiago nacen de una postura ética intransigente. Su griego es de buena calidad y comunica sus pensamientos con eficacia mediante imágenes vívidas (especialmente de la naturaleza), ilustraciones y figuras retóricas. Es una epístola formal y a veces severa, escrita con autoridad y llena de imperativos (54 en 108 versos).[27]

Comprensión teológica

Cuando Santiago afirma que la fe por sí misma está muerta, no quiere decir que no exista o que sus lectores, a los que llama «mis amados hermanos» (Santiago 1:16; 1:19; 2:5) no estén justificados. Más bien insta a sus lectores a demostrar la realidad de su fe mediante la realización de las buenas obras que produce. «Santiago escribió este catálogo incisivo y práctico de las características de la verdadera fe para exhortar a sus lectores hebreos-cristianos a examinar la realidad de su propia fe... Santiago también reprende a los que sucumben a la búsqueda del placer mundano y la riqueza en lugar de Dios, y anima a la resistencia paciente a la luz de la venida del Señor».[28]

---

[25] Adaptado de ibid., 315-17.
[26] Tenney, *New Testament Survey*, 261.
[27] Wilkinson y Boa, *Walk Thru the Old Testament*, 466.
[28] Ibid., 450.

Epístolas de Pablo antes de su encarcelamiento

Gálatas

Antecedentes históricos

Si «las iglesias de Galacia» (1:2) se refiere a las de Listra, Iconio y Antioquía de Pisidia, plantadas por el apóstol Pablo en su primer viaje misionero, entonces la epístola puede haber sido escrita ya en el año 48 d.C. Esto explicaría por qué no se menciona la decisión del Concilio de Jerusalén que trató el mismo tema de los judaizantes que intentaban mezclar el evangelio de la gracia con las obras de la Ley.[29] Pablo parece haber escrito desde Antioquía de Siria.

Análisis literario

Pablo desarrolla su argumento comenzando con la reivindicación personal, en los capítulos 1-2, y pasa a su presentación polémica en el 3-4, antes de concluir con la aplicación práctica en el 5-6.

Comprensión teológica

Tenney considera la epístola de Pablo a los Gálatas como «una protesta contra la corrupción del evangelio de Cristo».[30] El impacto teológico de esta «Carta Magna de la emancipación espiritual»,[31] como ha sido llamada, difícilmente puede ser exagerado. Según Radmacher, Allen y House, «en toda la Biblia, no hay una declaración más apasionada, completa y a la vez concisa de la verdad del evangelio que Gálatas. La salvación por medio de la fe en Jesucristo solamente (2:16; 3:11, 12). Ninguna obra puede ganar la salvación. La sucinta refutación de Pablo a los judaizantes en esta carta ha transformado la vida de muchos, desde Martín Lutero hasta Juan Wesley».[32]

La vida cristiana no se vive cumpliendo reglas, suprimiendo la carne, erradicando la naturaleza pecaminosa, o mediante la auto-crucifixión, sino realizando la propia co-crucifixión con Cristo.

1 y 2 Tesalonicenses

Antecedentes históricos

Se cree que Pablo escribió sus dos epístolas a la iglesia de Tesalónica, desde Corinto, con pocos meses de diferencia, en el año 50-52 d.C. Launstein explica el movimiento del apóstol de la siguiente manera:

---

[29] Radmacher, Allen, y House, *Nelson Study Bible*, 1515-16.
[30] Tenney, *New Testament Survey*, 265 31.
[31] Ibid.
[32] Radmacher, Allen, and House, *Nelson Study Bible*, 1514.

Después de la visión macedonia en Troas, Pablo fue a Filipos, donde el Evangelio tuvo cierto éxito. Este éxito se tradujo en persecución y encarcelamiento. Después de su liberación de la prisión, pasaron por Anfípolis y Apolonia (Hechos 17:1) y llegaron a Tesalónica, donde permanecieron al menos durante tres sábados, y tal vez hasta seis semanas. Mientras Pablo estaba en Atenas, envió a Timoteo de vuelta a Tesalónica para comprobar su bienestar espiritual (1Tes. 3:1-2). Pablo fue a Corinto (Hechos 18:1) donde Timoteo y Silas se unieron a él (Hechos 18:5). Timoteo informó a Pablo sobre los creyentes de Tesalónica y Pablo escribió entonces la primera epístola.[33]

Análisis literario

Tenney describe el contenido de 1Tesalonicenses como doble: «la alabanza a la firmeza de los tesalonicenses bajo la persecución de los judíos y la corrección de ciertos errores y malentendidos que habían surgido entre ellos».[34]

Segunda de Tesalonicenses comunica la preocupación consoladora de Pablo. En el capítulo 1 se habla de la vuelta del Señor, en el capítulo 2 de la corrección de la segunda venida y en el capítulo 3 de los mandatos con vistas a la segunda venida.[35]

Comprensión teológica

Mientras que Gálatas se ocupaba del problema de los cristianos judíos, 1Tesalonicenses se ocupa de los gentiles convertidos al cristianismo que necesitan corrección e instrucción respecto a la moral sexual, la conducta social, el estado de los creyentes muertos y la disciplina de la iglesia. Aunque Santiago había mencionado la venida del Señor en Santiago 5:7-8, las epístolas a los tesalonicenses tienen la primera discusión completa de la venida del Señor para Su Iglesia.[36] El propósito de Pablo es principalmente confortar a sus lectores con la instrucción de la venida de Cristo *para* Sus santos.

La segunda epístola fue escrita para corregir algunos malentendidos en relación con el día del Señor. Algunos en la iglesia habían dejado de trabajar. La instrucción correctiva de Pablo informa a la iglesia sobre el Anticristo y habla de la venida de Cristo *con* sus santos.

1 y 2 Corintios

Antecedentes históricos

Sin ningún tipo de formación en las Escrituras hebreas, la iglesia de Corinto presentaba a Pablo problemas persistentes derivados de su origen pagano.[37] Situada en el istmo estrecho que conectaba la parte principal de Grecia con la isla de Acaya,

[33] Donald H. Launstein, folleto, Western Baptist Seminary, 115.
[34] Tenney, *New Testament Survey*, 279.
[35] Ellisen, *Western Bible Workbook*, 99.
[36] Tenney, *New Testament Survey*, 279.
[37] Ibid.

Corinto era una ciudad encrucijada de unos 700.000 habitantes en la época en que Pablo escribió.[38] Era conocida por los juegos ístmicos, su afición a la filosofía y por la inmoralidad sexual que fomentaba el culto a Afrodita.[39] Después de haber plantado la iglesia en su primer viaje misionero, la preocupación de Pablo por su madurez espiritual se convirtió en la ocasión para escribirles durante su estancia en Éfeso en el año 55 d.C. En su primera carta elogia a Apolos por haber tenido un buen ministerio allí. (Véase Hechos 18:24; 19:1; y 1Corintios 1:12; 3:4-6, 22; 4:6; y 16:12) La iglesia debió de recibir también la visita de Pedro, o es poco probable que hubieran formado un partido de Cefas, como se indica en 1Corintios 1:12.

En 1Corintios 5, Pablo dice haber escrito una carta anterior sobre la necesidad de que la iglesia se separe de los creyentes que profesan la inmoralidad.[40] Habiendo oído rumores de su respuesta insatisfactoria a la primera carta, y queriendo también agradecerles el regalo que le habían enviado a Éfeso por medio de Estéfanas, Fortunato y Acáico, Pablo escribe lo que ha sobrevivido como 1Corintios.

La segunda carta a los Corintios fue escrita desde Macedonia hacia el año 57, en parte para expresar el alivio de Pablo tras el buen informe de Tito sobre la respuesta de los corintios a la carta que llamamos 1Corintios, y para defender su apostolado frente a los opositores de la iglesia.[41] Pablo también insta a los corintios a cumplir su compromiso de contribuir a las necesidades de los santos en Jerusalén, y a prepararlos para una tercera visita durante la cual espera que ya no sea necesario hablarles con la severidad requerida en sus cartas.

Análisis literario

El contenido de 1Corintios está dispuesto en el orden en que Pablo abordó los problemas que le fueron comunicados. Los capítulos 1-4 se refieren a la división en la iglesia. Los capítulos 5-6 tratan del desorden resultante. Los capítulos 7-14 están dedicados a las diversas dificultades a las que se enfrenta la iglesia. Pablo concluye su epístola aclarando la doctrina de la resurrección de Cristo.

Harvey cita el trabajo de Charles Talbert sobre la correspondencia, al señalar que el quiasmo, la inclusión, la composición en anillo y el patrón ABA' «nos alertan para esperar numerosos ejemplos de patrones orales en 1Corintios».[42]

El estilo desigual y áspero de 2Corintios refleja la interacción emocional de Pablo con sus lectores.[43] Es personal hasta el punto de ser casi auto-biográfico. Los mismos factores que hacen que 2Corintios sea difícil de esquematizar u ordenar bajo un solo tema también explican su gran valor como comentario sobre la naturaleza de un ministro y su ministerio. Pablo defiende su ministerio en los capítulos 1-7. Defiende su colecta para los santos en los capítulos 8-9. Defiende su autoridad apostólica en los capítulos 10-13.

---

[38] Launstein, folleto, 129.

[39] Guthrie, *New Testament Introduction*, 421.

[40] Para una buena discusión de las posibles visitas y cartas de Pablo a los Corintios, véase ibid., 424-38.

[41] Ibid., 438.

[42] Véase Harvey, *Listening to the Text*, 156.

[43] Launstein, folleto, 129.

Comprensión teológica

Primera de Corintios trata de la vida y los problemas de una iglesia local carnal. El propósito de Pablo es librar a la iglesia de la división y el desorden. Pablo se dirige hábilmente a personas orgullosas de su sabiduría, oratoria y libertad. Muestra las implicaciones prácticas de la centralidad de Cristo para sus conceptos de la sabiduría, la moral sexual, la disciplina, el matrimonio, el culto, los dones espirituales, el amor y la resurrección.

Segunda de Corintios revela la naturaleza del ministerio y la autoridad del ministro. Si Pablo no hubiera experimentado la oposición y el conflicto, y luego hubiera sentido la necesidad de hablar de ello desde su corazón, no tendríamos el registro de la auto-revelación del Dios de todo consuelo (1:3-4), la fragancia de Cristo (2:15), la carta escrita en los corazones humanos (3:3), la transformación del creyente de gloria en gloria (3:18), el tesoro del creyente en vasos de barro (4:7-10), la nueva creación del cristiano (5:17), el ministerio de la reconciliación (5:18-20), la importancia de la separación espiritual de los incrédulos (6:14), el ministerio de dar como Cristo dio (8:9; 9:7) y la suficiencia de la gracia de Dios (12:9).

Romanos

Antecedentes históricos

Escrita por Pablo desde Corinto en el año 57 d.C., la epístola a los Romanos fue producida por el plan de Pablo de visitar la iglesia de Roma (Hechos 19:21).[44] Escribió en parte para solicitar apoyo para sus planes de llevar el evangelio a España (Romanos 15:24), pero principalmente para establecer firmemente a los creyentes romanos en la enseñanza apostólica del plan de salvación de Dios para los gentiles, así como para los judíos (1:16). De Romanos 1:13 y 15:22 se desprende que a Pablo se le impidió en más de una ocasión visitar Roma, donde tenía varios amigos. Se desconoce cómo se estableció la iglesia de Roma.[45]

Análisis literario

Romanos es un material mayormente didáctico, pero rico en una variedad de recursos literarios, como el diálogo y el paralelismo, a los que el predicador debe estar atento. Greidanus dice: «Romanos 3:27-31 ofrece un ejemplo compacto de este estilo de debate helenístico: 'Entonces, ¿qué pasa con nuestra jactancia? Queda excluida. ¿Bajo qué principio? ¿Por el principio de las obras? No, sino por el principio de la fe... ¿Derribamos entonces la ley por esta fe? De ninguna manera. Al contrario, mantenemos la ley' (cf. Rom 2-3, 1Cor 9, Stg. 2)».[46] Además, observa

---

[44] Aune señala: «Romanos es la única carta de Pablo escrita a una comunidad cristiana que no había fundado ni visitado» (*The New Testament in Its Literary Environment*, 219).

[45] Para una buena discusión sobre el origen y la composición de la iglesia en Roma, véase Guthrie, *New Testament Introduction*, 393-96.

[46] Greidanus, *The Modern Preacher*, 321.

que Romanos 4:25 es un buen ejemplo de paralelismo antitético: «*Que fue muerto por nuestros delitos y resucitado para nuestra justificación*».[47]

La antítesis, prominente en las epístolas, se ejemplifica en Romanos 5:12-21 y 8:18-39.[48] Otros recursos literarios y retóricos deben analizarse con la precaución que sugiere el comentario de Harvey: «Welch piensa que Romanos contiene poco en cuanto a la estructura quiásmica. Por otro lado, Jouette Bassler identifica instancias de composición en anillo en su análisis de Romanos 1:16-2:29; y Peter Ellis analiza toda la carta utilizando formatos ABA' y 'quiásmicos'».[49]

Comprensión teológica

Romanos está clara y cuidadosamente expuesto para dar la buena noticia de cómo la justicia de Dios es necesaria para todo tipo de hombres, imputada por medio de la fe, impartida por el Espíritu Santo, consistente con el programa de Dios para Israel (pasado, presente y futuro), y vivida en el servicio. Douglas Moo, aunque califica el libro de «tratado», afirma que «Romanos está lejos de ser un resumen exhaustivo de la teología de Pablo».[50] Concluye: «Romanos, pues, es una carta tratado y tiene en su corazón un argumento teológico general, o una serie de argumentos».[51] Destaca el poder del Evangelio (1:16-17); la depravación del hombre (1:18-32); la necesidad universal de la justicia de Dios (2-3); la importancia y adecuación de la fe para apropiarse de la justicia de Dios (4-5); los principios, problemas y poder de la vida santa, (6-8); la soberanía de Dios sobre el rechazo temporal de Israel y su futura restauración (9-11); y la práctica de la justicia (12-15).

Epístolas de Pablo desde la cárcel (Hechos 21:17-28:31)

En cuatro de las epístolas de Pablo, Filemón, Efesios, Colosenses y Filipenses, hace referencia a sus prisiones o cadenas. La opinión tradicional es que Pablo escribió estas cartas desde la prisión de Roma, entre mediados y finales de los años 50 y principios de los 60, aunque algunos dicen que las escribió desde Cesarea Marítima, donde estuvo detenido antes de ser enviado a Roma.[52] Las referencias a la «casa del César» (Fil. 4:22) y a la guardia pretoriana (Fil. 1:13), así como la libertad con la que era visitado por sus amigos, inclinan la balanza a favor de la opinión tradicional. Ellisen señala:

> Aunque estaba en prisión, [Pablo] tenía cierta libertad, viviendo en «su propia casa alquilada, y recibía a todos los que entraban en ella» (Hechos 28:30). Su oposición en este momento no provenía del gobierno romano sino de los judíos. Ocho trabajadores estaban presentes con Pablo en este momento: Tíquico, Onésimo,

---

[47] Ibid., 322 (énfasis añadido).
[48] Ibid.
[49] Harvey, *Listening to the Text*, 120.
[50] Douglas J. Moo, *The Epistle to the Romans* (Grand Rapids: Eerdmans, 1996), 24.
[51] Moo, *The Epistle to the Romans*, 24.
[52] Tenney, *New Testament Survey*, 314.

Aristarco, Marcos, Jesús Justo (de la circuncisión); los gentiles eran Epafras, Lucas y Demas (Col. 4:7-14).[53]

Filemón

Antecedentes históricos

Onésimo, el esclavo fugado de Filemón, había robado a su amo y huido a Roma, donde de alguna manera conoció a Pablo y fue ganado para la fe en Cristo (Filemón 10). Según Colosenses 4:9, era natural de Colosas. Pablo lo envió de vuelta a Filemón con la petición de que fuera acogido y perdonado. Pablo prometió pagar lo que Onésimo debía a Filemón. Según Guthrie, «tradicionalmente se ha supuesto que Filemón era un miembro de la iglesia colosense, que de alguna manera se había convertido al cristianismo por medio de Pablo (cf. versículo 19)».[54]

Análisis literario

La carta, aunque breve e «intensamente personal», es también bastante teológica en su ilustración de la doctrina del perdón cristiano.[55] Esta observación da peso a la sugerencia de U. Wicket de que ésta «no es tanto una carta privada, sino ... una carta apostólica sobre un asunto personal». Ellisen esboza la epístola con tres divisiones:[56] La súplica de Pablo por Filemón (1-7), la súplica de Pablo por Onésimo (8-21) y el plan de Pablo para sí mismo (22-25).[57]

Harvey señala que la repetición de la palabra traducida como «confortar», en los versículos 7 y 20, «enmarca el cuerpo de la carta a Filemón». La repetición de la palabra «interceder» en los versos 8-10, y de «deber» en los versos 18-19, forman cadenas de palabras que realzan el énfasis.[58]

Comprensión teológica

Tenney encuentra en Filemón «todos los elementos del perdón: la ofensa (11,18), la compasión (10), la intercesión (10, 18, 19), la sustitución (18, 19), la restauración del favor (15) y la elevación a una nueva relación (16)».[59] Pablo no solo ilustra lo que Cristo ha hecho por el creyente, sino que ejemplifica la forma en que los cristianos deben tratarse unos a otros a su vez. (Véase Colosenses 3:12-17.) En cuanto a la cuestión de la esclavitud, el comentario de Guthrie es perspicaz:

Esta epístola pone de manifiesto todo el problema de la esclavitud en la Iglesia cristiana. No hay ningún pensamiento de denuncia ni siquiera en principio. El apóstol aborda la situación tal y como existe en ese momento. Da por sentado que

---

[53] Ellisen, *Western Bible Workbook*, 7.
[54] Guthrie, *New Testament Introduction*, 635.
[55] Tenney, *New Testament Survey*, 316.
[56] Guthrie, *New Testament Introduction*, 642, citando a U. Wickett (ZNTW, 52, 1961), 230-38.
[57] Ellisen, *Western Bible Workbook*, 165.
[58] Harvey, *Listening to the Text*, 279.
[59] Tenney, *New Testament Survey*, 317.

Filemón tiene un derecho de propiedad sobre Onésimo y deja la posición sin cuestionar. Sin embargo, en una frase significativa Pablo transforma el carácter de la relación amo-esclavo. Onésimo ya no vuelve como esclavo, sino como hermano amado (versículo 16). Es claramente incongruente que un amo cristiano «posea» a un hermano en Cristo en el sentido contemporáneo de la palabra, y aunque el orden existente de la sociedad no podía ser cambiado inmediatamente por el cristianismo sin una revolución... la relación amo-esclavo cristiana se transformó tanto desde dentro que estaba destinada a conducir finalmente a la abolición del sistema.[60]

Por último, hay un modelo de diplomacia cristiana en Filemón. Pablo apela a un hombre al que podría ordenar simplemente con la autoridad de su cargo de apóstol.

Efesios

Antecedentes históricos

Pablo aprovechó el regreso de Onésimo para escribir otras cartas, que fueron enviadas con él y un mensajero llamado Tíquico (Ef. 6:21; Col. 4:7-9) a las iglesias de otras ciudades de Asia, concretamente a Éfeso, Colosas y Filipos. La redacción de estas cartas tuvo lugar probablemente en los años 60-61 d.C.[61] Guthrie describe Efesios como una carta circular, enviada a Laodicea, el testamento espiritual de Pablo, una introducción al conjunto de escritos de Pablo, pensada como una filosofía de la religión para todo el mundo cristiano, y como una salvaguarda general contra la propagación de la herejía colosiana.[62]

Análisis literario

En cuanto al desarrollo, Efesios se divide en dos: los capítulos 1-3 establecen la posición del creyente a los ojos de Dios, y los capítulos 4-6 enfatizan el camino del creyente en la tierra. Como se ha mencionado anteriormente en este capítulo, Efesios 4:4-6 ejemplifica los recursos retóricos de la repetición y el clímax, y Efesios 6:11-17 es una metáfora extendida, en la que la armadura de un soldado romano se utiliza para representar los implementos de la guerra espiritual proporcionados al creyente en Cristo.[63] En cuanto al tono, Efesios es tranquilo y reflexivo (como Romanos), en contraste con Colosenses, que expresa una fuerte emoción (como Gálatas)[64] Wilkinson y Boa afirman: «Efesios abunda en pensamientos sublimes y en un rico vocabulario, especialmente en los capítulos 1-3, donde se entrelazan la teología y el culto. Muchos lo consideran el libro más profundo del Nuevo Testamento».[65]

---

[60] Guthrie, *New Testament Introduction*. 640.
[61] Tenney, *New Testament Survey*, 317.
[62] Guthrie, *New Testament Introduction*, 509-14.
[63] Greidanus, *The Modern Preacher*, 319-23.
[64] Ellisen, *Western Bible Workbook*, 8.
[65] Wilkinson y Boa, *Talk Thru the Old Testament*, 302.

Comprensión teológica

Efesios se dirige a la Iglesia como cuerpo universal de creyentes en lugar de responder a una cuestión de la iglesia local.[66] El énfasis está en el poder de Dios, la unidad de todos los que están situados «en Cristo» y la necesidad de comportarse de acuerdo con lo que es cierto del creyente como resultado de la obra de gracia de Dios en su favor. Hay un desarrollo relativamente frío de doctrinas tan profundas como la elección, la predestinación, la salvación por gracia, la seguridad eterna, la iglesia, la unidad, los dones espirituales, el estar lleno del Espíritu Santo, las relaciones matrimoniales y familiares, y la guerra espiritual.

Colosenses

Antecedentes históricos

Colosas, situada a unos cien kilómetros al este de Éfeso, era una ciudad menor en la época de Pablo. Aunque tenía poca influencia sobre los demás, estaba muy influenciada por los comerciantes orientales que pasaban por la ciudad de camino a Roma.[67] Tenney describe a los colosenses como «gentiles frigios (1:27), cuyos antecedentes religiosos eran muy emocionales y místicos».[68] Pablo nunca había visitado la iglesia que fundó allí Epafras.[69] La carta parece haber sido impulsada por un informe traído a Pablo por Epafrodito. Guthrie describe la herejía que amenazaba a la iglesia colosense. «Abogaba por una rígida observancia de la ley judía junto con un severo ascetismo. También puede haber habido alguna forma de adoración del sol vinculada a una doctrina esotérica de los ángeles».[70] Conjetura que el error colosense era más parecido al de los esenios que al de los gnósticos.[71]

Análisis literario

Los críticos han dudado de que Pablo escribiera Colosenses basándose en las diferencias en su estilo y énfasis teológico con respecto a sus llamadas cartas *principales*.[72] Sin embargo, otros mantienen el argumento a favor de su autoría porque las falsedades específicas que se enseñan en Colosas evocan un tono de respuesta más fuerte que el que utilizó en Efesios.[73]

---

[66] Véase I. Howard Marshall, *New Testament Theology*, (Downers Grove, Illinois: InterVarsity Press, 2004), 389.

[67] Tenney, *New Testament Survey*, 321.

[68] Ibid.

[69] Wilkinson y Boa, *Talk Thru the Old Testament*, 411. Sec Colosenses 1:4-8 y 2:1.

[70] Guthrie, *New Testament Introduction*, 549.

[71] Ibid., 550.

[72] Véase Marshall, *New Testament Theology*, 366.

[73] Earl Radmacher, Ronald B, Allen, y H. Wayne House, *Nelson's New Illustrated Bible Commentary* (Nashville: Thomas Nelson, 1999), 1559.

Comprensión teológica

Colosenses es cristológico, presentando positivamente un conocimiento preciso de la persona y la obra de Cristo como antídoto contra el error.[74] Guthrie señala el énfasis en la jefatura de Cristo como base de Pablo para oponerse firmemente a las tendencias ascéticas en Colosas:

> El cristiano debe más bien aferrarse a la Cabeza (ii. 19). Ha resucitado con Cristo (ii. 12, iii. 1 ss.) y, por tanto, debe vivir la vida resucitada. Esto requiere la auto-mortificación (iii. 5), pero Pablo reconoce la clara distinción entre esto y el ascetismo rígido. El cristiano está llamado a «revestirse» del hombre nuevo (iii. 10), así como a «despojarse» del viejo; la acción positiva está vinculada a la prohibición, en contraste con el ascetismo rígido que siempre tiende a exagerar lo negativo en detrimento de lo positivo.[75]

Filipenses

Antecedentes históricos

Marshall señala que «Filipos fue la primera ciudad importante de la antigua Macedonia que visitaron Pablo y Silas cuando cruzaron a Europa desde Asia (Hechos 16:11-40)».[76] Se cree que la carta de amistad, compañerismo y agradecimiento de Pablo fue escrita unos diez años después. Durante este tiempo, desde las conversiones de Lidia y su familia (Hechos 16:14-15) y del carcelero de Filipos y su familia (Hechos 16:31-34), había habido una buena respuesta al evangelio. Pablo escribe en respuesta a la lealtad y al donativo económico de la iglesia.

Análisis literario

La epístola de Pablo a Filipos fue escrita de forma más parecida a la de Romanos que a la de Efesios, quizá porque Filipos era europea, no asiática.[77] Es la carta más personal de Pablo, no dirigida a individuos concretos, y está repleta de pronombres en primera persona.[78] Greidanus observa que Filipenses 2:1-11 es una unidad textual que contiene un antiguo himno.[79] No debe dividirse, sino entenderse como un todo.

Comprensión teológica

Filipenses trata de la alegría y la responsabilidad de compartir el evangelio de Cristo. Compartir en la oración es el tema central de 1:1-11. Compartir en la persecución es la preocupación de 1:12-2:11. La participación en la vida de las

---

[74] Marshall, *New Testament Theology*, 367.
[75] Guthrie, *New Testament Introduction*, 551.
[76] Marshall, *New Testament Theology*, 344.
[77] Tenney, *New Testament Survey*, 324.
[78] Ibid., 323.
[79] Greidanus, *The Modern Preacher*, 324.

personas es el tema de 2:19-30. La participación en los objetivos adecuados es el énfasis del capítulo 3; y la participación en las necesidades prácticas es el tema del capítulo 4. Marshall dice: «En la parte principal de la carta que comienza en Filipenses 1:12 ... Pablo relata sus experiencias de tal manera que proporciona ánimo a los lectores en sus circunstancias difíciles».[80]

Epístolas pastorales

Según Homer Kent, «la designación 'epístolas pastorales' es apropiada para las cartas a Timoteo y Tito porque contienen instrucciones para el trabajo pastoral en las iglesias».[81] Pero el título es relativamente reciente,[82] y cabe señalar que Timoteo y Tito nunca son llamados *pastores* o *ancianos* (a quienes se les encarga la responsabilidad de pastorear el rebaño de Dios [1Pe 5:1-3]).[83] Parece que funcionaron como representantes apostólicos con autoridad delegada por Pablo. Tenney, comentando las circunstancias en las que se desarrollaron estas relaciones, dice: «Dentro del ámbito de las Epístolas Pastorales probablemente hubo algún lapso de tiempo. En 1Timoteo se presenta a Pablo de viaje y activo, aconsejando a su joven lugarteniente sobre sus deberes pastorales. Tito es bastante similar en su perspectiva. 2Timoteo, sin embargo, es definitivamente un final, pues Pablo evidentemente estaba seguro de que no sobreviviría al invierno».[84]

1Timoteo

Antecedentes históricos

Hendriksen describe las circunstancias en las que Pablo escribió su primera epístola a Timoteo. «Por lo tanto, alrededor del año 63 Pablo, habiendo salido recientemente de Éfeso donde había dejado a Timoteo, y estando ahora en Macedonia (1Tim. 1:3), le dice a Timoteo *cómo administrar los asuntos de la iglesia*».[85] Según Tenney, «la organización de la iglesia había aumentado en complejidad. Los cargos se habían convertido en fijos y eran buscados por algunos como una eminencia deseable, de modo que el prestigio del cargo en lugar de su utilidad se convirtió en el principal objetivo».[86]

De Timoteo, la *Nelson Study Bible* dice, Timoteo era natural de Listra, en Frigia (Hechos 16: 1-3). Su padre era griego, y su madre, Eunice, y su abuela, Loida, eran mujeres judías piadosas (2Tim. 1: 5; 3:14, 15). Gracias a la influencia de estas

---

[80] Marshall, *New Testament Theology*, 345.

[81] Homer A. Kent, *The Pastoral Epistles* (Chicago: Moody, 1958), 20.

[82] «No fue hasta 1703 cuando D. N. Serdot, seguido más tarde por Paul Anton en 1726, que lo popularizó, utilizó el término 'Pastoral' para describirlas». (Donald Guthrie, *The Pastoral Epistles* [Grand Rapids: Eerdmans, 1957], 11)

[83] Esto no quita nada a la relevancia de estas epístolas para los que ejercen de pastores, pero estos hombres no deben ser citados como ejemplos neo-testamentarios de pastores solitarios o principales de una iglesia.

[84] Tenney, *New Testament Survey*, 333.

[85] William Hendriksen, *New Testament Commentary: Exposition of the Pastoral Epistles* (Grand Rapids: Baker, 1957), 41.

[86] Tenney, *New Testament Survey*, 333.

mujeres, Timoteo aprendió las Escrituras hebreas cuando era niño. Pablo llama a Timoteo «verdadero hijo en la fe» (1:2), sugiriendo que se convirtió durante la primera visita misionera de Pablo a Listra (Hechos 14:6, 19).[87]

Análisis literario

Debido al estilo muy personal y al tono conversacional de 1Timoteo, no es fácil hacer un esquema.[88] Sin embargo, si se organiza bajo el tema general o título «La obra del ministerio», el esquema de tres puntos sugerido por Radmacher, Allen y House sirve para trazar su desarrollo. Primera Timoteo 1:1-20 proporciona recordatorios en el ministerio. Las *regulaciones en el ministerio* son la preocupación de 2:1-3:16. El resto del libro, 4:1-6:21, trata de *las responsabilidades* del ministerio.[89]

Comprensión teológica

Primera Timoteo 3:15 resume el objetivo principal de la carta: «Te escribo para que sepas cómo debes comportarte en la casa de Dios, que es la iglesia del Dios vivo, columna y fundamento de la verdad» (RVA). «La iglesia es el vehículo principal de Dios para realizar su obra en la tierra (Mt. 16:18-20)».[90]

Tito

Antecedentes históricos

Después de que Pablo dejara Éfeso, se dirigió a Macedonia, y puede haber navegado desde allí a Creta. Después de pasar algún tiempo en Creta, Pablo dejó a Tito para que organizara la revoltosa iglesia, que reflejaba la cultura descuidada, perezosa, codiciosa y divisiva por la que eran conocidos los isleños (Tito 1:12). Tito era un gentil convertido al cristianismo desde los días del primer viaje misionero de Pablo. Cuando Pablo y Bernabé asistieron al Concilio de Jerusalén, Tito fue utilizado como ejemplo de un griego que no necesitaba la circuncisión (Gálatas 2:1, 3). Se le elogia como representante de Pablo en la iglesia de Corinto (2Cor. 7:6-16), y por su eficacia a la hora de recaudar fondos en Macedonia (2Cor. 8:16, 19, 23).

Análisis literario

Tito es conocido por su resumen de la doctrina del Nuevo Testamento, enunciada casi como un credo formulado. «La palabra 'sana' implica que se ha reconocido una norma de doctrina, a la que deben ajustarse la vida y la enseñanza correctas».[91]

---

[87] Radmacher, Allen, y House, *Nelson Study Bible*, 1592.
[88] Launstein, folleto, 179.
[89] Radmacher, Allen, y House, *Nelson Study Bible*, 1594.
[90] Ibid, 1592.
[91] Tenney, *New Testament Survey*, 338.

Comprensión teológica

En el saludo, Tito 1:1-4, Pablo «sitúa todo lo que sigue en un contexto espiritual. Las instrucciones prácticas y éticas que siguen deben entenderse a su luz, y el autor nos lo recuerda continuamente».[92] Los temas centrales de la salvación cristiana se compactan en lo que Tenney llama «un verdadero compendio doctrinal».[93] Sin embargo, Marshall está en lo cierto al afirmar que «la carta tiene un propósito limitado, y no cubre la totalidad de la vida y la experiencia cristianas. Está inclinada en una dirección particular para tratar problemas particulares, y por lo tanto no debemos esperar de ella una exposición completa de la teología cristiana».[94]

2Timoteo

Antecedentes históricos

Las circunstancias en las que Pablo escribió su última epístola, 2Timoteo, son muy diferentes a las de las otras «epístolas pastorales». Está en la cárcel, encargando a su suplente la aleccionadora responsabilidad de resistir a los falsos maestros como un gentil guerrero.

Análisis literario

«El apóstol utiliza ilustraciones cotidianas de la vida del ejército, el atletismo y la agricultura para mostrar que el servicio requiere auto-disciplina, y que Timoteo debe, por tanto, estar preparado para algunas dificultades (ii. 3-6)».[95]

Comprensión teológica

En vista de sus propios años de servir fielmente al Señor, y viendo la creciente apostasía y persecución en el horizonte, Pablo instruye a Timoteo en áreas de su vida personal y pública. Si 1Timoteo trataba del trabajo *del* ministerio, y si Tito trataba del trabajo *en* el ministerio, entonces 2Timoteo trata del trabajo del *ministro*.[96] El capítulo 2 presenta un ministerio exitoso como uno que se reproduce (2:1-2), perdurable (2:3-13), estudioso (2:14-18) y santo (2:19-26).[97] No es sorprendente que Pablo enfatice a Cristo y su obra para preparar el camino para que el creyente lo siga hasta la gloria. Wilkinson y Boa resumen este énfasis de la

---

[92] Marshall, *New Testament Theology*, 399.
[93] Tenney enumera las siguientes doctrinas tratadas en la epístola a Tito: «1. La personalidad de Dios (2:11, 3:6). 2. Las cualidades de Su amor y gracia (2:11, 3:4). 3. Su título de Salvador (2:10, 3:4). 4. La condición de salvador de Cristo (2:13, 3:6). 5. 5. El Espíritu Santo (3:5). 6. La implicación del ser trino de Dios (3:5,6). 7. La deidad esencial de Cristo (2:13). 8. La expiación vicaria de Cristo (2:14). 9. La universalidad de la salvación (2:11). 10. La salvación por gracia, no por obras (3:5). 11. La entrada del Espíritu Santo (3:5). 12. La justificación por la fe (3:7). 13. La santificación (purificación) de su propio pueblo (2:14). 14. Separación del mal (2:12). 15. Herencia de la vida eterna (3:7). 16. El retorno de Cristo (2:13)». (*New Testament Survey*, 338)
[94] Marshall, *New Testament Theology*, 401.
[95] Guthrie, *New Testament Introduction*, 628.
[96] Launstein, folleto, 179.
[97] Wilkinson y Boa, *Talk Thru the Old Testament*, 435.

siguiente manera: «Cristo Jesús apareció en la tierra, 'abolió la muerte y sacó a la luz la vida y la inmortalidad por medio del evangelio' (1:10). Resucitó de entre los muertos (2:8) y proporciona la salvación y la 'gloria eterna' (2:10); pues si los creyentes 'murieron con *Él*', 'también vivirán con *Él*' (2:11). Todos los que aman Su aparición recibirán la 'corona de justicia' (4:8) y 'reinarán con *Él*' (2:12)».[98]

Epístolas de la Iglesia sufriente

1Pedro

Antecedentes históricos

Pedro escribió su primera epístola hacia el año 65-67, unos años después de que Roma comenzara a perseguir a los cristianos. Sus lectores de las provincias de Asia Menor aún no habían sentido los efectos completos de esta violencia amenazante, pero necesitaban un curso intensivo sobre cómo afrontarla. Se forman en congregaciones dirigidas por ancianos (5:1) cuyos ministerios son llevados a cabo por los miembros dotados para servir y hablar (4:10-11).

Análisis literario

Primera de Pedro está estructurada con el uso de imperativos (treinta y cuatro de ellos entre 1:13 y 5:9),[99] que expresan un sentido de informalidad y urgencia por parte de un hombre convencido de que los cristianos tienen una fe por la que vale la pena sufrir. Marshall señala que la palabra traducida como *sufrir* aparece nada menos que doce veces, «más que en cualquier otro libro del Nuevo Testamento».[100] La epístola se divide en un doble esquema en el que se destaca la posición del creyente en 1:1-2:10, y la conducta del creyente en 2:11-5:14.

Comprensión teológica

Pedro habla de los sufrimientos de Cristo en 2:23, 3:18, 4:1, 4:13 y 5:1. Habla como un testigo ocular que conocía su propio fracaso hasta que fue impactado por la Resurrección que menciona en 1:3. Habla del amor de Cristo en 1:8 como alguien a quien se le había preguntado: «Simón, hijo de Jonás, ¿me amas?» RVA (ver Juan 21:15-19). Exhorta a los ancianos a cuidar el rebaño de Dios, ya que Cristo les dijo: «Pastorea mis ovejas» (véase Juan 21:16-17). Ordena a sus lectores que se ciñan con humildad (5:5), después de haber visto a Jesús envolverse con la toalla antes de lavar los pies de los discípulos — ¡incluidos los suyos! (Juan 13:5-17).[101]

A lo largo de la epístola, también se subraya la suficiencia de la gracia de Dios (cf. 2Cor. 12:9), como explica Tenney:

---

[98] Ibid.

[99] Tenney, *New Testament Survey*, 351-52.

[100] 100. Marshall, *New Testament Theology*, 642.

[101] Tenney, *New Testament Survey*, 350.

Además del tema del sufrimiento que impregna la epístola, existe el contra-tema de «la verdadera gracia de Dios» (5:12). El sufrimiento debe ser recibido con gracia y debe desarrollar la gracia en el individuo. El término aparece en el saludo (1:2), como el resumen del mensaje de los profetas (1:10), como la expectativa del futuro (1:13), como el modelo de conducta bajo el abuso (2:19, 20; texto griego), como la plenitud de las bendiciones que vienen en respuesta a la oración (3:7), como el equipo para el servicio espiritual (4:10), y como el favor que Dios muestra a los que esperan en Él humildemente (5:5).[102]

Hebreos

Antecedentes históricos

Hebreos fue escrito antes del año 70, ya que en 10:11 se habla de los sacrificios en el templo en tiempo presente. Si hubiera que conocer la identidad del escritor para entender su escrito, Dios lo habría revelado, pero no es el caso. Más importante para la interpretación del texto es el hecho de que fue escrito a los cristianos judíos de segunda generación, que, bajo la amenaza de la persecución, tuvieron la tentación de volver al sistema de sacrificios de la Ley mosaica.

Cuando se escribió la epístola, sus lectores llevaban el tiempo suficiente como para convertirse en maestros (5:12), perder a sus líderes por la muerte (13:7) y haber olvidado «los días anteriores» en los que habían sido más fieles (10:32 ss.). Ante el inminente peligro de persecución (Heb. 10:32-36; 12:4), el propósito del escritor es demostrar la superioridad de Cristo y de la fe cristiana respecto a aquellos tipos opacos de Cristo que Él cumplió. La epístola presupone un conocimiento del Antiguo Testamento en griego (Septuaginta), sin el cual no se puede entender.[103]

Análisis literario

Aunque está escrita en un griego pulido, con citas de la Septuaginta, la epístola está redactada como la oratoria de alguien empapado en las Escrituras del Antiguo Testamento. El esquema de Ellisen sobre Hebreos es adecuado para demostrar la organización de la argumentación del escritor. La declaración inicial del autor se refiere a «la gloria y la suficiencia de la persona de Cristo», en 1:1-4:13. A continuación, expone «la gloria y la suficiencia del sacerdocio de Cristo», en 4:14-10:18. Finalmente, en 10:19-13:25, muestra «la gloria y la suficiencia del programa de Cristo».

Comprensión teológica

Al demostrar la supremacía de Jesucristo sobre todas las leyes, instituciones y ceremonias elementales que apuntan a Él, el escritor confirma la naturaleza temporal del pacto mosaico. Al igual que el andamiaje utilizado en la construcción de un edificio, la Ley había cumplido su propósito de pacto. El fin, para el que el

---

[102] Ibid, 349-50.
[103] Ellisen, *Western Bible Workbook*, 173.

sistema de sacrificios judío era un medio, es Jesús. Aquellos que lo conocen no tienen una buena alternativa para pasar a la madurez, por la fe, como lo hicieron sus antepasados hebreos. Hebreos no solo ofrece al lector una mejor comprensión del Antiguo Testamento, sino también un mensaje importante para todos los que necesitan una mayor resistencia de la fe.

Epístolas para combatir las herejías

Las últimas cinco epístolas del Nuevo Testamento se escribieron para corregir las falsas enseñanzas que habían surgido tanto dentro como fuera de la Iglesia.

2 Pedro

Antecedentes históricos

En su despedida a los ancianos de Éfeso, registrada en Hechos 20, Pablo predijo lo mismo que estaba sucediendo cuando Pedro escribió su segunda epístola: «Porque yo sé que después de mi partida entrarán en medio de ustedes lobos rapaces que no perdonarán la vida al rebaño; y que de entre ustedes mismos se levantarán hombres que hablarán cosas perversas para descarriar a los discípulos tras ellos» (vv. 29-30 RVA). Las palabras operativas, en relación con 2Pedro, son «en medio de ustedes». Pedro comienza su segundo capítulo diciendo: «Pero hubo falsos profetas entre el pueblo, como también entre ustedes habrá falsos maestros que introducirán encubiertamente herejías destructivas llegando aun hasta negar al soberano Señor que los compró, acarreando sobre sí mismos una súbita destrucción» (2:1- RVA).

Mientras que Judas habla de forasteros que se colaron sin ser detectados en la comunidad de creyentes (1:4), los falsos maestros de 2Pedro se describen como creyentes apóstatas (2:1, 20-22). Aunque no se identifican sus errores específicos en sí, el texto mismo indica que una visión baja de las Escrituras condujo a una negación del regreso de Cristo y dio lugar a un estilo de vida permisivo e inmoral. (Véase 1:4; 2:1-3; 3:3-4)[104] Los lectores de Pedro parecen ser los mismos que los identificados en su primera epístola, ya que se refiere a esta carta como su segunda (3:1).

Segunda de Pedro fue escrita justo antes de la muerte del apóstol, hacia el año 67 o 68, probablemente desde Roma.[105] El ambiente oscuro y frío de la celda de la cárcel, sin la ayuda de un amanuense, explica el estilo más áspero del griego que se encuentra en 1Pedro.

Análisis literario

«Hay una decidida diferencia de vocabulario y estilo entre 1 y 2Pedro. La segunda epístola está escrita en un griego más laborioso y torpe. Quizás se empleó un

---

[104] Así, Marshall afirma que «la principal preocupación de Pedro es rehabilitar la expectativa de la futura venida (parousía) de Jesús». (*New Testament Theology*, 672.)

[105] Guthrie, *New Testament Introduction*, 850.

amanuense diferente, o posiblemente Pedro la transcribió él mismo».[106] La carta se puede esquematizar con estos tres puntos: el recordatorio de crecer (1), el recordatorio de los falsos maestros (2), y el recordatorio del día del Señor (3).

Comprensión teológica

Si, a diferencia de Judas, Pedro está abordando el problema de los herejes *regenerados*, cuyo juicio por la falsa enseñanza les deja en peor situación (en esta vida) que cuando creyeron (2Pe. 2:21-22), la epístola contribuye a la doctrina de la salvación solo por gracia. Al mismo tiempo, subraya la importancia del conocimiento verdadero y experimental de la verdad para una rica entrada en el reino eterno del Señor (1:5-11). Conocer la verdad, revelada por Dios a los hombres apartados para registrarla, es el antídoto contra la falsa enseñanza (1:19-21). Darse cuenta de la fidelidad con la que Dios cumple sus promesas de rescatar a los justos y juzgar a los malvados es la clave para una vida santa (2:9; 3:11).

Judas

Antecedentes históricos

Sea cual sea el público al que escribió Judas, y sea cual sea su composición étnica, su progreso en la fe se veía amenazado por la falsa enseñanza introducida por los incrédulos. El error al que se dirige Judas parece ser «una versión antinómica del gnosticismo».[107] Judas, el medio hermano del Señor, no creyó en Jesús hasta después de la resurrección (Juan 7:5; véase Hechos 1:14).

Análisis literario

George Lawlor señala la afición de Judas por la tríada, o por hablar en tríos. Afirma: «El autor parece no perder ni una sola oportunidad de expresarse de esta singular manera triple».[108] En el versículo 1, por ejemplo, «Judas», «siervo» y «hermano» forman una tríada, al igual que las palabras «llamado», «amado» y «guardado».[109] En el versículo 2, Judas une «misericordia, paz y amor» (RVA). Lawlor cita no menos de dieciocho casos de esta técnica, que según él «no tiene paralelo en ninguna otra parte de las Escrituras del Nuevo Testamento».[110]

También es digno de mención el lenguaje sin reservas con el que Judas denuncia a los falsos maestros. Esto es indicativo de la intolerancia con la que Jesús reprendió a los escribas y fariseos (véase Mateo 15:1-14 y 23:1-26). Esto sirve de advertencia a los cristianos modernos tentados de abrazar la corrección política de nuestra sociedad pluralista.

---

[106] Tenney, *New Testament Survey*, 367.

[107] Wilkinson y Boa, *Talk Thru the Old Testament*, 502.

[108] George Lawrence Lawlor, *Translation and Exposition of the Epistle of Jude* (Phillipsburg, Nueva Jersey: Presbyterian and Reformed Publishing Co., 1972), 14.

[109] Ibid.

[110] Ibid.

En cuanto a la cita de Judas de fuentes no canónicas, Tenney dice: «Las obras apócrifas se utilizaban a veces para ilustrar ciertos principios para aquellos que las consideraban con reverencia».[111] Que la verdad se encontrara en tales fuentes no implica en absoluto que se consideraran inspiradas. Lo mismo puede decirse de la cita que hace Pablo del poeta Aretas en Hechos 17:28, y del profeta cretense citado en Tito 1:12.

Comprensión teológica

La referencia de Judas a «la fe que fue entregada una vez a los santos», en el versículo 3 (RVA), identifica un cuerpo de verdad completado.[112] No era necesario ni es posible un nuevo contenido de la fe cristiana. Es una fe por la que vale la pena luchar.

Judas logra el equilibrio crucial en el énfasis entre la *responsabilidad* del creyente de contender por la fe (v. 3) y mantenerse en el amor de Dios, esperando su misericordia (v. 21), por un lado, y la *preservación* del creyente por Jesucristo (v. 1), que es capaz de presentarlo impecable ante Dios (v. 24), por otro.

Un examen minucioso de Judas indica que las diferencias son significativas. Las palabras acerca de los falsos maestros que describe se refiere a la naturaleza y el destino de los mismos. En contraste con los de la segunda epístola de Pedro, son claramente no regenerados y destinados a la condenación eterna (v. 13).

1, 2 y 3Juan

Antecedentes históricos

En referencia a 1Juan, Guthrie afirma: «Es imposible comprender el propósito de la epístola hasta que se haya dicho algo sobre el trasfondo de pensamiento al que pertenecía».[113] Probablemente 1Juan se escribió en Éfeso después del Evangelio de Juan, pero antes de la persecución que comenzó en Roma bajo Domiciano en el año 95 d.C.,[114] ya que no se dice nada sobre la persecución. Lo más probable es que se enviara a las iglesias asiáticas de los alrededores de Éfeso, sobre las que Juan tenía cierta supervisión.[115] Por lo que dice en 2:7, 18-27; y 3:11, los lectores de Juan eran creyentes bien establecidos. Sin embargo, su disfrute de la comunión con Dios y con los demás se veía amenazado por quienes negaban la realidad de la encarnación de Cristo. La creencia gnóstica de que el espíritu y la materia no pueden tener una conexión real llevó a la falsa conclusión de que la comunión con Dios es independiente de cómo uno se comporte en su cuerpo. Juan escribe para denunciar este error asegurando a sus lectores la verdad por la que también podían saber con certeza que tenían comunión con Dios, es decir, que disfrutaban de la vida eterna.

[111] Tenney, *New Testament Survey*, 374.
[112] Ibid.
[113] Guthrie, *New Testament Introduction*, 869.
[114] Wilkinson y Boa, *Talk Thru the Old Testament*, 485.
[115] B. F. Westcott, *The Epistles of John*, (Grand Rapids: Eerdmans, 1966), xxxii.

La Segunda y la Tercera de Juan fueron supuestamente escritas más o menos al mismo tiempo, pero se dirigieron a personas diferentes. La «señora elegida» de 2Juan parece referirse a una iglesia, pero su identidad es imposible de determinar.[116] Tercera de Juan estaba dirigida a un hombre llamado Gayo, cuya identidad sigue siendo un misterio. Guthrie dice: «No es posible ser más específico que esto, pero como ya se ha demostrado que esta epístola está estrechamente relacionada tanto con 1Juan como con 2Juan y como estas epístolas se asignan de forma bastante razonable a un destino asiático, se puede suponer que la iglesia de Gayo era una del circuito de iglesias asiáticas bajo la supervisión general del apóstol Juan».[117]

Análisis literario

La estructura de 1Juan es difícil de esbozar, pero puede representarse mejor como una espiral triangular en la que pasa de la doctrina (a), a la moral (b), a la comunidad (c), a la doctrina (a'), a la moral (b'), a la comunidad (c'), a la doctrina (a»), a la moral (b»), a la comunidad (c»), y así sucesivamente.

Comprensión teológica

Primera de Juan contribuye en gran medida a la comprensión de la comunión en la familia de Dios.

Doctrina: La comunión en la familia de Dios depende de los hechos de la encarnación: Cristo es real (1:1-4), Jesús es el Cristo (2:18-29) y la vida eterna está en el Hijo de Dios (5:1-12).

Moralidad: La práctica de la justicia es caminar en la luz (1:5-10), que es la obediencia a Dios (2:3-6), que se demuestra por el amor a los compañeros creyentes (2:7-11), y da lugar a una esperanza que conduce a la pureza en esta vida (3:1-10). Esta es una base objetiva para saber que uno tiene (está disfrutando) la vida eterna (5:13-21).

Comunidad: Es imposible amar a Dios y al mundo (sistema) al mismo tiempo (2:12-17). El amor a Dios se demuestra por la compasión del creyente (3:11-18), que produce confianza ante Dios (3:19-24), y se demuestra por la obediencia a Dios (5:1-12).

Segunda de Juan subraya que el amor no puede separarse de la verdad. La verdad une a los creyentes en el amor (1-3). La verdad gobierna el caminar de los creyentes en el amor (4-6). La verdad hace que el amor de los creyentes discrimine (7-13).

Tercera de Juan subraya que, mediante el amor fiel, los creyentes demuestran que son de la verdad.

---

[116] Guthrie, *New Testament Introduction*, 893.
[117] Ibid., 896.

Ejemplo de sermón
La excelencia del amor

1Corintios 13:1-13
El amor sobrepasa los ministerios dotados en prioridad, desempeño y permanencia

I. La prioridad del amor en relación con los ministerios dotados (1-3)
   A. Lenguas
   B. Profecía
   C. Obras misericordiosas
II. El desempeño del amor en relación con las personas (4-7)
   A. Cómo es «el amor»
   B. Lo que «el amor no hace»
   C. Lo que hace el amor
III. La permanencia del amor en relación con la fe y la esperanza (8-13)
   A. Duradera (8)
   B. Completa (9-11)
   C. Suma (12-13)

Resumen y conclusión

Aunque se requiera menos «trabajo de puente» para transmitir el mensaje de Dios de las epístolas del Nuevo Testamento al oyente contemporáneo, las epístolas presentan sus propios desafíos. Una epístola es una carta escrita con autoridad apostólica en respuesta a una preocupación particular, lo que determina el alcance de su desarrollo teológico. Las epístolas incluyen otros géneros y emplean la mayoría de los recursos retóricos que se encuentran en otra literatura bíblica. En cuanto a la forma, las epístolas del Nuevo Testamento suelen seguir el patrón de una adaptación de la típica carta del siglo I.

Santiago se escribió primero, probablemente antes del primer viaje misionero de Pablo. Santiago se enfrenta a las iglesias en una época en la que la mayoría de los cristianos eran judíos. Emplea muchos imperativos en su aplicación de la sabiduría divina a la necesidad de sus oyentes de demostrar la realidad de su fe.

A continuación, vienen las epístolas que Pablo escribió antes de su encarcelamiento. Estas incluyen Gálatas, 1 y 2Tesalonicenses, 1 y 2Corintios y Romanos. Gálatas es una protesta contra los intentos judaizantes de corromper el evangelio puro de la gracia. La santificación es el resultado de la realización de la crucifixión del creyente con Cristo, no del cumplimiento de las reglas. Las cartas a los tesalonicenses fueron escritas para aclarar malentendidos sobre la venida del Señor *por* sus santos, y de su regreso a la tierra *con* ellos. Las epístolas a los Corintios se escribieron para librar a una iglesia local carnal de la división y el desorden, abordando las implicaciones prácticas de la centralidad de Cristo (en 1Corintios), y defendiendo el apostolado de Pablo (en 2Corintios).

Romanos explica cómo la justicia de Dios, necesaria para todos los hombres, es apropiada por la fe, demostrada en la práctica por el poder del Espíritu Santo que mora en ella, y evidente en el programa de Dios para Israel.

Desde la prisión de Roma, Pablo escribió Filemón, Efesios, Colosenses y Filipenses. En su carta personal a Filemón, Pablo muestra cómo los cristianos deben perdonar como han sido perdonados en Cristo. Efesios presenta a Cristo como cabeza de su cuerpo, la Iglesia, y exhorta al creyente a comportarse de acuerdo con su posición «en Cristo». Colosenses es muy parecido a Efesios, pero enfatiza la jefatura de Cristo sobre todas las cosas como base para combatir el ascetismo. Filipenses trata de la alegría y la responsabilidad de compartir el evangelio de Cristo.

Las llamadas *epístolas pastorales* incluyen 1Timoteo, Tito y 2Timoteo, y tratan de la conducta de la vida de la iglesia. Primera Timoteo muestra que la iglesia es el principal organismo a través del cual Dios actúa en el mundo actual. Tito resume la doctrina cristiana para un joven encargado de establecer el orden en las iglesias de Creta. En su última epístola, 2Timoteo, Pablo ofrece al lector una mirada al corazón de un ministro cuando le encarga a Timoteo.

Las epístolas de la iglesia sufriente incluyen 1Pedro y Hebreos. Primera de Pedro anima a las iglesias de Asia Menor a realizar la gracia del sufrimiento. Hebreos incita a los cristianos judíos a avanzar hacia la madurez en Cristo en vista de su gloria y suficiencia.

Las últimas cinco epístolas del Nuevo Testamento fueron escritas para combatir herejías: 2Pedro, Judas y 1, 2 y 3Juan. Mientras que 2Pedro aborda el problema de los falsos maestros creyentes, Judas denuncia a los incrédulos. Sin embargo, ambos libros promueven la verdad como antídoto contra el error. Las epístolas de Juan se enfrentan al error del gnosticismo con las implicaciones de la Encarnación.

Un ejemplo de sermón sobre 1Corintios 13 proporciona un ejemplo de cómo se puede preparar un capítulo de las Epístolas utilizando el método Whiting.

Preguntas para el debate

1. ¿Qué factores hacen que el *puente* verbal entre las Epístolas del Nuevo Testamento y el público moderno sea más fácil de *construir* que el que existe entre otra literatura bíblica y el público actual?

2. ¿Qué retos de construcción de puentes plantean las Epístolas en comparación con otra literatura bíblica?

3. ¿Cuáles son las características de una epístola del Nuevo Testamento que la distinguen de una carta personal?

4. ¿Cómo afecta la comprensión del trasfondo y la literatura de Santiago a la forma en que lo predicarías?

5. Si Pablo escribió cartas a la iglesia de Corinto que se han perdido, ¿podemos decir que el canon de las Escrituras está completo? Si es así, ¿cómo?

6. ¿Qué necesidades ministeriales podrían motivarle a predicar de 2Corintios sobre la base de su contenido?

7. ¿Por qué está de acuerdo o no con Douglas Moo en que Romanos dista mucho de ser un resumen exhaustivo de la teología de Pablo?

8. ¿Por qué está de acuerdo o no con la afirmación de que la *intención* de Pablo al escribir Filemón era enseñar principios de perdón?

9. Describa las similitudes y diferencias importantes entre Efesios y Colosenses.

10. ¿Por qué sería adecuado o inadecuado predicar un sermón utilizando Filipenses 2:5-8 como texto?

11. ¿Cuál de las epístolas pastorales sería especialmente apropiada para enseñar doctrina a una clase de nuevos miembros, y por qué?

12. ¿Cuál de las epístolas proporcionaría textos de predicación especialmente apropiados para los que sufren, y por qué?

13. ¿Por qué estás de acuerdo o no en que Pedro y Judas se dirigen a falsos maestros con diferentes destinos eternos?

14. Explique su comprensión del problema gnóstico contra el que se escribió la primera epístola de Juan.

15. Enumere dos puntos fuertes y dos puntos débiles del ejemplo de sermón de 1Corintios 13.

CAPÍTULO 15

Predicando el Apocalipsis

La importancia única de las últimas palabras se menciona a menudo como introducción a los pasajes de la Gran Comisión de Mateo 28:19-20, Marcos 16:15-18, Lucas 24:44-50 y Hechos 1:8. Sin embargo, las últimas palabras registradas de Jesús no se encuentran en los Evangelios ni en los Hechos. Se encuentran en el Apocalipsis de Jesucristo, que dice: «Sí, vengo pronto» (Ap. 22:20 - RVA). No hay nada que se necesite con más urgencia hoy en día que la adoración obediente y la esperanza que dependen de una visión de Cristo tal como es en la gloria.

Sin embargo, el último libro de la Biblia es a menudo descuidado en el ministerio del púlpito debido a la incertidumbre sobre su naturaleza y propósito. Para el no instruido, entender el significado de sus símbolos y referencias del Antiguo Testamento es una tarea desalentadora. La responsabilidad de elegir entre sistemas de interpretación muy diferentes es intimidante. Las descripciones horribles de la destrucción cataclísmica y la carnicería humana son aborrecibles para la imaginación. El sensacionalismo de los predicadores que han abusado del Apocalipsis para atraer a las multitudes e impresionarlas con su ingenio es repulsivo. Pero ninguna de ellas es una razón válida para ignorar la última Palabra de Dios. Así que este capítulo está dedicado a animarle a predicar el libro del Apocalipsis con la confianza y la humildad adecuadas.

Introducción al libro del Apocalipsis

Título

Los editores de nuestras traducciones han titulado generalmente el libro El Apocalipsis de Juan. Pero el texto griego comienza simplemente con las palabras traducidas «El Apocalipsis de Jesucristo». La primera palabra, traducida como «revelación», se translitera como «apocalipsis».[1] En la lengua vernácula moderna, a veces se utiliza para referirse a la destrucción cataclísmica del mundo. Pero la palabra significa simplemente «descubrir o revelar». El contenido de la revelación se centra en Jesucristo. Viene del Padre al Hijo, y del Hijo a Juan, por medio de un ángel. (Nota para el predicador: Esta cadena de comunicación es instructiva. Dios

---

[1] Aune resalta que Apocalipsis 1:1-2 marca: «la primera aparición del término [apocalipsis] en la literatura apocalíptica, una oración que busca funcionar como un título». (*The New Testament in Its Literary Environment*, 226)

elige mediar un mensaje que podría haber entregado más directamente. Al comunicar sus mensajes, Dios se complace en trabajar a través de agencias personales, ¡incluyendo a usted!).

El libro comienza: «La revelación de Jesucristo, que Dios le dio para mostrar a sus siervos las cosas que deben suceder pronto; y que dio a conocer enviándola por medio de su ángel a su siervo Juan, quien ha dado testimonio de la palabra de Dios y del testimonio de Jesucristo, de todo lo que ha visto» (1:1-2 - RVA).

Las «cosas» que Juan vio, «cosas que deben ocurrir pronto», se refieren a eventos que acontecerán rápidamente o en rápida sucesión una vez que comiencen. Este es el significado de la palabra traducida «pronto». El versículo 3 promete una bendición especial para aquellos que lean y presten atención a las cosas que Juan escribió, porque podrían comenzar a ocurrir en cualquier momento. El verso 4 reitera que Juan es el canal.

Antecedentes históricos

Con respecto a la autoría, Guthrie escribe: «Aunque el autor se llama a sí mismo solo 'Juan', tradicionalmente se asumía que este Juan era el apóstol».[2] Tras una larga discusión sobre las objeciones a la autoría del apóstol Juan,[3] Guthrie concluye que la opinión tradicional es mejor que las alternativas.[4]

Dirigido a siete iglesias de la provincia romana de Asia (1:4), el Apocalipsis fue escrito durante una época de persecución romana contra los cristianos (1:9; 2:10, 13), probablemente cerca del final de la regencia de Domiciano (81-96 d. C.). Este fue el testimonio de Ireneo, discípulo de Policarpo, discípulo de Juan.[5]

Radmacher, Allen y House declaran:

> Fuentes históricas fidedignas del siglo II d.C. sitúan al apóstol Juan en Éfeso y ejerciendo su ministerio en toda la provincia de Asia desde el año 70 al 100 d.C. ... Sin duda, Juan fue recluido en la isla de Patmos a causa de su testimonio cristiano. Fue liberado después de dieciocho meses por el emperador Nerva (96-98 d.C.), tras lo cual el apóstol regresó a Éfeso para reanudar su función de liderazgo en la ciudad.[6]

Género

En *Preaching Old Testament Prophecy*, Robert Thomas considera el Apocalipsis como un documento genuinamente profético, que tiene elementos apocalípticos, es decir, «cuando el mensaje fue transmitido al profeta en forma de visiones». Afirma, además, que «el género literario de los escritos inspirados no fue la elección del

---

[2] Guthrie, *New Testament Introduction*, 934.
[3] Dionisio acusó inconsistencias de gramática griega, vocabulario, expresiones, contenido teológico y uso del nombre del autor. Sin embargo, existen notables similitudes entre el Apocalipsis y el Evangelio de Juan. Las aparentes diferencias de estilo pueden explicarse por las inusuales circunstancias en las que fue escrito, como el exilio en la isla de Patmos, las sorprendentes visiones, la naturaleza de la literatura apocalíptica y el posible uso de un secretario. (Radmacher, Allen, y House, *Nelson Study Bible*)
[4] Guthrie, *New Testament Introduction*, 949.
[5] Ibid., 949-60.
[6] Radmacher, Allen, y House, *Nelson Study Bible*, 2162.

autor humano, sino que fue un resultado inevitable de la manera en que Dios eligió revelar su mensaje al profeta».[7]

El Apocalipsis ciertamente cumple con los criterios de identificación de Greidanus de la literatura profética. En primer lugar, viene de Dios y es sobre Dios.[8] Como hemos visto, no es en última instancia *de* Juan o en última instancia *sobre* el futuro. En segundo lugar, como la profecía era dirigida generalmente por el escritor a sus contemporáneos, Juan escribe a las siete iglesias de Asia Menor.[9]

El mensaje de la profecía nunca es solo para satisfacer la curiosidad o alimentar la especulación. Siempre tiene una aplicación inmediata para quienes lo escuchan (por ejemplo, «¡Adoren a Dios! Porque el testimonio de Jesús es el espíritu de la profecía» [Ap. 19:10 RVA]). En tercer lugar, como la literatura profética trata generalmente del reino,[10] el libro del Apocalipsis se refiere al reino en su aspecto universal (1:5; 17:14; 19:6; 20:11), a la «continuidad con el pasado» (1:5, 19; 4:11; 5:9, 12; 12:1), al «Rey que viene» (19:7) y al «cumplimiento progresivo» (20:4).[11]

El Apocalipsis tiene los elementos apocalípticos identificados por Leland Ryken, que incluyen: contraste del bien y el mal; un intérprete angélico; prosa, no poesía; mirada al final de los tiempos; uso del simbolismo (imágenes concretas para representar algo más); personajes animales (criaturas vivientes, cordero, caballos, etc.); y colores (blanco frente a rojo).[12]

Al mismo tiempo, el Apocalipsis tiene características en común con las epístolas. Fue dirigido a las iglesias por un apóstol para satisfacer sus necesidades de aquel momento.

Interpretación[13]

Walvoord esboza los enfoques básicos que se han adoptado para interpretar el Apocalipsis. El *enfoque alegórico* espiritualiza el texto, negando un reino milenario literal de Cristo o cualquier relevancia histórica. Los *preteristas* ven el Apocalipsis como una historia simbólica de eventos completados en el pasado.[14] El *enfoque histórico* considera el Apocalipsis como una representación simbólica de la historia de la Iglesia, que culmina con el regreso de Cristo. Los futuristas ven el Apocalipsis 4-22 como una predicción de «cosas que sucederán después de estas cosas» (1:19) (es decir, posteriores a las cosas que Jesús describe como ocurriendo en ese momento).

---

[7] Thomas, Revelation 1-7, 29.
[8] Greidanus, *The Modern Preacher*, 229.
[9] Ibid.
[10] Ibid.. 236-38.
[11] Ibid.
[12] Ryken, *How to Read the Bible as Literature*, 335.
[13] John Walvoord, *The Revelation of Jesus Christ* (Chicago: Moody, 1966), 16-20.
[14] Childs, por ejemplo, afirma sobre el apóstol Juan: «Todo el escenario apocalíptico que heredó ha sido reinterpretado como una acción completada. En cada ciclo apocalíptico descrito, Dios gobierna ahora su universo y el reino ha llegado (7:10; 11; 15: 19:6). Satanás ha sido derrotado por el Cordero y expulsado del cielo. El Anticristo ha sido vencido y la salvación se ha realizado». (*Biblical Theology of the Old and New Testaments*, 321)

Análisis literario

Más que quizás cualquier otro libro bíblico, la comprensión de la estructura literaria del Apocalipsis es crucial para su interpretación. Según Leland Ryken, «el libro del Apocalipsis es la obra larga más cuidadosamente estructurada de la Biblia».[15] Esto no significa que los eruditos estén de acuerdo con el principio por el que está organizado.

Guthrie estudia nada menos que siete teorías que se han presentado para explicar la disposición del material de Juan.[16] Van desde la suposición de que se trata de un «mosaico» de editores, hasta la suposición de que el Apocalipsis es una obra poética impresionista. Otros consideran que el propio simbolismo es la clave para entender el significado del libro. Según esta teoría, «el número siete, la liturgia judía y la astrología (los signos del Zodiaco)»,[17] proporcionan pistas que el lector debe utilizar para encontrar un significado más allá del uso normal de las palabras. Otros consideran que el escrito es un drama, una canción con siete estribillos, una serie de visiones que hay que reordenar o una liturgia que mueve al lector de un foco de atención a otro en una progresión de adoración.

A nuestro juicio, cada uno de estos puntos de vista se equivoca en su preocupación por la forma. El uso que hace Juan del número siete para estructurar su material es obvio, pero es un medio para que el mensaje urgente que tiene que comunicar se entienda y recuerde más fácilmente.

El enfoque literal de la interpretación de las Escrituras, analizado en el capítulo 2, supone que el significado del mensaje de Juan es el que él entendía y esperaba que sus lectores entendieran, no aislado del contexto de toda la Biblia, sino como la culminación de su mensaje.

Juan parece haber organizado su material según varios recursos o técnicas literarias. El primero es un sistema de contrastes entre el bien y el mal. Parafraseando a Ryken:

> Satanás se opone a Dios y a Cristo. Los seguidores de la bestia se oponen a los santos. La ramera de Babilonia es vista en oposición a Israel y a la novia virginal de Cristo. El dragón está en contra del Cordero. La trinidad impía (el dragón, la bestia del mar y la bestia de la tierra) se opone a la Trinidad. Los ángeles del dragón se oponen a los ángeles de Miguel. El cielo se ve en contraste con el pozo sin fondo, y la Nueva Jerusalén, en contraste con Babilonia. El tiempo se opone a la eternidad, y la liberación de los creyentes se contrapone a la destrucción de los enemigos de Dios.[18]

En segundo lugar, Juan organiza los innumerables detalles de su contenido en grupos de siete y los enumera en una serie. Citando de nuevo a Ryken, «Hay un prólogo, una serie de seis unidades de siete y un epílogo, como demuestra el

---

[15] Ryken, *The Literature of the Bible*, 335.

[16] Guthrie, *New Testament Introduction*, 969-74.

[17] Guthrie, *New Testament Introduction*, 971. En una nota a pie de página, Guthrie afirma que «Farrar fue el primero en relacionar las doce casas de Israel con los signos del Zodiaco».

[18] Ryken, *The Literature of the Bible*, 335.

siguiente esquema».[19] (Véase la figura 15.1)[20] Ryken señala: «La conciencia de este principio estructural hace que la obra en su conjunto sea fácil de recordar y permite al lector retomar el flujo de la acción en cualquier punto y tener una idea general de lo que está sucediendo».[21]

En tercer lugar, en lugar de ordenar su registro de eventos cronológicamente, Juan se mueve en una línea a través de una variedad de cosas hacia un destino o meta final. De una manera que fascina al observador cuidadoso, Juan sigue la misma secuencia de eventos que Jesús presentó en su discurso en el Monte de los Olivos, Mateo 24. El siguiente cuadro muestra esta relación en conexión con Apocalipsis 6. (Véase la figura 15-2[22])

En cuarto lugar, Juan hace más uso de los arquetipos que cualquier otro escritor. Se utilizan muchos términos de experiencias humanas elementales, como *vida, muerte, sangre, cordero, dragón, bestia, luz, oscuridad, tierra, cielo, agua, mar, sol, guerra, cosecha, blanco, escarlata, novia, trono, joyas* y *oro*.[23] Ryken señala además las referencias de Juan a la elevación, asociada a la bondad espiritual, y a la caída, asociada a la maldad espiritual; el cielo es alto y luminoso; el abismo es bajo y oscuro.[24]

Las seis series de sietes de Juan

Prólogo (1)
1. Siete iglesias (2-4)
2. Siete sellos (5-8)
3. Siete trompetas (8-11)
4. Siete señales (12-14)
5. Siete copas (15-16)
6. Siete eventos del juicio final (17-22:5)
Epílogo (22:6-21)

Figura 15.1

En quinto lugar, en el Apocalipsis destacan varios patrones tipográficos, como la doncella en apuros, liberada por el héroe que mata al dragón (cf. cap. 12); la bruja malvada, que finalmente es desenmascarada; el matrimonio del héroe triunfante con su novia (cf. cap. 18); la celebración del banquete de bodas (cf. cap. 19); un lugar repleto de joyas en el que el héroe y su novia viven felices para siempre (cf. cap. 21); y el viaje del narrador a reinos sobrenaturales, donde se encuentra con seres espirituales y regresa a la vida humana recién equipado (22:10-21). Se podría argumentar que estos motivos se representan no porque la vida imite al arte, sino

---

[19] Ibid., 336.

[20] Adaptado de Ryken, *The Literature of the Bible*, 337.

[21] Véase Ryken, *The Literature of the Bible*, 337.

[22] Trazado sobre la base de las observaciones de Ryken y la comparación personal con Apocalipsis 6. (Ryken, *The Literature of the Bible*, 338)

[23] Ibid.

[24] Ibid.

porque Juan está describiendo la saga de la historia cósmica de la que se toman los motivos literarios.

Reconocer cada uno de estos métodos por lo que es mejora la comprensión de *cómo* el Espíritu Santo ordenó a Juan comunicar con el máximo impacto y calidad memorable. Sin embargo, el esquema real que sigue Juan se da en Apocalipsis 1:19, donde se le dice: «Así que, escribe las cosas que has visto, y las que son, y las que han de ser después de estas» (RVA). Walvoord comenta:

> Las cosas a las que se hace referencia como ya vistas son las contenidas en el capítulo 1, donde Juan tuvo su visión preliminar. Esta visión, por supuesto, introduce el tema principal de todo el libro, Jesucristo el glorioso Rey que viene. La segunda división, «las cosas que son», incluye naturalmente los capítulos 2 y 3 con los siete mensajes que Cristo entregó a las iglesias. Esta situación contemporánea da el contexto histórico para la revelación que sigue. La tercera división, «las cosas que serán en adelante», incluiría naturalmente la mayor parte del libro que iba a ser profético, como se anticipa en 1:3 en la expresión «las palabras de esta profecía».[25]

Mateo 24	Apocalipsis 6
(1) Guerras y rumores de guerra (vv. 4–8)	4 sellos: el vencedor, guerra, hambre, muerte (vv. 1–8)
(2) Persecusión de los seguidores de Cristo (vv. 9–10)	5to sello, mártires (vv. 9–11)
(3) Aparición de falsos profetas y falsos mesías (vv. 11–28)	
(4) Grandes desastres naturales (v. 29)	6to sello, terror (vv. 12–14)
(5) Un juicio final (vv. 29–31)	La ira del Cordero (vv. 15–17)

Figura 15.2

Comprensión teológica

La descripción de Leon Morris de que el contenido del Apocalipsis comunica «una teología del poder» refleja la visión futurista de quien interpreta las Escrituras literalmente. Dice Morris: «El escritor está diciendo, en efecto: 'Ustedes están viendo solo una parte del cuadro. Si pudieran mirar entre bastidores, verían que Dios está llevando a cabo su propósito y que a su debido tiempo derrocará por completo todo el mal. La salvación que él elaboró en el Calvario no dejará de alcanzar su objetivo final».[26]

En vista de la creciente persecución de los cristianos, Juan aseguró a sus lectores que el Señor Jesús está llevando la historia a un clímax glorioso y con propósito. Jesús es visto en la gloria, dirigiendo las iglesias, juzgando al mundo y trayendo la justicia a la tierra en cumplimiento de las profecías bíblicas. De este modo, el creyente tiene todas las razones para adorar a Dios y servirle fielmente.

---

[25] Walvoord, *The Revelation of Jesus Christ*, 48.

[26] Morris, *New Testament Theology*, 292.

En vista de la creciente persecución de los cristianos, Juan aseguró a sus lectores que el Señor Jesús está llevando la historia a un clímax glorioso y con propósito. Jesús es visto en la gloria, dirigiendo las iglesias, juzgando al mundo y trayendo la justicia a la tierra en cumplimiento de las profecías bíblicas. De este modo, el creyente tiene todas las razones para adorar a Dios y servirle fielmente.

La persona y la obra de Cristo, vistas en el presente y en el futuro de Juan, se basan en sus obras pasadas y completadas de creación y redención. Estas incluyen: Su muerte y resurrección (1:5); Su ascensión (12:5); Su bondadosa oferta de vida eterna a todos los que se arrepientan (2:5 y 9:20-21), basada en el derramamiento de la «sangre del Cordero» (12:11); Su merecer de adoración basado en Su creación de todas las cosas (4:11); y Su redención de toda clase de personas (5:9).

El poder del Espíritu Santo es prominente en la recepción de visiones por parte de Juan y en la victoria final de Cristo y sus santos sobre Satanás, los demonios y la gente que controlan. El sacerdocio real de los creyentes es prominente en su adoración alrededor del trono de Dios en el cielo (4:10-11); en sus oraciones, que están siempre ante el trono de Dios (5:8; 8:3-4); y por su participación en el reino de Cristo (20:4-6).

El cierre del canon de las Escrituras es otra consideración teológica importante. Thomas escribe: «Se trata de una canonización del libro del Apocalipsis paralela a la forma en que el pasaje del Deuteronomio [4:1] llegó a aplicarse a todo el canon del AT. El uso del modelo canónico equivale a decir que no había más espacio para los mensajes inspirados».[27]

Predicando el Apocalipsis

En vista de las peculiaridades del Apocalipsis, conviene hacer varias advertencias al prepararse para predicarlo.[28]

En primer lugar, asegúrese de elegir un texto en función de su comunicación de un pensamiento completo.

En segundo lugar, siempre hay que preguntarse qué significa un símbolo determinado en la literatura a la que tuvieron acceso los lectores originales, especialmente el Antiguo Testamento, al que el Apocalipsis hace cientos de alusiones y del que el Apocalipsis es la conclusión culminante.

En tercer lugar, pregunte qué enseña el pasaje sobre Dios, sus atributos, su plan y su propósito. ¿Qué se da a conocer sobre la persona y la obra del Señor Jesucristo? ¿Cómo arroja el texto luz sobre la naturaleza del hombre y su propósito, papel y responsabilidades? ¿Cómo se relaciona el pasaje con las profecías mesiánicas y su cumplimiento?

En cuarto lugar, al desarrollar el tema, hay que preguntarse qué afirma el profeta. Al enunciar el principio que expresa la idea principal del texto, hay que reflejar la forma y el tono del mismo. Si el texto es confrontante, exigente, pintoresco, reconfortante, etc., así debe ser el sermón. Replantea el tema textual en

---

[27] Thomas, *Revelation*, 1-7, 517.
[28] Véase Greidanus, *The Modern Preacher*, 250-62, para un análisis más completo de estas y otras directrices.

términos del «aquí y ahora». ¿Cómo se confirma, contrasta, cumple, equilibra, profundiza o amplía el tema textual, etc., en el conjunto de la Escritura?

En quinto lugar, al aplicar el mensaje, pregúntese cómo las necesidades de la audiencia original difieren de las de la audiencia contemporánea.

En sexto lugar, al transmitir el mensaje, mantenga la humildad, la objetividad, la compasión y la reverencia. Si Juan cayó como un muerto a los pies de Cristo en la gloria (1:17), usted también debe mostrar el temor apropiado mientras proclama fielmente su mensaje con valentía (1:19). Mantenga la objetividad. Evite el sensacionalismo, la especulación, el dogmatismo y la falta de respeto por los que tienen opiniones contrarias. Y tenga cuidado de no mostrar una indiferencia insensible — y mucho menos un regocijo — en respuesta a las descripciones gráficas del castigo de Dios a los malvados. El coste humano, el impacto medioambiental y las consecuencias eternas de los desastres naturales y los juicios divinos registrados en el Apocalipsis deben hacernos sensibles a las necesidades de nuestros oyentes de consuelo de la salvación.

Séptimo, predique en adoración, ¡pero *predique*! El Apocalipsis es dado para exaltar al Señor Jesucristo y mover al lector a glorificarlo en la adoración de corazón de los redimidos.

Ejemplo de sermón
La revelación de Jesucristo

Apocalipsis 1:1-8
¡El gobernante de los reyes de la tierra viene!

I. La introducción al libro y sus bendiciones (1-3)
  A. La revelación de Jesucristo está diseñada para hacer secretos conocidos (1)
  B. La revelación de Jesucristo es para sus siervos
  C. La revelación de Jesucristo viene del Padre
  D. La revelación de Jesucristo es una bendición

II. La introducción al sujeto y su soberanía (4-8)
  A. Cristo es la fuente de la gracia que produce la paz
    1. Testigo fiel
    2. Primogénito de entre los muertos
    3. Soberano de los reyes de la tierra
    4. El que nos ama
    5. El que nos liberó de nuestros pecados con su sangre
    6. El que nos hizo un reino de sacerdotes
    7. A quien sea la gloria eterna
  B. Cristo viene con las nubes
    1. Su cumplimiento de la profecía mesiánica (Zac. 12:10)
    2. Su Majestad como Dios Eterno

Resumen y conclusión

A pesar de su importancia única como palabra final de Dios, el Apocalipsis ha sido descuidado por muchos predicadores, en parte como resultado de su abuso por parte de algunos. Sin embargo, habiendo venido, como lo hizo, del Padre al Hijo, y del Hijo a Juan, por medio de su ángel, el libro promete una bendición especial a aquellos que escuchan y prestan atención a su mensaje de eventos que se desarrollarán rápidamente.

Como profecía, con elementos epistolares y apocalípticos, el Apocalipsis fue dirigido por el apóstol Juan a las iglesias de las que se esperaba que comprendieran su significado y su relevancia actual para ellas.

De los diversos enfoques que se han adoptado para interpretar el Apocalipsis, el punto de vista futurista es el único que toma al pie de la letra las cosas que se prometen y que aún no han tenido lugar.

Muchos intentos de explicar la razón de ser del material de Juan no han logrado ver el *bosque por los árboles*. El enfoque literal no descarta la importancia del análisis literario, sino que lo considera un medio para mejorar la comprensión y la memorización del contenido del Apocalipsis por parte del lector. El propio Juan da el esquema de su obra en 1:19, que orienta al lector sobre su movimiento del pasado al presente y al futuro.

Dado que el contenido del libro se centra en Jesucristo, no es de extrañar que ofrezca una gran riqueza de comprensión cristológica, desde su persona y obra hasta su bondadosa inclusión de los creyentes fieles en su gobierno.

La predicación del Apocalipsis exige valor y un cuidado especial en la selección del texto, la interpretación de los símbolos y el tratamiento de las referencias del Antiguo Testamento. Concéntrese en lo que su pasaje enseña sobre Dios, Cristo, el hombre y el reino. Asegúrate de que su tema refleja la forma y el tono del texto. Adapte sus aplicaciones cuidadosamente a sus oyentes contemporáneos, y transmita su sermón con humildad, objetividad, compasión y reverencia.

Preguntas para el debate

1. Explique las razones por las que está de acuerdo o en desacuerdo con las afirmaciones hechas en este capítulo tanto por la importancia como por el descuido del Apocalipsis.
2. ¿Por qué es importante entender el título correcto del libro?
3. ¿De qué manera el Apocalipsis es profético, apocalíptico y epistolar?
4. ¿Qué principio de organización crees que explica mejor la disposición del material de Juan, y por qué?
5. ¿Cómo se puede reconocer adecuadamente el valor del simbolismo sin eclipsar el significado comprensible del texto?
6. Enumere varios aspectos de la obra presente y futura de Cristo que se desvelan en el Apocalipsis.
7. ¿Cuál de las directrices para predicar el Apocalipsis cree que le resultará más beneficiosa personalmente, y por qué?

Esquema del Novum Testamentum Graece de Nestlé-Aland

La *sección*, que consta de un número cualquiera de párrafos, se indica con un espacio extra del texto anterior, por ejemplo, entre Romanos 4:25 y 5:1, y Hechos 21:14 y 21:15.

El *párrafo*, que se indica con una sangría, comienza con una letra mayúscula. Puede constar de una o varias frases.

El *inciso*, que es una división dentro de un párrafo, también comienza con mayúscula (por ejemplo, Romanos 5:15, 18). Donde hay un inciso, siempre habrá otro, y cada uno puede constar de una o varias frases.

La *frase* suele comenzar con una minúscula, a menos que, por supuesto, resulta ser la primera frase de un párrafo o subpárrafo. Todas las frases terminan con un punto. ATENCIÓN: una frase que comienza con un nombre propio se escribe naturalmente con mayúsculas, pero puede o no comenzar un nuevo sub-párrafo.

Los *dos puntos*: Las cláusulas paralelas (gramaticalmente y, por tanto, lógicamente) dentro de una frase están separadas por un punto elevado (.). Véase en Romanos 6:5-7 una frase con tres cláusulas paralelas separadas por dos puntos elevados, o dos puntos. ATENCIÓN: Los dos puntos también introducen ciertas citas directas, que suelen ser subordinadas (no paralelas).

La *coma* separa las cláusulas subordinadas y las frases menores dentro de una oración o cláusula. Sirven más para facilitar la lectura que para la división lógica y pueden descuidarse en el análisis.

Ejemplo de sermón textual-expositivo (párrafo)
(Estilo Manuscrito)

Cristo Nuestro Abogado
1Juan 2:1-2

Los dramas judiciales son un elemento básico del entretenimiento estadounidense. Las cuestiones relacionadas con la justicia parecen cautivar la imaginación de los telespectadores. Pero si se menciona la frase *abogado defensor*, el nombre que salta a la mente no es Perry Mason o Matlock, sino Johnnie Cochran. Cochran dirigió el «*dream team*» que consiguió la absolución del famoso O. J. Simpson en 1995. Simpson, famoso jugador de fútbol americano, comentarista deportivo y actor, había sido acusado de asesinar a dos personas, incluida su esposa. Cuando terminó el juicio con jurado más largo de la historia de California, en el que participaron 150 testigos y que costó 15 millones de dólares, todo el mundo parecía tener su propia opinión.

Las personas tienen una capacidad dada por Dios para hacer juicios. Como resultado del pecado, también están sujetas al juicio de Dios. Para los cristianos, el pecado plantea cuestiones difíciles. Por un lado, ¿cómo puede alguien que peca presentarse ante el Dios de la justicia absoluta? Por otro lado, si la sangre de Jesús los ha limpiado, ¿por qué debería importar que pequen? La respuesta a estas preguntas implica un drama judicial mayor que cualquier otro en la tierra. Comienza con:

I. El problema de los cristianos que pecan, encontrado en 1Juan 2:1

«Hijitos míos, os escribo estas cosas para que no pequéis» [LBLA].

Se cree que Juan tenía unos noventa años cuando escribió estas palabras. La palabra traducida como «hijitos» indica que Juan se consideraba a sí mismo como el padre espiritual de las personas que todavía le miraban con confianza y aprendían de él. Juan es el único escritor del Nuevo Testamento que utiliza esta forma diminutiva de la palabra «hijitos», y de los ocho usos que hace de esta palabra, esta es la única vez que le añade el pronombre *mi*. Esto indica el afecto personal que siente por sus lectores y su sentido de responsabilidad por su bienestar espiritual.

En el idioma original, las palabras *estas cosas* son colocadas antes en la frase para enfatizarla. Al referirse a su acto de *escribir* en tiempo presente, Juan anuncia su conciencia actual de la razón por la que ha tomado la pluma en la mano y ha expresado los pensamientos que se encuentran en el capítulo 1. Su propósito es *que* sus lectores *no pequen*. La cláusula podría traducirse como *que nunca pequen*.

Aquí hay una noticia de última hora. Los creyentes no necesitan pecar *nunca*. Al contrario de la opinión de muchos cristianos, el pecado no es una necesidad. Ser humano no requiere que pequemos. A Satanás le encantaría que todos pensáramos que el pecado en la vida de un creyente es normal, natural, habitual, esperable y, por tanto, un comportamiento aceptable. Pero no lo es. Aunque «todo el mundo lo documente», no está bien.

De las varias palabras que se usan para «pecado» en el Nuevo Testamento, esta es la que significa «no alcanzar el estándar». Al diablo le gustaría que pensáramos que el pecado es solo una parte de lo que significa ser humano. Pero eso no es lo que nuestros bautismos retrataron. Nuestros bautismos le dijeron a todos los que los observaron, o a los que después escucharon de ellos, que ahora somos capaces de operar por el poder sobrenatural en el que Jesús vive, ¡y está vivo en nosotros!

¿De dónde sacamos la idea de que estamos siendo fieles a nosotros mismos cuando pecamos? ¿En qué parte de la Biblia dice que nuestras debilidades, faltas y fracasos son el denominador común de los cristianos, la base de nuestro vínculo en los grupos de hombres, de mujeres y de jóvenes? En ninguna parte. El hecho es que cada creyente es un santo, y lo que tenemos en común es Cristo, por su Espíritu que mora en nosotros y la Palabra de Dios.

Las palabras *estas cosas* podrían referirse al contenido de toda la epístola. Lo más probable es que se trate de las afirmaciones que se acaban de hacer en el capítulo 1. Allí, Juan se dirigió a los que niegan un principio de pecado en su interior. En 1:8, dice: «Si decimos que no tenemos pecado, nos engañamos a nosotros mismos y la verdad no está en nosotros» (LBLA).

El hecho es que cada creyente en la tierra vive en un cuerpo no redimido. Incluso el mismo Juan luchó con un principio de pecado que Pablo llamó «la carne». Tener un cuerpo de pecado no significa que el cuerpo en sí mismo sea malo o que nosotros, que vivimos en nuestros viejos cuerpos, *tengamos* que deslizarnos en esas viejas rutinas de nuestros días de pre-salvación. Significa que esos errores están ahí, y que somos totalmente capaces de comportarnos como las personas que éramos como hijos de Adán. Esta es una de las «estas cosas» que Juan ha escrito a sus lectores.

Otra de las «estas cosas» se encuentra en 1:10, donde dice: «Si decimos que no hemos pecado, lo hacemos mentiroso y su palabra no está en nosotros» (LBLA). En el versículo 8, la cuestión era negar la presencia de una tendencia pecaminosa en nuestros cuerpos. Pero aquí, en el verso 10, la cuestión es negar haber cedido a esa tendencia. En otras palabras. Juan está hablando de personas que niegan haber cometido un acto de pecado.

El punto de Juan es que hay un principio de pecado operando en el cuerpo físico de cada cristiano, y que hasta el último de nosotros ha elegido obedecerlo en alguna ocasión. No *teníamos que hacerlo*, pero *lo hicimos*.

Ahora, entre el verso 8, que habla de nuestra *tendencia* pecaminosa, y el verso 10, que habla de nuestros actos de pecado, Juan cuenta el beneficio de estar de acuerdo con Dios sobre nuestros pecados cuando los cometemos. Dice. «Si confesamos nuestros pecados, Él es fiel y justo para perdonar nuestros pecados y limpiarnos de toda maldad» (LBLA). En este punto, los lectores modernos podemos estar diciéndonos a nosotros mismos: «Si *todo el mundo* tiene un principio de pecado operando en su cuerpo no redimido; y si *todo el mundo* ocasionalmente resbala y actúa como la persona que era antes de que Dios lo hiciera nuevo; y si todo lo que tienes que hacer para disfrutar de la comunión restaurada con Dios cuando pecas es estar de acuerdo con Él en que tu orgullo, o lujuria, o robo, o arrebato de ira estaba mal, entonces ¿cuál es el gran problema cuando pecamos?» Podemos ser especialmente propensos a pensar así cuando leemos las Escrituras que describen nuestra posición segura ante Dios. Efesios 1:7, por ejemplo, dice: «En él tenemos redención por su sangre, el perdón de nuestros pecados» (LBLA).

Hace muchos años asistí a unas reuniones en las que los oradores enseñaban que 1Juan 1:9 se refiere a la confesión inicial de pecado de una persona, y no a una disciplina espiritual que debe observarse a lo largo de la vida cristiana. Parecía como si dijeran que estar constantemente vigilando el pecado en tu vida es una preocupación negativa que en realidad conduce a un círculo vicioso de pecado. Su solución al molesto problema de los cristianos que pecan era simplemente descansar en la verdad posicional de que estamos perdonados por la obra terminada de Cristo en la cruz. En otras palabras, no te preocupes por los actos de pecado que todos cometemos como cristianos, porque no pueden afectar nuestra relación con Dios.

Muchos de nosotros parecemos haber adoptado una actitud similar. Pero hay una diferencia importante entre nuestra relación con Dios, que *está* asegurada por la obra terminada de Cristo en la cruz, y nuestro disfrute de esa relación, que debe mantenerse caminando en la luz, como Él mismo está en la luz. Hay una diferencia entre posición y comunión. El apóstol Juan está hablando de la comunión, y se dirige a personas como la mayoría de nosotros, que ya tienen una relación con Dios, en la que somos hijos en Su Familia por Siempre, pero que a menudo pierden el gozo de deleitarse en la abundante vida espiritual.

Juan combatía ese error religioso llamado gnosticismo. Los gnósticos estaban infectados con la falsa idea de que el espíritu y la materia no tienen ninguna conexión real. Negaban que el Verbo eterno de Dios hubiera venido a la tierra como un ser humano físico. Por eso Juan, en los primeros cuatro versículos de 1Juan, se esfuerza tanto en subrayar que él y los demás apóstoles oyeron, vieron, contemplaron y manejaron la Palabra de Dios.

Los que negaban que Dios tomara realmente un cuerpo físico también negaban que cualquier cosa que pudieran hacer en sus cuerpos físicos tuviera algún efecto en sus vidas espirituales. Para los gnósticos, una persona tenía comunión con Dios a través del conocimiento exclusivo y experimental de la verdad misteriosa, no por la forma en que se conducían en sus cuerpos.

Pero Juan dijo, en los versículos 5-7 del capítulo 1, «Y este es el mensaje que hemos oído de Él y que os anunciamos: Dios es luz, y en Él no hay tiniebla alguna. Si decimos que tenemos comunión con Él, pero andamos en tinieblas, mentimos y no practicamos la verdad; mas si andamos en la luz, como Él está en la luz, tenemos comunión los unos con los otros, y la sangre de Jesús su Hijo nos limpia de todo pecado» (LBLA).

Según Juan, la comunión con Dios tiene todo que ver con cómo nos comportamos en nuestro cuerpo. Precisamente porque todos *tendemos* a pecar, y todos hemos cometido *actos* de pecado, debemos tener cuidado de *no* pecar. No nos atrevemos a restar importancia a nuestros actos, como hacían los gnósticos.

La segunda parte de 2:1 comienza diciendo: «Y si alguno peca». Esto es esencialmente una admisión de que los creyentes pecan. No tenemos que hacerlo, pero lo hacemos. Juan escribió las «estas cosas» del capítulo 1 para que sus lectores, incluyéndonos a nosotros, nunca participaran en pecado. Pero sabiendo que todos lo hacemos, se prepara para decirnos la solución a nuestro problema.

Fíjese que no descarta el asunto como si *no fuera gran cosa...* ni nos dice que podemos limpiar nuestros propios desórdenes con solo enmendar nuestros caminos. No. Nuestro pecado como cristianos es un problema *tan grande* que necesitamos una ayuda que solo Dios mismo puede proporcionar. Juan dice, en efecto, que *cuando los creyentes pecan, Cristo es su justo abogado.*

El ministerio del Salvador resucitado en nuestro favor no debe llevarnos para hacer que el pecado se convierta en algo ligero, sino para darse cuenta de la seriedad con la que Dios lo toma.

La última parte del verso 1, junto con el verso 2, nos dice cuatro cosas importantes cosas sobre...

II. La solución de la defensa de Cristo

«Y si alguno peca, tenemos un Abogado ante el Padre, Jesucristo el justo» (LBLA).

La palabra traducida como «Abogado» es la palabra griega de la que obtenemos la palabra *parakleto*. En algunos contextos tiene la idea de alguien que es llamado al lado de otro para prestar cualquier ayuda que sea necesaria. Pero aquí describe a Jesús como un abogado defensor en un tribunal de justicia.

Algunas versiones en español escriben en mayúscula «Abogado» como título oficial. Otras versiones traducen la palabra describiendo lo que hace un defensor para que sus lectores no tengan que aprender una nueva palabra. Pero el lenguaje original implica lo que Jesús *hace* al enfatizar quién *es* Él en relación con el creyente que peca. Jesús es el que intercede por el creyente y defiende su caso, apelando al Padre en su favor.

La palabra «tenemos» está en tiempo presente: *estamos teniendo*. Cada cristiano — incluyendo a usted y a mí —tiene un abogado designado por la corte que está *a su favor*, de su lado, haciendo su caso y ganándolo.

Decir en respuesta, «Bueno, entonces, eso lo resuelve. Mis pecados *no son* un problema. Puedo hacer lo que quiera, y el abogado de mi papá me librará», es perder completamente el punto. Solo hay que considerar la seriedad con la que el Dios trino se toma nuestros pecados: que cada uno de nosotros *necesite* representación legal, y que ésta sea *proporcionada* por el Salvador resucitado, debería hacernos arrodillar en humilde arrepentimiento y acción de gracias.

Hay cuatro cosas sobre el Abogado del creyente, en el verso 2, que son muy significativas. Primero se nos dice que Él está *con* el Padre. En otras palabras, habiendo cumplido Su propósito de venir a la tierra, Jesús, que murió, fue sepultado y resucitó, ha ascendido y está exaltado en gloria, a la derecha del Padre. Nada de esto sería cierto si no fuera igual al Padre como Dios Hijo, o si su misión no hubiera tenido éxito.

¿Podríamos tener una representación con el Padre que fuera más apto para ganar nuestro caso? No, ¡pero se habla más acerca de Él!

En segundo lugar, es «Jesucristo justo». La ausencia del artículo, traducido «el» en el idioma original, subraya la cualidad o el carácter de la justicia. Describe al exaltado Señor como calificado para mantenerse en pie ante el Padre porque, como Hombre, cumplió la Ley de Dios en favor de todos los que confían en Él.

En tercer lugar, el versículo 2 dice: «Y Él mismo es la propiciación por nuestros pecados» (LBLA). No solo es Cristo nuestro defensor, con posición legal en la presencia del Padre, sino que también es la propiciación por nuestros pecados. Esto significa que Su intercesión en nuestro favor se basa en un pago satisfactorio, hecho también en nuestro favor, que consistió en Su propia muerte sacrificial.

Los abogados defensores normalmente no se ponen en el lugar de los clientes que representan y pagan la pena que deben. Pero Jesús lo hizo. El único ser humano que cumplió la Ley (no solo no quebrantándola, sino cumpliendo sus exigencias positivas) también pagó la pena por aquellos que, al quebrantar un mandamiento una vez, eran culpables de todos.

Cuarto, además de estar con el Padre, ser justo, y siendo Aquel que personalmente satisfizo el justo requerimiento del Padre al soportar la esencia del infierno eterno en nuestro lugar, lo hizo en el lugar de cada hombre, mujer, joven y niño de Silverton, Oregón; de los Estados Unidos; y del mundo.

Al final del versículo 2, Juan añade: «y no solo por los nuestros, sino también por los del mundo entero» (LBLA). Nuestro Abogado satisfizo las justas demandas del Padre en nombre de los pecados de todos los seres humanos. Esto no hace que todos se «salven», pero los hace salvables por la fe. La muerte de Cristo no asegurará la salvación de nadie aparte de la fe que cada persona con capacidad mental es responsable de poner en Cristo. Por eso se envían misioneros a todo el mundo. Para que la gente escuche las buenas noticias, hay que enviar a otras personas a decírselo. Pero no tiene mucho sentido ir por ahí contando a todo el mundo las buenas noticias de Jesucristo, o apoyar a los que lo hacen, si, en este momento, usted y yo estamos negando el peaje que el pecado está cobrando en nuestras propias vidas. Mire el versículo 3 del capítulo 1. Hablando en su nombre y en el de todos los apóstoles enviados, *Juan* dice: «lo que hemos visto y oído, os proclamamos también a vosotros, para que también vosotros tengáis comunión con nosotros; y en verdad nuestra comunión es con el Padre y con su Hijo Jesucristo» (LBLA).

La comunión con el Padre, y con todos los demás que tienen comunión con el Padre, es la razón por la que el Padre envió a Su Hijo y por la que los «enviados» de nuestro Señor nos hablaron de Él. Es la razón por la que debemos decírselo a otros. Pero no compartiremos lo que no estamos disfrutando. Esa es una de las razones por las que Juan quiere que sus lectores, que ya son salvos de la pena del pecado, no pequen nunca como cristianos. Es por eso que Dios ha hecho una provisión para nosotros cuando lo hacemos. Piense en la seriedad con la que se toma nuestros pecados. Según este texto, *cuando los creyentes pecan, Cristo es su justo abogado*. Si usted aún no ha creído en Cristo, tiene una oportunidad ahora mismo que no puede contar con esta tarde, mañana o la próxima semana. Le insto a que reciba el perdón de sus pecados y la vida eterna creyendo en el Señor Jesucristo como muerto por tus pecados y resucitado.

Si usted ya cree en Él, pero no ha sido bautizado como Él lo ordenó, ese es un asunto de comunión, se dé cuenta o no. Le insto a dar este importante primer paso del discipulado bíblico.

Si usted es un creyente bautizado que ha estado viviendo una vida descuidada, sin tomar sus pecados tan seriamente como lo hace Dios, piense no solo en la obra que Cristo ha hecho, sino en lo que Él *está haciendo* para presentarse ante el Padre en su defensa. ¿Realmente puedes continuar con lo de *siempre*?

Por último, si usted es un creyente bautizado que, aunque imperfecto, está disfrutando de la comunión con Dios, confesando sus pecados, y confiado en la limpieza de la sangre de Su Hijo, ¿se unirá a mí para agradecerle por Cristo nuestro Abogado?

Padre bondadoso, gracias por Jesucristo el justo, que nos representa. Gracias por la vida que vivió, por la muerte que tuvo, y por la eficacia de su sangre para limpiarnos de toda maldad. Mientras caminamos en la luz de tu comunión, que también tengamos comunión unos con otros, y que eso incluya a los que nos has enviado a ganar con las buenas noticias de Cristo. En su nombre, oramos. Amén.

Ejemplo de sermón expositivo textual-tópico
(Estilo Manuscrito)

La propiedad de Judas
Mateo 27:6-10, Hechos 1:15-20

Una de las lentes más eficaces a través de las cuales Dios nos permite ver algo de su magnificencia es la de la rebelión y el fracaso humanos. Es como el cristal oscuro que permite a una persona observar la deslumbrante corona del sol sin dañar los ojos. Por ejemplo, en la guerra internacional contra el terrorismo, puede parecer que los enemigos de la paz son como piezas del rompecabezas del plan y el propósito de Dios que parecen haber sido mal formadas, mal concebidas. Pero tanto si se trata de tiranos como de traidores, del Anticristo o de Judas, incluso de Satanás y sus demonios, estas personas — no menos que nosotros — están bajo el control de Dios para su gloria final. Como dice el Salmo 76:10 en efecto, *Dios hace que la ira del hombre lo alabe*.

Esto no significa que debamos celebrar la ira del hombre. Pero debemos descansar en el hecho de que lo peor que pueden hacer los hombres y los demonios es un hilo tan útil en el tapiz que Dios está tejiendo como la adoración genuina de los hombres y los ángeles. En ningún lugar se demuestra mejor este importante principio que en la historia de los bienes de Judas. Y, al involucrarnos en ella, pregúntese a usted mismo, ¿cuál es *mi estado real*? ¿Cuál es la verdadera condición de mi alma? Con respecto a la propiedad asociada a Judas Iscariote, la Biblia se refiere a ella de tres maneras. La primera es como:

I. El campo de la sangre

Comenzando con Mateo 27:6-9 en la Reina Valera actualizada, leemos:

Los principales sacerdotes, tomando las piezas de plata, dijeron: 'No es lícito ponerlas en el tesoro de las ofrendas, porque es precio de sangre'. Y habiendo tomado acuerdo, compraron con ellas el campo del Alfarero, para sepultura de los extranjeros. Por eso aquel campo se llama Campo de Sangre hasta el día de hoy. Entonces se cumplió lo que fue dicho por el profeta Jeremías, cuando dijo: 'Y tomaron las treinta piezas de plata, precio del apreciado, según el precio fijado por los hijos de Israel'».

Esta es una de las dos tradiciones que explican la denominación *del Campo de Sangre*. El precio de la parcela era el dinero de la sangre del Príncipe de la gloria. Lo que es especialmente interesante de esto es la repentina conciencia de los sacerdotes. Estos son los mismos líderes religiosos que ofrecieron a Judas treinta piezas de plata. Seguro que lo sopesaron cuidadosamente para que no fuera ni más ni menos que la cantidad que habían fijado. De alguna manera, estos maestros de la Biblia estaban ciegos al hecho de que el precio que pusieron a la cabeza de Jesús era exactamente la cantidad profetizada siglos antes en Zacarías. Y de alguna manera, no tenían escrúpulos sobre el uso del dinero de Dios para contratar a un soplón y condenar a un hombre inocente. Eso no ofendió su sentido del honor.

Si dice que es porque pensaban sinceramente que estaban sirviendo a Dios al acelerar el arresto de alguien que creían que hacía falsas afirmaciones de deidad, entonces usted tiene que dar cuenta de otro detalle. Arriba, en el versículo 4, cuando se enfrentaron a la propia admisión de Judas de que había «pecado al entregar sangre inocente» (RVA), no negaron que tuviera razón ni iniciaron una investigación de los hechos. En cambio, como si estuvieran de acuerdo con él, dijeron: «¿Qué nos importa a nosotros? ¡Eso es asunto tuyo!» (RVA).

Después de que Judas arrojara las monedas en el templo, la siguiente escena de la historia es patética: Hombres adultos y cultos, arrodillados, buscando y recogiendo cada una de las mismas treinta piezas de plata que tan cuidadosamente habían sopesado para comprar la muerte de Jesús. «¡Oh, aquí hay una! ¡Aquí hay otra!» Pero ahora, de repente, consideraban que ese dinero estaba manchado, no por *ellos* o por *sus* acciones, por supuesto, sino por la traición de Judas a Jesús, que fue crucificado. Ahora debían sanearlo con algún acto piadoso de generosidad.

No hace falta que usted y yo nos dediquemos al blanqueo de dinero para hacer algo similar. En lugar de arrepentirnos de algún mal que sabemos, o deberíamos saber, que hemos cometido, simplemente tratamos de hacer algo religioso, pensando que nuestra devoción lo compensará. Al igual que los jefes de los sacerdotes, también podemos intentar equilibrar nuestra culpa echándosela a otro, como hicieron con Judas. No hay nada como el ministerio para anestesiar una conciencia molesta. Muchas personas han entrado en el ministerio o han ido al campo misionero para ofrecer a Dios algún servicio en lugar del necesario arrepentimiento del pecado. Pero, como Samuel exhortó a Saúl en 1Samuel 15:22, *obedecer es mejor que sacrificar*. Así que tenga cuidado consigo mismo y con los demás cuando vea que se presta una gran y meticulosa atención a la letra de la ley. Colar un mosquito mientras se traga un camello a menudo indica un intento vano de redimirse y de salvar una conciencia culpable. Asegúrese de que el amor de Cristo le constriña siempre, y que su ministerio no sea nunca para trabajar un complejo de culpa.

La otra nota que hago es del versículo 7 y tiene que ver con la compra de un cementerio de extranjeros. Se nos dice que los sacerdotes «consultaron juntos y compraron con [las monedas] el campo del alfarero, para la sepultura de extranjeros» (RVA).

Una de las razones por las que creo que los apóstoles nombraron ancianos en las iglesias que establecieron es que generalmente hay seguridad en el consejo de muchos. Pero no hay seguridad en el consejo de ancianos no calificados. El hecho de que los arquitectos impenitentes del asesinato de Jesús fueran capaces de ponerse de acuerdo en un plan para el dinero de su sangre muestra que el valor de un consenso depende del carácter de los que consienten.

Se cree que la palabra *extranjeros* se refiere al menos a los judíos de fuera de Jerusalén que casualmente murieran allí, y probablemente incluye a los gentiles. El entierro era un tema importante porque los fariseos creían en una resurrección corporal. La quema de los cuerpos, y el esparcimiento de las cenizas, se consideraba una de las peores formas de profanar los restos de otro ser humano.

Una posible razón por la que un campo de alfareros se consideraba un lugar deseable para un cementerio es que probablemente se hayan cavado agujeros para obtener arcilla para hacer cerámica. Irónicamente, el apóstol Pablo se refiere a nuestros cuerpos como vasos de barro, o vasijas de arcilla, en 2Corintios 4:7. Pero hay una razón más significativa por la que se eligió el campo del alfarero como cementerio.

La segunda tradición que explica el nombre del campo de sangre se encuentra en Hechos 1, versículos 18-19. Allí, está claro que este mismo terreno fue nombrado por la sangre derramada de Judas. Empezando por el versículo 18, y leyendo hasta el 19, tenemos las siguientes declaraciones del apóstol Pedro cuando se reunió con los 120 en Jerusalén, justo antes del Día de Pentecostés: «(Este, pues, adquirió un campo con el pago de su iniquidad, y cayendo de cabeza, se reventó por en medio, y todas sus entrañas se derramaron. Y esto llegó a ser conocido por todos los habitantes de Jerusalén, de tal manera que aquel campo fue llamado en su lengua Acéldama, que quiere decir Campo de Sangre)». (RVA)

En Mateo 27:5 se afirma que Judas se ahorcó. Aunque en realidad no se dice que lo hiciera en las inmediaciones del Campo del Alfarero que compraron los líderes religiosos, ni que su cuerpo se encontrara allí, está fuertemente implicado por el hecho de que esto se convirtió en otra explicación de cómo el campo de sangre obtuvo su nombre.

Por cierto, a menudo se especula que cuando Judas se colgó, se rompió la cuerda o la rama del árbol a la que estaba atada. Más tarde, su cuerpo destripado fue encontrado en lo que podemos imaginar que eran las rocas de abajo, la imagen misma de la perdición, que significa «destrucción» o «condenación».

En cuanto al suicidio, morir a manos de uno mismo demuestra gráficamente que el pecado es naturalmente auto-destructivo. Proverbios 14:12 dice: «Hay un camino que al hombre le parece derecho, pero que al final es camino de muerte» (RVA). En cuanto al simbolismo, parece muy significativo que la propia sangre de Judas se derramara en la misma propiedad que el dinero de la sangre de Jesús compró. Esto ilustra el principio de la cosecha que Pablo escribió en Gálatas 6:7-9: «No se engañen; Dios no puede ser burlado. Todo lo que el hombre siembre, eso mismo cosechará. Porque el que siembra para su carne, de la carne cosechará corrupción;

pero el que siembra para el Espíritu, del Espíritu cosechará vida eterna. No nos cansemos, pues, de hacer el bien porque a su tiempo cosecharemos, si no desmayamos» (RVA).

Que hay justicia poética en el final de Judas, en contraste con la tumba vacía de Jesús, no busca hacernos vertiginosamente felices. Pero sí proporciona una evidencia tranquilizadora de un orden moral. Dios juzga el pecado y recompensa la justicia, ya sea en esta vida o en la venidera. La segunda forma en que se habla de los bienes de Judas en las Escrituras es en términos de ...

II. El campo del alfarero

Comenzando de nuevo con Mateo 27:7, leemos:

«Y habiendo tomado acuerdo, compraron con ellas el campo del Alfarero, para sepultura de los extranjeros. Por eso aquel campo se llama Campo de Sangre hasta el día de hoy. Entonces se cumplió lo que fue dicho por el profeta Jeremías, cuando dijo: Y tomaron las treinta piezas de plata, precio del apreciado, según el precio fijado por los hijos de Israel, y las dieron para el campo del Alfarero, como me ordenó el Señor» (RVA)

La frase *campo de alfarero* se utilizó por primera vez en Jeremías 18. Se le dijo al profeta que Israel era como el barro en la mano de un alfarero. En el capítulo 19, Jeremías recibió instrucciones de comprar una vasija de barro y llevarla al Valle de Hinom, que estaba a la entrada del vertedero donde arrojaban las vasijas rotas. Allí Jeremías profetizó contra la nación. Este era el mismo lugar donde los israelitas habían ofrecido a sus bebés como ofrendas quemadas a los falsos dioses Baal y Moloc. Dios le indicó a Jeremías que usara al alfarero como una imagen de Dios mismo, quien puede hacer lo que le plazca con las naciones — incluyendo a Israel — que son como jarras de barro.

La segunda vez que leemos sobre el campo del alfarero es en Zacarías 11:12-13, donde Dios habla a través de Zacarías: «Y les dije: 'Si les parece bien, denme mi salario; y si no, déjenlo'. Y pesaron por salario mío treinta piezas de plata. Entonces el SEÑOR me dijo: 'Échalo al tesoro. ¡Magnífico precio con que me han apreciado!'. Yo tomé las treinta piezas de plata y las eché en el tesoro, en la casa del SEÑOR» (RVA).

Zacarías profetizó el rechazo de Cristo hasta el precio de su traición. Como utiliza las imágenes de la profecía de Jeremías, Mateo atribuye sus palabras al profeta más conocido. Ve la compra del campo por parte de los sacerdotes, utilizando el dinero de la sangre de Jesús, como el cumplimiento del mandato de Dios a Zacarías. Esa orden, de arrojar el ridículo pago al alfarero, era una vívida demostración del total desagrado de Dios con la estimación que ellos hacían de su Hijo. En otras palabras, cuando los sacerdotes compraron la tierra que era tanto *el campo de sangre* como *el campo del alfarero*, ¡estaban mostrando sin saberlo el desagrado de *Dios* por el desprecio hacia Su Hijo, Jesús! Era como si Dios dijera: ¡Al *diablo con tu dinero*! e incluso utilizó sus manos para ponerlo allí!

La propiedad de Judas, entonces, era *el campo de sangre* que muestra cómo los malvados quedan atrapados en su propia trampa. También era el campo del *alfarero, que* revela la capacidad de Dios de utilizar a sus enemigos para condenarse a sí mismos. Y hay un aspecto más de la propiedad de Judas que no podemos permitirnos ignorar.

Como señalamos en Jeremías 19:2, también fue ...

III. El Valle de Hinnom (o Gehenna)

La ubicación de los bienes de Judas se asocia con el barranco al suroeste de Jerusalén, donde el rey Acaz había llevado al pueblo a quemar a sus hijos en la adoración de falsos dioses. Se convirtió en el basurero, donde se arrojaban los cuerpos de los criminales sin enterrarlos. Es donde el precioso cuerpo de nuestro Señor Jesús habría sido desechado si Dios no hubiera proporcionado la tumba de la que se levantó victorioso.

Ya en Isaías, este valle había sido una imagen verbal del castigo real de los malvados. Isaías 30:33 habla de él como si fuera incendiado por el aliento de Jehová, como un torrente de azufre. Isaías describió el tormento de ese horrible lugar con palabras que miran más allá del estado físico de Judas, al estado real de todos los que mueren en la incredulidad. En Isaías 66:24, Jehová describe la desaparición de los muertos impíos con palabras que Jesús aplicó a la Gehena: «Su gusano nunca morirá ni su fuego se apagará. Y serán un horror para todo mortal» (RVA). El libro de Marcos repite la mayoría de estas palabras en el capítulo 9, versículos 44, 46 y 48.

El Señor Jesús se refirió al lago de fuego eterno como *Gehenna,* en el que, según Apocalipsis 20:14, la muerte y el Hades serán finalmente arrojados. Así que la propiedad de Judas, a la entrada del Valle de Hinom, está en el área que representa el infierno.

Hay al menos cinco formas de aplicar el principio general de estos relatos, que *Dios hace que la ira del hombre lo alabe.*

1. Como mínimo, debería fortificar nuestro respeto por la Palabra de Dios, cuyos sesenta y seis libros son uno. Con respecto a su Antiguo y Nuevo Testamento, a la Dra. Henrietta Mears le gustaba decir: «El Nuevo está en el Antiguo contenido; el Antiguo está en el Nuevo explicado». 2

La Biblia es un solo libro con un solo autor y un solo tema. ¿Cómo, si no, podrían más de cuarenta escritores de toda índole, a lo largo de dieciséis siglos y en tres idiomas diferentes, predecir con tanta precisión los actos realizados por el pueblo rebelde, y hacer que cumpla un único propósito?

2. Ante la visión del infierno — incluso el breve y poético vistazo de los textos que hemos considerado —debemos dar gracias a Dios por habernos amado de tal manera que dio a su Hijo único, para que quien crea en Él no siga a Judas al pozo de la destrucción eterna, sino que realice su liberación misericordiosa y su morada eterna en la presencia de Dios. Por la gracia de Dios, puedes saber que tu propiedad está en el cielo, donde Cristo está preparando un lugar para ti, y desde el que va a venir, en cualquier momento, a llevarnos a casa. Como Pablo y Silas le dijeron al

carcelero de Filipos: «Cree en el Señor Jesucristo, y serás salvo tú y tu casa» (Hechos 16:31 RVA).

3.Nuestro breve recorrido por estos terrenos malditos debería hacer que el pecado sea una molestia menos atractiva. Es mucho más probable que juegue con el pecado si pienso en él como un arma potente que me da poder, como una pistola Magnum 44, que si me doy cuenta de que es impotente contra el propósito de Dios.

Como le dijo el Señor a Saulo desde el cielo, «duro es para ti dar coces contra el aguijón» (Hechos 26:14 - RVA). La Biblia también dice que el camino del transgresor es duro. Puesto que Dios hace que incluso la ira vengativa y la rebelión rencorosa del hombre resulten en su alabanza, en última instancia — ya que viene el día en que toda rodilla se doblará y toda lengua confesará que Jesús es el Señor, para gloria de Dios Padre — ¿por qué conformarse con llamarle «Rabí» ahora, como hizo Judas? En vista de la inutilidad de frustrar el propósito de Dios, ¿por qué no entregar los miembros de nuestros cuerpos como armas capturadas, y comprometernos a vivir para Él?

4.Las lecciones de la propiedad de Judas deberían hacernos inclinar ante nuestro Hacedor y confesar: «Tú eres el Alfarero; yo soy el barro». Debería llevarnos a cada uno de nosotros a someternos a Él con una actitud que diga: *«Haz lo que quieras, Señor»*. Si ha estado luchando con un área particular de obediencia a la voluntad de Dios, le invito a rendirse a Él ahora. En la tranquilidad de su corazón, diga: *«No se haga mi voluntad, sino la tuya»*. Esas son las palabras que Jesús dijo en tu nombre, y Dios lo salvó de la muerte que es peor que cualquier perspectiva que puedas estar temiendo en la voluntad de Dios.

5. En lugar de preocuparse por los acontecimientos de esta vida que *no* controla — el rendimiento de sus fondos de jubilación, la enfermedad de un ser querido, la amenaza del terrorismo — asegúrese de que está honrando al Señor en las cosas que *sí* controla. Si las acciones de los enemigos de Dios están bajo Su control en el grado indicado en estos pasajes, sin ninguna coerción de las personas contra su voluntad, ¿no cree que lo mismo es cierto de su cónyuge o jefe que no es salvo, y de cualquiera que parezca estar obstaculizando su progreso hacia las metas adecuadas? Incluso los jefes de las organizaciones terroristas y los estados canallas se arquean como el barro en las manos de su Alfarero, y *Dios hace que la ira del hombre lo alabe.*

Ejemplo de sermón doctrinal
Autoridad en la Iglesia

Cristo gobierna su Iglesia cuando las congregaciones se sujetan a los guías espirituales que afirman

I. Toda la autoridad reside en Cristo *exclusivamente*
   A. Se le ha dado toda la autoridad en el cielo y en la tierra (Mateo 28:18).
   B. Él es la cabeza de la Iglesia, su cuerpo (Col. 1:18; Ef. 5:22-24).
   C. Él es el Pastor de la Iglesia, el rebaño de Dios (Juan 10:11-16; Heb. 13:20).

D. Es el Sumo Sacerdote de la Iglesia, un sacerdocio (1Pe. 2:9; Heb. 2:17-31).

E. Él es la Vid de la que dependen los pámpanos (Juan 15).

II. Cristo reside en todos los creyentes *por igual*

A. Él habita en la Iglesia, su templo (1Cor. 3:16-17).

B. Él habita en los creyentes individualmente (Rom. 8:9; 1Cor. 6:19).

1. Todos los creyentes son miembros unos de otros en el cuerpo de Cristo (Rom. 12:4-5; 1Cor. 12:12-13).

2. Todos los creyentes tienen la capacidad de comprender la Palabra de Cristo (1Juan 2:20, 27; 1Cor. 2:15; Col. 3:16).

3. Todos los creyentes están capacitados para ministrar como sacerdotes (1Pe. 2:5, 9; Rom. 12:1; Stg. 5:16).

4. Todos los creyentes están dotados para servirse unos a otros (Rom. 12:6-8).

5. Todos los creyentes deben participar en la selección y afirmación de los oficios bíblicos (Hch. 6:1-6; 1Tes. 5:12-13; 1Tim. 3:10; Heb. 13:17).

6. Todos los creyentes deben participar en la disciplina de los miembros y ancianos que se equivocan (Mt. 18:15-20; 1Cor. 5:12-13; 1Tes. 5:14; 2Tes. 3:14; 1Tim. 5:19).

III. Funcionarios cualificados ejercen de *ejecutivos de* Cristo

A. Solo aquellos reconocidos por la congregación por su madurez espiritual y carácter ejemplar tienen la responsabilidad de pastorear el rebaño de Dios (Hch. 20:17, 28; 1Tim. 3:1-7; Ti. 1:5-9; 1Pe. 5:1-4; Heb. 13:7, 17).

B. La autoridad de los ancianos

1. Administradores de la casa de Dios (1Tim. 3:5)

2. A cargo de los que se les asigna el cuidado (1Pe. 5:3)

3. Poseer autoridad, de la que no se debe abusar (1Pe. 5:3) 4. Autorizados a «no dejar que nadie desprecie» su exhortación y reprensión (Ti. 2:15)

4. Responden ante Cristo por los responsables que se someten a ellos (Heb. 13:17).

Ejemplo de sermón biográfico
(Estilo Manuscrito)

Un hombre llamado Andrés
Juan 1:35-42

Conoce a Andrés No es un cristiano de renombre, como Pedro, Pablo o María. Es como la mayoría de nosotros, cuyos ministerios son poco célebres y se desarrollan principalmente tras bastidores. Sin embargo, al identificarnos con Andrés nos sentimos motivados en cuatro áreas: nuestras prioridades, nuestra preparación para el ministerio, nuestra búsqueda de Jesucristo y nuestras relaciones personales con los demás.

Andrés es un nombre griego que significa «varonil». La hombría puede considerarse no solo como masculinidad, sino como la descripción de la madurez de un fiel seguidor de Cristo, independientemente del sexo.3 En este sentido, el sujeto de nuestro estudio estuvo a la altura del significado de su nombre, y lo mismo puede hacer cualquiera de nosotros que lo desee.

El hecho de que tuviera un nombre griego es interesante, ya que Juan 1:44 indica que era de Betsaida, el pueblo de pescadores de la orilla norte del lago llamado Galilea, y hermano de Simón (Pedro), un judío. Esto puede indicar que Andrés y su familia no estaban aislados del mundo en su época, sino que se codeaban con incrédulos, como los que conocemos en la escuela y el trabajo.

Andrés vivía a la sombra de su hermano Pedro. Ambos eran pescadores de oficio. Al parecer, los hermanos se asociaron con Jacobo y Juan. La pesca era físicamente exigente. Si Andrés te estrechaba la mano, habrías notado sus callos y su fuerza por las largas horas de remo y manejo de las redes de pesca. Trabajaba duro para ganarse la vida, como la mayoría de nosotros.

Marcos 1:29 se refiere a la casa de Simón y Andrés, cerca de la sinagoga de Capernaúm. La referencia a la suegra de Pedro, en el siguiente versículo, indica que Pedro estaba casado. Al vivir con su hermano casado, que se convertiría en el principal discípulo y portavoz de los doce apóstoles, Andrés parece haber sido eclipsado. Aunque menos prominente que Pedro, Andrés tenía criterio propio, un discípulo de Juan el Bautista. Esta observación nos lleva a considerar la primera forma en que Andrés nos desafía:

I.Nuestras prioridades

Comenzando con Juan 1:35, leemos:

> Al día siguiente, de nuevo estaba Juan con dos de sus discípulos. Al ver a Jesús que andaba por allí, dijo: «¡He aquí el Cordero de Dios!» Los dos discípulos lo oyeron hablar y siguieron a Jesús. Jesús, al darse vuelta y ver que lo seguían, les dijo: «¿Qué buscan?» Y ellos le dijeron: Rabí, que significa maestro, ¿dónde moras? Les dijo: «Vengan y vean». Por lo tanto, fueron y vieron dónde moraba; y se quedaron con él aquel día, porque eran como las cuatro de la tarde. Andrés, el hermano de Simón Pedro, era uno de los dos que habían oído a Juan y habían seguido a Jesús.

Para haber sido discípulo de Juan, Andrés habría tenido que renunciar a muchas horas y a los posibles ingresos de su negocio de pesca. Habría antepuesto las preocupaciones espirituales a los intereses materiales. Por lo que hemos leído, hay razones para creer que si Andrés viviera hoy, sería un miembro activo de una iglesia local, algo que cualquier creyente puede ser. Usted y yo no tenemos que ser un Pedro, un Pablo o una María para ser fieles, disponibles y enseñables. Simplemente hay que poner lo primero en primer lugar.

El segundo rasgo distintivo del carácter de Andrés es que era un preparado. Y su disposición a actuar en respuesta a la dirección divina nos desafía en el área de...

II. Nuestra preparación

Andrés habría sido bautizado por Juan, lo que indica su arrepentimiento del pecado y su identificación con el mensaje del reino de Juan. Estaba comprometido a recibir al Mesías en sus términos. Estaba viviendo la luz (la verdad) que tenía. No hay que ser un líder prominente para hacer eso. Sin embargo, el haberse convertido en un seguidor fiel en respuesta a la revelación divina es la cualidad más importante de un líder piadoso. Calificó a Andrés para llevar a un hombre a Cristo que superaría con creces a Andrés en grandeza. El primer paso para llevar a otros a Jesús es asegurarse de que estamos practicando todo lo que sabemos que es verdad. Tú y yo no podemos esperar llevar a otros a la receptividad de las cosas espirituales que no tenemos nosotros mismos. Los *fieles seguidores de Cristo traen a otros a Él*.

Un tercer principio que podemos extraer de la vida de Andrés se encuentra en los versículos 35-37. Aquí se nos dice que él y otro de los discípulos de Juan siguieron a Jesús. Consideremos, entonces...

III. Nuestra búsqueda de Jesús

Juan el Bautista llamó la atención de los líderes religiosos de Israel. Una delegación de sacerdotes y levitas fue enviada desde Jerusalén para averiguar si afirmaba ser el Cristo, Elías o el *Profeta*. En Juan 1:23, el Bautista indicó su papel como precursor del Mesías, y al día siguiente identificó a Jesús como el Cordero de Dios, que quita el pecado del mundo. En Juan 1:34, Juan dice de Jesús: «He visto y he dado testimonio de que este es el Hijo de Dios» (RVA).

Andrés fue uno de los dos hombres que actuaron en respuesta a la identificación de Jesús como el Cordero de Dios por parte de Juan. Cuando se le preguntó: «¿Qué buscas?» Andrés fue el que preguntó dónde estaba Jesús. Cuando se le invitó a venir y ver, Andrés y su compañero (probablemente Juan el Evangelista) vinieron y vieron. No fue un mero oyente de la palabra profética, sino uno que actuó en consecuencia con un adecuado sentido de interés propio. Andrés buscó conocer a Jesús personalmente. De manera similar, tú y yo necesitamos perseguir a Cristo para nuestro propio beneficio antes de intentar presentarle a otros. La búsqueda personal de Dios sigue lógicamente a los corazones que han sido preparados sobre la base de las prioridades correctas. Actuar con un sentido de desesperada necesidad personal lógicamente precede a la invitación de otros a unirse a nosotros.

Una de las razones por las que nuestro testimonio es a menudo débil, esporádico o no existente, es que nuestras propias experiencias con Dios son débiles, esporádicas o inexistentes. Si dejamos que el Señor Jesús satisfaga nuestros más profundos anhelos de verdad y gracia, no dudaremos en llevar a otros a su encuentro. *Los fieles seguidores de Cristo traen a otros a Él*. Andrés no dudó. Corrió a buscar a Pedro, y esto nos lleva a la cuarta área de desafío:

IV. Nuestras relaciones personales

En los versículos 41-42, leemos: «Este encontró primero a su hermano Simón, y le dijo: 'Hemos encontrado al Mesías' (que significa el Cristo). Él lo llevó a Jesús, y al verlo, le dijo: 'Tú eres Simón hijo de Jonás. Tú serás llamado Cefas' (que significa piedra)» (RVA).

Andrés hizo lo que cualquiera de nosotros puede hacer. Empezó por la persona más cercana que no conocía a Cristo. Las palabras traducidas «encontró» y «trajo» implican que Andrés hizo algún esfuerzo. No se nos dice si Pedro se mostró receloso, reacio o muy dispuesto. Pero habiendo gastado el tiempo y la energía para buscar a Pedro y localizarlo, Andrés también hizo lo que fuera necesario para ayudar a Pedro a superar cualquier reticencia a venir con él a Jesús.

Del mismo modo, para traer a su familiar, amigo o conocido a Jesús puede requerir un esfuerzo persistente. Y del mismo modo, tu amigo podría ser el próximo Billy Graham, D. L. Moody, Charles Spurgeon, Martín Lutero o la Madre Teresa. Tu amigo podría ser otro Andrés, Priscila o Dorcas. Dios utilizó a Andrés para presentar a Jesucristo con Pedro, quien más tarde expresaría la confesión de fe sobre la que Cristo construiría su Iglesia. Sería Pedro, y no Andrés, quien caminó sobre las aguas. Pedro fue el primero en entrar en la tumba vacía de Jesús. Fue Pedro cuyo sermón en Pentecostés sirvió para reunir a tres mil personas en un solo día. Y fue Pedro quien utilizó las llaves del reino para abrir las puertas de la evangelización a todos los grupos étnicos. Pero, ¿dónde habría estado Pedro sin el testimonio fiel de su hermano menos extravagante, Andrés?

Los estudiantes de la Biblia se han dado cuenta de que cada vez que Andrés es mencionado en este evangelio, está llevando alguien a Jesús. En el capítulo 6, es Andrés quien lleva al muchacho con los panes y los peces al Señor. En 12:22, es Andrés de nuevo quien va a Jesús con una petición de parte de unos griegos que querían una entrevista con Él. No es de extrañar que Andrés haya sido nombrado patrón tanto de Rusia como de Grecia. Pero tal y como la Escritura pinta su retrato, es un hombre varonil, y nos desafía a cada uno de nosotros en las áreas de nuestras prioridades, preparación, búsquedas y contactos personales.

Me familiaricé con Andrés en 1982, cuando la Cruzada de Billy Graham llegó a Boise, Idaho, y nuestra pequeña iglesia participó en ese esfuerzo. Nos enteramos de que, por muy grande que sea el nombre de Billy, ocho de cada diez personas que responden a su invitación a confiar en Jesucristo fueron llevadas a la cruzada, no por su nombre, sino por un amigo cristiano que se preocupaba por ellos.

Incluso Andrés puede ser un cristiano de renombre en contraste con usted y conmigo. Pero su voluntad de presentar a los que estaban cerca de él a Jesucristo nos da un ejemplo que podemos seguir, si tan solo queremos. Si todavía no ha venido a Cristo, puede hacerlo hoy. Simplemente crea en el Señor Jesucristo y será salvo (Hechos 16:31). Creer *en* Él es confiar en que es el Hijo de Dios que vino como hombre, vivió una vida sin pecado, se ofreció como sacrificio y murió en tu lugar, para pagar la pena de tus pecados, y que resucitó.

Si hoy usted conoce al Señor Jesús como su Salvador, probablemente sea porque alguien estuvo dispuesto a ser un «Andrés» para usted. En cualquier caso,

Dios nos confronta en este pasaje con la vida de un hombre que nos sirve de ejemplo. Los *fieles seguidores de Cristo llevan a otros a Él*.

Ejemplo de sermón de Evangelio
(Estilo Manuscrito)

De la muerte a la vida
Juan 5:24-29

Hacia 1930, el líder comunista Bujarin viajó de Moscú a Kiev. Su misión era dirigirse a una gran asamblea. Su tema, el ateísmo. Durante una hora entera apuntó su artillería pesada contra el cristianismo, lanzando argumentos y burlas. Por fin terminó y contempló lo que parecían ser las cenizas humeantes de la fe de los hombres. «¿Hay alguna pregunta?» preguntó Bujarin. Un hombre solitario se levantó y pidió permiso para hablar. Subió al estrado y se acercó al comunista. El público guardó un silencio sepulcral mientras el hombre los miraba primero a la derecha y luego a la izquierda. Por fin gritó el antiguo saludo ortodoxo: «¡CRISTO HA RESUCITADO!». La inmensa asamblea se levantó como un solo hombre, y la respuesta llegó como el sonido de una avalancha: «VERDADERAMENTE HA RESUCITADO».4

Hoy, cientos de personas pasan ante el mausoleo de Lenin en la Plaza Roja de Moscú y contemplan el cadáver del padre del comunismo. La nación tiene un cadáver en sus manos y no sabe muy bien qué hacer con él. No es el caso de los cristianos, que fueron internados en manicomios en la antigua Unión Soviética por creer en Dios. Mientras que Lenin ha pasado obviamente del estado de vida a la muerte, el creyente en Jesucristo ha pasado de la muerte a la vida.

Comenzando con Juan 5:24, y concluyendo con el versículo 29, nuestro Señor habla de la vida como la libertad del juicio. Dice, en efecto, que

I. Los creyentes son espiritualmente libres del juicio de Dios ahora

«De cierto, de cierto les digo que el que oye mi palabra y cree al que me envió tiene vida eterna. El tal no viene a condenación, sino que ha pasado de muerte a vida» (RVA).

La «muerte» de la que habla Jesús al final del versículo 24 es la muerte espiritual. La muerte espiritual es la separación del amor de Dios. Es la consecuencia de nuestra elección, en Adán, de desobedecer a Dios. Romanos 5:12 explica: «Por tanto, como el pecado entró en el mundo por un solo hombre, y la muerte por el pecado, la muerte pasó a todos los hombres, por cuanto todos pecaron».

Según la historia, nací en el estado de California. Pero según las Escrituras, también nací en el estado de muerte. Efesios 2:1-2 nos dice: «En cuanto a ustedes, estaban muertos en sus delitos y pecados, en los cuales anduvieron en otro tiempo conforme a la corriente de este mundo y al príncipe de la potestad del aire, el espíritu que ahora actúa en los hijos de desobediencia» (RVA).

La buena noticia de la Biblia es que una persona puede pasar de un estado a otro. Así como definitivamente me mudé de California y crucé la línea del estado a Oregón en 1973, también pasé del estado donde estaba sujeto a la pena de muerte y al estado donde «Ahora pues, ninguna condenación hay para los que están en Cristo Jesús» (Rom. 8:1 RVA).

¿Cómo lo sé? Lo sé porque la Palabra de Dios me asegura que Jesús y sus palabras son absolutamente confiables. Juan 5:24, comienza con las palabras «De cierto, de cierto». Esto señala la gran importancia y fiabilidad de lo que sigue. Y lo primero que se me dice sobre mi nuevo estado es que pasé a él permanentemente. Sucedió cuando presté atención al mensaje de Jesucristo, registrado en la Biblia. Creí al Padre que lo envió. Empecé a depender de que Dios Padre había amado al mundo de las personas —incluido yo— de tal manera que dio a su único Hijo, Jesús, para que todo el que crea en Él no perezca, sino que tenga vida eterna.

La vida eterna no es solo la vida natural que nunca termina. Es una relación con Dios en el que ya no estoy sujeto a juicio, porque Él castigó a Jesús su Hijo por mis pecados, en mi lugar. Isaías 53:6 describe al creyente cuando dice: «Todos nosotros nos descarriamos como ovejas; cada cual se apartó por su camino. Pero el SEÑOR cargó en él el pecado de todos nosotros» (RVA). Pero no solo Jesús tomó el castigo por mis pecados; Su propia justicia fue puesta a mi cuenta para que ¡Dios el Padre se relacione conmigo como se relaciona con Jesús! Segunda Corintios 5:21 dice del Padre: «Al que no conoció pecado, por nosotros Dios lo hizo pecado, para que nosotros fuéramos hechos justicia de Dios en él».

Cuando Juan 5:24 dice de mí: «ha pasado», traduce el tiempo perfecto, que habla de una acción que se completó en el pasado, con un resultado que continúa en el presente. El resultado es la vida libre de juicio — permanentemente. La *vida espiritual es la libertad del juicio.*

Mi posesión de esta vida no solo es *permanente* sino también *presente.* En el versículo 25, Jesús continúa diciendo: «De cierto, de cierto les digo que viene la hora, y ahora es, cuando los muertos oirán la voz del Hijo de Dios, y los que oyen vivirán» (RVA). La «hora» que «ahora es» se refiere al presente, cuando los que todavía están bajo el juicio de Dios «oigan la voz del Hijo de Dios» en el sentido de prestar atención a las buenas noticias de la Biblia. Esto podría incluirle a usted, en este mismo momento. Tal vez usted sea finalmente capaz de entender, y esté dispuesto a recibir, la obra que Dios ha realizado para usted a través de su Hijo. La promesa de Dios es que «los que oyen vivirán». En otras palabras, usted también saldrá del estado de condenación y entrarás en el estado de libertad del juicio de Dios ya derramado sobre Jesús en tu lugar.

Esta reubicación espiritual tiene lugar *de forma permanente, en el presente* y también *personalmente.* Los versículos 26-27 nos dicen que todo depende de la relación del Hijo con el Padre, y de nuestra relación con el Hijo.

«Porque así como el Padre tiene vida en sí mismo, así también dio al Hijo el tener vida en sí mismo. Y también le dio autoridad para hacer juicio, porque él es el Hijo del Hombre» (RVA).

«El Hijo del Hombre» es el título favorito de Jesús. Lo identifica no solo como un ser humano, sino como el Mesías que es Dios Hijo en forma humana. Su venida fue anticipada con este título en Daniel 7:13-14, donde se dice que se le dará dominio, gloria y un reino.

Puesto que el creyente fue juzgado en unión con Él en el Calvario, y ya ha sido resucitado espiritualmente con Él en la gloria, ha recibido la vida *de forma* muy *personal*, porque *la vida es la liberación del juicio*. No es de extrañar que el Señor diga, en Juan 8:36, «Así que, si el Hijo los hace libres, serán verdaderamente libres» (RVA).

Los versos 28-29 de nuestro texto avanzan el pensamiento de la libertad espiritual del creyente del juicio de Dios *ahora*, al hecho de que ...

II. Los creyentes serán físicamente libres del juicio de Dios más adelante

«No se asombren de esto, porque vendrá la hora cuando todos los que están en los sepulcros oirán su voz y saldrán» (RVA).

Si usted ya ha cruzado la frontera del estado de muerte al estado de vida espiritual, *de forma permanente, en el presente* y *personalmente*, entonces no debería ser particularmente maravilloso o difícil aceptar el concepto de una resurrección *física*. De hecho, el versículo 28 enseña la resurrección para todos los muertos — incluidos los no creyentes — ¡incluso para Lenin! Pero la perspectiva de una mera resurrección no es razón para animarse, porque hay dos clases de resurrección, y solo una es buena. El versículo 29 dice: «los que hicieron el bien para la resurrección de vida pero los que practicaron el mal para la resurrección de condenación» (RVA). El «bien» es haber escuchado las palabras de Jesús y haber creído al que lo envió. Puede incluir todas las acciones que dan evidencia de haber creído. El «mal» es haber rechazado a Jesús. Puede incluir los hechos que confirman la incredulidad de una persona. Pero la cuestión es si una persona ha creído o no en Cristo.

La libertad física del juicio de Dios, entonces, es simplemente el resultado de la libertad espiritual de su juicio, que ya pertenece a cualquiera que simplemente confía en Jesús. La pregunta es si usted está espiritualmente muerto o vivo. ¿Posee permanente, actual y personalmente la libertad espiritual del juicio que resulta en la libertad física del juicio? Si no está seguro, puede asegurarse ahora mismo. Simplemente crea en el Señor Jesucristo, y será salvo. Recibirás como un regalo gratuito la *vida* que es la libertad *del juicio*.

Ejemplo de sermón textual-expositivo
(Ejemplo de predicación de un capítulo, un salmo,
y la literatura profética)
Primaveras de Acción de Gracias

Isaías 12:1-6
Recordar nuestra redención produce alabanza y proclamación

I.Alabanza (1-3)
    A. Gracias por el consuelo en lugar de la ira (1)
    B. Confianza en respuesta a la poderosa liberación de Dios
        1. El canto de salvación del creyente (2)
        2. La fuente de alegría del creyente (3)
II.Proclamación (4-6)
    A. Hablar de Jehová a todos los pueblos
        1. Su nombre (4a)
        2. Sus obras (4b)
        3. Su majestad (4c)
    B. Trompetas del triunfo del Señor
        1. Cantando su gloria (5a)
        2. Divulgando su reputación (5b)
        3.Gritando su grandeza (6)

Ejemplo de sermón expositivo del libro de Judas
Los creyentes deben contender por la fe a la luz de los hombres impíos
en la Iglesia

Introducción

I.El motivo para contender
    A. Porque son los elegidos de Dios (1)
        1. Amados en Dios (1a)
        2. Guardados para Jesucristo (1b)
    B. Porque los hombres impíos se han colado (4)
    C. Debido a la tendencia al defecto (5-11)
        1.Recordatorio de los sucesos generales de la apostasía (5-7)

Ilustración
        a.   El Éxodo (5)
        b.   El diluvio (6)
        c.   Sodoma y Gomorra (7)
        2. Un relato de la apostasía específica (11)
        a.   Como el camino de Caín (11a)
        b.   Como el camino de Balaam (11b)

    c.   Como la rebelión de Coré (11c)

Frase de transición:

Los creyentes deben contender por la fe a la luz de los hombres impíos en la Iglesia

II.Hombres impíos en la Iglesia

    A. Sus obras reveladas (4,8-10)

        1. Cambiaron la gracia de Dios (8a)

        2. Rechazaron la autoridad (8b)

        3. Menospreciaron a los seres celestiales (8c, 9)

        4. Insultaron como animales enfurecidos (l0a)

    B. Su carácter revelado (12, 13, 16)

Ilustración

        1. Orgullo (12a)

        2. Muerte (12b)

        3. Vergüenza (l3a)

        4. Oscuridad (13b)

        5. Insatisfacción (16a)

        6. Arrogancia (16b)

        7. Engaño

    C. Su juicio anunciado (14-15)

        1. Ocurre en el regreso del Señor (14)

        2. Propósito de juzgar la impiedad (15)

Aplicación:

III. *«¿Cómo puede un creyente contender por la fe a la luz de hombres impíos en la iglesia?»*

    A. Recuerde las palabras de los apóstoles (17-19)

        1. Basado en el conocimiento de Cristo (17)

        2. Advierta de los burladores en los últimos tiempos (18)

        3. Advierta de los hombres impíos (19)

    B. Mantenernos mutuamente en el amor de Dios (20-21)

        1. Edificándonos unos a otros (20a)

        2. Orando en el Espíritu Santo (20b)

        3. Esperando la vida eterna (21)

    C.Tener piedad de los que perecen (22-23)

        1. Los que vacilan (22)

        2. Los que están siendo destruidos (23a)

        3. Los que se contaminan (23b)

            a. En temor a la contaminación (23ba)

            b. En el odio hacia la contaminación (bb)

    D. Tenga la seguridad de la victoria (24-25)

        1.El Dios protector (24)

        2. El Dios salvador (25a, b)

        3. El Dios eterno (25c)

Conclusión:

Principios:
>   1. Los elegidos son amados en Dios.
>   2. Los elegidos son guardados para Jesucristo.
>   3. Los creyentes deben contender por la doctrina cristiana.
>   4. Los hombres impíos se infiltran en la iglesia.
>   5. Los hombres impíos pueden ser un peligro para los creyentes.
>   6. Hay que recordar a los creyentes las palabras de los apóstoles

Tema:
Los creyentes deben contender por la fe a la luz de los hombres impíos en la Iglesia.

Introducción:
El libro de Judas ha sido menospreciado considerablemente en los círculos cristianos en estos últimos días, y sin embargo ningún libro del Nuevo Testamento habla más a nuestra generación que esta pequeña carta. Es posible que algunos lo menosprecien porque consideran que la importancia de un libro está determinada por su extensión. Otros pueden pensar que, debido a su carácter negativo, con severas advertencias y reprimendas, hay que preferir otros libros del Nuevo Testamento para su lectura y estudio, pero Judas posee una calidad de vida y preocupación en todo su contenido. Aquellos que son tolerantes con los pervertidores de la fe encontrarán el libro de Judas desagradable, porque sus advertencias son severas e inflexibles contra los desertores de la verdad de Jesucristo. Sin embargo, para aquellos de nosotros que nos acercamos al libro de Judas con corazones receptivos y la mente del Espíritu, las palabras de Judas serán tan claras y útiles como lo fueron hace dos mil años. Judas enseña que *los creyentes deben contender por la fe a la luz de los hombres impíos en la Iglesia.*

Conclusión:
Si los creyentes se cuidan de reconocer a los que siembran la discordia entre ellos, y si se apoyan en Dios, estarán haciendo la voluntad de Dios, pues *los creyentes han de contender por la fe a la luz de hombres impíos en la Iglesia.*

BIBLIOGRAFÍA

Adams, Jay E. *Shepherding God's Flock*. Chestnut Hill: Presbyterian and Reformed Publishing Co., 1975.

Aland, Kurt. *Synopsis Quattor Evangeliorum*. Stuttgart: Wtembergische, 1967.

Allen, Ronald B. *Praise! A Matter of Life and Breath*. Nashville: Thomas Nelson, 1980.

—————. *Lord of Song*. Portland: Multnomah. 1985.

—————. *When Song Is New*. Nashville: Thomas Nelson, 1983.

Ames, William. *The Marrow of Theology*. Traducido por John D. Eusden, ed. Boston: Pilgrim, 1968.

Anderson, Francis I. *Job*. Londres: InterVarsity, 1976.

Archer, Gleason. *A Survey of Old Testament Introduction*. Chicago: Moody, 1964.

Aune, David E. *The New Testament in Its Literary Environment*. Filadelfia: Westminster. 1987.

Barclay, William. *The Letters of James and Peter*. Edimburgo: St. Andrew, 1958.

Barnhard, Clarence L., y Robert K. Barnhard. eds. *The World Book Dictionary*. Chicago: Doubleday, 1984.

Blackwood, Andrew W. *The Fine Art of Preaching*. Grand Rapids: Baker, 1976.

Brown, Colin. *The New International Dictionary of New Testament Theology*, vol I. Grand Rapids: Zondervan, 1967. Bruce. F.F. ed. *The New International Commentary on the New Testament*. Grand Rapids: Eerdmans, 1971.

Carter, Tom. *Spurgeon's Commentary on Great Chapters of the Bible*. Grand Rapids: Kregel, 1998.

Cassuto, Umberto. *The Documentary Hypothesis*. Jerusalén: Magnes, 1961.

Chafer, Lewis Sperry. *Salvation*. Grand Rapids: Zondervan. 1917.

Charnock, Stephen. *The Existence and Attributes* of God. Reimpresión. Minneapolis: Klock & Klock, 1977.

Childs, Brevard S. *Biblical Theology of the Old and New Testaments*. Minneapolis: Fortress Press, 1992.

Cook, W. Robert. *Systematic Theology in Outline Form*. Portland: Western Baptist Seminary Press, 1970.

Cromarty, John M. «*Bullinger and the Second Helvetic Confession*». *Our Banner*, Juno 1976.

Currah, Galen. «*Outlining from the Nestle-Aland Novum Testamentum Graece*». Portland: Western Conservative Baptist Seminary, [1973].

Deffinbaugh, Bob. *Wisdom Literature, Proverbs*. www.Bible.org.

Demaray, Donald E. *Pulpit Giants*. Chicago: Moody, 1973.

Dorsey, David A. *The Literary Structure of the Old Testament*. Grand Rapids: Baker, 1999.

Easton, M. G. *Easton's Bible Dictionary*. 1897. Oak Harbor: Logos Research Systems. Inc., 1996.

Edersheim, Alfred. *The Life and Times of Jesus the Messiah*. Grand Rapids: Eerdmans, 1971. Ellisen, Stanley A. *3 Worlds in Conflict*. Sisters: Multnomah, 1998.

Eichrodt, Walter. «*Is Typological Exegesis an Appropriate Method?*» In *Essays on Old Testament Hermeneutics*. Edited by Claus Westermann. Traducido por James Luther Mays. Atlanta: John Knox Press, 1960, 1979.

Fairbairn, Patrick. *The Typology of Scripture or the Doctrine of Types*. 2 vols. Filadelfia: Daniels and Smith, 1852.

Farris, Stephen. *Preaching that Matters*. Louisville: Westminster John Knox Press, 1998.

Freeman, Hobart. *An Introduction to the Old Testament Prophets*. Chicago: Moody, 1968.

Fruchtenbaum, Arnold G. «*Rabbinic Quotations of the Old Testament And How It Relates To Joel 2 and Acts 2*». *Ariel Ministries*. http ://www.ariel.org.

Fausti, Remo P. y Edward L. McGlone. *Understandiug Oral Communication*. Menlo Park: Cummings, 1972.

Glickman, Craig S. *A Song for Lovers*. Downers Grove: InterVarsity, 1977.

Gray, John. *I & II Kings in «The Old Testament Library»*. Filadelfia: Westminster, 1970.

Greidanus, Sidney. *The Modern Preacher and The Ancient Text*. Grand Rapids: InterVarsity, 1988. Grudem, Wayne. *Evangelical Feminism & Biblical Truth*. Sisters: Multnomah, 2004.

——. «*Christ Preaching Through Noah: 1 Peter 3:19-20 In The Light Of Dominant Themes In Jewish Literature*», *Trinity Journal 7*, 1986.

Guthrie, Donald. *New Testament Introduction*. Downers Grove: InterVarsity, 1970.

——.*The Pastoral Epistles*. Grand Rapids: Eerdmans, 1977.

Harrison, Everett F., Geoffrey W. Bromiley, y Carl F. H. Henry, eds. *Baker's Dictionary of Theology*. Grand Rapids: Baker, 1978.

Harrison, Roland K. *Introduction to the Old Testament*. Grand Rapids: Eerdmans, 1969.

Harvey, John D. *Listening to the Text*. Grand Rapids: Baker, 1998.

Hendricks, Howard. *Teaching to Change Lives*. Sisters: Multnomah, 1989.

Hendriksen, William. *New Testament Commentary: Exposition of The Pastoral Epistles*. Grand Rapids: Baker, 1957.

Hirsch, E. D. *Validity in Interpretation*. New Haven: Yale, 1967.

Hobbs, Hershel H. *Preaching Values from the Papyri*. Grand Rapids: Baker, 1964.

House, H. Wayne. *The Role of Women in Ministry Today*. Grand Rapids: Baker, 1995.

House, H. Wayne, y Kenneth M., Durham. *Living Wisely in a Foolish World*. Grand Rapids: Kregel, 1992.

Johnson, Elliot E. *Expository Hermeneutics: An Introduction*. Grand Rapids: Zondervan, 1990.

Jones, Milton, «*An Investigation and Explanation of the Whiting System of Homiletics as a Practical Approach to Preaching*». Tesis de maestría en teología, Western Conservative Baptist Seminary, 1965.

Kaiser, Walter C., Jr. *Toward an Exegetical Theology*. Grand Rapids: Baker, 1981.

Kaiser, Walter C., Jr. y Moisés Silva. *An Introduction to Biblical Hermeneutics*. Grand Rapids: Zondervan, 1994.

Kantenwein, Lee L. *Diagrammatical Analysis*. Winona Lake: BMH Books, 1979.

Keil, C. F. y F. Delitzsch. *Commentary on the Old Testament*. 10 vols. Grand Rapids: Eerdmans, 1973.

Kent, Homer A. *The Pastoral Epistles*. Chicago: Moody, 1958.

Kostenberger, Andreas J. y Thomas R. Schreiner, eds. *Women In The Church*. 2da ed. Grand Rapids: Baker Academic, 1995, 2005.

Kidner, Derek, *Proverbs*. Londres: InterVarsity, 1976.

————. *Psalms*, 2 vols. Londres: InterVarsity, 1975. Kistemaker, Simon. *The Parables of Jesus*. Grand Rapids: Baker, [1980]. Kitchen, K. A. *Ancient Orient and Old Testament*. Chicago: InterVarsity, 1966.

Koller, Charles W. *Expository Preaching Without Notes*. Grand Rapids: Baker, 1962.

Ladd, George Eldon. *The Pattern of New Testament Truth*. Grand Rapids: Eerdmans, 1968. Laney, J. Carl. *Balancing Your Act Without Losing It*. Wheaton: Tyndale, 1988.

Lawlor, George Lawrence. *Translation and Exposition of the Epistle of Jude*. Presbyterian and Reformed Publishing Co., 1972.

Liefeld, Walter L. *New Testament Exposition*. Grand Rapids: Zondervan, 1984.

Maier, Paul L. *In the Fullness of Time*. San Francisco: Harper San Francisco, 1991.

Macleod, Donald. *The Problem of Preaching*. Filadelfia: Fortress, 1987.

Marshall, I. Howard. *New Testament Theology*. Downers Grove: InterVarsily, 2004.

Mathewson, Steven D. *The Art of Preaching Old Testament Narrative*. Grand Rapids: Baker, 2002.

McQuilkin, J. Robertson. *Understanding and Applying the Bible*. Chicago: Moody, 1984.

McDowell, Josh. *Right from Wrong*. Dallas: Word, 1994.

Mayers, Ronald B. *Balanced Apologetics*. Grand Rapids: Kregel, 1984.

Mears, Henriett a C. *What the Bible Is All About*. Ventura: Regal, 1999.

Moo, Douglas J. *The Epistle to the Romans*. Grand Rapids: Eerdmans, 1996.

Morris, Leon. *New Testament Theology*. Grand Rapids: Zondervan, 1986.

Nichols, Sue. *Words on Target*. Richmond: John Knox Press, 1973.

Packer, J. I. *Knowing God*. Downers Grove: InterVarsity, 1973.

————. «Puritan Evangelism». www.apuritansmind.com.

Paterson, John. *The Goodly Fellowship of the Prophets*. New York: Scribner's, 1948.

Pfeiffer, Charles F. *The Wycliffe Bible Commentary: Old Testament*. Chicago: Moody Press, 1962.

Pinnock, Clark H. *Biblical Revelation*. Chicago: Moody, 1971.

Piper, John y Wayne Grudem, eds. *Recovering Biblical Manhood and Womanhood*. Wheaton: Crossway, 1991.

Radmacher, Earl D. *The Nature of the Church*. Portland: Western Baptist Press, 1972.

————. *Salvation*. Nashville: Word, 2000.

Ramm, Bernard. *Protestant Biblical Interpretation*. Grand Rapids: Baker, 1970.

Richards, Lawrence O. and Gary J Bredfeldt. *Creative Bible Teaching*. Chicago: Moody, 1998.

Robertson. A. T. *Word Pictures in the New Testament*. 6 vols. Nashville: Broadman, 1930.

Robinson, Haddon W. *Biblical Preaching*. Grand Rapids: Baker. 1980.

Ryken, Leland. *The Literature of the Bible*. Grand Rapids: Zondervan. 1974.

————. *How to Read the Bible as Literature*. Grand Rapids: Zondervan, 1984.

————. *The Word of God in English*. Wheaton: Crossway. 2002.

Saucy, Robert L. *The Church in God's Program*. Chicago: Moody, 1972.

Stott, John R. W. *The Preacher's Portrait*. Grand Rapids: Eerdmans, 1961.

Strauch, Alexander. *Biblical Eldership*. Littleton: Lewis y Roth, 1995.

Tenney, Merrill C. *New Testament Survey*. Grand Rapids: Eerdmans, 1961.

Thomas, Robert. *Revelation 1-7, An Exegetical Commentary*. Kenneth Barker, ed. Chicago: Moody, 1992.

Thompson, Leonard L. *Introducing Biblical Literature: A More Fantastic Country*. Englewood Cliffs: Prentice-Hall, 1978.

Tozer, A. W. *The Knowledge of the Holy*. Nueva York: Harper Collins, 1961.

Traina, Robert. *Methodological Bible Study*. Wilmore: Asbury Theological Seminary, 1952.

Tucker, Gene. *Form Criticism of the Old Testament*. Filadelfia: Fortress, 1971.

Turner, Nigel. *Grammatical Insights Into the New Testament*. Edimburgo: T & T Clark, 1965.

Unger, Merrill F. *Principles of Expository Preaching*. Grand Rapids: Zondervan, 1955.

Von Rad, Gerhard. *Moses*. Londres: Lutterworth Press, 1960.

————. *Old Testament Theology*. Translated by D. M. G. Stalker. New York: Harper & Row. 1960.

Walvoord, John. *The Revelation of Jesus Christ*. Chicago: Moody, 1966.

Walvoord, John F. y Roy B. Zuck. *The Bible Knowledge Commentary*. Wheaton: Victor, 1983-1985.

Ward, Ronald A. *Hidden Meaning in the New Testament*. Old Tappan: Revell, 1969.

Warfield, Benjamin B. *The Inspiration and Authority of the Bible*. Filadelphia: Presbyterian and Reformed Publishing Co., 1970.

Westcott, B. F. *The Epistles of John*. Grand Rapids: Eerdmans, 1966.

Westermann, Claus. *The Praise of God in the Psalms*. Richmond: John Knox Press, 1965.

White, R. E. O. *A Guide to Preaching*. Grand Rapids: Eerdmans, 1973.

Wilkinson, Bruce y Boa. Kenneth. *Talk Thru the Bible*. Nashville: Thomas Nelson, 2004. Wiseman, D.J., ed. *Tyndale Old Testament Commentaries*. Leicester: InterVarsity, 1974.

Wood, Bryant G. «*The Walls of Jericho*», *Bible and Spade*. Primavera, 1999.

Wuest, Kenneth. *Word Studies in the Greek New Testament*. 3 vols. Grand Rapids: Eerdmans, 1973.

Zuck, Roy B. *Basic Bible Interpretation*. Wheaton: Victor, 1991.

Made in the USA
Columbia, SC
28 September 2023

23491649R00176